Les violences criminelles

Les violences criminelles

SOUS LA DIRECTION DE

JEAN PROULX

MAURICE CUSSON

MARC OUIMET

Les Presses de l'Université Laval

Les Presses de l'Université Laval reçoivent chaque année du Conseil des Arts du Canada et de la Société de développement des entreprises culturelles du Québec une aide financière pour l'ensemble de leur programme de publication.

Nous reconnaissons l'aide financière du gouvernement du Canada par l'entremise de son Programme d'aide au développement de l'industrie de l'édition (PADIÉ) pour nos activités d'édition.

Données de catalogage avant publication (Canada)

Vedette principale au titre :

Les violences criminelles

Comprend des réf. bibliogr.

ISBN 2-7637-7693-0

1. Crimes violents. 2. Criminalité. 3. Comportement criminel. 4. Psychologie criminelle. 5. Homicide. 6. Délinquance juvénile. I. Proulx, Jean. II. Cusson, Maurice, 1942- . III. Ouimet, Marc, 1962- .

HV6016.V56 1999   364   C99-941710-X

4ᵉ tirage 2007

Maquette de couverture : Chantal Santerre

Distribution de livres Univers
845, rue Marie-Victorin
Saint-Nicolas (Québec)
Canada G7A 3S8
Tél. (418) 831-7474 ou 1 800 859-7474
Téléc. (418) 831-4021
http://www.ulaval.ca/pul

Table des matières abrégée

Table des matières

Remerciements

De nombreux résultats présentés dans ce livre proviennent de recherches sur l'homicide, sur les agressions sexuelles, sur la délinquance juvénile et sur les troubles mentaux associés à la violence. Nous remercions le Conseil de la recherche en sciences humaines du Canada, le Conseil québécois de la recherche sociale et le Fonds pour la formation de chercheurs et l'aide à la recherche, le solliciteur général du Canada ainsi que le Service correctionnel du Canada qui ont subventionné la plupart de ces travaux. Par ailleurs, le Centre international de criminologie comparée nous a fourni l'aide nécessaire à la mise au point du manuscrit, effectuée par Suzanne Laflamme-Cusson. Nous l'en remercions.

Enfin, cet ouvrage a été publié grâce à une subvention de la Fédération canadienne des sciences humaines et sociales, dont les fonds proviennent du Conseil de recherches en sciences humaines du Canada.

Les auteurs

RAYMONDE BOISVERT
> Ph. D. criminologie. Assistante à la coordination, Association québécoise Plaidoyer Victime

PHILIPPE BONFILS
> Doctorat en droit. Attaché temporaire d'enseignement et de recherche (ATER) à la Faculté de Droit et des Sciences Politiques d'Aix-en-Provence, chargé de travaux dirigés en droit civil et en droit pénal

SANDRA BOUTIN
> M. Sc. criminologie. Centre international de criminologie comparée, Université de Montréal

GILLES CÔTÉ
> Ph. D. psychologie. Département de psychologie, Université du Québec à Montréal, Directeur du Centre de recherche, Institut Philippe Pinel de Montréal

FABIENNE CUSSON
> M. Sc. criminologie. Responsable des certificats de criminologie et de gestion de la sécurité et de la police à la Faculté de l'éducation permanente, Université de Montréal

MAURICE CUSSON
> Ph. D. criminologie. Centre international de criminologie comparée et École de criminologie, Université de Montréal

FRANCIS FORTIN
> M. Sc. criminologie. Analyste à la sûreté du Québec

JEAN-PIERRE GUAY
> M. Sc. criminologie. Centre international de criminologie comparée, Université de Montréal et Centre de recherche, Institut Philippe Pinel de Montréal

SHEILAGH HODGINS
> Ph. D. psychologie. Département de psychologie, Université de Montréal et professeur associé, Karolniska Institute, Stockholm

LINE LAPORTE

M. Sc. criminologie. Criminologue à l'Institut Philippe Pinel de Montréal

MARC LE BLANC

Ph. D. criminologie. Membre de la Société royale du Canada, professeur titulaire, École de psychoéducation, École de criminologie, Université de Montréal

JACQUES D. MARLEAU

B. Sc. anthropologie, M. Sc. démographie. Co-responsable du service de recherche du CHSLD/CLSC Bordeaux-Cartierville, Centre de recherche de l'Institut Philippe Pinel de Montréal

FRÉDÉRIC MILLAUD

M.D. Psychiatre, chef de département, Institut Philippe Pinel de Montréal, professeur agrégé de clinique à l'Université de Montréal

MARC OUIMET

Ph. D. criminologie. Professeur agrégé, École de criminologie, Centre international de criminologie comparée, Université de Montréal

CHRISTINE PERREAULT

M. Ps. psychologie. Centre régional de réception, Service correctionnel du Canada

BERNARD POULIN

M. Ps. psychologie. Psychologue à l'Institut Philippe Pinel de Montréal

JEAN PROULX

Ph. D. psychologie. Centre international de criminologie comparée et École de criminologie, Université de Montréal, Institut Philippe Pinel de Montréal

RENÉE ROY

M.D. Psychiatre à l'Institut Philippe Pinel de Montréal. Directrice du programme d'études spécialisées en psychiatrie, Faculté de médecine, Université de Montréal

MICHEL ST-YVES

M. Ps. psychologie. Centre régional de réception, Service correctionnel du Canada

JEAN TOUPIN

Ph. D. santé communautaire. Vice-doyen à la recherche, Département d'éducation spécialisée, Université de Sherbrooke

THIERRY WEBANCK

M. Sc. criminologie. Criminologue à l'Institut Philippe Pinel de Montréal

Introduction

Toute société humaine doit trouver le moyen de tenir en respect la violence de ses membres pour préserver en son sein la quiétude, la confiance mutuelle, le nœud social même. Aussi voyons-nous parents et éducateurs inculquer la non-violence aux enfants et aux adolescents. Pour sa part, l'État moderne ne lésine pas sur les moyens pour contenir les crimes violents : il leur oppose forces policières, tribunaux criminels et appareil correctionnel. Malgré tout, la chronique judiciaire nous rappelle tous les jours que le problème est loin d'être résolu.

Les souffrances et les traumatismes causés par des crimes comme le viol ou l'homicide sont de mieux en mieux connus grâce aux travaux des victimologues[1]. Certaines victimes d'agression sexuelle ne parviennent pas à s'en remettre. Des mois, des années après les faits, elles continuent d'être habitées par la peur, une peur envahissante, irrationnelle, incontrôlable, qui perturbe le sommeil et gâche la veille. Elles s'enferment à double tour, se méfient de tous, s'isolent, perdent leurs amis, vivent en ermites. Il arrive même qu'elles en perdent le goût de vivre.

Le meurtre commence par supprimer une vie humaine, puis ses ondes de choc se répercutent avec une puissance dévastatrice sur la mère de la victime, sur son père, son conjoint, ses frères et sœurs. La mort d'un proche est toujours tragique, mais quand cette mort est soudaine, brutale, imprévue et, pire, causée délibérément par un être humain, la perte est insoutenable. La vie perd son sens, elle n'est plus qu'absurdité et injustice. Quand des parents apprennent que leur enfant a été assassiné, leur monde s'effondre. Ils se sentent coupables de n'avoir pas su le protéger ; ils se reprochent même de lui survivre. Ils ne peuvent s'empêcher d'être envahis par l'amertume, la colère, la rage, la haine et la soif de vengeance (Rock, 1998).

---

1. Voir notamment Baril (1979, 1984) ; Baril et Laflamme-Cusson (1983) ; Coiteux et collab. (1996).

Cette violence qui risque d'en engendrer d'autres peut-elle être analysée et expliquée ? Oui, répondent les auteurs du présent livre. Criminologues, psychologues ou psychiatres, ils ont voulu aller au-delà de l'émotion dans un effort d'objectivité. Ils se sont appliqués à établir les faits, distinguer les tendances, expliquer les comportements et prédire la récurrence. Les questions auxquelles ils ont voulu répondre ne sont pas insignifiantes. Qui sont les criminels violents ? Pourquoi un homme tue-t-il son prochain ? Pourquoi commet-il une agression sexuelle ? Comment évolue la criminalité de violence ? Les violents souffrent-ils de troubles mentaux ? Jusqu'à quel point est-il possible de prédire leurs gestes ?

Pour répondre à ces questions, nous avons puisé à deux sources : d'abord, le réservoir de connaissances accumulées par la communauté internationale des chercheurs ; ensuite, les recherches réalisées au Québec depuis plus de vingt ans sur les statistiques criminelles, sur les dossiers d'homicides, sur la personnalité des agresseurs, sur les jeunes délinquants. Mais avant d'entrer dans le vif du sujet, il est indispensable de présenter la définition de la violence qui sera utilisée dans ce livre.

* * *

Notre concept de *violence* inclut quatre catégories de faits : 1) tuer ou blesser intentionnellement autrui ; 2) le contraindre par la force ou l'intimidation ; 3) le faire souffrir physiquement contre son gré ; 4) l'exposer délibérément à un grave danger. Notons que les blessures morales et les violences verbales (sauf les menaces) ne sont pas incluses dans le propos. Ce choix d'une notion restrictive a été fort bien expliqué par Chesnais (1981 : 12) : « La violence au sens strict, la seule violence mesurable et incontestable est la violence *physique*. C'est l'atteinte directe corporelle contre les personnes, elle revêt un triple caractère : brutal, extérieur et douloureux. Ce qui la définit est l'usage matériel de la force, la rudesse volontairement commise aux dépens de quelqu'un ».

Exposer volontairement la personne d'autrui à de graves dangers relève de la violence. Le terroriste qui place une bombe dans une gare de métro ou envoie un colis piégé à une personnalité en vue agit avec violence même si la machine infernale n'explose pas. Nous nous en tiendrons aux violences intentionnelles, à celles qui ont été voulues par leur auteur, sans être nécessairement préméditées. Par conséquent, les blessures causées lors d'accidents de voiture ou de chasse ne seront pas évoquées dans ce livre. La précision « contre son gré » (voir, plus haut, troisième catégorie de faits) n'est pas tout à fait superflue car il arrive que l'intéressé consente aux souffrances qu'on lui inflige. Songeons aux boxeurs, aux patients des dentistes et aux adeptes des pratiques sadomasochistes.

Le présent ouvrage porte sur la violence *criminelle*, ce qui signifie que nous nous en tiendrons aux actes interdits par la loi et passibles d'une sanction pénale. Ce critère restreint notre objet d'étude aux violences intérieures privées et met de côté des violences comme les guerres et les révolutions ; elles sont certes terriblement importantes, mais relèvent de la polémologie ou de la science politique plutôt que de la criminologie ou de la psychologie. Le critère exclut aussi de notre sujet d'étude les violences que la loi permet ou excuse : arrestation par la police, emprisonnement, suicide, légitime défense, violence dans les sports et à la télévision.

La conscience commune est portée à faire équivaloir violence et gravité, comme lorsque l'on dit « une attaque violente » dans le sens d'une agression grave. Néanmoins, il n'y a pas de recouvrement parfait entre violence et gravité. S'il est vrai que les crimes les plus graves sont généralement violents, tous les crimes violents sont loin d'être également graves. Leurs degrés de gravité nous font progresser de la gifle au coup de poing, au coup de bâton, au viol, puis au meurtre.

Il a été démontré que les citoyens tombent d'accord quand vient le moment de se prononcer sur la gravité relative de divers crimes. Ils n'hésitent pas à affirmer que le vol qualifié ne causant pas de blessure est moins grave que le viol, lequel est moins grave que le meurtre : l'ampleur des atteintes à l'intégrité de la victime est ainsi prise en compte. Ils condamnent le meurtre prémédité plus durement que l'homicide survenu au cours d'une bagarre. Ils sont plus sévères pour un homme qui s'en est pris à un enfant que pour celui qui s'est battu avec un individu d'égale force : la vulnérabilité de la victime et sa faiblesse relative sont retenues comme circonstances aggravantes[2].

Les principales violences criminelles comprennent l'homicide, l'agression sexuelle, le vol qualifié et les voies de fait. Dans les pages qui suivent, nous définirons ces termes et apporterons quelques précisions sur la nature de ces crimes.

L'homicide est le fait de causer la mort d'un être humain. L'usage juridique distingue trois types d'homicides : 1) le meurtre qui consiste à tuer avec l'intention de causer la mort ou des blessures qu'on sait de nature à causer la mort ou encore pendant l'exécution d'un autre crime ; 2) l'ho-

---

2. Les criminologues qui ont voulu mesurer la gravité des crimes ont mis au point un instrument de recherche constitué d'une liste assez complète d'infractions décrites avec précision. Il est proposé sous forme de questionnaire à des échantillons de simples citoyens ; leur tâche est d'indiquer la gravité relative de ces infractions. Les travaux les plus importants en la matière ont été réalisés par Sellin et Wolfgang (1964). Voir aussi Wolfgang et collab. (1985).

micide involontaire coupable commis dans un accès de colère suscité par une provocation soudaine ; 3) l'homicide coupable qui consiste à causer la mort par un acte illégal ou par négligence criminelle. Au Canada, 633 homicides ont été signalés en 1996 (dont 153 au Québec). Le taux d'homicide canadien est de 2,11 par 100 000 habitants (comparé à 7,50 aux États-Unis, à 2,01 en France, 1,40 en Angleterre et au pays de Galles et 0,20 aux Pays-Bas). En 1995, 0,2 % des crimes violents enregistrés au Canada étaient des homicides (Fedorowycz, 1997 ; Johnson et Boe, 1997).

La grande majorité des homicides appartiennent à quatre catégories : l'homicide familial, l'homicide querelleur, le règlement de comptes et le meurtre associé à un autre crime.

Le type d'homicide familial le plus connu et le plus fréquent implique des conjoints. Il est généralement commis par un homme qui n'accepte pas que sa femme le quitte, le trompe ou affiche son indépendance.

L'homicide querelleur obéit à une dynamique différente. Dans sa manifestation la plus typique, il oppose deux jeunes hommes qui se chicanent. L'affaire s'envenime jusqu'au point où ils en viennent à échanger des coups. L'un des adversaires est armé : il finit par porter un coup mortel à l'autre.

Les règlements de comptes sont passablement fréquents dans le milieu criminel. Quelques tueurs solidement armés attaquent par surprise un comparse et l'abattent avant qu'il n'ait le temps de se mettre en garde. La plupart de ces meurtres sont perpétrés pour supprimer un concurrent (par exemple, un vendeur de drogue), pour punir un délateur ou pour éliminer un partenaire avec qui l'on est en conflit.

Il arrive qu'un homicide accompagne un braquage, un cambriolage ou un viol. Soit que le meurtre était prémédité, soit que le voleur ou le violeur, pris de court par les réactions de la victime, l'a tuée.

L'agression sexuelle. Jusqu'au début des années 1980, les principaux délits de nature sexuelle inscrits au code criminel canadien étaient le viol, la tentative de viol et l'attentat à la pudeur. En 1983, des amendements présentés dans le projet de loi C-127 introduisent une nouvelle terminologie. Le législateur met dorénavant l'accent sur l'atteinte à l'intégrité physique de la victime, plutôt que sur l'immoralité de l'acte, ce qui le conduit à classer les crimes sexuels selon trois paliers de gravité : l'agression sexuelle simple, l'agression sexuelle armée et l'agression sexuelle grave. Les agressions sexuelles simples incluent toute atteinte à la sexualité d'une personne qui comporte un faible degré de coercition. L'agression sexuelle armée désigne les délits à motivation sexuelle commis sous la menace d'une arme, causant des lésions corporelles modérées ou mineures et perpétrés avec un ou des complices. Finalement, les agressions sexuelles graves incluent toute infraction qui cause des lésions corporelles sérieuses à la victime ou met sa vie en danger. La réforme de 1983 propose donc de nouvelles définitions et de nouvelles peines maximales, et ce, selon un continuum de gravité qui va du simple attouchement à l'agression sexuelle accompagnée de violence, ce qui souligne le caractère aggravant du recours à la violence physique (Boyle, 1994).

Lors d'un sondage de victimisation réalisé auprès de 1361 Québécoises âgées de 18 à 49 ans, deux questions étaient posées : 1) Est-ce que quelqu'un vous a déjà forcée, ou essayé de vous forcer, à vous livrer à une activité sexuelle contre votre gré, par la menace, la force ou en vous infligeant des blessures ? 2) Quelqu'un s'est-il déjà livré sur vous à des attouchements sexuels, c'est-à-dire qu'il vous a touchée, empoignée, embrassée ou caressée contre votre gré ? Les résultats indiquent que 54 répondantes (4 %) ont été victimes d'une agression sexuelle ainsi mesurée au cours des douze mois précédant l'enquête (Statistique Canada, 1993). Ceci correspondrait à 69 432 agressions sexuelles perpétrées annuellement dans l'ensemble du Québec. Puisque cet estimé ne concerne que les femmes âgées de 18 à 49 ans, il constitue une évaluation conservatrice du nombre de personnes victimes d'agression sexuelle au Québec au cours d'une année.

Les données officielles sur la criminalité, enregistrées grâce au « Programme de déclaration uniforme de la criminalité », indiquent qu'en 1996, au Québec, 3057 agressions sexuelles furent déclarées à la police (Ouimet, 1998). En conséquence, on note un écart important entre le nombre d'agressions sexuelles estimé à partir d'un sondage de victimisation et le nombre de faits signalés à la police. Par ailleurs, au Québec, en 1996, 1263 personnes furent mises en accusation pour agression sexuelle (1113 hommes, 15 femmes et 135 adolescents). Il s'ensuit qu'une agression sexuelle déclarée à la police sur 2,4 a fait l'objet d'une mise en accusation. À l'étape du prononcé de la sentence, en 1996, au Québec, 424 agresseurs sexuels furent incarcérés dans une prison (sentence de moins de deux ans), alors que 116 autres le furent dans un pénitencier (sentence de deux ans ou plus). Ces statistiques montrent que le nombre d'agresseurs sexuels incarcérés est très faible en comparaison du nombre de délits commis. Sachant par ailleurs que les crimes punis de l'incarcération ont tendance à être les plus graves ou commis par des récidivistes, il est permis de penser que les agresseurs sexuels incarcérés ont commis des crimes relativement violents ou nombreux : ils sont les plus dangereux.

Le **vol qualifié** consiste à s'emparer du bien d'autrui en utilisant la force ou la menace : le voleur braque une arme sur sa victime, fait semblant d'en porter une, ou bouscule sa victime et lui arrache l'objet convoité. Au

Canada, 10 % des infractions avec violence perpétrées en 1995 étaient des vols qualifiés et les délinquants condamnés pour cette infraction représentaient 36 % de la population carcérale fédérale (Johnson et Boe, 1997). Au Québec, la majorité des voleurs à main armée opèrent seuls ou à deux et ils s'en prennent surtout à des petits commerces : dépanneurs, garages, boutiques, pharmacies, etc. Leur butin n'est pas considérable, mais ce type de vol reste un moyen rapide, direct et facile de se procurer de l'argent comptant. Au cours des vingt dernières années, les dépanneurs ont été visités plus souvent qu'à leur tour par les braqueurs. Le fait est qu'en dépit de la médiocrité des gains qu'on y empoche les dépanneurs sont vulnérables, accessibles et ouverts tard le soir. Dans la plupart des cas, la tactique de base du vol qualifié est d'une grande simplicité. Le braqueur ne planifie pas son coup ; il entre dans l'établissement, annonce qu'il fait un vol à main armée, empoche immédiatement l'argent qu'on lui donne et file (Cusson et Cordeau, 1994).

Les voies de fait consistent en l'emploi intentionnel de la force contre autrui et sans son consentement. Au Canada, on distingue trois niveaux : 1) les voies de fait simples (les trois quarts du total) ; 2) les agressions armées et les inflictions de lésions corporelles ; 3) les voies de fait graves qui consistent à blesser, mutiler, défigurer ou mettre la vie d'autrui en danger. En 1995, 78 % des crimes de violence signalés à la police étaient des voies de fait (Johnson et Boe, 1997).

Les voies de fait les plus courantes se produisent au cours d'altercations qui dégénèrent en bagarres. Les protagonistes de ces rixes sont souvent interchangeables dans un double sens : ils ont le même profil sociodémographique et, au cours de la rixe, ils s'échangent alternativement les rôles d'agresseur et de victime (Felson et collab., 1986). Les voies de fait les plus souvent signalées à la police opposent deux hommes ou se rapportent à un homme qui bat la femme avec laquelle il vit. Les enfants en sont aussi les victimes. Ce sont les parents qui sont le plus souvent responsables de ces mauvais traitements.

* * *

Le présent ouvrage comprend cinq parties.

La première partie fait d'abord état des connaissances sur la violence en général et sur les crimes violents en particulier. On y aborde ensuite l'évolution de la criminalité violente au Québec et en France.

Les trois parties suivantes portent sur les grandes catégories de crimes violents présentés par ordre de gravité décroissante : les homicides, les agressions sexuelles et les voies de fait.

La cinquième et dernière partie traite des rapports entre les troubles mentaux et la violence, du pronostic et des jeunes délinquants violents.

RÉFÉRENCES

Baril, M. (1979). « Ils n'ont plus la liberté : réactions à la victimisation et ses conséquences », *Criminologie*, vol. 8, n° 1, p. 94-103.

Baril, M. (1984). *L'envers du crime.* Thèse de doctorat (criminologie), Université de Montréal (Cahiers de recherches criminologiques du CICC).

Baril, M. et S. Laflamme-Cusson (1983). *L'indemnisation des victimes d'actes criminels : une évaluation du service québécois.* Montréal : École de criminologie ; Ottawa : ministère de la Justice.

Boyle, C. (1994). « The judicial construction of sexual assault offences », p. 136-155, dans J.V. Roberts et M. Mohr (dir.), *Confronting Sexual Assault : A Decade of Legal and Social Change.* Toronto : University of Toronto Press.

Chesnais, J.-C. (1981). *Histoire de la violence.* Paris : Robert Laffont.

Coiteux, J., P. Campeau, M. Clarkson et M.-M. Cousineau (1996). *Question d'équité. L'aide aux victimes d'actes criminels.* Montréal : Association québécoise Plaidoyer-Victime.

Cusson, M. et G. Cordeau (1994). « Le crime du point de vue de l'analyse stratégique », p. 91-111, dans D. Szabo et M. Le Blanc (dir.), *Traité de criminologie empirique.* Montréal : Presses de l'Université de Montréal.

Fedorowycz, O. (1997). « L'homicide au Canada – 1996 », *Juristat*, vol. 17, n° 9. Centre canadien de la statistique juridique, Statistique Canada.

Felson, R.B., W. Baccaglini et G. Gmelch (1986). « Bar-room brawls : Aggression and violence in Irish and American bars », p. 153-166, dans A. Cambell et J.J. Gibbs (dir.), *Violent Transactions.* Oxford : Basil Blackwell.

Johnson, H. et R. Boe (1997). « Les crimes de violence au Canada : les tendances depuis 1983 », *Forum*, vol. 9, n° 2, p. 2-7 (Service correctionnel du Canada).

Ouimet, M. (1998). « L'agression sexuelle, la violence et les infractions aux lois sur les drogues : un portrait statistique », dans G. Lemire, S. Brochu, P. Noreau, J. Proulx et G. Rondeau, *Le recours au droit pénal et au système pénal pour régler les problèmes sociaux.* Montréal : CICC, Université de Montréal.

Rock, P. (1998). *After Homicide.* Oxford : Clarendon Press.

Statistique Canada (1993). *Enquête sociale générale, 1993.* Ottawa : Statistique Canada.

Sellin, T. et M.E. Wolfgang (1964). *The Measurement of Delinquency.* New York : Wiley.

Wolfgang, M., R.M. Figlio, P.E. Tracy et S.I. Singer (1985). *The National Survey of Crime Severity.* Washington : U.S. Department of Justice, Bureau of Justice Statistics.

PARTIE I
LES CONNAISSANCES ET LES TENDANCES

1

Que savons-nous sur la violence criminelle ?

Maurice Cusson et Jean Proulx

Sur quelles connaissances pouvons-nous nous appuyer pour expliquer et comprendre les homicides, agressions sexuelles, vols qualifiés et voies de fait ? Et surtout, comment choisir dans la masse d'informations ? Car les écrits sur la violence pourraient remplir une bibliothèque entière ; y prendraient place les travaux des biologistes, des psychologues, des psychiatres, des philosophes, des historiens, des sociologues, etc. Il s'impose de commencer par les faits et les théories qui continuent d'inspirer les chercheurs et dont les assises empiriques tiennent toujours. Ainsi, nous traiterons d'abord de l'histoire de la violence puis des théories biologiques, psychologiques et sociologiques de l'agression. Par la suite, nous examinerons les connaissances les plus actuelles sur la violence criminelle. Celles-ci peuvent être utilement organisées à partir d'une triple distinction. La première oppose les agressions *prédatrices*, motivées par l'appât du gain ou du plaisir, aux violences *querelleuses* au cours desquelles des gens échangent des coups ; la deuxième distingue les violences *graves* comme le meurtre de celles qui le sont moins (le simple coup de poing, par exemple), et la troisième souligne les différences entre les théories *spécifiques* de la violence et les théories *générales*, lesquelles veulent rendre compte des crimes contre la personne par des modèles qui valent pour la délinquance en général.

L'histoire de la violence

Il n'est pas sans intérêt de préciser que le niveau actuel de violence criminelle dans la plupart des pays occidentaux est beaucoup plus bas qu'il y a quelques siècles. En effet, les historiens ont réussi à démontrer que les taux d'homicide ont fortement diminué entre 1200 et 1900. Par exemple,

11

de minutieux travaux sur archives ont permis aux chercheurs de situer les taux d'homicide, dans l'Angleterre du XIIIᵉ siècle, aux environs de 20 par 100 000 habitants alors qu'ils ne sont plus qu'à 1,4 par 100 000 habitants de nos jours. Au cours du Moyen Âge, les Anglais tuaient leur prochain quatorze fois plus souvent qu'aujourd'hui. Les historiens constatent cette décroissance dans plusieurs pays européens (Given, 1977 ; Hanawalt, 1979 ; Chesnais, 1981 ; Gurr, 1981 ; Johnson et Monkkonen, 1996 ; Sharpe, 1996 ; Muchembled, 1989). Quand il s'agit de mesurer l'évolution des violences criminelles, l'homicide est reconnu comme le meilleur indicateur car il n'est pas soumis aux fluctuations de dénonciation et d'enregistrement qui affectent la fiabilité des chiffres des viols et des voies de fait. On déduit de la diminution pluriséculaire des homicides que le niveau des violences criminelles a fortement baissé en longue durée. Cela peut paraître surprenant, mais le XXᵉ siècle a été relativement épargné par la violence criminelle privée[1].

L'explication du déclin de la violence privée qui a cours parmi les spécialistes en fait la conséquence de deux processus : la monopolisation de la violence légitime par l'État et l'acquisition d'une meilleure maîtrise de soi par l'individu[2].

Au XIIIᵉ ou au XIVᵉ siècle, les juges étaient peu nombreux et peu accessibles ; la fonction policière était sous-développée. Nos ancêtres devaient alors se fier à leurs armes, à leur courage et à leurs alliés pour défendre leur personne, leurs proches et leurs biens. Il s'instaurait alors un type particulier de contrôle social : la violence était, faute de mieux, contrôlée par la violence ; la dissuasion du crime réalisée tant bien que mal par l'intimidation mutuelle et la justice assurée, plutôt mal que bien, par la compensation et la vendetta. Puis, dans des pays comme la France et l'Angleterre, l'État monte en puissance entre le XIVᵉ et le XIXᵉ siècle. Il supprime peu à peu les armées privées des seigneurs féodaux. Il se dote de lois écrites et multiplie les tribunaux qui rendent une justice de plus en plus accessible, de mieux en mieux acceptée et – avec le développement des organisations policières et des prisons – de plus en plus capable de faire exécuter ses sentences. Cette évolution rend la violence privée de moins en moins nécessaire et légitime et de plus en plus réprimée. Alors que durant le Moyen Âge, seigneurs et paysans portaient constamment leurs armes et étaient disposés à

---

1. Nous ne pouvons certainement pas dire « un siècle non violent » quand nous pensons aux guerres, aux génocides et aux millions de personnes enfermées dans des camps de concentration au cours du XXᵉ siècle.

2. Voir notamment Elias (1939a et 1939b) et Spierenburg (1996).

se battre à la moindre provocation, au XVIIe siècle, les gens se sentent mieux protégés par la force publique et, en cas de dispute, peuvent faire appel aux tribunaux. Ils peuvent alors se permettre de ranger leurs épées et de mettre leur agressivité en veilleuse. Alors que, dans notre passé lointain, il était à la fois utile et bien vu d'être courageux, ombrageux et vaillant, sous le Roi Soleil, il est devenu de bon ton de faire preuve de retenue, de politesse, de maîtrise de soi et de civilité. Ces qualités sont praticables dans un espace social pacifié : se sentant protégé des attaques par la force publique et assuré que ses chicanes pourront se régler devant un juge, chacun peut se payer le luxe de contrôler sa propre violence. Il est alors loisible de miser sur la finesse et la subtilité plutôt que sur la force et le courage. Et il devient opportun pour les parents d'éduquer leurs enfants à la non-violence. Ce sentiment de sécurité propice au contrôle de soi présuppose donc un monopole effectif de la violence légitime : seul l'État, par sa police et ses tribunaux, peut punir et user de force tout en restant dans les limites du droit. Cette évolution politique fait évoluer les mœurs : on tolère de plus en plus mal que des particuliers se bagarrent, se provoquent en duel ou se vengent. Bref, la société civile perd le droit de se défendre par la violence au profit de l'autorité publique.

L'État moderne a donc eu un rôle décisif à jouer dans ce lent processus de pacification et de civilisation de nos mœurs. C'est l'État qui a mis à la disposition des citoyens qu'opposait un différend des pacificateurs de plus en plus nombreux en la personne de gendarmes et de juges. Il semble donc que des organisations policières de plus en plus efficaces, disciplinées et rapides, couplées à un système judiciaire de plus en plus accessible et équitable aient fait reculer la violence privée.

THÉORIES BIOLOGIQUES, PSYCHOLOGIQUES ET SOCIOLOGIQUES

Les biologistes, les psychologues et les sociologues ont conçu bon nombre de théories pour expliquer soit le développement de la propension à la violence chez les individus, soit son actualisation dans des situations particulières. Dans la présente section, nous ne traiterons que des théories qui continuent d'exercer une influence et qui portent spécifiquement sur la violence. Pour chacune d'elles, nous présenterons brièvement les concepts de base, les études effectuées pour en vérifier la validité, leurs forces et leurs limites.

Théories biologiques

Facteurs génétiques

Il ne peut être exclu que la colère et les comportements d'attaque soient quelquefois activés et, d'autres fois, inhibés par des contrôles biologiques localisés dans le cerveau (Karli, 1991). Il se pourrait aussi que la propension à la violence soit en partie conditionnée par l'hérédité. Afin de vérifier cette hypothèse, plusieurs comparaisons entre des jumeaux homozygotes et hétérozygotes furent réalisées. À partir d'une méta-analyse, sur 38 de ces études comparatives, Walters (1992) conclut que les antécédents génétiques sont faiblement corrélés avec l'intensité de l'activité criminelle. Toutefois, curieusement, cette corrélation vaut pour les crimes contre la propriété et non pour les crimes violents. Par ailleurs, Coccaro, Bergeman et McClean (1993) ont démontré que la tendance à la violence motivée par la colère était en partie déterminée génétiquement (ce qui laisserait entendre que la violence prédatrice ou instrumentale ne l'est pas). Ainsi, les études sur le lien entre les facteurs génétiques et la violence produisent des résultats incertains. Même si l'on reconnaît un rôle aux facteurs génétiques, on se doit de clarifier les processus par lesquels ils affectent les comportements violents. En effet, il est possible qu'ils ne causent pas directement le comportement violent mais qu'ils déterminent des conditions qui le favorisent. Ainsi, un homme de forte stature (déterminée génétiquement) aurait plus facilement tendance à utiliser la violence physique en cas de conflit qu'un homme à constitution gracile.

Facteurs hormonaux

Quel est l'impact spécifique des hormones sur le comportement agressif ? Chez les animaux, un niveau de testostérone élevé favorise les comportements agressifs (Svare et Kinsley, 1987). Toutefois, chez l'humain, un tel lien est moins évident. En effet, malgré des études qui indiquent une corrélation positive entre le taux de testostérone et les comportements agressifs, la démonstration d'une relation causale reste à faire (Elias, 1981). Booth et Osgood (1993) ont examiné les rapports entre le niveau de testostérone et une échelle de délinquance (combinant des délits de violence, de vol et de drogue) chez 4462 soldats américains. Il en ressort que 1) plus les sujets ont un niveau élevé de testostérone, plus ils sont délinquants (mais la corrélation n'est pas forte) ; 2) plus ils ont un niveau élevé de testostérone, moins bonne est leur intégration sociale (mesurée par la stabilité au travail, le mariage et la vie associative) ; 3) plus l'intégration sociale est bonne, moins les soldats sont délinquants (et, dans ce dernier cas, la corrélation est forte). Le lien testostérone-délinquance paraît donc passer par l'intermédiaire de l'intégration sociale. Il se pourrait qu'un niveau élevé de testostérone prédispose à la colère et à la prise de risque (Tedeschi et Felson, 1994), ce qui nuirait à une intégration sociale harmonieuse.

Facteurs neurologiques

L'activité de certaines zones du cerveau, en particulier le système limbique (amygdales), semble favoriser les comportements violents. En effet, chez les animaux, la stimulation électrique de ces zones du cerveau est suivie de comportements violents (Adams, 1979 ; Karli, 1991). Chez l'humain, l'étude de cas cliniques indique que des tumeurs au cerveau favoriseraient une augmentation de la fréquence et de l'intensité des comportements violents (Moyer, 1987). Les atteintes au système limbique les provoqueraient également. Toutefois, ces conditions pathologiques étant rares, elles ne peuvent expliquer l'ensemble des comportements violents.

Qu'il s'agisse des facteurs génétiques, hormonaux ou neurologiques, aucune conclusion ferme ne peut être émise quant au rôle des facteurs biologiques dans l'actualisation de comportements violents. Une attitude prudente serait de considérer ces facteurs comme ayant un effet indirect – facilitant ou réducteur – sur les comportements agressifs (Raine et collab., 1997).

Les théories psychologiques

La théorie du lien frustration-agression

Freud (1920) est le premier à avoir explicité le lien frustration-agression. Il y a frustration si l'énergie qui pousse un organisme à poursuivre un but est bloquée. La catharsis se produit si l'organisme montre un comportement agressif qui réduit sa frustration. Toutefois, lorsque la source de la frustration est inaccessible ou trop dangereuse, il peut y avoir un déplacement des comportements agressifs sur une cible de substitution.

L'hypothèse freudienne selon laquelle la frustration est un déclencheur de l'agression fut enrichie par les travaux de Dollard et ses collaborateurs (1939). Ces auteurs ont démontré que l'intensité de la frustration – et, partant, sa capacité de susciter l'agression – découle de trois facteurs : 1) l'intensité du but poursuivi (exemple : le retrait d'un plat de nourriture est une frustration plus grande pour un chien affamé que pour un chien rassasié) ; 2) l'intensité de l'interférence avec le but poursuivi (exemple : pendant la réalisation d'une tâche exigeant de la concentration, une personne qui parle continuellement constitue une plus grande source de frustration qu'une autre dont le discours est intermittent ; et 3) le nombre d'interférences antérieures avec le but poursuivi (exemple : la frustration d'un enfant à qui on enlève un jouet sera plus grande la cinquième fois que la première fois). Ils ont démontré également que le processus de déplacement est favorisé par les similitudes entre la source originelle de la frustration et une cible substitutive.

De manière générale, les études expérimentales confirment la validité du modèle frustration-agression. Ainsi, la frustration suscitée par l'obstruction pendant la réalisation d'une tâche suscite des comportements agressifs (Buss, 1961 ; Gentry, 1970). Toutefois, l'intensité des comportements agressifs est plus élevée dans les expériences où les déclencheurs sont des insultes plutôt que des frustrations au sens strict. Pour sa part, Hokanson (1970) a démontré que l'émission d'un comportement agressif à la suite d'une insulte réduit la frustration (évaluée à partir de la pression sanguine). Toutefois, ce processus de catharsis est absent lorsque le sujet anticipe une contre-attaque de la part de l'insulteur (Geen et Quanty, 1977). Finalement, Tedeschi et Norman (1985) concluent que la majorité des expériences de laboratoire confirment l'existence d'un processus de déplacement.

En ce qui concerne l'actualisation d'un comportement agressif dans une situation particulière, Bandura (1973) considère que la frustration et la colère n'y jouent qu'un rôle secondaire, car ces états d'activation émotionnelle peuvent être suivis d'une diversité de comportements autres que l'agression, tels la fuite et le mutisme. Ainsi, pour Bandura, il n'existe pas de lien causal entre un état de frustration et un comportement agressif ; d'autant que l'interprétation d'une situation, laquelle est fonction de l'histoire d'apprentissage du sujet, joue un rôle dans l'agression. Une telle primauté de la dimension cognitive sur la dimension affective se retrouve également chez d'autres chercheurs (Gibbs, 1994 ; Ross et Fabiano, 1985 ; Cornish et Clarke, 1986). Elle a été examinée par Berkowitz (1993) qui a démontré que l'interprétation cognitive d'une situation de frustration constitue un modérateur important du lien frustration-agression. En effet, si une frustration est perçue comme étant arbitraire, la probabilité qu'un comportement agressif lui succède est plus élevée que si elle est jugée légitime. De plus, l'exposition à des modèles agressifs et l'activation physiologique et émotionnelle antérieure à une frustration favorise les comportements violents (Zillmann, 1983).

Bien que le lien frustration-agression soit établi, sa portée est limitée. Les chercheurs ont identifié des déclencheurs de l'agression autrement puissants que la frustration au sens strict, notamment les agressions elles-mêmes et les insultes (Bandura, 1973 ; Berkowitz, 1989 ; Karli, 1987 ;

Moser, 1987). De deux choses l'une : ou le terme frustration est défini de manière étroite comme une interférence lors d'une tâche et, alors, ce n'est pas un déclencheur d'agression très efficace ; ou bien il est conçu pour englober les insultes et les attaques et, alors, il devient trop large et pas assez précis.

Les théories de l'apprentissage

La théorie de l'agression de Buss (1961) s'inspire des travaux de Skinner sur le conditionnement opérant (le comportement est fonction des renforcements ou des punitions qui le suivent). La fréquence et l'intensité d'un comportement agressif d'un sujet découlent de l'histoire d'apprentissage de ce dernier. Par exemple, la fréquence des comportements agressifs augmente chez un enfant après qu'ils se soient révélés efficaces pour contrer les attaques d'autres enfants (Hartup, 1974 ; Patterson, 1982). Buss ajoute que, par-delà l'histoire d'apprentissage, trois facteurs facilitent le comportement agressif : la colère non exprimée lors de situations antérieures ; les caractéristiques de la victime (par exemple, l'appartenance à une minorité visible) et le tempérament de l'agresseur (par exemple, son impulsivité ou son caractère indépendant).

Bandura (1973, 1977, 1983) insiste sur le fait que les comportements agressifs sont appris par l'observation de modèles violents. Le sujet observe la situation, les comportements émis et les conséquences de ces comportements ; ensuite, il mémorise ces observations ; finalement, lors d'une situation similaire, il actualise ou inhibe les comportements appris. Ainsi, l'apprentissage par observation implique une dimension cognitive, soit l'anticipation des conséquences probables d'un comportement observé chez le modèle. Plusieurs études ont confirmé le rôle de l'apprentissage par observation dans l'acquisition des comportements agressifs (Akers, 1994 ; Baron et Bell, 1975 ; Feldman, 1994 ; Hearold, 1986).

L'interactionnisme social

Pour Tedeschi et Felson (1994), les agressions sont des modes d'influence sociale ; elles doivent donc être conçues en termes interactionnistes. Ces auteurs préfèrent d'ailleurs le terme *action coercitive* à agression pour en souligner la fonction dans le cadre d'un rapport interpersonnel. Toute action coercitive est un moyen en vue d'une fin. Le violent prétend obliger sa victime à faire ou à ne pas faire quelque chose ; il veut l'intimider, l'humilier ou la forcer à changer d'attitude. Au-delà de ces fins immédiates, l'agresseur poursuit trois catégories de fins plus générales : 1) contraindre autrui (par exemple, pour s'emparer de son argent ou en tirer un plaisir sexuel) ; 2) rétablir la justice (la victime est blâmée, jugée coupable d'une action injuste ; elle paraît donc mériter une « punition ») ; 3) affirmer ou défendre sa réputation ou son image de soi (par exemple, en réponse à un affront ou à une humiliation publique). En d'autres termes, toute action coercitive vise à soumettre, intimider, dévaloriser la victime ou à la faire souffrir. Mais ces buts n'ont de sens que s'ils permettent à l'agresseur d'atteindre un but final. Par exemple, un garçon frappe sa sœur afin qu'elle renonce à la télécommande (soumission de la victime), ce qui lui permet d'obtenir l'usage de celle-ci et, conséquemment, d'écouter son émission préférée (but final). Posant que toute action coercitive est instrumentale, Tedeschi et Felson sont amenés à rejeter le concept de violence expressive, réflexe, et sans médiation cognitive proposé par Berkowitz (1993). Dans la même ligne de pensée, ils croient que l'agresseur est un être rationnel qui prend ses décisions en tenant compte de la valeur du but visé (intensité de la motivation), des coûts impliqués et des probabilités de succès. Toutefois, cette rationalité est limitée par la multiplicité des moyens possibles pour atteindre le but visé et par le manque de temps pour les analyser. Les processus décisionnels de l'agresseur sont également affectés par des facteurs biologiques, de personnalité, par l'activation émotionnelle, la consommation de substances psychoactives, etc.

Malgré l'intérêt du modèle proposé par Tedeschi et Felson, il est permis de se demander s'ils ont vraiment introduit un nouveau paradigme dans l'étude de la violence. Ils ont raison de souligner que les théories qu'ils recensent négligent la motivation, la fonction des comportements violents. Toutefois, ils ne mentionnent ni les théories fonctionnelles des attitudes (Katz, 1960) ni les théories psychopathologiques de la violence (Clements, 1996 ; Hare, 1996 ; Monahan et Steadman, 1994), lesquelles accordent une place centrale à la motivation. De plus, leur modèle ne spécifie pas le rôle des facteurs biologiques et de l'histoire d'apprentissage qui déterminent le répertoire des décisions possibles lors de l'actualisation d'un comportement violent. Dernier reproche, leur rejet de la distinction traditionnelle entre violence instrumentale et violence expressive nous paraît excessif. Il est vrai que, dans les deux cas, les comportements violents visent un but intermédiaire permettant ensuite d'atteindre un but final. Mais la violence expressive, à la différence de la violence instrumentale, est motivée principalement par un désir de réduire l'inconfort physique associé à un sentiment de colère (Berkowitz, 1993). Ces deux types de violence restent irréductibles, comme on le verra plus loin dans la section consacrée à la violence prédatrice et querelleuse.

Les théories psychopathologiques de la violence

Le postulat qui sous-tend les théories psychopathologiques de la violence est que les comportements violents sont motivés par des facteurs intrapsychiques relativement stables et indépendants des facteurs environnementaux actuels. Pour Freud (1915 et 1920), l'agir violent résulterait d'un déplacement, sur une victime actuelle, d'une colère contre le père développée lors du complexe d'Œdipe. Leaff (1978), auteur d'obédience psychanalytique, soutient que les comportements violents permettraient à l'agresseur de fuir des angoisses archaïques, telle l'angoisse dépressive.

C'est sur les motivations des agresseurs qu'insistent les théories psychopathologiques contemporaines. Selon Monahan et Steadman (1994), les comportements violents des agresseurs présentant des troubles psychotiques et de l'humeur résultent des délires et des hallucinations (par exemple, un homme souffrant d'une schizophrénie paranoïde était convaincu que sa femme était une extraterrestre et qu'elle désirait détruire son esprit ; il l'a tuée afin de se protéger).

Hare (1996), disciple de Cleckley (1976), a établi que la psychopathie est en corrélation avec la récidive, incluant la récidive violente. La psychopathie est un trouble de personnalité caractérisé par une insensibilité à la souffrance d'autrui, l'absence de culpabilité, l'incapacité de maintenir avec autrui des relations durables de qualité. Le psychopathe sacrifie son intérêt à long terme à la satisfaction de son besoin immédiat ; il est incapable de se voir comme les autres le voient et il ne tire pas les leçons de ses échecs passés[3].

Si les théories psychopathologiques nous aident à comprendre les motivations anormales des comportements violents, elles sont mal conçues pour éclairer le rôle de la situation d'agression et des processus décisionnels de l'acteur dans celle-ci. Sauf dans le cas de psychose grave, il semble peu plausible qu'un agresseur ne tienne pas compte des contingences de la situation avant de passer à l'attaque. Si tel est le cas, la théorie de l'interactionnisme social et celle de la psychopathologie se complètent quand vient le moment de rendre compte de l'actualisation des comportements

---

3. Signalons aussi les typologies portant sur la diversité des criminels violents et dans lesquelles la psychopathologie de l'agresseur est centrale à la compréhension de la motivation de ses agirs violents (Clements, 1996 ; Chantry et Craig, 1994 ; Knight et Prentky, 1990 ; Megargee et Bohn, 1979 ; Millon et Davis, 1996 ; Weekes et Morison, 1993).

violents ; la première fournissant un cadre conceptuel qui intègre les motivations normales de l'agresseur et ses décisions en situation, et la seconde éclairant la diversité des motivations psychopathologiques à la violence.

Une théorie sociologique : la sous-culture de violence

Selon Wolfgang et Ferracuti (1967), les sous-cultures de violence sont les milieux sociaux dans lesquels les solutions violentes sont tolérées, encouragées ou même exigées dans certaines circonstances, par exemple quand on a été insulté publiquement. Un membre d'une telle sous-culture s'expose au mépris ou à l'ostracisme s'il n'a pas le courage de livrer bataille en cas d'affront ou de défi ; inversement, il gagne un statut élevé parmi ses pairs en faisant preuve de courage et de force au combat. La théorie fait donc découler la violence des valeurs et des normes qui ont cours dans certains milieux. Elle prend appui sur un fait indubitable : les jeunes gens qui fréquentent des pairs violents sont eux-mêmes portés à la violence. Cependant, cette donnée prête à interprétation ; en effet, les adolescents qui ont une propension à la violence choisissent des amis qui leur ressemblent. Cette thèse qui explique la violence par des valeurs et des normes culturelles exagère le conformisme des êtres humains, refusant d'admettre que l'on peut très bien céder à une impulsion violente sans pour autant valoriser ce mouvement de faiblesse. Et elle ne tient pas compte du fait qu'il n'existe pas de culture dans laquelle le meurtre serait carrément valorisé.

Violence prédatrice, violence querelleuse

Nous sentons tous qu'il y a une différence qualitative entre le vol à main armée dans une banque et la bagarre dans un bar mettant aux prises des amis. Dans le premier cas, un braqueur menace une caissière qui ne lui a rien fait. Dans le deuxième cas, des connaissances s'échangent de vifs propos, se fâchent et en viennent aux coups. Ce contraste a conduit certains auteurs à opposer l'agression instrumentale et l'agression expressive (ou hostile) ; d'autres distinguent la violence offensive et la violence défensive (Berkowitz, 1983 ; Karli, 1987 ; Baron et Richardson, 1994). Il nous apparaît que la terminologie la plus juste serait : violence prédatrice et violence querelleuse (Felson, 1993 ; Tedeschi et Felson, 1994). Le tableau qui suit présente les caractéristiques de ces deux types de violence.

Violences prédatrices	Violences querelleuses
Exemples	
Vol à main armée, meurtre par un tueur à gages, meurtre en vue de voler, viol d'une inconnue, « taxage ».	Bagarre d'ivrognes, dispute conjugale, homicide conjugal.
Buts visés par la violence	
L'agresseur veut contraindre, abattre sa victime pour s'emparer de son argent, jouir d'elle, etc.	Chacun des antagonistes veut punir l'autre, se venger, sauver la face, se défendre.
Rôles de l'agresseur et de la victime	
L'agresseur est l'assaillant ; il attaque le premier sans avoir été provoqué. Il est proactif. La victime subit l'attaque.	Quelquefois difficile de distinguer l'agresseur de la victime. Les torts sont souvent partagés. Les adversaires échangent des coups, chacun ayant l'impression de se défendre ou de riposter.
Émotions	
Indifférence affective envers la victime. Motivation appétitive.	Colère, hostilité, haine, rage, peur, ressentiment, sentiment d'injustice subie, humiliation.
Déroulement	
1) préparation ; 2) attaque ; 3) fuite.	1) faute ou offense ; 2) ultimatum ; 3) refus de s'excuser ; 4) rixe.

Le lecteur aura compris que nous avons affaire ici à des types purs. Les cas mixtes ne manquent pas. Ainsi en est-il du viol par vengeance perpétré pour tirer plaisir de la victime tout en voulant la faire payer pour un affront réel ou prétendu tel qu'elle aurait causé au violeur.

La logique et le déroulement de la violence prédatrice

L'agression prédatrice est une attaque unilatérale et délibérée destinée à procurer à son auteur un avantage quelconque au détriment de sa victime. Elle met en présence un assaillant motivé disposant de la force nécessaire et une victime qui lui paraît intéressante et vulnérable. L'assaillant est poussé par l'espoir d'un gain monétaire rapide (le braqueur), d'une jouissance sexuelle ou dominatrice (le violeur) ou par le plaisir de voir souffrir (le sadique). Pour réussir à atteindre ses fins contre la volonté de sa victime, il doit disposer d'une supériorité dans le rapport des forces : il est armé ; il est plus vigoureux que sa victime ; des complices lui prêtent main-forte.

La victime, la « proie », doit intéresser l'agresseur pour une raison ou une autre : elle détient l'argent qu'il convoite ; elle l'attire sexuellement, etc. Elle doit aussi présenter une vulnérabilité. Au Québec, les dépanneurs sont des cibles de prédilection des braqueurs parce que ces établissements sont le plus souvent tenus le soir par un employé seul et désarmé. Dans les écoles, les « taxeurs » s'en prennent aux élèves moins forts qu'eux, solitaires, timides et anxieux[4]. Le choix d'une victime vulnérable donne au prédateur l'assurance qu'il saura la subjuguer sans risque de représailles.

Une prédation typique se déroule en trois temps.

1) *Les préliminaires.* L'attaque est délibérée, ce qui ne veut pas toujours dire préparée, car il arrive que l'agresseur saute sur une occasion. L'assaillant choisit sa cible en fonction du bénéfice ou des plaisirs escomptés mais aussi de la vulnérabilité et de l'accessibilité de la victime. Le violeur partira à la recherche d'une femme seule ressemblant à celle qu'il imagine dans ses fantasmes. Le braqueur optera pour un dépanneur s'il ne se sent pas les reins assez solides pour dévaliser une banque.

Le choix de la tactique est fonction de l'expérience acquise par l'agresseur, de sa personnalité et des circonstances. Par exemple, un braqueur expérimenté sait que, pour réussir un vol à main armée dans une banque, il a intérêt à se procurer une voiture volée, à se déguiser, à repérer d'avance sa route de fuite, à opérer quand il y a peu de gens dans l'établissement et à n'y pas rester plus d'une minute.

2) *L'attaque.* À l'étape de l'exécution, le braqueur, violeur ou tueur met son plan en œuvre. Il veut arriver à ses fins le plus rapidement possible tout en gardant le contrôle de la situation. Il use de ruse, de vitesse et de violence pour produire un effet de surprise et neutraliser les résistances. La violence est utilisée de manière instrumentale. Souvent la menace suffit, quelquefois l'agresseur contraint ou frappe sa victime. La réaction de cette dernière influe sur la conduite de l'agresseur ; si elle résiste, il usera d'un surcroît de force ou il lâchera prise.

---

4. Selon Olweus (1994), les victimes du « bullying » appartiennent principalement à la catégorie « passive-submissive ». Sous la menace, elles pleurent et font ce que la jeune brute leur ordonne de faire.

3) *La mise en sûreté*. Les assaillants ont de bonnes raisons de penser que leurs victimes voudront résister, riposter, les dénoncer, peut-être même se venger. Ils savent qu'ils courent le risque d'être pris en chasse par la police, arrêtés et incarcérés. Pour échapper à ces dangers, les braqueurs ont la possibilité de se déguiser et de fuir en vitesse la scène du crime. Cette solution n'est toutefois pas à la portée des violeurs. C'est pourquoi certains voudront dissuader leurs victimes de les dénoncer à la police par des menaces de mort, à moins qu'ils ne les tuent avant de fuir.

Prédation et meurtre. Cependant, il est rare que les violences prédatrices aillent jusqu'au meurtre. Le pourcentage des agressions prédatrices qui se terminent par la mort de la victime est infime et les homicides qui peuvent être qualifiés de prédateurs ne représentent qu'une minorité des meurtres. C'est ainsi que Statistique Canada enregistre, pour 1994, 28 880 vols qualifiés et seulement 46 meurtres commis au cours d'un vol qualifié ; l'organisme fédéral compte aussi 31 690 agressions sexuelles et 21 meurtres commis pendant une agression sexuelle (Fedorowycz, 1995 ; Hendrick, 1995). Au Canada, les meurtres sexuels représentent à peine 4 % du total des homicides commis entre 1961 et 1990 et les meurtres liés au vol, 11 % (Silverman et Kennedy, 1993 : 118-119). C'est dire que la plupart des homicides ne sont pas perpétrés par des assaillants qui fondent sur leurs proies, poussés par l'appât du gain ou par la lubricité. Ils sont plutôt le fait de gens colériques qui se mettent à taper sur un proche ou une connaissance les ayant provoqués ou offensés. La violence prédatrice fait moins de morts que la violence querelleuse.

La violence querelleuse

La notion. Pour faire saisir au lecteur la nature de la violence querelleuse, commençons par un exemple tiré d'une recherche sur l'homicide à Montréal.

José, 30 ans, et Juan, 42 ans, passent ensemble une partie de la soirée dans une discothèque à consommer de l'alcool et de la cocaïne pour ensuite poursuivre chez José. Un troisième ami les rejoint. À un certain moment, la discussion s'envenime et l'un des compères traite l'autre d'homosexuel. L'altercation dégénère en empoignade. Pour finir, Juan prend son browning et tue José de deux coups de feu.

Cet homicide met en présence un meurtrier et une victime unis par des liens d'amitié, du moins de camaraderie ; ils en arrivent malgré tout à se disputer si vivement que, l'alcool et le pistolet aidant, le premier tue celui qui est pourtant un ami.

Nous proposons la définition suivante de la *violence querelleuse* : *échange d'hostilités entre deux parties qui, nourrissant des griefs l'un envers l'autre, en viennent aux coups*[5].

L'hostilité caractérise ce type de violence. Vient un moment au cours de l'altercation où la haine emporte tout. La relation est alors dominée par le ressentiment, la colère, la rage.

Avec la violence querelleuse, nous quittons le terrain de l'agression unilatérale pour entrer dans une logique dominée par l'action réciproque : échange de propos désobligeants, d'ultimatums, de menaces et de coups. Cette violence est interactive ; chacun se sent obligé de riposter, de rendre la pareille. Chacun a l'impression, non d'attaquer, mais de répondre à ce qui lui paraît être une offense, une réclamation indue, une iniquité ou une attaque. Chacun tend à se percevoir comme une victime ; chacun revendique, proteste de son bon droit, contre-attaque. Il s'ensuit que, dans de tels cas, il n'est pas toujours facile de distinguer l'agresseur de la victime.

Les travaux en psychologie expérimentale nous fournissent d'utiles informations sur les déclencheurs de la violence querelleuse. Nous avons vu plus haut que la frustration – dans le sens strict de l'interruption d'une activité orientée vers un but – est loin d'être le principal déclencheur de l'agression, comme le pensaient initialement Dollard et ses collaborateurs (1939). C'est plutôt l'agression elle-même qui s'est révélée être le plus puissant instigateur des comportements violents. Une attaque physique est le meilleur déclencheur d'une contre-attaque de même nature. Viennent ensuite les insultes puis les « stimuli aversifs » comme la douleur. Encore faut-il que ces derniers soient suffisamment intenses, qu'ils paraissent arbitraires et que les sujets soient placés dans une situation où une réponse agressive est encouragée (Bandura, 1973 ; Moser, 1987 ; Baron et Richardson, 1994).

---

5. Pour Freund (1983 : 65), « le conflit consiste en un affrontement ou heurt intentionnel entre deux êtres ou groupes de même espèce qui manifestent les uns à l'égard des autres une intention hostile, en général à propos d'un droit et qui pour maintenir, affirmer ou rétablir le droit essaient de briser la résistance de l'autre, éventuellement par le recours à la violence, laquelle peut le cas échéant tendre à l'anéantissement physique de l'autre ». Selon Stafford et Gibbs (1993 : 72), il y a querelle entre **A** et **B** quand **A** faisant un grief à **B** lui demande de réparer ou de s'excuser et que **B** refuse d'obtempérer. Un grief est entendu comme un sujet de plainte, une raison de croire qu'on a été injustement lésé. Dire que **A** fait grief à **B** signifie qu'il le tient, à tort ou à raison, responsable du préjudice subi et qu'il exige d'être réparé ou compensé, quitte à se charger lui-même de punir **B**. Stafford et Gibbs font de telles querelles (« disputes ») la source principale de la violence. Selon eux, plus elles sont fréquentes dans une société, plus les taux de voies de fait et d'homicides y sont élevés.

Plutôt que « déclencheur », *grief* est un terme plus juste pour désigner ce qui est à l'origine de la plupart des violences querelleuses (Black, 1983). Maintes disputes démarrent sur un grief : sujet de plainte, revendication, impression d'être victime d'une injustice. Ce qui fait dire à Freund (1983) que « l'objet du conflit est en général – mais non point toujours – le droit » (p. 67). Il poursuit : « [...] lorsqu'on considère la plupart des conflits on ne peut que constater que le sentiment de droit ou de la justice est au cœur de la discorde » (p. 68). Pour cet auteur, il peut difficilement y avoir conflit sans une revendication entendue comme « l'expression d'une exigence qu'on adresse à autrui au nom d'un droit qu'on estime lésé, d'un dû dont on pense qu'on est frustré, donc au nom d'une justice méconnue ou bafouée, étant entendu que l'idée de justice fait dans ce cas l'objet d'une appréciation subjective que l'autre ne partage pas » (p. 147). Notons que les personnalités antisociales, narcissiques ou paranoïdes ont une forte propension à se sentir victimes d'injustices imaginaires. Le recours à la violence se comprend comme un moyen maladroit, et finalement injuste lui-même, de corriger ce qui paraît – à tort ou à raison – comme une injustice ; une manière de forcer l'autre à réparer, à s'excuser, à s'incliner, à payer.

La revendication querelleuse s'adresse à un autre dont on attend un geste, une forme quelconque de reconnaissance avant qu'il ne soit réduit au statut d'ennemi à abattre. À la différence de la violence prédatrice où l'autre est vu comme un objet, un obstacle à renverser, ici l'autre apparaît d'abord comme une personne à qui l'on demande respect, obéissance ou justice et qui déçoit, se révélant offensant, humiliant, insoumis, inéquitable. Dans la querelle, les buts des adversaires ne sont ni extérieurs à la relation ni posés d'avance ; ils émergent bien plutôt de la relation elle-même et ils sont indissociables du conflit.

La violence querelleuse poursuit trois catégories de buts. Premièrement, elle vise à mettre un terme à l'attaque ou à l'offense qui l'a déclenchée : repousser l'agresseur, faire taire l'insulteur. Deuxièmement, elle paraît un moyen de punir ou de « faire payer » l'auteur de l'attaque initiale ou le responsable de l'expérience désagréable. Selon la logique de la rétribution, on voudra rendre le mal pour le mal. Troisièmement, la réponse violente sert assez souvent à laver l'honneur compromis par l'offense. On répond à un outrage public en menaçant l'offenseur de coups s'il ne se rétracte et l'on exécute la menace si les excuses ne viennent pas. Une telle violence devient alors la démonstration que, quoi qu'en dise l'autre, on n'est ni un lâche ni une mauviette.

La présence et l'intraspécifique. Les disputes et les actes violents qui en résultent se produisent principalement entre connaissances, amis ou parents.

La grande majorité des victimes de violence connaissaient leur agresseur avant les faits. C'est ainsi qu'au Canada, plus de 80 % des homicides opposent des membres d'une même famille, des amis ou des relations d'affaires (Silverman et Kennedy, 1993 ; Fedorowycz, 1997). C'est dans le cercle des gens que nous aimons que nous trouvons ceux que nous finirons par détester. Plus les rapports entre deux personnes sont fréquents, plus nombreuses sont les occasions de désaccords, de chicanes et d'affrontements. Il faut se fréquenter pour se quereller. La violence querelleuse est favorisée par l'intimité, la promiscuité et le voisinage. Sa fréquence varie en raison directe du temps passé ensemble. Et, selon le principe « Qui se ressemble s'assemble », c'est surtout avec ses semblables que l'on passe le plus de temps. Voilà pourquoi les protagonistes des violences querelleuses ont tendance à être soit des intimes, soit des semblables, soit les deux. Le profil sociodémographique des victimes d'agression ressemble étonnamment à celui de leurs agresseurs. Ce fait est patent aux États-Unis où les victimes d'actes violents sont, *comme les délinquants,* des jeunes (les moins de 25 ans sont dix fois plus souvent victimes de violence que les 65 ans et plus), des célibataires (les célibataires sont onze fois plus souvent victimes de voies de faits que les gens mariés) et des hommes (Sampson et Lauritsen, 1994). Quand un crime violent est commis, plus souvent qu'autrement l'agresseur et la victime se ressemblent : même âge, même classe sociale et même groupe ethnique (Silverman et Kennedy, 1993 ; Green, 1993 ; Laroche, 1994 ; Sampson et Lauritsen, 1994 ; Tremblay et Léonard, 1995 ; Cusson, 1998a). Le phénomène est de toutes les époques : il a été noté au Moyen Âge (Chiffoleau, 1984 : 154 ; Gauvard, 1991). La violence querelleuse pourrait être dite intraspécifique.

L'alcool et la fête. Il est notoire que la violence est fréquente dans (et autour) des bars, tavernes et autres débits de boisson. De même, elle éclate moins souvent durant les jours de la semaine que durant les soirées de fin de semaine et de jour de fête. Par ailleurs, les sondages de victimisation nous apprennent que plus les gens sortent souvent le soir dans les débits de boisson, plus ils risquent d'être victimes de voies de fait (Statistique Canada 1993 ; Killias, 1991 : 291). C'est dans le cadre de loisirs festifs arrosés d'alcool que font surface nos humeurs belliqueuses. Les risques de violences querelleuses varient en raison directe du temps que les jeunes célibataires passent à boire de l'alcool ensemble.

L'AGGRAVATION DE LA VIOLENCE ET LE RÔLE DES TIERS

L'escalade. L'origine d'une querelle qui culmine en voies de fait simples n'est pas toujours très différente de celle qui se termine par un homicide. Il arrive que l'une et l'autre démarrent sur un désaccord ou un incident assez futile : discussion sur la politique ou le sport, dette mineure, regard de travers, plaisanterie mal placée. Rarement la gravité de l'incident initial est-elle à la mesure de la gravité du crime qui le clôt. Pourquoi cette montée à l'extrême ? L'alcool et les armes y sont sûrement pour quelque chose : une altercation entre deux hommes sobres et désarmés ne débouche presque jamais sur un homicide. Mais il y a autre chose : le déroulement même de l'affrontement. Les querelles qui se soldent par la mort d'un protagoniste ont souvent été emportées dans un mouvement en spirale, comme on le voit dans l'exemple qui suit.

> Armand, 44 ans, passe la soirée à consommer de l'alcool chez son ami Jean, homme marié de 40 ans. Vers une heure du matin, Armand offre un peu d'argent à Jean pour que ce dernier lui permette de passer quelques instants seul avec sa femme. Outragé, Jean somme son ami de quitter les lieux. Armand refuse et la bagarre éclate. C'est en menaçant son ami avec un couteau de chasse que Jean réussit à le jeter dehors. Mais Armand revient à la charge, force la porte de l'appartement et attaque Jean à coups de pied. Au cours de la bataille qui suit, Jean transperce le cœur d'Armand (Recherche sur l'homicide à Montréal).

Un homicide comme celui-ci n'est pas sans rappeler des faits rapportés par Luckenbill (1977), Felson et Steadman (1983), Felson et ses collaborateurs (1986) et Tedeschi et Felson (1994). Il ressort de leurs travaux que les homicides précédés d'une escalade peuvent être découpés en quatre stades.

1) **A** offense **B**, le déçoit ou le lèse. Il refuse de lui obéir ; il commet une faute ; il refuse de payer une dette ; il triche au jeu ; il poursuit la femme de **B** de ses assiduités, etc.

2) **B** met **A** en demeure d'obéir, de s'excuser, de payer sa dette, de cesser d'importuner sa femme, etc.

3) **A** refuse de s'incliner ; il se justifie ; il persiste ; il revient à la charge ; il réplique de manière offensante ; il en rajoute.

4) Les adversaires en viennent aux coups dans une mêlée indistincte puis l'un d'eux porte un coup fatal.

La dynamique de la montée aux extrêmes obéit à la loi de la réciprocité négative. Les êtres humains ont tendance à rendre la pareille, aussi bien les amabilités que les hostilités. S'ils sont portés à rendre le bien pour le bien, ils ont aussi le réflexe de rendre coup pour coup et de frapper au moins aussi fort qu'ils ont été frappés (Felson et Steadman, 1983 ; Baron et Richardson, 1994 : 141-147). La tendance à la réciprocité s'explique d'abord en termes de justice rétributrice : je me sens justifié de frapper celui qui m'a frappé. Elle s'analyse aussi en termes défensifs : je riposte pour repousser l'attaque ou pour prévenir une nouvelle attaque. Enfin, l'ascension aux extrêmes obéit à la logique du duel. Pour vaincre, les duellistes vont mobiliser toute la violence nécessaire pour avoir le dessus. Mais, sous l'attaque, chacun fera un effort supplémentaire pour tenir tête et pour contre-attaquer de manière décisive. Chacun est alors contraint d'accentuer l'intensité de ses attaques, sinon c'est la défaite, peut-être même la mort. Ainsi passe-t-on des paroles aux coups et, si une arme est à portée de main, il sera difficile pour qui est en danger de ne pas l'utiliser. Dans une telle dialectique, les protagonistes ont perdu le contrôle de leur propre violence ou, plus précisément, ils se contrôlent réciproquement. Tant que l'autre n'est pas abattu, il peut m'abattre : il m'oblige à mobiliser tous mes moyens comme je l'oblige à mobiliser les siens (sur cette dialectique, l'auteur classique est Clausewitz, 1832-1834).

Au Canada, les homicides querelleurs et conjugaux sont cinq fois plus fréquents que les homicides prédateurs. Pourquoi ? Parce que les querelles ont plus souvent tendance à être emportées par la spirale de l'escalade que les prédations. La plupart des braqueurs et des violeurs prennent les moyens pour éviter de se laisser emporter par l'escalade. Ils s'arment et ils aménagent un effet de surprise pour annihiler toute velléité de résistance, donc de montée aux extrêmes. Bien que l'agression prédatrice soit a priori plus répréhensible, elle tue moins souvent que la violence querelleuse.

Les tiers. Le rôle décisif joué par les tiers dans l'issue des conflits a récemment été redécouvert en sociologie[6]. Comme les êtres humains vivent en société, leurs querelles ont de bonnes chances de venir à l'attention de voisins, amis, parents, collègues, policiers, juges, etc. Les tiers sont des personnes qui font sentir leur influence dans une dispute sans en être les protagonistes. Soit qu'ils les poussent à se battre, soit qu'ils leur prêtent mainforte, soit qu'ils séparent les adversaires, calment les esprits et proposent leurs bons offices. Que les tiers ne soient pas quantité négligeable dans les querelles, une recherche menée par Felson et ses collaborateurs (1984) l'atteste. Étudiant des descriptions de violences criminelles, ces auteurs montrent que les agresseurs portent plus de coups quand les tiers encouragent la violence et moins de coups quand ils interviennent à titre de médiateurs.

---

6. Voir notamment Freund (1983), Black (1993), Baumgartner (1993), Felson et collab. (1984), Felson (1994), Tedeschi et Felson (1994). C'est à Simmel que la sociologie doit la découverte du rôle du tiers dans les conflits. Lors d'une dispute, le tiers est le seul à pouvoir présenter objectivement les arguments de A à B et inversement. Il vide de leur véhémence les propos de chacun en les limitant à leur contenu objectif, apportant ainsi une précieuse contribution à la concorde (voir *The Sociology of Georg Simmel*, Simmel, 1950 : 145 *sq.*).

La distribution de la violence conjugale apporte une démonstration supplémentaire de l'importance des tiers. Matériel anthropologique à l'appui, Baumgartner (1993) a montré que les femmes sont exposées à être battues par leur mari dans les cultures où les tiers brillent par leur absence ou leur complaisance. En effet, c'est dans les sociétés où l'épouse doit quitter son village d'origine pour vivre dans celui de son mari qu'elle est le plus exposée à la violence de ce dernier : sa propre parenté est trop loin pour la protéger. En revanche, une telle violence peut être contenue dans deux cas de figure. Dans le premier, l'épouse a pu préserver des liens étroits avec sa propre famille ; elle peut alors compter sur l'appui de ses propres parents ou de ses frères pour dissuader le mari de se livrer à des sévices ; le cas échéant, elle sait où trouver refuge. Dans le second, la famille du mari et celle de la femme vivent en bonne intelligence, et alors, en cas de dispute, elles vont unir leurs efforts pour raccommoder les conjoints et trouver une issue pacifique à leur différend. L'anthropologie nous apprend, écrit Baumgartner, que les sociétés dans lesquelles les familles d'origine des conjoints sont distantes ou hostiles souffrent plus fréquemment de violence conjugale que celles où leurs rapports sont étroits et cordiaux.

Le conflit, écrit Freund (1983), est une relation « marquée par le *tiers exclu* » (p. 288). La polarisation des relations entre ami et ennemi entraîne l'exclusion et la dissolution des tiers ; il ne reste plus alors aux deux camps que de s'en remettre à l'épreuve de force (p. 172-179). Si, au contraire, un tiers impartial et attaché à la paix fait sentir sa présence, les chances sont meilleures qu'il dissuade les protagonistes d'en découdre et qu'il serve d'intermédiaire pour que s'ouvrent des négociations.

Trois catégories de tiers sont susceptibles d'influer sur l'issue d'une querelle[7] : 1) les partisans qui appuient l'un des adversaires ; 2) les spectateurs dont l'attitude est plus ou moins complaisante ; 3) les pacificateurs. Seuls ces derniers contribuent à la désescalade. *Les pacificateurs* sont des tiers qui, tout en gardant une certaine neutralité, interviennent auprès des parties afin de trouver une issue pacifique à la querelle. Ils s'interposent, séparent les ennemis, calment les esprits et proposent une *trêve* ; ils offrent aux adversaires une *médiation* ou un *arbitrage* pour les aider à trouver un règlement mutuellement acceptable. Ils disent qui a tort, qui a raison. Quelquefois, ils imposent leur solution ; ce que fait le juge.

---

7.   Cette classification s'inspire de Black (1993). Voir aussi Freund (1983).

Sachant que l'homme est un être conflictuel, les pacificateurs paraissent indispensables pour dénouer les conflits et freiner l'ascension aux extrêmes. Comment vivre en paix s'il n'y a personne pour séparer les adversaires, dissuader les agresseurs, calmer les esprits, ouvrir la voie à la négociation, proposer des compromis et réconcilier les ennemis ? Par l'interposition, la médiation, l'arbitrage et le jugement, les pacificateurs offrent aux protagonistes une assurance de sécurité et un espoir de justice. Assurance de sécurité, car chacun pourra se dire qu'il ne sera pas attaqué tant que prévaudra la trêve et que se poursuivront les discussions. Espoir de justice, car, avec l'aide du pacificateur, chacun peut espérer obtenir une réponse équitable à ses griefs.

Une hypothèse découle de ce qui précède. Dans les réseaux sociaux où des pacificateurs influents et reconnus interviennent avec célérité et équité dans les disputes, la violence grave devrait en principe se faire rare[8]. En revanche, les réseaux violents devraient être peu fournis en pacificateurs.

Ci-après, nous verrons que si la violence sévit avec une virulence toute particulière dans la pègre, c'est notamment parce que les criminels ne peuvent faire appel aux policiers et aux juges, pacificateurs attitrés des États modernes.

LES VIOLENCES CRIMINELLES ET LA DÉLINQUANCE GÉNÉRALE

La violence criminelle peut être conçue soit comme un phénomène spécifique obéissant à ses lois propres, soit comme partie intégrante de la délinquance et, par conséquent, explicable par des théories valables pour la délinquance en général. Selon la première hypothèse, le criminel violent serait porté à se spécialiser dans les crimes contre la personne et son comportement s'expliquerait dans les termes qui viennent d'être évoqués : frustration, coercition, sous-culture, escalade, absence de pacificateur, etc. Dans la deuxième hypothèse, il ne serait qu'un délinquant polymorphe butinant du vol à la fraude et de l'agression aux délits de drogue. Les chiffres nous indiquent que les deux hypothèses ont leur part de vérité. En effet, au Canada, parmi les détenus fédéraux condamnés pour un crime contre la personne, 47 % ont des antécédents d'infractions sans violence : ils sont en

---

8. Les anthropologues qui ont étudié la médiation dans les sociétés traditionnelles (Pruitt et collab., 1993) ont repéré quatre conditions pour qu'elle soit efficace : 1) le médiateur intervient immédiatement, dès le premier signe du conflit ; 2) il jouit d'un statut social élevé et d'un pouvoir suffisant pour imposer sa solution aux parties ; 3) sa légitimité est reconnue dans sa communauté ; 4) son verdict consiste assez souvent à obliger le défenseur à verser une compensation au demandeur.

réalité des généralistes du crime[9]. Les travaux américains et anglais démontrent que les délinquants qui ont un ou plusieurs crimes violents à leur actif ont souvent par ailleurs un répertoire d'infractions non violentes. La majorité (86 %) des délinquants « violents » de l'échantillon de Londres ont commis plus de délits non violents que de délits violents. La plupart des auteurs de crimes violents sont en réalité des transgresseurs versatiles qui ont parsemé leurs activités délictueuses d'un petit nombre d'agressions (Wolfgang et collab., 1972 et 1987 ; West et Farrington, 1977 ; Klein, 1984 ; Reiss et Roth, 1993 : 373-377 ; Elliott, 1994 ; Farrington, 1994 ; Cusson, 1998a). L'évolution de ces auteurs de crimes violents va dans le sens de la diversification et non de la spécialisation. En effet, durant l'année qui précède leur premier crime violent, la fréquence et la variété de leur délinquance non violente augmentent (Elliott, 1994). Gottfredson et Hirschi (1993) ont calculé que les corrélations entre les délits de violence et le vol (délinquance révélée) sont de 0,43 dans l'échantillon de Richmond et de 0,48 dans celui de Seattle. (Ils notent que de semblables corrélations rapprochent les délits de violence et de drogue.) Ils concluent de ces faits que la délinquance violente est indissociable de la délinquance générale et que les conduites agressives sont l'expression d'une propension diffuse à la délinquance et aux conduites irresponsables (voir aussi Gottfredson et Hirschi, 1990).

La corrélation est aussi notée dans les variations spatio-temporelles de la criminalité. Les points chauds du crime – les zones urbaines circonscrites ayant des taux très élevés de criminalité – sont le lieu d'une délinquance en tous genres. Les fluctuations de la criminalité dans le temps présentent parfois, mais pas toujours, des évolutions parallèles des homicides, vols qualifiés, cambriolages et délits de drogue. Le fait ressort d'un examen des séries chronologiques de la criminalité depuis 1960 au Canada et en France (Cusson, 1990 ; Ouimet, 1994). En revanche, en Angleterre, entre 1950 et 1970, les taux de vols augmentent et les taux d'homicides restent stables et, à l'échelle internationale, les taux de criminalité générale des pays sont indépendants de leurs taux d'homicides (Zimring et Hawkins, 1997).

Comment rendre compte du lien unissant la délinquance non violente et la violence criminelle ? Il se comprend d'abord par les rapports de complémentarité, de symbiose et de synergie entre les divers types d'infractions. La toxicomanie – c'est connu – pousse au vol simple puis au vol qualifié. L'habitude du cambriolage conduit sans peine au braquage. Les voleurs qui

---

9. Ce renseignement nous est fourni par M. Larry Motiuk du Service correctionnel canadien, que nous remercions. Il nous indique par ailleurs que 40 % des détenus condamnés pour infraction violente n'ont aucun antécédent.

ont fait un coup fumant se disputent quelquefois au moment du partage du butin et de tels différends se règlent à coups de poing, de couteau ou de revolver. S'ils ne se chicanent pas à propos des fruits du vol, ils iront fêter leur succès, prendront un verre de trop, deviendront irascibles et trouveront un autre motif de querelle. Les transactions de drogue fournissent maintes occasions de vols qualifiés : soit que le consommateur braque le *dealer*, soit l'inverse. La concurrence féroce que se livrent les gangs de vendeurs de drogue se traduit assez souvent par l'élimination physique du concurrent. Les trafiquants et les *dealers* de drogue ont intérêt à ne pas se séparer de leur pistolet et à savoir s'en servir.

La tendance des crimes violents et non violents à s'agglutiner tient aussi à une *causalité commune*. L'égocentrisme, le présentisme, la fréquentation de pairs délinquants, les carences parentales et l'aversion de l'école prédisposent tout autant au vol qu'à l'agression.

Une criminogénèse aussi peu spécifique est notée à l'échelle territoriale. Les points chauds du crime sont situés là où les contrôles sociaux se sont effondrés, c'est-à-dire dans les zones urbaines marquées par la dissociation familiale, la faiblesse des réseaux d'amitié et la présence de groupes de jeunes laissés à eux-mêmes (Sampson, 1995). De telles zones sont le lieu d'une déviance en tous genres allant des incivilités au meurtre en passant par le vandalisme et le viol.

Le *style de vie* mené par la plupart des récidivistes fournit une dernière clef à l'intelligibilité du rapport délinquance-violence. Plusieurs observateurs ont noté qu'une délinquance fréquente va de pair avec un mode de vie caractérisé par la recherche incessante du plaisir et d'émotions fortes, financé par les expédients les plus divers et soutenu par une sociabilité complice et querelleuse (voir Debuyst et Joos, 1971 ; Yochelson et Samenow, 1976 ; West et Farrington, 1977 ; Courtwright, 1996 ; Cusson, 1998b). Six traits définissent le style de vie délinquant.

Le plaisir et les émotions fortes. Les criminels invétérés sont des hédonistes. Leur plaisir, ils l'obtiennent par la consommation de drogues et d'alcool, par les jeux et paris, par l'activité délinquante elle-même dans la mesure où elle est aventure et excitation. Pour eux, tous les moyens sont bons pour s'entretenir dans un état constant de surstimulation, de « high », de « thrill », d'ivresse et de vertige.

Un rythme de vie irrégulier et trépidant. Pour la plupart des délinquants, la journée commence vraiment le soir et se termine au petit matin. Leur vie fait alterner de manière cyclique les phases durant lesquelles ils font la fête, puis les périodes d'oisiveté et, enfin, les activités criminelles.

Une consommation ruineuse. La consommation de drogues et d'alcool, les jeux et paris et les frénésies d'achats (« spree ») occasionnent des dépenses qui dépassent les revenus. S'y ajoutent la prodigalité et le désir d'épater la galerie en jetant l'argent par les fenêtres. Tous les profits du vol, des trafics et du travail y passent, et plus encore : on s'endette.

La participation aux trafics illicites à titre de vendeur et de consommateur. Les délinquants invétérés contribuent à l'offre et à la demande de drogues, de jeux illégaux, d'alcool de contrebande, de prostitution, de pédophilie, etc.

L'appartenance à un réseau criminel. On sait depuis toujours que les délinquants persistants ont des amis qui leur ressemblent et opèrent souvent avec des complices. Ils passent aussi leurs loisirs avec des délinquants, des prostituées, et autres marginaux. Ils transigent avec des receleurs et des trafiquants. Tous ces rapports finissent par tisser des réseaux sociaux étendus : c'est le milieu, la pègre.

L'instabilité professionnelle et familiale. La plupart des récidivistes changent souvent d'emploi (quand ils travaillent) et leur vie conjugale est passablement chaotique. Ceci se comprend : le style de vie délinquant est incompatible avec un emploi régulier, avec une vie familiale stable et avec un engagement dans des projets à long terme.

La violence paraît inévitable dans ce style de vie. Elle s'y manifeste sous trois visages : 1) violence prédatrice d'abord : pour financer leurs dépenses excessives, les délinquants d'habitude commettent des vols qualifiés ou mettent sur pied un racket de protection ; 2) violence querelleuse ensuite : les luttes pour le pouvoir et le prestige à l'intérieur des gangs donnent lieu à de dures batailles ; entre gangs on se fait la guerre ; 3) violence justicière enfin, succédané à la justice publique. Ne pouvant ni faire appel à la police ni soumettre leurs litiges aux tribunaux, les malfaiteurs sont réduits à se débrouiller par leurs propres moyens pour faire rendre gorge aux voleurs, forcer les débiteurs récalcitrants à payer ou punir les délateurs.

Dans ces conditions, il n'est pas étonnant que les délinquants soient plus souvent victimes de crimes que les honnêtes gens. Le fait est attesté grâce aux recherches combinant un questionnaire de délinquance révélée et un sondage de victimisation. On y apprend que les délinquants sont trois fois plus souvent victimes de voies de fait que les non-délinquants et deux fois plus souvent victimes de vol qualifié (Sparks et collab., 1977 ; Singer, 1981 ; Gottfredson, 1984 ; Lauritsen et collab., 1991).

De ce qui précède émerge l'hypothèse selon laquelle la carrière criminelle des délinquants qui commettent des crimes violents présente deux profils fort différents. Le premier serait celui du délinquant chronique touche-à-tout. Poussé par une antisocialité diffuse et une difficulté à se con-trôler, il commet une brochette de délits variés au gré des occasions et des provocations. Et le style de vie qu'il mène l'entraîne dans des bagarres, des vols violents et, quelquefois même, des règlements de comptes. Le second profil serait celui du délinquant dont la carrière serait dominée par un thème violent. Deux exemples viennent à l'esprit. Le querelleur, d'abord : indi-vidu colérique, ombrageux et aimant la bagarre, il se rend coupable de coups et de blessures, mais il n'est question pour lui ni de voler ni de se laisser aller à quelque combine que ce soit. Puis le spécialiste de l'agression sexuelle : il aurait une préférence sexuelle pour le viol et ses fantasmes l'y pousseraient. Sa feuille de route serait dominée par des crimes sexuels et des délits acces-soires (comme des cambriolages à finalité sexuelle).

RÉFÉRENCES

Adams, D.B. (1979). « Brain mechanisms for offense, defense and submission », *Behavioral and Brain Sciences*, 2, p. 201-241.

Akers, R.L. (1994). *Criminological Theories : Introduction and Evaluation*. Los Angeles, CA : Roxbury.

Bandura, A. (1977). *Social Learning Theory*. Englewood Cliffs, N.J. : Prentice Hall.

Bandura, A. (1983). « Psychological mechanisms of aggression », vol. 1, p. 1-40, dans R.G. Geen et E.I. Donnerstein (dir.), *Aggression : Theoretical and Emperical Reviews*. San Diego, CA : Academic Press.

Bandura, A. (1973). *Aggression : A Social Learning Analysis*. Englewood Cliffs, N.J. : Prentice Hall.

Baron, R.A. et D.R. Richardson (1994). *Human Aggression*, 2ᵉ éd. New York : Plenum Press.

Baron, R.A. et P.A. Bell (1975). « Aggression and heat : mediating effects of prior provocation and exposure to an aggressive model », *Journal of Personality and Social Psychology*, 31, p. 825-832.

Baumgartner, M.P. (1993). « Violent networks : The origins and management of domestic conflict », p. 209-232, dans R.B. Felson et J.T. Tedeschi (dir.), *Aggression and Violence Social Interactionist Perspectives*. Washington, D.C. : American Psychological Association.

Berkowitz, L. (1993). *Aggression : Its Causes, Consequence and Control*. New York : McGraw-Hill.

Berkowitz, L. (1983). « The Goals of Aggression », dans D. Finkelhor et collab. (dir.), *The Dark Side of Families*. Beverly Hills : Sage.

Berkowitz, L. (1989). « The frustration-aggression hypothesis : An examination and reformulation », *Psychological Bulletin*, 106, p. 59-73.

Black, D. (1983). « Crime as social control », *American Sociological Review*, vol. 48, n° 1, p. 34-45.

Black, D.J. (1993). *The Social Structure of Right and Wrong*. San Diego : Academic Press.

Booth, A. et D.W. Osgood (1993). « The influence of testosterone on deviance in adulthood : assessing and explaining the relationship », *Criminology*, vol. 31, n° 1.

Buss, A.H. (1961). *The Psychology of Aggression*. New York : Wiley.

Chantry, K. et R.J. Craig (1994). « Psychological screening of sexually violent offenders with the MCMI », *Journal of Clinical Psychology*, 50, p. 430-435.

Chesnais, J.-C. (1981). *Histoire de la violence*. Paris : Robert Laffont.

Chiffoleau, J. (1984). *Les justices du Pape*. Paris : Publications de la Sorbonne.

Clausewitz, von C. (1832-1834). *De la guerre*. Paris : Éditions de Minuit (1955).

Cleckley, H.M. (1941-1976). *The Mask of Sanity*. St. Louis : Mosby.

Clements, C.B. (1996). « Offender classification : two decades of progress », *Criminal Justice and Behavior*, 23, p. 121-143.

Coccaro, E.F., S.C. Bergeman et G.E. McClean (1993). « Heritability of irretable impulsiveness : A study of twins reared together and apart », *Psychiatry Research*, 48, p. 229-242.

Cornish, D.B. et R.V. Clarke (1986). « Introduction », p. 1-16, dans D.B. Cornish et R.V. Clarke (dir.), *The Reasoning Criminal : Rational Choice Perspective on Offending*. New York : Springer-Verlag.

Courtwright, D.T. (1996). *Violent Land*. Cambridge, Mass. : Harvard University Press.

Cusson, M. (1990). *Croissance et décroissance du crime*. Paris : Presses Universitaires de France.

Cusson, M. (1998a). *Criminologie actuelle*. Paris : Presses Universitaires de France.

Cusson, M. (1998b). *La criminologie*. Paris : Hachette (Les fondamentaux).

Cusson, M. et G. Cordeau (1994). « Le crime du point de vue de l'analyse criminologique », p. 91-111, dans D. Szabo et M. LeBlanc (dir.), *Traité de criminologie empirique*. Montréal : Presses de l'Université de Montréal.

Debuyst, C. et J. Joos (1971). *L'enfant et l'adolescent voleur*. Bruxelles : Charles Dessart.

Dollard, J., N. Doob, N.C. Miller, O.H. Mowrer et R.R. Sears (1939). *Frustration and Aggression*. New Haven : Yale University Press.

Elias, M. (1981). « Serum cortisol, testosterone and testosterone binding globulin responses to competitive fighting in human males », *Aggressive Behavior*, 7, p. 215-224.

Elias, N. (1939a). *La civilisation des mœurs*. Trad. française. Paris : Calmann-Lévy (1973). (Le Livre de poche : Pluriel)

Elias, N. (1939b). *La dynamique de l'Occident*. Paris : Calmann-Lévy, 1975 ; Presses Pocket, 1990.

Elliott, D. (1994). « Serious violent offenders : Onset, developmental course, and termination », *Criminology*, vol. 32, p. 1-22.

Farrington, D.P. (1994). « Human Development and Criminal Careers », p. 511-584, dans M. Maguire, R. Morgan et R. Reiner (dir.), *The Oxford Handbook of Criminology*. Oxford : Clarendon Press.

Fedorowycz, O. (1995). « L'homicide au Canada – 1994 », *Juristat*, vol. 15, n° 11. Centre canadien de la statistique juridique, Statistique Canada.

Fedorowycz, O. (1997). « L'homicide au Canada – 1996 », *Juristat*, vol. 17, n° 9. Centre canadien de la statistique juridique, Statistique Canada.

Feldman, P. (1994). *The Psychology of Crime*. Cambridge : Cambridge University Press.

Felson, M. (1994). *Crime and Everyday Life*. Thousand Oaks, CA : Pine Forge Press.

Felson, R.B. (1993). « Predatory and dispute-related violence : A social interactionist approach », *Advances in Criminological Theory*, vol. 5, p. 103-126.

Felson, R.B., W. Baccaglini et G. Gmelch (1986). « Bar-room brawls : Aggression and violence in Irish and American bars », p. 153-166, dans A. Cambell et J.J. Gibbs (dir.), *Violent Transactions*. Oxford : Basil Blackwell.

Felson, R.B. et H.J. Steadman (1983). « Situational factors in disputes leading to criminal violence », *Criminology*, vol. 21, n° 1, p. 59-74.

Felson, R.B., S. Ribners et M. Siegel (1984). « Age and the effect of third parties during criminal violence », *Sociology and Social Research*, vol. 68, p. 452-462.

Freud, S. (1915). « Criminals from a sense of guilt », vol. 14, dans J. Strachey (dir.), *The Complete Psychological Works of Sigmund Freud*. London : Hogarth Press.

Freud, S. (1920). « Beyond the pleasure principle », vol. 18, dans J. Strachey (dir.), *The Complete Psychological Works of Sigmund Freud*. London : Hogarth Press.

Freund, J. (1983). *Sociologie du conflit*. Paris : Presses Universitaires de France.

Gauvard, C. (1991). *Crime, État et société en France à la fin du Moyen-Âge : « De Grâce Especial »*, 2 volumes. Paris : Publications de la Sorbonne.

Geen, R.G. et M.B. Quanty (1977). « The catharsis of aggression : An evaluation of a hypothesis », vol. 10, p. 2-39, dans L. Berkowitz (dir.), *Advances in Experimental Social Psychology*. San Diego, CA : Academic Press.

Gentry, W.D. (1970). « Effects of frustration, attack and prior aggressive training on overt aggression and vascular processes », *Journal of Personality and Social Psychology*, 16, p. 718-725.

Gibbs, J.C. (1994). « Moral-cognitive interventions », p. 159-185, dans A.P. Goldstein et C.R. Huff (dir.), *The Gang Intervention Handbook*p. Champaign, Ill. : Research Press.

Given, J.B. (1977). *Society and Homicide in Thirteenth-Century England.* Stanford : Stanford University Press.

Gottfredson, M. (1984). *Victims of Crime : The Dimensions of Risk.* London : H.M. Stationery Office.

Gottfredson, M.R. et T. Hirschi (1990). *A General Theory of Crime.* Stanford, CA : Stanford University Press.

Gottfredson, M.R. et T. Hirschi (1993). « A Control Theory Interpretation of Psychological Research on Aggression », p. 47-68, dans R.B. Felson et J.T. Tedeschi (dir.), *Aggression and Violence. Social Interactionist Perspectives.* Washington, D.C. : American Psychological Association.

Green, E. (1993). *The Intent to Kill.* Baltimore : Clevedon Books.

Gurr, T.R. (1981). « Historical Trends in Violent Crime : A Critical Review of the Evidence », vol. 3, p. 295-353, dans M. Tonry et N. Morris (dir.), *Crime and Justice : An Annual Review of Research.*

Hanawalt, A. (1979). *Crime and Conflict in English Communities, 1300-1348.* Cambridge : Harvard University Press.

Hare, D.R. (1996). « Psychopathy : A clinical construct whose time has come », *Criminal Justice and Behavior,* 23, p. 25-54.

Hartup, W.W. (1974). « Aggression in childhood : Developmental perspectives », *American Psychologist,* 29, p. 336-341.

Hearold, S. (1986). « A synthesis of 1043 effects of television on social behavior », vol. 1, p. 65-133, dans G. Comstock (dir.), *Public Communication and Behavior.* San Diego, CA : Academic Press.

Hendrick, D. (1995). « Statistiques de la criminalité au Canada, 1994 », *Juristat,* vol. 15, n° 12, Ottawa, Statistique Canada.

Hokanson, J.E. (1970). « Psychophysiological evaluation of the catharsis hypothesis », dans E.I. Megargee et J.E. Hokanson (dir.), *The Dynamics of Aggression.* New York : Harper & Row.

Johnson, E.A. et E.H. Monkkonen (dir.) (1996). *The Civilization of Crime. Violence in Town and Country since the Middle Ages.* Urbana et Chicago : University of Illinois Press.

Karli, P. (1987). *L'homme agressif.* Paris : Odile Jacob.

Karli, P. (1991). *Animal and Human Aggression.* New York : Oxford University Press.

Katz, D. (1960). « The functional approach to the study of attitudes », *Public Opinion Quarterly,* 24, p. 163-204.

Killias, M. (1991). *Précis de criminologie.* Berne : Staempfli et Cie.

Klein, M. (1984). « Offence Specialization and Versatility Among Juveniles », *British Journal of Criminology,* 24, p. 185-194.

Knight, R.A. et R.A. Prentky (1990). « Classifying sexual offenders : The development and corroboration of taxonomics models », p. 23-52, dans W.L. Marshall, D.R. Laws et H.E. Barbaree (dir.), *Handbook of Sexual Assault : Issues, Theories and Treatment of the Offender*. New York : Plenum.

Laroche, B. (1994). *Les Homicides volontaires*. Paris : Ministère de la justice (Sous-direction de la Statistique, des Études et de la Documentation).

Lauritsen, J.L., R. Sampson et J.H. Laub (1991). « The Link between offending and victimization among adolescents », *Criminology*, vol. 29, n° 2, p. 265-292.

Leaff, L.A. (1978). « The antisocial personality : Psychodynamic implications », p. 79-117, dans W.H. Reid (dir.), *The Psychopath : A comprehensive Study of Antiso-cial Disorders and Behaviors*. New York : Brunner/Mazel.

Luckenbill, D. (1977). « Criminal homicide as a situated transaction », *Social Problems*, 25, n° 2, p. 176-186.

Megargee, E.I. et M.J. Bohn (1979). *Classifying Criminal Offenders*. Beverly Hills, CA : Sage.

Millon, T. et R.D. Davis (1996). *Disorders of Personality DSM-IV and Beyond*. New York : Wiley.

Monahan, J. et H.J. Steadman (1994). *Mental Disorders : Developments in Risk Assessment*. Chicago : The University of Chicago Press.

Moser, G. (1987). *L'agression*. Paris : Presses Universitaires de France (Que sais-je ?).

Moyer, K. (1987). *Violence and Aggression : A Physiological Perspective*. New York : Paragon House.

Muchembled, R. (1989). *La Violence au village : sociabilité et comportements populaires en Artois du XVe au XVIIe siècle*. Turnhout (Belgique) : Brepols.

Olweus, D. (1994). « Bullying at School : Longterm Outcomes for the Victims and an Effective School-Based Intervention Program », p. 97-130, dans L.R. Huesmann (dir.), *Aggressive Behavior*. New York : Plenum Press.

Ouimet, M. (1994). « Les tendances de la criminalité apparente et de la réaction judiciaire au Québec de 1962 à 1991 », dans D. Szabo et M. Le Blanc (dir.), *Traité de criminologie empirique*. Montréal : Les Presses de l'Université de Mont-réal.

Patterson, G.R. (1982). *Coercive Family Process*. Eugene, OR : Castalia.

Pruitt, D.G., J.M. Mikolic, R.S. Peirce et M. Keating (1993). « Aggression as a struggle tactics in social conflict », p. 99-118, dans R.B. Felson et J.T. Tedeschi (dir.), *Aggression and Violence. Social Interactionist Perspectives*. Washington, D.C. : American Psychological Association.

Raine, A., P. Brennan, D. Farrington et S.A. Mednick (1997). *Biosocial Bases of Vio-lence*. New York : Plenum.

Reiss, A.J. et J.A. Roth (dir.) (1993). *Understanding and Preventing Violence*. Washing-ton, D.C. : National Academy Press.

Ross, R.R. et E.A. Fabiano (1985). *Time to Think : A Cognitive Model of Delinquency Prevention and Offender Rehabilitation.* Johnson City, TN : Institute of Social Science and Arts.

Sampson, R.J. (1995). « The Community », dans J.Q. Wilson et J. Petersilia, *Crime.* San Francisco, CA : ICS Press, Institute for Contemporary Studies.

Sampson, R.J. et J.L. Lauritsen (1994). « Violent victimization and offending : individual-situational-community-level risk factors », p. 1-114, dans A.J. Reiss et J.A. Roth (dir.), *Understanding and Preventing Violence, vol. 3, Social Influences.* Washington, D.C. : National Academy Press.

Sharpe, J.A. (1996). « Crime in England : Longterm trends and the problem of modernization », p. 17-34, dans E.A. Johnson et E.H. Monkkonen (dir.), *The Civilization of Crime.* Urbana et Chicago : University of Illinois Press.

Silverman, R. et L. Kennedy (1993). *Deadly deeds. Murder in Canada.* Scarborough : Nelson Canada.

Simmel, G. (1950). *The Sociology of Georg Simmel.* Glencoe, Illinois : The Free Press.

Singer, S. (1981). « Homogeneous victim-offender populations : a review and some research implications », *The Journal of Criminal Law and Criminology,* vol. 72, n° 2, p. 727-742.

Sparks, R.F., H. Genn et D.J. Dodd (1977). *Surveying Victims.* London : Wiley.

Spierenburg, P. (1996). « Long-term trends in homicide : theoritical reflections and dutch evidence, fifteenth and twentieth centuries », p. 63-105, dans E.A. Johnson et E.H. Monkkonen (dir.), *The Civilization of Crime.* Urbana et Chicago : University of Illinois Press.

Stafford, M.C. et J.P. Gibbs (1993). « A theory about disputes and the efficacy of control », p. 69-96, dans R.B. Felson et J.T. Tedeschi (dir.), *Aggression and Violence. Social Interactionist Perspectives.* Washington, D.C. : American Psychological Association.

Statistique Canada (1993). *Enquête sociale générale.* Ottawa : Statistique Canada.

Svare, B. et C.H. Kinsley (1987). « Hormones and sex-related behavior », p. 13-58, dans K. Kelley (dir.), *Females, Males and Sexuality : Theories and Research.* Albany : State University of New York Press.

Tedeschi, J.T. et N. Norman (1985). « Social mechanisms of displaced aggression », vol. 2, p. 29-56, dans E.J. Lawler (dir.), *Advances in Group Processes : Theory and Research.* Greenwich, CT : Jai Press.

Tedeschi, J.T. et R.B. Felson (1994). *Violence, Aggression and Coercive Actions.* Washington, D.C. : American Psychological Association.

Tremblay, P. et L. Léonard (1995). « L'incidence et la direction des agressions inter-ethniques à Montréal », p. 107-140, dans A. Normandeau et E. Douyon (dir.), *Justice et communautés culturelles ?* Laval : Méridien.

Walters, G.D. (1992). « A meta-analysis of the gene-crime relationship », *Criminology*, 30, p. 595-613.

Weekes, J.R. et S.J. Morison (1993). « Typologie de délinquants : Le repérage des traits de personnalité », *Forum*, 5, p. 12-14.

West, D.J. et D.P. Farrington (1977). *The Delinquent Way of Life.* London : Heinemann.

Wolfgang, M.E. et F. Ferracuti (1967). *The Subculture of Violence. Toward an Integrated Theory of Criminality.* London : Social Science Paperbacks and Tavistock.

Wolfgang, M., R.M. Figlio et T. Sellin (1972). *Delinquency in a Birth Cohort.* Chicago : University of Chicago Press.

Wolfgang, M.E., T.P. Thornberry et R.M. Figlio (1987). *From Boy to Man, from Delinquency to Crime.* Chicago : University of Chicago Press.

Yochelson, S. et S.E. Samenow (1976). *The Criminal Personality : A Profile for Change.* New York : Aronson.

Zillmann, D. (1983). « Arousal and Aggression », vol. 1, p. 75-101, dans R.G. Geen et E.I. Donnerstein (dir.), *Aggression : Theoretical and Empirical Reviews.* San Diego, CA : Academic Press.

Zimring, F. et G. Hawkins (1997). *Crime is not the Problem : Lethal Violence in America.* New York : Oxford University Press.

2
L'évolution des crimes violents au Québec entre 1962 et 1996

MARC OUIMET

La criminalité de violence n'est pas rare. Au Québec, plus de 47 000 crimes de violence ont été dénombrés par les forces policières en 1996. Puisque la majorité des crimes contre la personne ne sont pas rapportés à la police, le total réel des agressions sexuelles, vols qualifiés et voies de fait dépasse certainement le cap des 100 000. Au fil des ans, les probabilités cumulatives font que la majorité d'entre nous deviendrons un jour victimes d'un crime de violence. Toutefois, puisque les risques de victimisation sont fonction du sexe, de l'âge et des habitudes de vie de chacun (Sacco et Johnson, 1990), la probabilité annuelle de victimisation violente varie énormément d'une personne à l'autre. La variation des risques individuels de victimisation contraste avec la relative stabilité des risques collectifs représentés par les taux de criminalité. Déjà Quételet (1835) avait remarqué que le nombre de crimes dans une année ressemblait généralement au nombre de l'année précédente. Si la stabilité est le principe de base des séries chronologiques de la criminalité sur de très courtes périodes, l'étude des taux de criminalité sur plusieurs années permet d'en dégager les tendances.

Le présent chapitre est consacré à la présentation, à l'analyse et à l'interprétation des mouvements de la criminalité de violence au Québec de 1962 à 1996. D'abord, nous discuterons des connaissances acquises sur les facteurs qui influencent le taux de criminalité en moyenne période. Ensuite, nous présenterons les courbes de l'évolution des différents types de criminalité de violence. Finalement, nous ferons le bilan sur l'évolution récente de la criminalité au Québec.

Notre analyse porte sur l'évolution des infractions rapportées à la police ou connues d'elle. Certains crimes de violence sont pratiquement tous connus de la police (par exemple, l'homicide) alors que d'autres lui sont rarement rapportés (par exemple, les voies de fait en contexte conjugal). Une analyse qui vise à cerner l'évolution de la criminalité est peu affectée par le problème du chiffre noir de la criminalité. En effet, si la proportion des crimes rapportés à la police est stable, une hausse du nombre d'infractions enregistrées veut nécessairement dire que le crime est devenu plus fréquent. Toutefois, il semble que le taux de dénonciation de certains crimes (par exemple, agression sexuelle ou voie de fait) ait varié au cours des dernières décennies. Nous tiendrons compte de cette difficulté dans l'interprétation des tendances pour les différents types d'infractions.

LES FACTEURS DE L'ÉVOLUTION DE LA CRIMINALITÉ VIOLENTE

La prévalence de la criminalité (i.e. taux de criminalité) évolue en fonction d'un certain nombre de paramètres. Il appert toutefois que les différentes formes de criminalité ne répondent pas toutes aux mêmes déterminants. Une part importante de la criminalité violente surgit spontanément au cours de disputes entre connaissances, comme en témoigne le fait que 71 % des crimes contre la personne sont des voies de fait (voir le chapitre sur les voies de fait). L'évolution de ce type de crimes s'explique nécessairement par d'autres facteurs que l'évolution des crimes violents associés au style de vie délinquant, par exemple le vol qualifié. Il est par conséquent très difficile de proposer une théorie générale de l'évolution de la criminalité de violence.

Un examen de la littérature permet cependant de relever un certain nombre de facteurs qui ont été mis en rapport avec les tendances de la criminalité. Nous avons regroupé ces facteurs en trois grandes dimensions, soit le niveau d'intégration sociale, la prévalence des conduites associées à la criminalité de violence et le nombre de jeunes. L'évolution de la réaction pénale à la criminalité a aussi été mise en relation avec l'évolution des crimes de violence. Cette dimension sera traitée après l'examen des tendances de la criminalité.

Le niveau d'intégration sociale

Un certain nombre de caractéristiques sociales ont été mises en rapport avec l'évolution du taux de criminalité. Il semble que les caractéristiques économiques telles que le taux de chômage (Mukherjee, 1981), l'inégalité des revenus (Balkwell, 1990) ou le taux de pauvreté (Skogan, 1989) soient associées aux taux de criminalité. Il y a lieu de croire que l'effet de la pauvreté sur la criminalité est multiforme et diffus. Plus spécifiquement, la pauvreté chez les jeunes adultes joue sur la criminalité selon deux mécanismes déterminants.

D'abord, la pauvreté nuit au bon fonctionnement de la famille (Linden, 1989 ; Cook et Laub, 1986 ; Skogan, 1989), tant en ce qui concerne la stabilité des couples que la socialisation des enfants (Lipman, Offord et Dooley, 1996). Ainsi, les enfants de familles pauvres et/ou monoparentales présenteront des taux d'inadaptation élevés et, dix ans plus tard, des problèmes de délinquance. Mais les conditions économiques ont une influence sur le taux de criminalité de manière plus directe. En effet, l'absence d'emplois pour les jeunes adultes est de nature à retarder l'intégration sociale et à prolonger le style de vie adopté à l'adolescence, style de vie fortement orienté vers les sorties nocturnes, la fréquentation de groupes de jeunes, la consommation de drogues et d'alcool. Un fort taux de chômage chez les jeunes empêcherait donc une intégration sociale harmonieuse et nuirait à la capacité des jeunes de fonder un foyer. L'absence d'engagement des jeunes hommes dans une famille tend à les priver du contrôle social inhérent à la vie familiale. Ainsi, les jeunes hommes tardant à fonder un foyer maintiennent un style de vie propice à la délinquance (ou à la victimisation). Les changements dans les habitudes de vie des gens, en particulier des jeunes adultes, devraient avoir un impact majeur sur les changements dans les taux de criminalité, le tout conformément à la théorie des activités routinières et des opportunités criminelles (Cohen et Land, 1987 ; Cohen et Felson, 1979).

La prévalence des conduites associées à la criminalité de violence

Gottfredson et Hirschi (1990) montrent que les délinquants ne sont pas des spécialistes du crime, mais bien des généralistes (voir introduction du livre). Les délinquants tendent à passer d'une forme de délit à l'autre conformément aux opportunités qui se présentent à eux. Or, une bonne partie des actes de violence s'inscrivent en continuité directe avec la réalisation de crimes non violents. Ainsi, si les crimes non violents suivent une tendance à la hausse, on devrait observer une hausse dans les crimes contre la personne. Une part non négligeable des affaires criminelles tournent autour des questions de drogues et d'alcool (Brochu, 1995). Certains types de substances changent le comportement des individus et les rendent plus violents ou plus frondeurs (s'attirant ainsi les coups des autres). Par ailleurs, plusieurs toxicomanes doivent commettre des gestes illégaux pour se procurer de la drogue. De plus, plusieurs transactions du marché des drogues tournent au vinaigre et conduisent à une agression. Il serait donc possible d'émettre l'hypothèse selon laquelle des variations dans la prévalence de consommation de drogues et d'alcool sont associées à des variations dans les taux de criminalité de violence. Or, il semble que la prévalence de la consommation de drogues et d'alcool soit associée aux conditions économiques ; la pauvreté conduit au désengagement social et à la consommation excessive de drogues et d'alcool.

Le nombre de jeunes

La dimension la plus fréquemment étudiée pour expliquer l'évolution du taux de criminalité est celle de la composition démographique de la population (Alstyne, 1986 ; Sheley et Smith, 1988 ; Skogan, 1989 ; Lee, 1984 ; Mukherjee, 1981 ; Smith, 1986 ; Cohen et Land, 1987 ; Chilton, 1987 ; Linden, 1989 ; Gartner et Parker, 1990 ; Steffensmeier et Harer, 1987 ; Easterlin, 1980). La théorie démographique stipule qu'une hausse du nombre de jeunes dans une société est associée à une augmentation de la criminalité. En effet, les analyses de séries chronologiques incluent pratiquement toutes dans leur modèle de prévision une variable qui mesure l'importance démographique des jeunes dans la population. La structure démographique d'une population a une incidence sur la prévalence de la criminalité et sur sa structure. Dans une société où il y a beaucoup de jeunes, on verra plus de vandalisme, de cambriolages et de petits vols, alors que dans une société plus *âgée*, on aura une criminalité plus fortement orientée vers les services illicites (Foot, 1996).

Mais pourquoi cette variable apparaît-elle si importante dans notre analyse de l'évolution de la criminalité ? Une analyse de la délinquance sur le plan individuel montre que le penchant au crime varie énormément selon l'âge (Farrington, 1986 ; Wilson et Herrnstein, 1985). Les arrestations pour vol et violence apparaissent à l'adolescence et atteignent un plafond au début de la vingtaine, pour ensuite redescendre jusqu'à la mort. L'allure générale de la courbe du taux de délinquance selon l'âge serait même un invariant, c'est-à-dire qu'elle a été observée dans la plupart des pays à la plupart des époques (Gottfredson et Hirschi, 1990 ; Cusson, 1990).

Bien que la thèse démographique ne puisse expliquer à elle seule les tendances en matière de criminalité de violence, nous avons choisi d'examiner en détail les tendances démographiques de notre population pour plusieurs raisons. Tout d'abord, nous pensons que la structure démographique a un effet sur la plupart des types d'infractions, du cambriolage à l'homicide. Ensuite, les données sur la structure d'âge de la population sont disponibles et fiables, ce qui n'est certainement pas le cas pour d'autres facteurs explicatifs comme la structure familiale, la toxicomanie ou la pauvreté. Finalement, les données sur l'âge de la population sont les seules qui puissent faire l'objet de prédictions fiables.

Évolution de la structure démographique de la population du Québec

Le Québec a subi de nombreux changements de sa population au cours des dernières décennies. Le baby-boom du Québec s'est amorcé lors de la Seconde Guerre mondiale et s'est poursuivi jusqu'au début des années 1960. Le sommet dans le nombre de naissances a été atteint au tournant des années 1960, avec environ 140 000 naissances par année. À partir de 1965 s'est amorcée une dégringolade dans le nombre de naissances qui a duré jusqu'en 1972. Depuis, il y a entre 83 000 et 98 000 naissances annuellement. La figure 1 illustre le nombre de naissances au Québec depuis 1930 (les données sont extraites du rapport annuel du Bureau de la statistique du Québec).

Figure 1
Les naissances au Québec entre 1930 et 1992

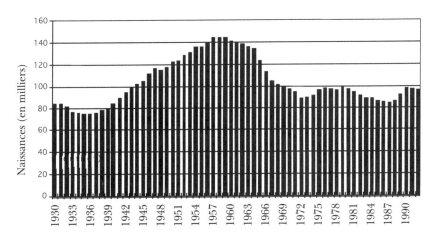

La figure 2 est une transposition des données sur les naissances et illustre l'évolution de trois groupes d'âge au Québec entre 1970 et 2004. On y voit que l'importance relative des 12-17 ans a chuté considérablement autour de 1980. Depuis 1988, la décroissance des 12-17 ans s'est arrêtée en raison de l'arrivée des enfants des baby-boomers. Durant les années 1980, on peut voir que l'importance relative des 18-29 ans a diminué considérablement. Le groupe des 30-49 ans a connu une hausse constante entre 1970 et 1995 ; son importance tend maintenant à diminuer au profit des groupes plus âgés.

Figure 2
Évolution des groupes d'âge au Québec entre 1970 et 2004

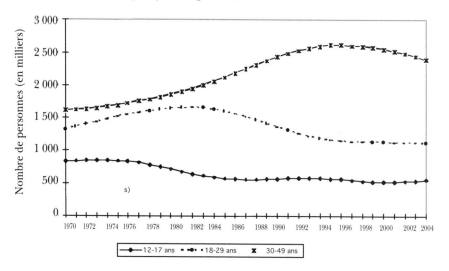

La thèse démographique suppose que des changements dans la structure de la population seront associés à des changements dans la criminalité et dans sa structure. En 1980, 37 % des personnes mises en accusation pour un délit criminel étaient âgées de moins de 18 ans (Statistique Canada, catalogue 85-205, 1981). En 1995, les mineurs ne représentaient plus que 25 % des mises en accusation (Statistique Canada, catalogue 85-205, 1996). Une étude comparative de l'âge des suspects pour 1993 et 1996 tend à montrer que le vieillissement de la population est associé à un vieillissement des criminels (Ouimet, 1997a). On accusa 83 369 adultes âgés de 18 à 29 ans en 1993 contre 65 061 en 1996. Il y eut 48 570 personnes âgées de 30 à 39 ans accusées en 1993 contre 45 662 en 1996. Chez les 40 ans et plus, le nombre d'accusés passa de 39 605 en 1993 à 41 869 en 1996. Le vieillissement de la population des délinquants au Québec trouve son écho dans les populations carcérales. L'étude de Laplante (1993) montre que le groupe des 20-24 ans comptait pour 30,4 % des admissions dans les pénitenciers du Québec en 1981, alors que ce même groupe représentait seulement 17,5 % des admissions en 1991. Une situation identique se retrouve dans les prisons du Québec. Meloche (1993) montre que les 20-24 ans totalisaient 33,8 % des admissions en vertu d'un mandat d'incarcération en 1979, alors qu'ils ne représentaient plus que 22,0 % des admissions en 1991. Le vieillissement important des clientèles judiciaires est donc une des caractéristiques saillantes de cette fin de siècle.

L'ÉVOLUTION DE LA CRIMINALITÉ AU QUÉBEC

Cette section traite de l'évolution des principaux crimes de violence entre 1962 et 1996. Pour étudier l'évolution, il est préférable d'analyser les tendances de différents types d'incidents pris un à un. En effet, l'étude de l'ensemble des crimes de violence ne serait pas valide compte tenu de l'hétérogénéité des conduites violentes. Les données utilisées pour produire les courbes sont tirées des catalogues de Statistique Canada (catalogue annuel 85-205).

L'homicide

Les statistiques criminelles ont été standardisées au tournant des années 1960. Il est donc difficile d'étudier les tendances de la criminalité avant 1960. Toutefois, en ce qui concerne l'homicide, Boyd (1988) montre que le taux d'homicides au Canada a fluctué autour de 2 par 100 000 habitants au cours des années 1920 et 1930. Par contre, dans les années 1940 et 1950, le taux d'homicides a baissé jusqu'à 1,2 par 100 000 habitants, avant de remonter dans les années 1960 et 1970. Parmi les facteurs de la baisse du taux d'homicides au milieu du siècle, Boyd indique que l'amélioration des soins de santé et la mise sur pied de services ambulanciers ont permis une diminution du risque de mortalité parmi les personnes blessées lors de conflits interpersonnels. L'étude de la violence à très long terme montre donc que les deux décennies du milieu du siècle ont été les plus paisibles de notre histoire.

Les données sur le nombre d'homicides apparaissent comme un indicateur fiable du niveau de violence dans une société. D'abord, puisque les cadavres sont difficiles à dissimuler, les statistiques révèlent la presque totalité des homicides commis. Ainsi, le problème du taux de dénonciation ne joue pas ou très peu. L'homicide nous renseigne sur le niveau de violence d'une société puisqu'il apparaît le plus souvent comme le résultat d'une confrontation violente entre deux personnes (Wolfgang, 1959). Ainsi, plus le nombre de conflits et d'agressions sera grand, plus le nombre d'homicides sera élevé (Luckenbill, 1977). La figure 3 illustre l'évolution du taux d'homicide au Québec entre 1962 et 1996.

Figure 3
Évolution de l'homicide entre 1962 et 1996
(taux par 100 000 habitants)

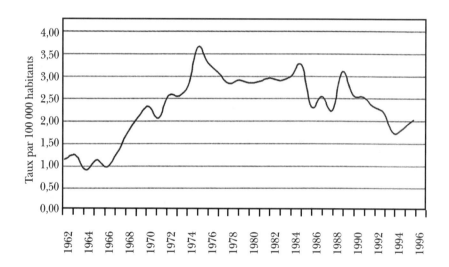

La figure 3 met en relief un certain nombre d'éléments :

- Entre 1966 et 1975, le taux d'homicides a plus que triplé. Entre 1977 et 1990, le taux d'homicides n'a pas montré de tendance particulière. Après 1991, le taux d'homicides a rapidement chuté.
- La courbe du taux d'homicides montre un certain nombre de hausses subites et temporaires, l'une en 1975 (225 homicides), une autre en 1985 (217 homicides) et une dernière en 1989 (215 homicides).
- Le nombre d'homicides enregistrés en 1994 est de 126, ce qui représente le nombre le plus bas depuis 1971 (124). On dénombre 135 homicides en 1995 et 150 en 1996. Le taux d'homicides de 1996, soit 2 par 100 000 habitants, se compare à celui qui caractérise la fin des années 1960.

L'étude de Grenier (1993) porte sur l'évolution des différents types d'homicides au Québec entre 1954 et 1989. Elle montre d'abord que les homicides familiaux et passionnels ont augmenté entre 1954 et 1974, mais que ceux-ci sont restés stables depuis, soit environ 50 par année. Les homicides associés à un autre délit (par exemple, le vol qualifié), de même que les homicides querelleurs ou vindicatifs, sont restés stables entre 1973 et 1985, mais ont connu de légères baisses depuis. Finalement, les homicides classifiés comme règlements de comptes suivent des cycles. Selon Cordeau (1990), c'est autour de 1975 et de 1985 que des guerres de gangs ont fait rage.

En ce qui a trait à l'homicide, les tendances sont claires. Après une explosion entre 1966 et 1975, les taux sont restés stables jusqu'au début des années 1990. L'homicide a diminué entre 1989 et 1994, mais la baisse semble maintenant terminée. Le taux d'homicides qui a varié autour de 3 par 100 000 habitants semble maintenant se stabiliser autour de 2 par 100 000 habitants.

Agression sexuelle et voies de fait

Les agressions sexuelles et les voies de fait sont parmi les crimes les moins souvent rapportés à la police (Sacco et Johnson, 1990). Plusieurs victimes n'informent pas les policiers de leur mésaventure parce qu'elles connaissent bien l'agresseur ou parce qu'elles se sentent confuses ou gênées face aux événements qui se sont déroulés. D'autres jugent à tort qu'elles ont agi de manière imprudente et qu'elles ont ainsi participé à leur victimisation.

Dans une analyse des données du sondage canadien sur la violence faite aux femmes et menée en 1992 (Ouimet, 1997b), on montre que 1,4 % des femmes adultes ont été victimes d'une agression sexuelle durant l'année. Cette estimation donnerait un nombre total de 24 430 agressions sexuelles pour le Québec. Il n'existe pas de données comparables pour ce qui est des voies de fait pour l'ensemble des Québécois (l'échantillon des sondages de victimisation pour le Québec est trop restreint pour permettre une généralisation). La figure 4 illustre l'évolution du taux d'agression sexuelle et de voies de fait non sexuelles. Il faut noter qu'en 1983, l'infraction de viol a été abolie au profit de l'infraction d'agression sexuelle qui englobe une variété de comportements plus grande qu'auparavant.

Figure 4
Évolution de l'agression sexuelle et des voies de fait
(taux par 100 000 habitants)

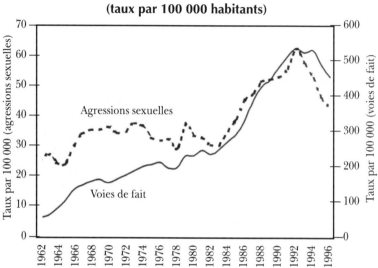

Voici les constatations qui émanent des tendances illustrées dans la figure 4 :

- Le taux d'agressions sexuelles a légèrement augmenté entre 1962 et 1983 (de 25 à 30 par 100 000 habitants). En 1992, on comptait un taux d'agressions sexuelles de 62 par 100 000, ce qui est deux fois plus élevé que la valeur de 1983. En 1996, le taux d'agressions sexuelles est passé à 43 par 100 000, soit une baisse de 30,6 % depuis 1992.

- Les voies de fait ont augmenté de manière importante de 1962 à 1983. Depuis 1983, la courbe des voies de fait est parallèle à celle des agressions sexuelles. En 1992, le taux était à 532 par 100 000 habitants comparativement à 450 en 1996, soit une baisse de 15,4 % depuis 1992.

- De 1983 à 1996, les voies de fait simples et les agressions sexuelles simples ont augmenté deux fois plus rapidement que les agressions graves ou armées. Cette information laisse supposer que la hausse au cours des années 1980 est attribuable surtout à une plus grande dénonciation des comportements de violence de moins grande gravité.

Il est possible d'interpréter les hausses dans le taux d'agressions sexuelles et de voies de fait des années 1980 comme reflétant une augmentation des dénonciations de la part des victimes (Brodeur, 1994). En effet, ces années ont été le moment d'une prise de conscience face à la violence, particulièrement chez les femmes, et d'un meilleur accueil de la part des policiers des cas de violence conjugale et de violence sexuelle. Il est toutefois improbable que la hausse des dénonciations à elle seule puisse expliquer l'importance de l'augmentation des taux observés (Ouimet et Tremblay, 1993). Ainsi, le nombre réel d'agressions sexuelles et de voies de fait aurait augmenté durant les années 1980, tendance pouvant s'expliquer par un effet démographique (hausse de la population des 18-39 ans). Puisqu'une baisse du taux de dénonciation n'est pas une hypothèse réaliste pour expliquer la baisse des taux d'agressions sexuelles et de voies de fait des années 1990, il faut conclure que le nombre de ces actes de violence est actuellement en nette diminution.

Pourquoi les agressions sexuelles et les voies de fait diminueraient-elles depuis quelques années ? Tout d'abord, les variations de la composition démographique de la population québécoise permettent d'expliquer en partie les baisses observées au cours des dernières années. En effet, depuis le début des années 1990, la cohorte la plus nombreuse de notre histoire (cohortes des naissances entre 1955 et 1965) franchit graduellement le cap de la quarantaine. Le vieillissement et la maturation vont de pair avec une baisse des pulsions en tous genres. On note ensuite une plus grande intolérance sociale en matière de violence interpersonnelle. Puisque le taux de dénonciation des violences subies a augmenté au cours des années 1980, il s'ensuit que les coûts pour les agresseurs ont aussi augmenté ; les campagnes de sensibilisation à la violence ont porté fruit. Les agresseurs ont maintenant plus de risques qu'autrefois d'être dénoncés à la police. Le troisième grand facteur expliquant la baisse du taux d'agressions violentes est la plus grande efficacité des services policiers. Ainsi, la mise sur pied d'escouades spécialisées (par exemple, pour les agressions sexuelles) ou le développement de politiques d'accueil des victimes de violence conjugale sont des exemples de la professionnalisation croissante des services policiers. Le quatrième grand facteur expliquant la baisse récente du taux d'agressions violentes est la pression grandissante des services correctionnels sur les personnes condamnées pour un crime violent ou sexuel (par exemple, les remises en liberté plus tardives). La vérification de toutes ces hypothèses n'a pas encore été effectuée, mais nous pensons que la mise en commun de stratégies variées pour contrer la violence a réussi à faire baisser les tendances de manière significative au cours des dernières années.

Vol qualifié et introduction par effraction

Le vol qualifié est très différent des autres crimes de violence parce que l'intention de l'infracteur est de nature économique. Toutefois, le vol qualifié est un crime contre la personne puisque la victime est souvent traumatisée et quelquefois blessée ou tuée lors de l'incident. Au Québec, les vols de dépanneurs et de banques constituent les principaux types de vols qualifiés (Ouimet, 1993). Nous avons choisi d'étudier l'évolution des vols qualifiés parallèlement à celle des introductions par effraction parce que ces deux crimes se ressemblent à divers points de vue. D'abord, les braqueurs se recrutent majoritairement parmi les cambrioleurs. De plus, ces deux délits sont souvent commis en série par les mêmes individus. La figure 5 illustre l'évolution de ces deux crimes.

Figure 5
Évolution du vol qualifié et de l'introduction par effraction
(taux par 100 000 habitants)

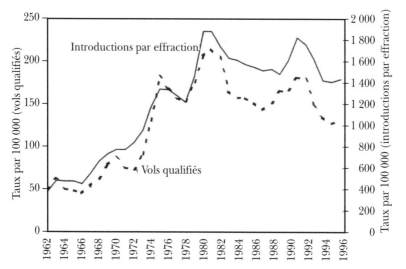

Les courbes de la figure 5 permettent d'effectuer un certain nombre de constats :

• Les courbes du vol qualifié et de l'introduction par effraction témoignent d'une évolution parallèle des deux phénomènes. Chose remarquable, les hauts et les bas des deux courbes correspondent temporellement. Cette covariation tend à démontrer que ces deux activités criminelles, si différentes soient-elles, répondent aux mêmes déterminants sociaux.

• La courbe des deux activités criminelles montre une augmentation fulgurante entre 1972 et 1981. Après 1981, on assiste à des baisses jusque vers la fin des années 1980 où l'on note une recrudescence des vols qualifiés et des introductions par effraction. Depuis, le sommet de

1991 (12 850 vols qualifiés et 128 408 introductions par effraction), il y a eu une baisse de 24,1 % des vols qualifiés et de 17,6 % des introductions par effraction (en 1996, il y eut 9750 vols qualifiés et 105 833 introductions par effraction).

- Les baisses enregistrées après 1991 semblent être maintenant terminées. En effet, il y a eu plus de vols qualifiés et de cambriolages en 1996 qu'en 1995 (405 vols qualifiés et 2971 cambriolages de plus).

Contrairement aux agressions sexuelles, voies de fait et homicides, souvent conséquents à l'explosion d'un conflit ou à un désir de vengeance, les vols qualifiés sont le fait d'un petit nombre d'individus très productifs qui vivent des fruits du crime. Ainsi, le nombre de vols qualifiés dépendra tout particulièrement de la réponse pénale appliquée à leurs auteurs. Faute de données sur les sentences et sur la durée réelle des séjours institutionnels, il est impossible de tester l'hypothèse voulant que les tendances des vols qualifiés et des introductions par effraction aient varié en fonction de changements dans la réponse pénale donnée à ces délinquants. Parmi les autres facteurs possibles de la baisse des vols qualifiés et des introductions par effraction au cours des dernières années, on retrouve l'hypothèse démographique et les facteurs d'autoprotection. Cusson (1990) indique que le développement de mesures de prévention situationnelle (comme l'installation de caméras de surveillance, de systèmes d'alarme) peut faire diminuer les vols qualifiés et introductions par effraction. Puisque ces deux types de crimes deviennent de plus en plus difficiles à réaliser, plusieurs délinquants d'habitude abandonneront tout simplement leurs activités, alors que d'autres se recycleront dans d'autres types d'activités criminelles tout aussi payantes mais moins risquées (Ouimet et Le Blanc, 1996).

DISCUSSION

La criminalité au Québec a suivi une tendance générale à la hausse entre 1962 et le début des années 1980. L'augmentation substantielle du nombre de jeunes dans notre société explique en partie ce phénomène. Par contre, d'autres facteurs doivent aussi être considérés : miniaturisation des biens, croissance et décroissance économiques, changements de valeurs, etc. Nous invitons le lecteur à consulter Cusson (1990) et Ouimet (1994a) pour une discussion des facteurs associés à la hausse de la criminalité entre 1962 et 1980. Il faut maintenant s'intéresser davantage aux facteurs qui expliquent la décroissance du crime puisque les infractions de violence diminuent depuis le tournant des années 1990.

Le facteur que nous privilégions dans notre analyse est celui de la composition démographique de la population. Vers la fin des années 1980, le

nombre de jeunes adultes, âgés de 18 à 29 ans, a chuté. On assiste maintenant au début de la décroissance démographique du groupe des 30-49 ans.
Or, les courbes des crimes violents ont plafonné vers 1990 et pointent maintenant vers le bas. À l'effet démographique, il faut ajouter le retard d'intégration sociale des jeunes dans les années 1980. En effet, cette décennie n'a
rien apporté de bon aux jeunes adultes, pourtant fort nombreux. Crise économique, mises à pied massives et gel de l'embauche ont fait que nombre
d'entre eux n'ont pu s'intégrer adéquatement à la vie économique. L'absence d'intégration au marché du travail a aussi été la cause d'une faible
implication des jeunes hommes dans la vie familiale. Le résultat de ces processus s'est révélé dans le vieillissement des populations judiciarisées durant
les années 1980 et 1990.

Les baisses observées de la criminalité de violence doivent être inter-
prétées dans un contexte de croissance des crimes de marché. En effet,
Ouimet (1997a) montre que les types d'infractions actuellement en hausse
supposent un réseau relativement élaboré de collaborateurs. Parmi les crimes en hausse, on trouve la contrefaçon de monnaie, la culture du canna-
bis, le vol de camions. Qui plus est, si le nombre total de cambriolages diminue, ceux dont le montant volé est supérieur à 5000 $ ont doublé au cours
des cinq dernières années. La conclusion est claire. D'abord, les crimes violents traditionnels mettant en scène essentiellement un agresseur et une
victime sont en perte de vitesse. À l'opposé, les trafics criminels en tous
genres, supposant un réseau complexe d'intermédiaires, montrent une tendance à la hausse. La première raison de la diminution des crimes traditionnels et de l'augmentation des crimes de marché est celle de l'évolution démographique. Il y a moins de jeunes et les cohortes particulièrement nombreuses atteignent la quarantaine. En vieillissant, nombre de criminels de
carrière se recyclent pour devenir de petits entrepreneurs, se consacrant au
recel et *rackets* en tous genres. D'ailleurs, examinant l'évolution du type d'objets volés au Québec, Ouimet (1997a) signale une hausse du vol de tabac (le
vol remplaçant en partie la contrebande), de bateaux, de machinerie et
d'outils, de même que de semi-remorques. Ces hausses sont significatives
dans la mesure où le nombre de vols de téléviseurs ou de systèmes de son a
légèrement diminué durant la même période. La hausse de certains types
de vols servirait à approvisionner un réseau toujours de plus en plus complexe de recel et revente de marchandises volées. Depuis quelques années,
les points de distribution de marchandises d'origine douteuse, les prêteurs
sur gage et les marchés aux puces se sont multipliés. L'épisode du commerce illicite de cigarettes illustre la capacité des réseaux de distribution de
biens illégaux à se structurer rapidement et efficacement. Maintenant, ces
réseaux se sont tournés vers la contrebande d'alcool.

Outre les facteurs démographiques et la diversification des activités criminelles, la troisième explication de la baisse des niveaux de violence mettrait en cause l'évolution récente de la politique d'incarcération au Québec. En effet, il existe des rapports manifestes entre la criminalité et la réaction pénale à la délinquance (Cusson, 1990 ; Ouimet, 1994b). Y a-t-il eu des changements dans la politique pénale au cours des dernières années qui puissent rendre compte de la baisse de la criminalité de violence ? Le tableau 1 présente les données sur l'utilisation des peines carcérales au Québec au cours des dernières années (source : Statistique Canada, annuel, catalogue 85-211).

Tableau 1
Évolution récente d'indicateurs correctionnels au Québec

	1990-1991	1991-1992	1992-1993	1993-1994	1994-1995
Comparutions à la cour du Québec, causes criminelles	166 301	181 743	182 940	146 245	133 815
Provincial (incarcérations de moins de deux ans)					
Personnes condamnées admises	17 316	20 578	23 306	24 802	25 852
Compte moyen de condamnés inscrits au registre	4 622	5 131	5 568	5 727	6 097
Compte réel de condamnés	2 012	2 099	2 269	2 328	2 334
Médiane de la sentence des condamnés (jours)	30	26	28	28	28
Nombre total de jours d'absence temporaire	349 000	451 000	481 000	485 000	545 000
Cas soumis à la probation/travaux communautaires	7 290	8 862	9 429	9 226	9 339
Fédéral (peines de deux ans et plus)					
Compte moyen en établissement	3 271	3 431	3 646	3 748	3 825

Les années 1990 ont vu le nombre de personnes condamnées admises dans les établissements de détention augmenter d'environ 49 % (de 17 316 en 1990-1991 à 25 852 en 1994-1995). D'année en année, plus de personnes sont condamnées à purger une peine de détention, ce qui peut indiquer une augmentation de la menace pénale pour les délinquants. Cependant, le nombre moyen de contrevenants inscrits au registre n'a pas suivi la tendance des admissions. Qui plus est, le compte réel de condamnés dans les prisons n'a augmenté que de 16 % entre 1990-1991 et 1994-1995. Puisqu'une proportion de plus en plus importante de personnes inscrites ne sont pas présentes en établissement (selon Landreville et collab., 1994, le pourcentage de personnes inscrites présentes en établissement a diminué entre 1988 et 1992 ; il est passé de 76 % à 61 %), on peut penser que le temps réel moyen purgé par les contrevenants a diminué durant les dernières années. Selon Landreville et collab. (1994), « il y a, d'une part, moins de courts séjours et, d'autre part, aussi moins de longs séjours ». Le recours de plus en plus fréquent aux absences temporaires fut un des moyens utilisés par le Service correctionnel québécois pour conserver une population carcérale stable malgré une pression de plus en plus grande venant des tribunaux pour enfermer des condamnés.

Nous avons plusieurs indications selon lesquelles les institutions carcérales abritent de plus en plus de délinquants violents. D'abord, le compte moyen dans les établissements fédéraux du Québec a augmenté de 17 % au cours des cinq dernières années. Ensuite, pour les établissements provinciaux, Meloche (1993) montre que les années 1985-1990 se caractérisent par une hausse de l'importance relative des admissions pour les individus condamnés pour un crime contre la personne (de 4,6 % des admissions en 1985 à 10,1 % en 1991), tendance qui a pu se poursuivre depuis. Finalement, il semble que les mécanismes d'absences temporaires et de libérations conditionnelles soient utilisés de manière sélective par les responsables des établissements de détention. En effet, les individus détenus pour un crime non violent sont les premiers libérés. En somme, si la population carcérale totale a quantitativement peu changé depuis quelques années, elle s'est transformée. Les personnes condamnées pour des crimes violents purgeraient des peines de plus en plus longues et les personnes condamnées pour des crimes non violents seraient libérées de plus en plus rapidement. Nous formulons donc l'hypothèse que la baisse de la criminalité de violence observée depuis 1991 s'explique, en partie, par une augmentation de la sévérité réelle des sanctions réservées aux criminels violents. En même temps, une plus grande tolérance en matière de crimes non violents a favorisé l'essor des crimes visant l'approvisionnement des réseaux criminels de revente. Le lien que nous évoquons entre la politique d'incarcération et les tendances observées n'a toutefois pas fait l'objet de travaux de recherche sérieux ; il doit donc être considéré comme une hypothèse.

RÉFÉRENCES

Alstyne, D.J. (1986). *Demographically disaggregated male felony arrest trends – New York State (1970-1984)*. National Institute of Justice.

Balkwell, J.W. (1990). « Ethnic inequality and the rate of homicide », *Social forces*, 69 (1) : 53-70.

Boyd, N. (1988). *The last dance : Murder in Canada*. Toronto : Prentice Hall.

Brodeur J.P., avec la collaboration de Marc Ouimet (1994). « Violence et société », dans *Traité des problèmes sociaux*. Québec, Institut québécois de recherche sur la culture.

Brochu, S. (1995). *Drogue et criminalité*. Montréal : Presses de l'Université de Montréal.

Bureau de la statistique du Québec (annuel). *Le Québec statistique*. Les Publications du Québec.

Chilton, R. (1987). « Twenty years of homicide and robbery in Chicago : The impact of the city's changing racial and age composition », *Journal of Quantitative Criminology*, 3(3) : 195-214.

Cohen, L.E. et M. Felson (1979). « Social change and crime rates change : a routine activity approach », *American Sociological Review*, 44 : 588-608.

Cohen, L.E. et K. Land (1987). « Age structure and crime : Symmetry versus asymmetry and the projection of crime rates through the 1990s », *American Sociological Review*, 52 (2) :170-183.

Cook, P.J. et J. Laub (1986). « The surprising stability of youth crime rates », *Journal of Quantitative Criminology*, 2 (3) : 256-277.

Cordeau, G. (1990). Les règlements de comptes dans le milieu criminel québécois de 1970 à 1986. Thèse de doctorat, École de criminologie, Université de Montréal.

Cusson, M. (1990). *Croissance et décroissance du crime*. Paris : Presses Universitaires de France.

Easterlin, R.E. (1980). *Birth and fortune : The impact of numbers on personal welfare*. Chicago : University of Chicago Press.

Farrington, D. (1986). *Age and Crime*, dans N. Tonry et M. Tonry (dir.), *Crime and Justice*, vol. 7. University of Chicago Press.

Foot, D. (1996). *Entre le boom et l'écho*. Montréal : Boréal.

Gartner, R. et R.N. Parker (1990). « Cross-National evidence on homicide and the age structure of the population », *Social Forces*, 69 (2) : 351-371.

Gottfredson, M. et T. Hirschi (1990). *A general theory of crime.* Stanford, CA : Stanford University Press.

Grenier, S. (1993). « L'évolution des divers types d'homicides au Québec de 1951 à 1989 », *Criminologie*, 16 (2).

Landreville, P., M.M. Cousineau, P. Laplante et L. Michaud (1994). « Profil et besoins de la population des établissements de détention », *Faits et Chiffres*, Service correctionnel du Québec, 2 (2).

Laplante, P. (1993). *Évolution et transformation des populations pénitentiaires du Québec de 1972 à 1991.* Mémoire de maîtrise, École de criminologie, Université de Montréal.

Lee, G.W. (1984). « Are crime rates increasing ? A study of the impact of demographic shifts on crime rates in Canada », *Canadian Journal of Criminology*, 26 (1) : 29-41.

Linden, R. (1989). « Demographic change and the future of policing », dans Donald Loree (dir.), *Future issues of policing.* Collège canadien de police, p. 111-127

Lipman, E.L., D.R. Offord et M.D. Dooley (1996). « Que savons-nous des enfants de familles dirigées par une mère seule ? », dans Statistique Canada, *Grandir au Canada : Enquête longitudinale sur les enfants et les jeunes.*

Luckenbill, D. (1977). « Criminal homicide as a situated transaction », *Social Problems*, 25(2) : 176-186.

Meloche, K. (1993). *L'évolution et les transformations des populations carcérales sous juridiction provinciale au Québec de 1977 à 1991.* Mémoire de maîtrise, École de criminologie, Université de Montréal.

Mukherjee, S.K. (1981). *Crime trends in Twentieth-Century Australia.* Australian institute of Criminology.

Ouimet, M. (1993). « L'aigle et le castor : Étude de la distribution spatiale de la criminalité aux États-Unis et au Canada », *Criminologie*, (26) 2 : 13-28.

Ouimet, M. et P. Tremblay (1993). « Commentaire sur l'état de la criminalité au Québec en 1992 », dans *Statistiques de la criminalité et application des règlements de la circulation : 1992.* Rapport annuel, ministère de la Sécurité publique du Québec.

Ouimet, M. (1994a). « Les tendances de la criminalité et de la réaction judiciaire au Québec de 1962 à 1991 », dans D. Szabo et M. Le Blanc (dir.), *Traité de criminologie empirique.* Presses de l'Université de Montréal.

Ouimet, M. (1994b). « Three decades of crime, police efficiency and imprisonment in Canada : 1962-1990 », *Key to Commonwealth Corrections*, 29 : 7-18.

Ouimet, M. et M. LeBlanc (1996). « Life events in the continuation of the adult criminal carreer », *Criminal Behavior and Mental Health*, 6 (1) : 75-97.

Ouimet, M. (1997a). *État de la criminalité au Québec en 1996 : les tendances spatiales et temporelles susceptibles d'influencer l'organisation des services spécialisés en matière de sécurité publique*. Rapport de recherche, École de criminologie, Université de Montréal.

Ouimet, M. (1997b). *L'agression sexuelle, la violence conjugale et la toxicomanie : portrait statistique*. Rapport de recherche, École de criminologie, Université de Montréal.

Quételet, A. (1835). *Recherche sur le penchant au crime aux différents âges*. Académie royale des sciences.

Rico, M.J. et A. Normandeau (1986). « La criminalité au Québec, 1960-1985 : tendances et configurations ». Dans D. Szabo et M. Le Blanc (dir.), *La criminologie empirique au Québec*. Presses de l'Université de Montréal.

Sacco, V. et H. Johnson (1990). *Profil de la victimisation au Canada*. Enquête sociale générale, Statistique Canada.

Sheley, J.F. et M.D. Smith (1988). « Age composition and alternative explanations of crime : Directions for theory and research », *Sociological Spectrum*, 8 (3) : 237-255.

Skogan, W.G. (1989). « Social change and the future of violent crime », dans T.R. Gurr (dir.), *Violence in America*, vol. 1. Sage.

Smith, M.D. (1986). « Era of increased violence in the United States. Age, period or cohort effect », *Sociological Quarterly*, 27 (2) : 239-251.

Statistique Canada (annuel). *Statistiques de la criminalité au Canada*. Centre canadien de la statistique juridique, catalogue 85-205.

Steffensmeier, D.J. et M.D. Harer (1987). « Is the crime rate really falling : An aging US population and its impact on the nation's crime rate », *Journal of Research on Crime and Delinquency*, 24 (1) : 23-48.

Wilson, J.Q. et R. Herrnstein (1985). *Crime and human nature*. New York : Simon and Schuster.

Wolfgang, M. (1959). « Victim-precipitated criminal homicide », *Journal of Criminal Law and Criminology*, 48 (1).

3
Les violences criminelles en France

PHILIPPE BONFILS

Les sociétés contemporaines seraient, dit-on parfois, la proie d'un regain de violence, et la délinquance est volontiers considérée par les Français
comme une sorte de « mal de siècle ». La crainte d'une guerre a laissé place
à la peur du crime, comme en témoigne l'évolution du sentiment d'insécurité. Ce sentiment diffus se nourrit de l'évocation par les médias des manifestations des actes de violence, et de leur grande diversité : violences urbaine, sportive, juvénile, audiovisuelle, conjugale, économique, verbale, etc.
Paradoxalement, les violences criminelles échappent souvent, en tant que
telles, aux feux de l'actualité. Il y a en France plusieurs raisons à cela. Tout
d'abord, à la différence de la criminologie[1], le droit pénal français accorde
une place relativement discrète à la notion de violence. Certes, au sein du
Code pénal, un paragraphe complet est consacré à la répression des violences[2], mais la notion de violence est généralement utilisée de manière éparse,
notamment en guise de modalité de commission d'une infraction[3], ou de

---

1. La violence est généralement considérée comme une des constantes (avec la ruse),
    derrière leur extrême diversité, de la notion de crime. En ce sens, R. Gassin : *Criminolo-
    gie*, Dalloz, 4ᵉ éd., 1998, nᵒ 54 et *sq.*, p. 41 et *sq.* et aussi du même auteur : « Le crime
    existe-t-il ? », *Problèmes actuels de science criminelle*, 1999, p. 9 et *sq.* ; en sens contraire,
    cf. J.-P. Brodeur : *Le noyau dur et la peau de chagrin : une étude critique à propos de la parution
    de la 3ème édition du Précis de criminologie de Raymond Gassin* ; RICPT 1995, p. 332 et *sq.* ;
    sur la controverse, cf. R. Gassin : *De la peau de chagrin au noyau dur : réponse à Jean-Paul
    Brodeur* ; RICPT 1998, p. 46 et *sq.* (spécialement p. 54 à 58, et p. 67 à 75).
2. Articles 222-7 à 222-16 du Code pénal (§ 2 intitulé Des violences, Section 2, Chapitre 2,
    Titre II, Livre deuxième).
3. Par exemple, l'article 222-22 du Code pénal (constitue une agression sexuelle toute
    atteinte sexuelle commise avec violence, contrainte, menace ou surprise).

circonstances aggravantes[4]. Ensuite et surtout, les nomenclatures retraçant les aspects de la criminalité en France mentionnent rarement les violences en tant que telles[5], mais font plutôt référence aux principales infractions violentes mentionnées par le Code pénal : homicides, coups et blessures, viols, etc.[6] Or, malgré l'éclatement des incriminations concernées, les violences criminelles présentent une certaine unité, liée non seulement à leur gravité particulière mais également à l'imaginaire qu'elles comportent.

Du fait de l'absence d'enregistrement statistique direct des violences criminelles, ces dernières sont rarement considérées de manière globale[7], et il existe en la matière nombre d'idées reçues ou tout au moins d'imprécisions. Il n'est alors sans doute pas inutile de donner un aperçu des violences criminelles en France, de leur évolution et de leur contenu.

De façon préalable, deux précisions méthodologiques s'imposent, l'une relative à la définition des violences criminelles, l'autre relative aux données de l'étude.

Les termes de violences criminelles peuvent être entendus comme les actes particulièrement graves portant atteinte directement, volontairement, et physiquement aux victimes. Il s'agit donc, dans la perspective des études de SELLIN et WOLFGANG sur l'indice de gravité[8], des infractions « particulièrement graves » en ce qu'elles conjuguent plusieurs facteurs de gravité dégagés par ces auteurs (ampleur des atteintes à l'intégrité physique, dangers potentiels, violence des moyens, intention coupable, et éventuellement vulnérabilité de la victime[9]). Compte tenu des impératifs constitués par les nomenclatures disponibles, seront donc retenues les infractions suivantes : homicides (et tentatives d'homicides), coups et blessures, infractions sexuelles (viols et attentats à la pudeur) et vols qualifiés (à main armée et avec violences).

Afin de rendre compte des tendances structurelles des violences criminelles en France de façon aussi précise que possible, il convient d'utiliser les statistiques policières (nécessairement plus proches des faits commis que

---

4. Tel est notamment le cas du proxénétisme aggravé (article 225-7-8° du Code pénal), et du vol aggravé (article 311-4-4° du Code pénal).

5. *Aspects de la criminalité et de la délinquance constatées en France*, La Documentation française ; *Statistiques criminelles internationales*, OIPC INTERPOL.

6. Les nomenclatures ignorent la catégorie d'infractions violentes, et mentionnent ces dernières au sein de diverses classifications, comme (la plus répandue) vols/infractions économiques et financières/infractions contre les personnes/autres infractions.

7. Cf. cependant M. Cusson : *Criminologie actuelle* ; PUF, 1998, p. 22 à 35.

8. Cf., sur ce point, M. Cusson, *Criminologie actuelle*, *op. cit.*, p. 14-19.

9. En matière d'infractions sexuelles, par exemple.

les statistiques judiciaires ou pénitentiaires[10]), c'est-à-dire « celles qui sont dressées par les services de police et qui comptabilisent les infractions connues de la police ainsi que les délinquants mis en état d'arrestation par ses services »[11]. Cela étant, les données utilisées portent sur les crimes et délits, à l'exclusion des contraventions de police et de certains délits (homicides et blessures par imprudence résultant d'accidents de la circulation, par exemple), dès lors qu'un procès-verbal a été dressé[12]. On sait que les recherches statistiques ont fait l'objet, il y a déjà quelques années, d'une attaque en règle[13] sous l'influence de la criminologie dite de la réaction sociale, fondée principalement sur l'existence du « chiffre noir de la criminalité », correspondant à l'écart entre la criminalité apparente, enregistrée par les services statistiques, et la criminalité réelle difficilement quantifiable. Il faut cependant préciser que, du moins dans les pays occidentaux, la mesure des actes délictueux a fait d'importants progrès (notamment par le recours aux enquêtes de victimisation ou de victimation[14]), ce qui permet de confirmer dans une large mesure la valeur des statistiques criminelles. Surtout, les violences criminelles sont certainement les infractions les mieux mesurées puisqu'elles conjuguent deux critères essentiels dans l'enregistrement des statistiques policières[15] : d'une part la « visibilité », c'est-à-dire la possibilité de

---

10. Les statistiques policières (qui englobent les chiffres recensés par le services de police et de gendarmerie) rendent en effet mieux compte des grandes tendances de la criminalité, en raison de l'absence de sélection des faits délictueux soumis à ces services. Il en va différemment en matière de statistiques judiciaires et pénitentiaires, qui sont le résultat d'un processus dans le temps ponctué de nombreuses possibilités de sélection des faits enregistrés (ainsi, par exemple, certains faits comptabilisés au titre des statistiques policières peuvent ne pas apparaître dans les statistiques judiciaires, en raison de classements sans suite par le ministère public, ou de non-lieu par la juridiction d'instruction).

11. R. Gassin : *Criminologie, op. cit.*, n° 135, p. 97.

12. Ph. Robert : *Ce que révèlent les statistiques*, dans Sciences et Avenir, p. 75 et *sq.*, n° spécial sur le crime, 1976.

13. En dernier lieu, cf. *La cité des chiffres, l'illusion des statistiques*, sous la direction de J.-L. Besson (dir.), Autrement, 1992.

14. Sur les enquêtes de victimisation (ou de victimation) en France, cf. R. Zauberman et Ph. Robert : *Du côté des victimes, un autre regard sur la délinquance* ; L'Harmattan, 1995, p. 46 à 58.

15. C'est la « théorie du renvoi » développée par Sellin et Wolfgang, reprise en France par Ph. Robert (et son équipe du Cesdip). Sur cette question, cf. R. Zauberman, *Renvoyants et renvoyés* ; Dév. et soc., 1982, p. 23-52 ; M. Laurendeau : *La police et ses auxiliaires particuliers : informateurs et agents provocateurs* ; Criminologie, 1984, I, p. 117-125 ; A. Keith et collab. : *Criminal statistics : the police role in the discovery and detection of crime* ; Int. Journ. of crimin. and Pen., 1976, n° 1, p. 33-58 ; cf. de manière générale, sur cette théorie, R. Gassin, *op. cit.*, n° 139, p. 103.

constater facilement ces infractions, et d'autre part la « reportabilité », à savoir la fréquence avec laquelle ces infractions sont dénoncées à la police par la victime (les crimes avec victimes, comme les violences volontaires, ont en principe un taux de reportabilité plus grand que les crimes sans victime[16]). Les statistiques policières relatives aux infractions violentes sont donc, *a priori*, d'une valeur satisfaisante[17], et, si le « chiffre noir » reste constant d'une année à l'autre, les tendances de la criminalité apparente peuvent fournir des indications valables.

Ces précisions étant faites, la présentation d'un bilan des violences volontaires en France conduit à envisager successivement, selon une distinction classique en matière d'étude quantitative[18], le volume puis la structure de la criminalité violente.

LE VOLUME DE LA CRIMINALITÉ VIOLENTE

Depuis les années 1950, le volume global de la criminalité a augmenté considérablement, passant de 574 289 infractions en 1950 à 3 559 617 en 1996 (le nombre total d'actes délictueux constatés par les services de police a ainsi été multiplié par 6,2)[19], malgré une baisse notable et mesurée au

---

16. Cf., en ce sens, P. Tremblay : *La demande pénale directe et indirecte : une analyse stratégique des taux de renvoi* ; RICPT 1998, p. 18 et *sq.* (spécialement p. 29), qui relève notamment, à propos de la visibilité du délit, que les crimes de violences sont davantage signalés à la police par les tiers que les autres infractions (25 %, au lieu de 19 % pour les vols personnels, et de 10 % pour les cambriolages).

17. Il faut cependant noter en matière d'agressions un taux de plaintes relativement peu élevé (environ 40 % selon R. Zauberman et Ph. Robert, *op. cit.*, p. 143) en comparaison de certaines infractions comme le vol qui font l'objet d'une dénonciation quasi systématique (l'indemnisation par les compagnies d'assurances étant généralement subordonnée au dépôt d'une plainte devant les services de police). Il semble que, hormis la situation des infractions sexuelles dont le taux de plaintes semble être, malgré l'imprécision des études réalisées sur ce thème, particulièrement bas, la réaction (et donc la dénonciation aux services compétents) est dans une large mesure proportionnelle à la gravité du dommage (Ph. Robert : *Criminalité et délinquance : évolution et tendances récentes* ; Cahiers de la sécurité intérieure, Documentation française 1990, p. 84). Cette considération a récemment été mise en valeur par P. Tremblay (*op. cit.*, p. 19 et *sq.*) qui note que la demande pénale augmente en fonction de la gravité des torts commis, et diminue en fonction de la proximité relationnelle des protagonistes.

    De plus, en matière d'infractions sexuelles, les plaintes sont moins nombreuses que pour les autres infractions de violences.

18. R. Gassin, *op. cit.*, n° 356 et *sq.*, p. 281 et *sq.*

19. *Aspects de la criminalité et de la délinquance constatées en France*, 1996, Documentation française, p. 29.

cours des années 1980[20]. Deux aspects méritent alors quelques développements pour présenter le volume de la criminalité violente : l'évolution objective de la criminalité violente, et la place des infractions violentes au sein du volume global de la criminalité.

L'évolution de la criminalité violente

Traditionnellement, la criminalité est définie comme l'ensemble des infractions pénales commises au cours d'une période de temps déterminée. Appliquée aux violences criminelles, la criminalité violente est donc constituée par l'ensemble des infractions de violence, au sens où nous avons défini cette notion. Ce faisant, le calcul de la criminalité violente, non apparent dans les nomenclatures officielles, est le résultat de la somme des infractions d'homicides volontaires (et tentatives), de coups et blessures volontaires, des infractions sexuelles (viols, attentats à la pudeur[21]) et des vols à main armée et avec violence.

Compte tenu des données détaillées disponibles, et spécialement en raison de la remise en forme des données statistiques en France en 1972, les chiffres présentés retraceront l'évolution de la criminalité depuis 1974.

Figure 1
Volume de la criminalité violente depuis 1974

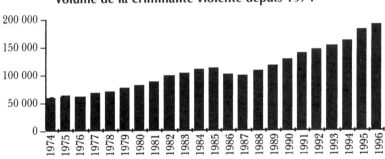

Sources : Cesdip : Ph. Robert, B. Aubusson de Cavarlay, M.-L. Pottier, P. Tournier : *Les comptes du crime* ; 2e éd., 1994, L'Harmattan, et *Aspects de la criminalité et de la délinquance constatées en France* ; La Documentation française.

La lecture du graphique précédent donne une indication importante sur la tendance de la criminalité violente. Cette dernière connaît une aug-

---

20. Ph. Bonfils : *Pourquoi la criminalité a-t-elle baissé au cours des années 1980 ? Le cas français* ; RICPT, 1996-2, p. 192-213 ; M. Cusson : *Croissance et décroissance du crime*, PUF, p. 15 et *sq.*, spécialement p. 30 et *sq.*

21. Devenus, dans le « nouveau » Code pénal, les agressions sexuelles.

mentation croissante, mais relativement mesurée. Si les médias dénoncent parfois une « explosion de la violence », force est de constater que, de manière globale, il s'agit plutôt d'une progression constante de la criminalité violente. Le volume de la criminalité violente a environ triplé de 1974 à 1996, passant de 57 121 infractions constatées à 186 897[22]. Il faut bien évidemment rapprocher cette évolution de celle de la population française (qui passe de 52,7 millions d'habitants en 1974 à 58,02 millions en 1995).

Par ailleurs, on constate qu'entre 1985 et 1987, la criminalité violente a connu une baisse relative. Cette évolution, qui s'inscrit dans celle plus marquée du volume général de la criminalité dans les années 1980, peut être attribuée à plusieurs facteurs d'importance variable, tels que le ralentissement démographique, le regain d'efficacité du système de politique criminelle et, surtout, véritable facteur amplificateur du phénomène, le renforcement du contrôle social du crime lié à la mobilisation publique et privée suscitée par les attentats terroristes entre 1985 et 1988[23].

Toutefois, la criminalité violente semble avoir repris sa tendance à la hausse (de même que le volume général de la criminalité), et la baisse constatée au cours des années 1980 semble n'avoir été qu'un incident dans l'évolution sur une longue période des infractions violentes.

Le taux de criminalité violente pour 1000 habitants est passé de 1,08 en 1975 à 3,4 en 1995. Ce chiffre a ainsi connu une progression quasiment constante. S'il s'agit d'une assez forte hausse (ce taux a environ triplé en vingt ans), elle reste relativement faible en valeur absolue ; les profondes modifications de la vie économique et sociale en France n'ont guère modifié, semble-t-il, l'importance des comportements les plus délictueux. C'est également l'impression qui ressort de la présentation de la place de la criminalité violente au sein du volume global de la criminalité.

La place de la criminalité violente au sein du volume total de la criminalité

Une des idées reçues dont est « affublée » la criminalité de violence concerne la place des infractions de violence au sein du volume global de la criminalité. En effet, la « peur du crime », et le sentiment d'insécurité qui lui est inhérent, résulte généralement d'une crainte des infractions les plus violentes. Il convient alors de présenter les relations entre le volume global de la criminalité française et celui de la criminalité violente.

---

22. Cf. tableau général en annexe.
23. Ph. Bonfils, *op. cit.*, p. 201 à 212.

Figure 2
Pourcentage de la criminalité violente au sein du volume global de la criminalité en France depuis 1974

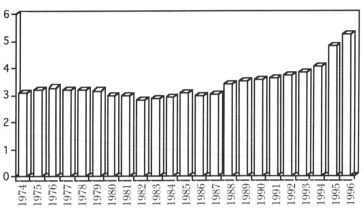

Sources : Cesdip et Documentation française.

Une caractéristique du volume de la criminalité de violence est sa très faible place au sein du volume global de la criminalité. Les infractions de violence représentent ainsi en 1996 environ 5,25 % de l'ensemble des crimes et délits constatés en France. Certes, depuis 1974, la place des infractions violentes a légèrement mais progressivement augmenté, passant de 3,12 % à 5,25 %. Si cette considération quantitative doit néanmoins être relativisée par la grande gravité de ces crimes et délits, il reste cependant vrai que la criminalité de violence n'occupe qu'une très faible place au sein du volume global de la criminalité (à titre d'exemple, les vols représentent environ 65 % du volume global de la criminalité[24]). On peut donc en conclure que la criminalité de violence ne joue qu'un rôle très limité dans l'évolution du volume général de la criminalité.

En définitive, les violences criminelles en France ont progressivement augmenté, et leur place au sein du volume général de la criminalité tend lentement à s'étendre. Pourtant, le taux de criminalité violente (c'est-à-dire le pourcentage de violences criminelles dans la criminalité globale) reste particulièrement faible.

Les infractions les plus graves sont généralement les infractions les moins commises. Cette considération résulte également de l'observation de la structure de la criminalité violente.

---

24. En 1996, le nombre de vols recensés est de 2 331 000.

LA STRUCTURE DE LA CRIMINALITÉ VIOLENTE

Si la description globale de la criminalité de violence permet de rendre compte d'une évolution générale, une compréhension plus approfondie nécessite le recours à une présentation plus détaillée. Dans cette perspective, il convient de donner la composition de la criminalité de violence, avant d'envisager les rapports entre les différentes infractions violentes.

La composition de la criminalité violente

Les infractions violentes comprennent, au sens de notre étude, les homicides volontaires (et les tentatives), les coups et blessures, les infractions sexuelles et les vols qualifiés (soit les vols à main armée et les vols avec violence).

Les homicides volontaires représentent les infractions les plus graves, et figurent de très loin parmi les moins fréquentes. Ainsi, on peut relever le faible nombre des homicides volontaires (2385 faits constatés en 1996) au sein des infractions violentes (186 897 en 1996) et *a fortiori* du volume général de la criminalité (3 559 617 en 1996). L'évolution des homicides volontaires en France depuis 1974 est marquée par une augmentation jusqu'en 1984. Depuis, la courbe connaît certaines hésitations, et les dernières données semblent consacrer une certaine décroissance depuis 1993.

Figure 3
Homicides et tentatives d'homicides en France depuis 1974

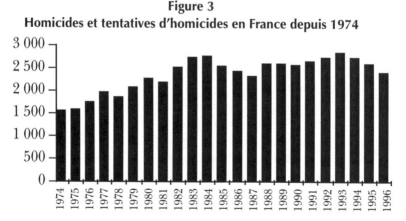

Sources : Cesdip et Documentation française.

La décroissance qui semble s'amorcer dans les années les plus récentes est confirmée par le détail du contenu de cette catégorie. Ce n'est que depuis 1988 que les chiffres font apparaître la distinction entre les crimes consommés et les tentatives[25], qui, plus que les crimes consommés, peuvent paraître comme des faits sujets à interprétation. En raison de l'absence de chiffres faisant état des tentatives et des infractions consommées sur une longue période, il est délicat de dégager une tendance établie. Pourtant, deux indications découlent des données disponibles. En premier lieu, les tentatives d'homicides volontaires occupent une place importante au sein de la catégorie des homicides (soit la somme des homicides consommés et des tentatives), puisque, de manière générale, il se produit plus de tentatives d'homicides volontaires que d'homicides volontaires consommés. En second lieu, on peut relever que les homicides consommés connaissent une baisse plus nette que les tentatives.

Figure 4
Homicides volontaires consommés (en noir) et tentatives d'homicides volontaires (en blanc) depuis 1988

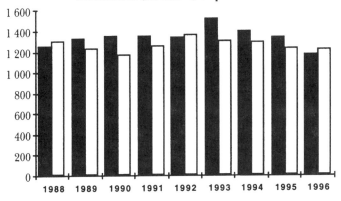

Source : Documentation française.

Concernant les coups et blessures, le nombre d'infractions constatées est d'environ trente fois plus important que celui des homicides volontaires (en 1996). Leur évolution est caractérisée par une stagnation relative jusqu'en 1987 (et même une légère diminution d'environ 8,32 % de 1984 à 1987), suivie par une hausse forte et constante, puisqu'entre 1987 et 1996 le nombre des coups et blessures volontaires a quasiment doublé (passant de 35 963 infractions à 75 425). Cette croissance est très certainement une des caractéristiques des tendances des violences criminelles, et participe sans doute du développement du sentiment d'insécurité.

---

25. *Aspects de la criminalité et de la délinquance constatées en France en 1988*, p. 12. Cette distinction n'est pas adoptée par la nomenclature de l'OIPC INTERPOL.

Figure 5
Coups et blessures depuis 1974

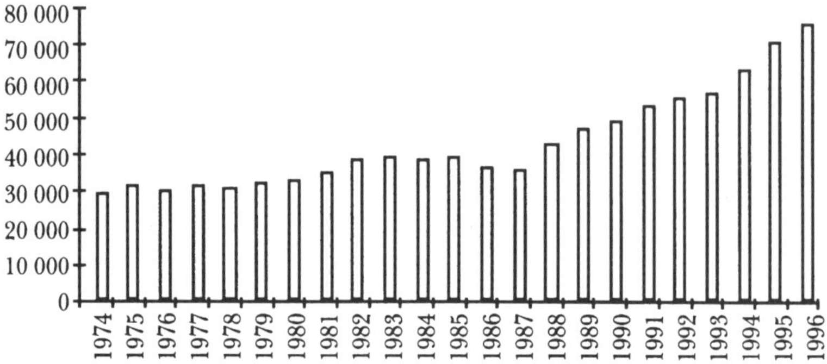

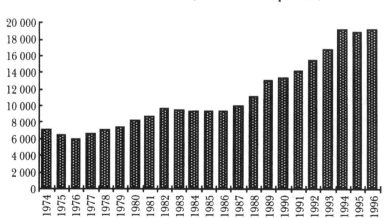

Sources : Cesdip et Documentation française.

Après une période de relative stabilité entre 1974 et 1986, les infractions sexuelles sont marquées par une nette augmentation, spécialement à
partir de 1986. Cette tendance traduit certainement une hausse du nombre
des violences sexuelles, mais on peut également penser qu'elle est le reflet
d'un meilleur accueil de la part de fonctionnaires spécialement formés, ce
qui incite davantage les victimes à déposer plainte. Enfin, il reste qu'en
matière d'infractions sexuelles, le « chiffre noir » est très certainement supérieur à celui d'autres infractions telles que les homicides par exemple.

Figure 6
Infractions sexuelles (viols, attentats à la pudeur)

Sources : Cesdip et Documentation française.

Au sein du volume global de la criminalité, les vols occupent une place déterminante, puisqu'ils représentent environ 65 % (en 1996) du total des faits délictueux constatés. Les vols qualifiés, c'est-à-dire les vols à main armée et les vols avec violence, représentent environ 30 % (29,3 % en 1996) de l'ensemble des vols.

Au cours des vingt dernières années, leur évolution est marquée par une nette hausse, leur nombre ayant été multiplié environ par quatre entre 1974 et 1996. Cependant, on peut relever une baisse sensible au cours des années 1980[26], suivie par une reprise à partir de 1988, correspondant à la courbe du volume global de la criminalité au cours de la même période.

La décroissance des vols qualifiés tient dans une large mesure au renforcement du contrôle social du crime opéré au cours des années 1980 (spécialement entre 1985 et 1988). Le regain de la mobilisation publique et le développement des mesures d'autoprotection, en réaction aux attentats terroristes perpétrés en France durant cette période, ont en effet entraîné de manière ponctuelle une vigilance plus grande, qui a contribué (de manière conjuguée avec d'autres facteurs plus latents) à la baisse du volume général des vols (toutes catégories confondues) et des vols avec violence[27].

Dans la perspective de la théorie des opportunités, les vols sont plus sensibles au contrôle social du crime que d'autres infractions comme les homicides, les coups et blessures ou les infractions sexuelles. C'est la raison pour laquelle la décroissance observée à propos des vols qualifiés est plus nette pour cette catégorie d'infractions que pour les autres précédemment citées.

Figure 7
Vols à main armée et avec violence

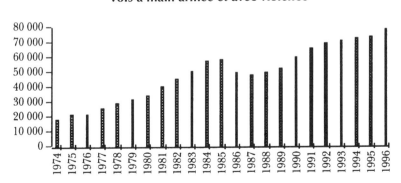

Sources : Cesdip et Documentation française.

---

26.   Ph. Bonfils, *op. cit.* ; cf. également M. Cusson, *op. cit.*, p. 30.

27.   Ph. Bonfils, *op. cit.*

Les infractions violentes connaissent ainsi, dans l'ensemble, une certaine augmentation. Cela étant, leur nombre reste relativement faible en comparaison des autres catégories de faits délictueux. De manière plus détaillée, ce sont les coups et blessures et les infractions sexuelles qui semblent avoir connu la croissance la plus nette. Les vols avec violence et à main armée ont augmenté d'une proportion sensiblement identique à la progression des autres vols. Enfin, les homicides volontaires donnent l'impression de s'être stabilisés ou, du moins, leur accroissement semble avoir nettement ralenti.

La répartition de la criminalité violente

La criminalité violente en France est marquée par la domination de deux catégories d'infractions : les vols qualifiés (à main armée et avec violence) et les coups et blessures. À eux seuls, ces faits représentent 83 % de la criminalité violente en France (en 1996). Par ailleurs, la progression des infractions sexuelles fait apparaître cette catégorie en troisième place, soit environ 16 %. Enfin, les homicides et les tentatives d'homicides apparaissent, sur un plan strictement quantitatif, comme une quantité négligeable. Les variations de la criminalité violente résultent donc principalement de celles des vols qualifiés et des coups et blessures.

Figure 8
Répartition des infractions violentes en 1996

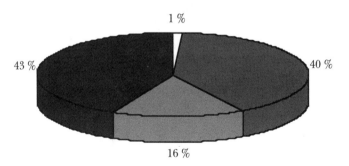

Légende :
en noir : infractions sexuelles
en gris sombre : coups et blessures
en gris clair : vols qualifiés
en blanc : homicides volontaires

Sources : Cesdip et Documentation française.

En conclusion, les violences criminelles constituent certainement une réalité grandissante de la criminalité française, mais on ne peut, à proprement parler, dénoncer une explosion de la criminalité violente.

Il semble pourtant à première vue que les infractions violentes connaissent une augmentation importante, notamment en ce qui concerne les coups et blessures et les infractions sexuelles. Par ailleurs, cette impression peut être relativisée. En effet, ces infractions (et spécialement les infractions sexuelles) sont particulièrement sensibles aux fluctuations de l'intolérance sociale et, partant, de la reportabilité et de l'accueil des plaintes par les services de police. De ce fait, la représentativité de ces infractions au sein de la criminalité violente doit être entendue de façon seulement indicative. En revanche, les homicides volontaires qui sont, compte tenu de leur extrême gravité, particulièrement bien mesurés, semblent se stabiliser et, même, décroître depuis 1993. Ainsi, si de manière générale la violence a augmenté en France depuis une vingtaine d'années, les variations de l'homicide – le crime le plus grave et le mieux mesuré – laissent à penser que la criminalité de violence tend à se stabiliser.

Quoi qu'il en soit, la place des infractions de violence au sein de la criminalité française reste limitée, face au poids que représentent les infractions contre les biens (spécialement les vols). En cela, la criminalité violente en France est particulièrement représentative des caractères généraux des criminalités occidentales (et particulièrement européenne)[28].

---

28. R. Gassin, *op. cit.*, n° 398, p. 309.

ANNEXE
Structure de la criminalité violente
Volume général de la criminalité violente et de la criminalité totale

	Homicides	Coups et blessures	Infractions sexuelles	Vols qualifiés	Criminalité violente	Criminalité totale
1974	1 541	29 556	7 142	18 882	57 121	1 827 373
1975	1 576	31 597	6 490	22 289	61 952	1 912 327
1976	1 737	29 988	5 989	22 352	60 066	1 823 953
1977	1 952	31 962	6 563	26 545	67 022	2 097 919
1978	1 835	30 818	7 097	29 311	69 061	2 147 832
1979	2 047	32 555	7 498	32 046	74 146	2 330 566
1980	2 253	32 926	8 203	35 245	78 627	2 627 508
1981	2 171	34 891	8 717	41 077	86 856	2 890 020
1982	2 495	38 774	9 644	46 075	96 988	3 414 682
1983	2 702	39 251	9 576	50 874	102 403	3 563 975
1984	2 712	38 389	9 356	57 907	108 364	3 681 453
1985	2 497	39 336	9 317	59 142	110 292	3 579 194
1986	2 413	36 549	9 382	50 740	99 084	3 292 189
1987	2 286	35 963	10 086	48 258	96 593	3 170 970
1988	2 567	42 512	11 220	50 415	106 714	3 132 694
1989	2 562	47 037	13 046	52 992	115 637	3 266 442
1990	2 526	48 977	13 344	60 189	125 036	3 492 712
1991	2 614	53 356	14 232	66 319	136 521	3 744 112
1992	2 702	55 613	15 573	70 061	143 949	3 830 996
1993	2 818	56 964	16 797	72 109	149 367	3 881 894
1994	2 696	63 435	19 187	73 310	159 255	3 919 008
1995	2 503	71 095	18 853	74 577	177 358	3 665 320
1996	2 385	75 425	19 247	79 459	186 897	3 559 617

Sources : *Les comptes du crime, op. cit.*, et *Aspects de la criminalité et de la délinquance constatés en France, op. cit.*

PARTIE II
LES HOMICIDES

4
Homicides
et autres violences conjugales

RAYMONDE BOISVERT ET MAURICE CUSSON

Il n'y a pas de cloison étanche entre l'homicide conjugal et la violence conjugale non mortelle. L'évidente différence de gravité ne peut masquer la parenté qui lie ces deux problèmes. En effet, 1) les femmes sont les principales victimes de la violence conjugale, mortelle ou non ; 2) assez souvent, la femme tuée par son conjoint avait déjà été violentée par le même individu ; 3) les risques de violence conjugale mortelle et non mortelle sont associés à la rupture et sont plus élevés dans les unions libres que dans les mariages ; 4) les motivations dominantes de ces deux types de violence sont le désir masculin de possession sexuelle exclusive et l'obsession du contrôle.

Le présent chapitre évoquera d'abord la violence non mortelle telle qu'elle nous est connue grâce à un important sondage mené sous l'égide de Statistique Canada, puis il examinera plus longuement l'homicide conjugal tel que nous le révèle une recherche réalisée au Centre international de criminologie comparée de l'Université de Montréal.

LA VIOLENCE CONJUGALE AU CANADA

Après avoir été définie pendant des siècles comme relevant du domaine privé, la violence familiale est devenue l'objet d'un débat public qui a poussé les gouvernements à commander des études sur le sujet. En 1993, Statistique Canada mène une enquête d'envergure nationale sur la violence envers les femmes. Les enquêteurs interrogent 12 300 femmes âgées de 18 ans, représentatives de l'ensemble des Canadiennes. La notion de violence retenue est la définition que donne le Code criminel des voies de fait et des agressions sexuelles[1]. Le tableau I qui suit présente les types de violence mesurés par l'enquête et les pourcentages des répondantes les ayant subis au moins une fois au cours de leur vie adulte (depuis l'âge de 16 ans), d'une part aux mains des conjoints présents et passés, d'autre part, du conjoint actuel.

Tableau I
Pourcentage de femmes de 18 ans et plus ayant subi diverses formes de violence conjugale depuis l'âge de 16 ans au Canada

Forme de violence	Conjoint actuel ou ex-conjoint Pourcentage	Conjoint actuel Pourcentage
Toutes formes de violence*	29	15
Menacer de frapper avec un objet	19	7
Lancer des objets pouvant blesser	11	4
Pousser, empoigner, bousculer	25	12
Gifler	15	4
Donner des coups de pied, mordre, donner des coups de poing	11	2
Frapper avec un objet pouvant blesser	6	1
Battre	9	1
Tenter d'étrangler	7	1
Utiliser une arme à feu ou un couteau ou menacer de le faire	5	1
Agresser sexuellement	8	2

*   La somme des pourcentages ne correspond pas aux totaux, en raison des réponses multiples. Les chiffres ont été pondérés pour être représentatifs de la population des femmes adultes canadiennes. Source : *La violence familiale au Canada*, Statistique Canada, 1994.

---

1. Les actes compris dans le questionnaire sont semblables à ceux contenus dans le CTS (*Conflict Tactics Scale*). Cette échelle permet de mesurer le recours à la violence conjugale comme moyen de régler les conflits.

On voit que 29 % des Canadiennes ont, depuis l'âge de 16 ans, été victimes au moins une fois d'une forme quelconque de violence physique de la part d'un conjoint actuel ou passé. Le pourcentage passe à 15 % quand seul le conjoint actuel est considéré. Il est regrettable que le rapport ne présente pas de tableau sur le pourcentage de femmes victimisées au cours d'une année[2].

Par ailleurs, le rapport indique que les actes violents se sont produits plus d'une fois dans près des deux tiers des cas.

Le cinquième des femmes victimes de violence de la part d'un ex-conjoint ont déclaré que les agressions étaient survenues après ou durant la séparation.

Le jeune âge est un facteur de risque majeur. Durant les douze mois précédant l'enquête, les taux de violence subie étaient beaucoup plus élevés chez les conjointes âgées de 18 à 24 ans (12 %) que chez celles de 45 ans et plus (1 %) ; plus élevés aussi au sein des couples unis depuis moins de deux ans (8 %) que chez les couples mariés depuis plus de vingt ans (1 %). Les auteurs d'agression contre la conjointe sont aussi beaucoup plus représentés dans le groupe d'âge des 18 à 24 ans que dans celui des 45 ans et plus (13 % contre 1 %).

Les hommes ayant poursuivi des études universitaires affichent un taux de violence deux fois plus faible que les hommes qui n'ont pas de diplôme d'études secondaires (2 % contre 4 %). Le taux de violence durant les douze mois précédant l'enquête est deux fois plus élevé au sein des ménages ayant des revenus annuels de moins de 15 000 $ que là où les revenus dépassent 60 000 $.

Seulement 26 % des femmes qui ont déclaré avoir subi des mauvais traitements de la part de leur conjoint ont dit avoir signalé les incidents d'agression aux policiers.

La même enquête nous apprend que le tiers des Canadiennes mariées ou l'ayant été se déclarent d'accord avec au moins un des énoncés qui décrivent en ces termes les attitudes de leur conjoint : « Il est jaloux et ne veut pas que je parle à d'autres hommes » ; « il essaie de limiter mes contacts avec ma famille ou mes amis » ; « il insiste pour savoir avec qui je suis et où je suis à tout moment ». Les réponses positives à ces énoncés sont fortement corrélées à la violence conjugale dont il vient d'être question, ce qui signifie que les hommes qui agressent leur femme ont, plus que les autres, tendance à être possessifs, à isoler leur femme et à la contrôler de manière tatillonne.

---

2. Il est cependant mentionné dans le texte que 3 % des femmes mariées ou qui l'ont déjà été disent avoir été agressées durant les douze mois précédant l'enquête.

Ce lien entre le surcontrôle et la brutalité donne à penser que les deux phénomènes participent de la même dynamique.

Nous savons par ailleurs que la brutalité conjugale est souvent déclenchée par des soupçons d'infidélité. Ces soupçons sont analysés sous l'angle de la possessivité sexuelle masculine exclusive. Le mari violent s'oppose vivement à ce que sa femme fréquente d'anciens amis, voire d'autres femmes (voir Daly et Wilson, 1988 ; Wilson et Daly, 1992)[3].

L'HOMICIDE CONJUGAL À MONTRÉAL

Au cours d'une recherche réalisée au Centre international de criminologie comparée sur les homicides commis à Montréal entre 1954 et 1962 puis entre 1985 et 1989, 77 homicides conjugaux ont été repérés et ont fait l'objet d'une analyse fouillée (Boisvert et Cusson, 1994 ; Cusson et Boisvert, 1994 ; Boisvert, 1996). Soixante-dix hommes ont tué leur partenaire, ce qui a fait 66 femmes victimes car quatre meurtres ont été commis au sein de couples homosexuels (pour de plus amples informations concernant l'étude, voir la méthodologie en annexe). En s'appuyant sur cette recherche et sur la littérature sur le sujet, nous brosserons un portrait de l'homicide conjugal afin de répondre à trois questions. Quelles raisons ont poussé le meurtrier à tuer la femme qui partageait sa vie ? Quelles circonstances ont favorisé le crime et l'ont rendu possible ? Comment le drame s'est-il déroulé ?

Les raisons de l'homicide conjugal

Les principaux auteurs qui se sont intéressés aux motifs de l'homicide conjugal s'entendent pour accorder une importance déterminante à la volonté masculine de possession exclusive de l'autre (Proal, 1900 ; De Greeff, 1942 ; Guttmacher, 1955 ; Chimbos, 1978 ; Nettler, 1982 ; Guillais, 1986 ; Daly et Wilson, 1988). Les hommes tuent leur conjointe parce qu'ils refusent qu'elle les quitte, surtout pour vivre avec quelqu'un d'autre. Ils croient

---

3. Nous ne disposons pas de statistiques fiables sur les violences dont les Canadiennes se rendraient coupables. Aux États-Unis, Straus et Gelles (1990) et Gelles et Straus (1989) rapportent que 4,4 % des femmes interrogées avouent recourir à la violence (le pourcentage des hommes ayant recours à la violence est de 3 %). Cependant, ces auteurs soulignent que les hommes étant plus grands, plus gros, plus forts, les coups qu'ils portent sont plus dangereux que ceux donnés par les femmes. De plus, presque les trois quarts des violences commises par les femmes sur leur conjoint pourraient être de l'autodéfense. Comme le notent Berk et ses collaborateurs (1983), il serait injuste de mettre sur le même pied l'expérience des hommes et celle des femmes qui, elles, sont souvent blessées.

avoir des droits sur elle, et ils considèrent son départ comme un outrage à leur valeur personnelle. Le meurtre est un acte de possession commis pour se venger de l'abandon et pour empêcher la femme de se donner à quelqu'un d'autre.

Considérant l'importance accordée à la jalousie masculine et au désir de possession sexuelle exclusive par la plupart des auteurs, les homicides conjugaux de Montréal ont été classés dans la catégorie « possession » chaque fois que le geste fatal était une réponse à l'annonce d'une rupture, à une rupture consommée (départ, séparation, divorce) ou à une liaison avec un rival (même si d'autres raisons pouvaient simultanément intervenir). Il en résulte que sur les 77 homicides à caractère conjugal, 42 (54,5 %) relèvent de la *possession*. Les autres homicides appartiennent aux catégories suivantes : *querelle* : 18 (23,4 %), (homicides précédés d'une vive altercation au cours de laquelle les conjoints s'abreuvent d'injures et, quelquefois, échangent des coups) ; *libération* : 2 (2,6 %) (quand le conjoint supprime sa partenaire qu'il ne peut plus supporter) ; *euthanasie* : 3 (3,9 %) (un homme qui tue sa femme malade dans l'intention de la délivrer de ses souffrances) ; *défensif* [4] : 2 (2,6 %) (femmes qui tuent en réponse à une attaque physique) ; *autres et indéterminés* : 10 (13 %).

La *possession* est donc, de loin, le problème prépondérant dans l'homicide conjugal ; la querelle suit d'assez loin. Dans le reste du chapitre, nous avons choisi de faire porter l'analyse sur l'homicide de possession, les autres types étant soit trop rares, soit pas assez clairs (c'est le cas de la querelle).

Les déclencheurs de tels homicides sont la séparation, le divorce, la rupture ou, bien sûr, l'adultère. Ces crimes sont d'ailleurs assez souvent perpétrés après que la femme se soit séparée ou ait divorcé (Boudouris, 1971 ; Martin, 1988 ; Wilson et Daly, 1994). C'est dans les unions libres que l'on retrouve les taux d'homicides les plus élevés : ce taux est de huit fois plus élevé au sein des couples vivant en union libre que chez les couples mariés (Statistique Canada, 1994).

En somme, le risque de mort violente pour la femme augmente quand l'homme la soupçonne d'infidélité, ou, plus souvent, lorsque celle-ci décide de mettre fin unilatéralement à la relation (Chimbos, 1978 ; Daly et Wilson, 1988 ; Campbell, 1992). En parlant des hommes jaloux qui deviennent des assassins, De Greeff (1942, p. 115) écrivait : « la jalousie les lèse dans leur vanité et leur instinct de propriétaire ».

---

4.   Dans les cas où c'est la femme qui est l'auteur de l'homicide de son conjoint, les recherches montrent que la plupart du temps, elle a posé ce geste pour se défendre (Browne, 1987 ; Campbell, 1992 ; Dobash et collab., 1992).

Les circonstances de l'homicide conjugal motivé par la possession

L'accomplissement d'un homicide motivé par la possession exige que soient réunis cinq éléments.

Premier élément : la femme remet unilatéralement en cause le lien conjugal. Lors d'un meurtre commis par un homme qui ne veut pas perdre le contrôle sur sa compagne, c'est la femme qui a pris l'initiative de la séparation ou du divorce : elle a annoncé qu'elle rompait ; elle a déjà quitté son conjoint ou elle entretient une liaison. Dans le cas qui suit, la femme réclame le divorce et trouve la mort.

> Carole (33 ans) et Romain (37 ans) sont mariés depuis trois ans. Leur relation n'étant pas très bonne, la femme a décidé de quitter l'appartement. Dix jours plus tard, en soirée, Carole retourne voir son mari afin de lui parler de divorce. Dans sa version des faits, Romain dit avoir été surpris par une telle demande car il croyait que la séparation était temporaire et qu'elle allait plutôt les rapprocher. Il tente de connaître les motifs de sa femme pour divorcer, celle-ci refuse de répondre. Les deux haussent le ton, elle pour s'opposer à toutes explications et, lui, pour connaître les raisons. Des paroles, la victime et le meurtrier passent aux actes et il y a bousculade (constatée par les policiers). Le mari s'empare d'un couteau et il poignarde sa femme à plusieurs reprises au thorax pour ensuite l'étrangler avec une corde et l'achever à coups de marteau.

Deuxième élément : les conjointes veulent quitter ou quittent, mais restent accessibles au meurtrier. Les études sur la violence conjugale montrent que plusieurs raisons retiennent les femmes de briser une relation violente dans laquelle elles se sentent prises au piège. Par exemple, l'homme ne tarit pas de promesses de s'amender et la femme garde l'espoir qu'il va cesser son comportement violent ; elle ne dispose pas des moyens financiers pour partir ni d'appuis personnels ; elle craint que la rupture n'incite son conjoint à se venger (Prairie et Langelier-Biron, 1985). Alors, elle ne le quitte pas ou elle ne va pas très loin, ou encore elle le revoit périodiquement. Si elle a réussi à s'éloigner, son ex-conjoint établit des contacts avec ses relations, ses amis ou ses enfants pour la retracer et il la rejoint. D'ailleurs, Martin (1988) note que, souvent, la violence grave à l'endroit des femmes et leur meurtre surviennent après qu'elles aient divorcé ou qu'elles se soient séparées de leur partenaire. Dans le cas qui suit, le couple était divorcé depuis plusieurs années, mais l'homme et la femme vivaient à proximité.

> Carla, une femme de 57 ans, a été mariée durant de nombreuses années à Yves, un plâtrier de 60 ans. L'homme est alcoolique. Durant leur vie commune, la relation était fort turbulente, l'homme frappait souvent sa femme avec les poings ou avec ce qui lui tombait sous la main. Il l'avait déjà frappée à coups de couteau et il avait même fait feu en sa direction. Les policiers avaient

souvent été appelés au domicile du couple pour cette violence du mari envers sa femme.

Le couple est divorcé depuis huit ans, mais la violence n'a pas cessé pour autant. Carla habite le rez-de-chaussée avec son fils et Yves demeure au sous-sol. L'ex-mari cherche toujours son ex-femme et les deux se rencontrent de temps à autre, lorsque l'homme n'est pas en état d'ébriété. Au moment du meurtre, Yves était sous le coup d'une accusation pour voies de fait contre sa femme.

Un dimanche, tard le soir, des voisins entendent les échos d'une querelle. Ils voient Carla sortir en trombe de son appartement et se précipiter vers sa voiture. Mais avant qu'elle ne l'atteigne, deux coups de feu claquent et une balle l'atteint au cou, lui sectionnant la carotide : elle meurt sur le coup.

Au procès, la fille du couple a raconté que ce soir-là, son père cherchait son ex-femme et qu'il était fâché de ne pas la trouver. Il avait raconté à sa fille qu'il allait la tuer.

Troisième élément : la vulnérabilité de la victime. La femme est privée des moyens de défense suffisants pour se protéger des attaques de son conjoint. Ici se pose le problème du rapport de forces : il est à l'avantage de la plupart des hommes, qui possèdent une force musculaire supérieure à celle de leur femme. La plupart du temps, cette supériorité est accentuée par l'arme dont il s'est muni. Le fait que la femme soit isolée, l'absence d'un tiers qui, au moment des faits, aurait la force et le courage de s'interposer accentuent cette vulnérabilité.

Francine a 31 ans et Gérard 34 ans ; ils vivent séparés depuis un an. La femme demeure seule avec ses enfants. Malgré leur séparation, les protagonistes se rencontrent assez souvent, mais cette relation ne plaît plus à Francine. Depuis quelque temps, elle a un ami. Gérard est très jaloux et il a proféré des menaces à l'endroit de son ex-femme ; il a même frappé l'ami de cette dernière.

Un jour, Gérard fait irruption chez Francine et il la trouve en compagnie de son nouvel ami. L'ex-mari se rue sur l'amant qui prend la fuite et court chez une voisine pour demander de l'aide car le mari est beaucoup plus costaud que lui. Lorsque les policiers arrivent sur les lieux, ils trouvent Gérard en train de frapper Francine avec un couteau de chasse sous les yeux de sa fille. Francine a reçu quinze coups de couteau.

Quatrièmement élément : le temps nécessaire pour que le problème conjugal arrive à maturité et entre dans sa phase critique. Dans tous les cas pour lesquels nous avons de l'information, l'homicide conjugal type est précédé d'une période plus ou moins longue d'incubation. De Greeff (1942) décrit le cheminement de l'homme qui voit la femme aimée se détacher de lui. Il commence par la revaloriser puis, inversant le processus, il en vient à la dévaloriser, la réduisant peu à peu à un être porteur de tous les défauts. C'est progressivement que le dessein homicide se précise dans son esprit.

Les ruptures qui s'éternisent présentent le danger de donner au conjoint le temps d'amener son projet à maturité. Les femmes qui font alterner les ruptures et les réconciliations, qui, un jour, partent et, un autre, reviennent augmentent les risques que la rupture se termine mal.

Cinquième élément : la neutralisation de la prohibition du meurtre. L'homicide – surtout celui d'un proche – est un acte sur lequel pèsent de formidables tabous. Notre conscience morale nous l'interdit absolument, notre milieu social le condamne sans appel et nos tribunaux le punissent durement. Aussi faut-il surmonter maints obstacles intérieurs et extérieurs pour en arriver à pouvoir tuer. Ces inhibitions sont affaiblies ou supprimées par : a) l'aveuglement de la passion ; b) la rage ; c) l'accoutumance à la violence ; d) l'alcool.

A.   La plupart des meurtriers conjugaux sont habités par une passion dévorante, soi-disant amoureuse, qui les obnubile. La femme qui leur échappe devient tout pour eux. Devant la perspective de son départ, ils ont le sentiment de ne plus exister. Tout le sens de leur vie se réduit à cet amour rejeté, à cette passion exclusive. De Greeff (1942) rappelle que ce n'est pas tellement la douleur de l'amour perdu qui les fait agir, mais un sentiment d'outrage à leur valeur personnelle. Ils souffrent, mais dans leur volonté de domination. Leur passion est tellement forte que plus rien ne compte. Le futur meurtrier est devenu indifférent autant à son propre sort qu'aux années de pénitencier qui l'attendent. Dans plusieurs cas, le suicide est soit évoqué, soit tenté, soit exécuté. Parmi les 42 homicides conjugaux commis sous le signe de la possession, 14 meurtriers ont évoqué, tenté ou exécuté leur suicide : deux ont mentionné à une tierce personne qu'ils en avaient l'intention, deux ont tenté de le faire sans y réussir et dix sont passés à l'acte.

B.   La fureur, l'état de rage extrême dans laquelle se met le meurtrier au moment de passer à l'acte l'aide aussi à surmonter les inhibitions qui l'empêchent d'agir. D'où la fréquence des altercations, des échanges verbaux et physiques de plus en plus violents qui précèdent immédiatement le meurtre.

Anna (50 ans) et Mario (52 ans) sont mariés depuis de nombreuses années. Depuis trois mois, le couple est séparé et la femme vit chez son fils. Les époux doivent passer devant le tribunal le 9 février pour régulariser la séparation. Mais, quelques jours avant, à 14 h 30, Anna se présente à leur domicile pour signifier à son mari qu'il doit quitter le triplex car elle le garde dans le partage des biens. Elle lui annonce également qu'il devra lui payer une rente. Une violente discussion éclate et, le mari, en colère, s'empare d'un couteau et frappe sa femme. Celle-ci réussit à le désarmer, mais l'homme prend un tisonnier et la transperce de part en part et, ensuite, il tente sans succès de s'ouvrir les veines.

C.   L'habitude de la violence. Les inhibitions contre le meurtre peuvent être progressivement levées par des comportements violents qui s'échelonnent au fil des ans. Les auteurs d'homicide conjugal ont assez souvent des antécédents de violence.

D.   L'alcool est également un désinhibiteur efficace, surtout dans le cadre d'une altercation. Les données sont insuffisantes pour imputer à l'alcool un rôle clé dans les homicides conjugaux, mais l'analyse a montré qu'au moment des faits, quelques meurtriers étaient sous l'effet de boissons alcoolisées ou de drogues. Cependant, plusieurs autres études recensées par Wilson et Hernstein (1985, p. 356) indiquent que l'alcool est très souvent présent dans les affaires de meurtre.

Le déroulement de l'homicide

Le simple *récit* des événements qui ont précédé un homicide apporte une contribution quelquefois indispensable à l'intelligibilité du crime en mettant au jour ce que nous pourrions appeler sa causalité historique. En effet, dans un conflit interpersonnel, la « cause » du geste de l'un est bien souvent un geste de l'autre. Considérons, par exemple, le cas suivant. Lynda qui est divorcée d'avec Marcel se retrouve au domicile de ce dernier en train de discuter. La discussion s'envenime, on passe aux coups, Marcel tente d'étrangler son ex-femme ; la femme réussit alors à s'emparer d'un couteau et elle tue l'homme pour se défendre. Il est raisonnable de dire que la tentative faite par Marcel d'étrangler Lynda est la cause immédiate du coup de couteau porté par cette dernière.

Les homicides conjugaux motivés par la possession ne se déroulent pas tous de la même manière mais certains éléments reviennent assez régulièrement pour qu'il soit possible de présenter un enchaînement des événements déterminants. Voyons d'abord un cas où les principales étapes peuvent être décelées.

Josiane (33 ans) et Philippe (38 ans) sont mariés depuis quelques années et ils ont un fils de 5 ans. Depuis assez longtemps, la femme a un amant. Elle délaisse son mari de plus en plus et ce dernier insiste pour que la vie reprenne comme auparavant. Josiane lui fait comprendre qu'elle désire la séparation. Elle veut le quitter en emmenant leur enfant. Philippe décide de se suicider, mais un de ses amis l'en dissuade. Selon la version du mari, le jour du drame, vers 17 h 30, alors qu'ils sont dans leur appartement commun, Philippe demande à Josiane de rompre avec son amant. Celle-ci refuse, et le provoque en téléphonant à son amant. Philippe se saisit du revolver chargé de six balles et il le dirige contre sa propre tempe tout en faisant signe à Josiane de couper la communication. Cette dernière se moque de lui. Sans tenir compte de la présence de leur fils, Philippe retourne l'arme contre sa femme et lui tire les six balles dans la tête.

Dans cette affaire, cinq étapes peuvent être repérées : 1) la femme a une liaison affichée et veut se séparer ; 2) le mari refuse la rupture et veut se suicider ; 3) elle le provoque en téléphonant à son amant ; 4) le mari prend le revolver et exige que sa femme coupe la communication mais celle-ci refuse ; 5) il tue sa femme.

Pour souligner l'enchaînement des faits durant de tels homicides, il peut être utile d'en présenter le déroulement typique. Cinq étapes sont repérables.

1re étape : *La rupture amorcée.* La femme fait savoir qu'elle a décidé de rompre, ou elle se prépare à quitter le domicile conjugal, ou elle entame des procédures de divorce ou, encore, le conjoint découvre qu'elle entretient une liaison.

2e étape : *La mort annoncée.* Le conjoint juge la rupture inacceptable et illégitime. Il fait alterner promesses et accusations. Il lance des ultimatums. Il menace de se suicider, puis il jure qu'il tuera sa conjointe. Il se procure une arme.

3e étape : *Le défi.* La femme pose des gestes visant à montrer que sa décision est irrévocable. Elle confirme que la rupture est définitive. Elle fait ses valises. Elle demande à son avocat d'entamer les procédures de divorce. Elle affiche sa liaison. Elle téléphone à son amant sous les yeux de son mari. Elle invite l'amant au domicile conjugal. Pendant ce temps, le contact entre les conjoints n'est pas complètement rompu : soit qu'ils vivent encore sous le même toit ou à proximité, soit qu'ils continuent de se revoir, soit que le conjoint découvre la trace de la femme.

4e étape : *L'altercation.* Les partenaires échangent des insultes ; ils ressassent de vieux griefs ; ils se disputent avec acrimonie sur le partage des biens ; ils en viennent aux coups.

5e étape : *La mise à mort.* L'homme en arrive au point où la colère et le désespoir le poussent au meurtre. Dans un paroxysme de rage, il terrasse la femme et s'acharne sur elle : il la frappe de multiples coups de couteau ; il lui fracasse la tête sur un mur ; il la bat à mort.

* * *

En résumé, mortelle ou non, la violence conjugale est principalement le fait d'un homme jaloux qui exerce un contrôle tatillon sur sa femme, fait le vide autour d'elle et ne supporte ni qu'elle le quitte ni qu'elle soit dans les bras d'un autre. Nous rejoignons Daly et Wilson selon qui la volonté masculine de contrôle sexuel exclusif est la raison qui pousse le plus fréquemment un homme à porter la main sur la femme avec qui il partage sa vie. Avec une réserve toutefois : il se pourrait bien que la dépendance affective y soit aussi pour quelque chose. Il ne suffit cependant pas qu'un homme soit habité par cette passion, soi-disant amoureuse, pour qu'il en arrive à tuer sa compagne. Un conflit conjugal de ce type ne risque de finir tragiquement que si cinq conditions sont réunies : la femme remet en cause le lien conjugal ; elle reste à la portée de l'homme ; le rapport de forces avantage l'agresseur ; le temps fait son œuvre pour que le projet criminel arrive à maturité ; enfin, le meurtrier surmonte les inhibitions qui empêchent la quasi-totalité des hommes d'en arriver à cette extrémité.

Dans son déroulement typique, l'homicide commis sous le signe de la possession débute par une volonté de rupture exprimée par la femme à laquelle le conjoint oppose une fin de non-recevoir assortie de menaces de mort. La femme maintient malgré tout sa résolution, ce qui fait déboucher le conflit sur une altercation qui monte à l'extrême.

RÉFÉRENCES

Berk, R.A., F. Berk, D.R. Loseke et D. Rauma (1983). « Mutual Combat and Other Family Violence Myths », p. 197-212, dans D. Finkelhor, R.J. Gelles, G.T. Hotaling et M.A. Straus (dir.), *The Dark Side of Families*. Beverly Hills : Sage Publications.

Boisvert, R. (1996). *L'homicide conjugal à Montréal, de 1954 à 1962 et de 1985 à 1989*. Thèse de doctorat, Université de Montréal, École de criminologie.

Boisvert, R. et M. Cusson (1994). « L'homicide conjugal à Montréal », *Recherches sociographiques*, vol. XXXV, n° 2, p. 237-254.

Boudouris, J. (1971). « Homicide and the Family », *Journal of Marriage and the Family*, vol. 33, n° 4, p. 667-676.

Browne, A. (1987). *When Battered Women Kill*. New York : The Free Press.

Campbell, J.C. (1992). « "If I Can't Have You, No One Can" : Power and Control Homicide », p. 99-113, dans J. Radford et D.E.H. Russell (dir.), *Femicide : the Politics of Woman Killing*. New York : Twayne Publishers.

Chimbos, P.D. (1978). *Marital Violence : A Study of Interspouse Homicide*. San Francisco, California : R. & E. Research Associates Inc.

Cormier, B. (1962). « Psychodynamics of Homicide Committed in a Marital Relationship », *Corrective Psychiatry and Journal of Social Therapy*, vol. 8, n° 4, p. 187-194.

Cusson, M. et R. Boisvert (1994). « L'homicide conjugal à Montréal : ses raisons, ses conditions et son déroulement », *Criminologie*, vol. XXVII, n° 2, p. 165-184.

Daly, M. et M. Wilson (1988). *Homicide*. New York : Aldine de Gruyter.

De Greeff, É. (1942). *Amour et crimes d'amour*. Bruxelles : C. Dessert (édition 1973).

Dobash, R., E. Dobash, M. Wilson et M. Daly (1992). « The Myth of Sexual Symmetry in Marital Violence », *Social Problems*, vol. 39, n° 1, p. 71-89.

Gelles, R.J. et M.A. Straus (1989). *Intimate Violence. The Causes and Consequences of Abuse in the American Family*. New York : Touchstone Book.

Guillais, J. (1986). *La chair de l'autre*. Paris : Olivier Orban.

Guttmacher, M.S. (1955). « Criminal responsability in certain homicide cases involving family members », dans P.H. Hoch et J. Zubin (dir.), *Psychiatry and the law*. New York : Grune & Stratton.

Larouche, G. (1987). *Agir contre la violence*. Montréal : Les éditions de la pleine lune.

Larouche, G. et L. Gagné (1990). « Où en est la situation de la violence envers les femmes dans le milieu familial dix ans après les colloques sur la violence ? », *Criminologie*, vol. XXIII, n° 2, p. 23-45.

Martin, M. (1988). « Battered Women », p. 62-88, dans N. Hutchings, M.S.W. *The Violent Family. Victimization of Women, Children, and Elders*. New York : Human Sciences Press Inc.

Morier, Y., C. Bluteau, G. Bruneau, C. Lessard et P. Beaudet (1991). *Intervention sociojudiciaire en violence conjugale*. Montréal : Centre éducatif et culturel inc.

Nettler, G. (1982). *Killing one Another (Criminal Careers, vol. 2)*. Cincinnati : Anderson Publishing.

Okun, L. (1986). *Women abuse : Facts Replacing Myths*. Albany, New York State : University of New York Press.

Prairie, J. et L. Langelier-Biron (1985). *Violence conjugale : processus d'arrêt*. Montréal, Université de Montréal, Centre international de criminologie comparée.

Proal, L. (1900). *Le crime et le suicide passionnels*. Paris : Félix Alcan.

Silverman, R. et S.K. Mukherjee (1987). « Intimate Homicide : An Analys of Violent Social Relationships », *Behavioral Sciences and Law*, vol. 5, n° 1, p. 37-47.

Statistique Canada (1993). *L'enquête sur la violence envers les femmes*. Ottawa, Juristat, Centre canadien de la statistique juridique, ministère de l'Industrie, des Sciences et de la Technologie, vol. 14, n° 9.

Statistique Canada (1994). *La violence familiale au Canada*. Ottawa, Centre canadien de la statistique juridique, catalogue 89-5410.

Statistique Canada (1994). *L'homicide au Canada – 1993*. Ottawa, Juristat, Centre canadien de la statistique juridique, vol. 14, n° 15.

Straus, M.A. et R. Gelles (1990). *Physical Violence in American Families : Risk Factors and Adaptations in 8145 Families*. New Brunswick : Transaction Publishers.

Thorman, G. (1980). *Family Violence*. Springfield, Illinois : Charles C. Thomas Publisher.

Wilson, J.Q. et R.J. Hernstein (1985). *Crime and Human Nature.* New York : Simon and Schusteer.

Wilson, M. et M. Daly (1992). « Till Death Us Do Part », p. 83-98, dans J. Radford et D.E.H. Russell (dir.), *Femicide : the Politics of Woman Killing.* New York : Twayne Publishers.

Wilson, M. et M. Daly (1994). « Les homicides entre conjoints », *Juristat,* Centre canadien de la statistique juridique, ministère de l'Industrie, des Sciences et de la Technologie, vol. 14, n° 8.

ANNEXE
Méthodologie

Dans ce chapitre, les homicides conjugaux concernent aussi bien les meurtres entre conjoints légalement mariés, ceux en union de fait que les amants. C'est pourquoi toutes les affaires impliquant des personnes qui avaient établi un rapport intime entre elles, incluant les partenaires de même sexe, qui avaient réglé un conflit interpersonnel, long ou court, par le meurtre, ont fait l'objet de la collecte de données. Les triangles amoureux où un rival (supposé ou réel) est éliminé sont exclus de l'étude.

Pour repérer les homicides conjugaux, nous sommes partis du bilan annuel publié par *Allô Police*. Le caractère exhaustif du bilan annuel a été vérifié en revoyant tous les numéros du journal pour les années concernées[5]. Il ne s'agit donc pas d'échantillons mais de l'ensemble des homicides conjugaux connus de la police et enregistrés durant deux périodes contrastées de notre histoire récente.

Le dénominateur commun du corpus, c'est l'accusation première portée par la police, soit celle de meurtre : les affaires de négligence criminelle ont été éliminées de la présente étude. Un total de 77 homicides de nature conjugale ont ainsi été répertoriés : 27 commis entre 1954 et 1962 et 50 perpétrés entre 1985 et 1989.

Pour les deux périodes réunies, 61 dossiers criminels ont été consultés (14 meurtriers s'étaient suicidés et deux dossiers étaient manquants car les causes étaient en appel).

Une fois les dossiers criminels épluchés, les formulaires détaillés ont été remplis à partir des chroniques des numéros d'*Allô Police* correspondant aux dates de l'événement. En lisant les articles parus dans le journal, nous étions à même de vérifier si les informations correspondaient à celles que nous avions trouvées dans les dossiers. Et nous n'avons pas décelé de contradictions marquantes. Dans les numéros de ce journal, nous avons puisé des renseignements permettant d'améliorer particulièrement la partie qualitative. De fait, dans les dossiers, on ne voit pas toujours très bien les circonstances entourant le drame, ce qui, dans la majorité des cas, est amplement décrit par les journalistes qui suivent de près le développement de l'enquête policière, car ceux-ci entretiennent des contacts privilégiés avec les agents de la paix. De plus, lorsque l'accusé plaide coupable avant le procès, dans les dossiers de la cour on ne trouve pas d'information concernant les raisons et le déroulement de l'homicide. Par ailleurs, lorsque l'auteur du meurtre s'est suicidé, les renseignements sont surtout disponibles dans les numéros d'*Allô Police*.

5
L'homicide querelleur et vindicatif

SANDRA BOUTIN ET MAURICE CUSSON

Loin d'être un phénomène récent, l'homicide querelleur et vindicatif prend racine dans une interminable histoire. Pensons à la vendetta, aux duels de l'Ancien Régime, aux batailles au pistolet de l'Ouest américain. Aujourd'hui encore, les rixes dans les tavernes continuent de faire verser du sang.

Cette étude[1] sur l'homicide querelleur et vindicatif s'inscrit dans le cadre d'une recherche sur l'ensemble des homicides commis sur l'île de Montréal, de 1954 à 1962 et de 1985 à 1989. Un homicide est qualifié de querelleur et vindicatif quand il est « précédé d'une bagarre ou d'une chicane ou qu'il résulte d'une vengeance. Il est provoqué par une offense, un préjudice ou un coup et il met aux prises des protagonistes qui ne sont pas unis par un lien conjugal ou familial » (Cusson et collab., 1994, p. 108). Sont exclus de notre propos les règlements de comptes dans le milieu criminel. À Montréal, entre un quart et un tiers des homicides correspondent à cette définition. Voici un exemple typique d'homicide querelleur :

> En soirée, quelques jours avant Noël, Denis (21 ans) tente de récupérer un arbre de Noël artificiel qu'il avait laissé en gage, l'année précédente, à son voisin Paul (43 ans). Denis n'étant pas en mesure de rembourser sa dette, Paul refuse alors de lui remettre son bien. Une altercation s'ensuit, puis une bagarre éclate au cours de laquelle Denis tue Paul de cinq coups de couteau.

L'homicide suivant est essentiellement vindicatif :

> Paul-Henri (41 ans), en liberté illégale pour ne pas s'être présenté dans une autre cause, entre dans un bar de la rue Notre-Dame avec un ami et s'exclame : « C'est un club de tapettes ici ! » Il sort immédiatement, laissant son

---

1. Les auteurs remercient Lyne Rousseau qui a réalisé un traitement préliminaire des données.

copain dans le bar. Peu après, ce dernier arrive à la maison ensanglanté, expliquant qu'il venait de recevoir une raclée par sa faute. Résolu à venger son ami, Paul-Henri retourne au bar en question, identifie l'agresseur et l'attaque. Au cours de la bataille, il assène deux coups de couteau mortels à son ennemi.

La navrante banalité de ces drames ne devrait pas nous dispenser d'un effort pour les comprendre. D'entrée de jeu, ils paraissent le fruit d'un conflit qui n'a pu être résolu, d'abord à cause de la personnalité d'au moins un des protagonistes, et aussi de leur interaction même. En effet, il a fallu qu'un conflit mette le feu aux poudres : la dette que l'autre refuse d'acquitter est subie comme une injustice ; la mise en doute de la virilité ou alors le mépris affiché des homosexuels paraît une offense inexpiable. S'ensuivent l'altercation, la bagarre, la vengeance. Encore fallait-il qu'un des adversaires, au moins, présente une personnalité qui le prédispose à la violence. Sinon on ne voit pas comment la rixe aurait éclaté et surtout comment elle aurait pu si mal finir. Une soif de vengeance insatiable, une violence hors de proportion par rapport au malheureux arbre de Noël : l'homicide paraît être le fait d'individus plus vindicatifs, plus explosifs que la plupart d'entre nous.

Les indications glanées chez les quelques auteurs qui se sont penchés sur les homicides querelleurs et les violences apparentées nous donnent une idée de leur dynamique[2]. L'accrochage à l'origine de l'affaire est souvent sans gravité : une malencontreuse bousculade, un refus jugé cinglant, une remarque insultante, un geste menaçant, une dette contestée. Mais aussi mineur soit-il, le geste sera perçu comme un affront ; il suscitera un ressentiment et appellera une riposte. Puis, des paroles qui font mal, on passera aux coups. Les adversaires se sentent obligés de riposter et d'en remettre parce qu'ils évoluent dans un milieu où prévaut une espèce de code de l'honneur stipulant qu'un homme véritable ne laisse pas passer une offense et qu'un combat loyal est légitime. Cette complaisance pour les solutions violentes empêche les tiers, s'ils sont présents, de s'interposer ou de proposer leurs bons offices. Ils ont plutôt tendance à pousser les protagonistes à l'épreuve de force. Si une arme est à portée de main, les conditions sont alors réunies pour la montée aux extrêmes.

Conçue en ces termes, la compréhension de la violence querelleuse passe par un examen du conflit, de l'épisode violent même, des choix des acteurs et de leur interaction.

---

2.   Sur l'homicide querelleur, voir Luckenbill (1977), Felson et Steadman (1983), Daly et Wilson (1988), McGrath (1989) et Cusson (1991). Sur les violences querelleuses, voir Felson (1982 et 1993), Felson et collab. (1984 et 1986) et Tedeschi et Felson (1994).

À la suite de plusieurs autres, Baron et Richardson (1994 : 201-230) ont montré que le comportement agressif résulte de l'interaction entre une personnalité et une situation. C'est parce qu'il est incapable d'apprécier le point de vue de l'autre que le querelleur lui attribue une intention hostile qu'il n'a peut-être pas. C'est parce qu'il est insensible à la peur qu'il fonce tête baissée dans la bagarre sans se soucier des risques qu'il court. C'est parce qu'il est impulsif et susceptible qu'il réagit au quart de tour. C'est parce qu'il est incapable de se contrôler qu'il se laisse emporter dans l'escalade, allant beaucoup plus loin qu'il ne l'avait voulu au départ.

Ces considérations dictent les cinq principes qui ont guidé notre recherche.

1.   L'homicide querelleur, comme toute conduite humaine, est le fait d'acteurs qui visent des buts et font des choix.

2.   Il est difficile d'exclure l'hypothèse voulant que les auteurs d'homicide querelleur soient prédisposés à penser, à juger et à réagir plus impulsivement et avec plus d'hostilité que la plupart des gens.

3.   La querelle obéit à la logique de la réciprocité négative, ce qui signifie que ses protagonistes se conditionnent mutuellement.

4.   Quand ils sont présents, il n'est pas rare que les tiers exercent une influence décisive – salutaire ou pernicieuse – sur l'issue de l'affrontement.

5.   Le déroulement même de la rixe étant un facteur déterminant de son issue mortelle, il faut en établir les épisodes pour obtenir une explication tant soit peu complète.

Après quelques mots sur la méthodologie, l'analyse de ce type d'homicides comportera quatre étapes. Tout d'abord, nous comparerons l'évolution de ce crime entre les années 1950 et les années 1980. Qu'est-ce qui est resté constant, qu'est-ce qui a changé dans les caractéristiques des individus et de l'événement ? Le deuxième thème consistera à détailler le conflit ou l'histoire de conflits entre les individus. Nous nous attarderons plus principalement aux enjeux, au contexte relationnel, à l'âge des acteurs, au moment et au lieu du délit. Ensuite, nous aborderons la question de la prédisposition à la violence. Grâce à des variables telles que les antécédents judiciaires, la présence d'une intoxication, le port d'armes, nous tracerons un profil des individus en cause. En dernier lieu, nous examinerons le rôle des tiers et la dynamique interactive entre les acteurs.

MÉTHODOLOGIE

Les données ont été recueillies à plusieurs sources : le Centre de préarchivage du ministère de la Justice du Québec, les dossiers de la Cour supérieure du Palais de justice de Montréal et le journal *Allô Police*. Ce journal, un hebdomadaire spécialisé dans la couverture des homicides, répertorie de manière exhaustive les homicides commis au Québec depuis 1954. Une confrontation systématique de la base de données constituée en consultant ce journal avec celle publiée par Statistique Canada nous a convaincus de sa fiabilité (Grenier, 1993). À partir de la description provenant des articles, il a été possible de classifier les homicides selon les principales motivations de l'auteur et selon la relation que les acteurs entretenaient.

Les deux périodes, 1954 à 1962 et 1985 à 1989, séparées par un intervalle de 23 ans, ont été choisies pour obtenir une effet de contraste entre deux époques fort différentes. « Avant 1965, les taux d'homicides canadiens se maintenaient à un niveau relativement bas, alors qu'à partir de 1966, ils grimpent de façon régulière pour atteindre un certain plafond autour de 1985 » (Cusson et collab., 1994, p. 5-6). Dans les deux périodes, les homicides querelleurs et vindicatifs occupent la deuxième place en importance pour l'ensemble des homicides commis à Montréal. S'il y a diminution du pourcentage de ces homicides par rapport à l'ensemble entre les deux périodes (34,8 % versus 27,1 %), il y a augmentation de ceux-ci en chiffres absolus (47 versus 76).

Tableau 1
Classification des homicides à Montréal
pour les périodes de 1954-1962 et de 1985-1989

Types d'homicides	1954-1962 Fréquence	%	1985-1989 Fréquence	%
Familiaux et passionnels	52	38,5	71	25,3
Querelleurs et vindicatifs	47	34,8	76	27,1
Règlements de comptes	8	5,9	50	17,8
Associés à un autre crime	28	20,7	84	29,9
Total	135	100,0	281	100,0

Le taux annuel moyen par 100 000 habitants d'homicides querelleurs passe de 0,32 à 0,87 et la moyenne annuelle grimpe de 5 homicides par année entre 1954 et 1962 à 15 par année durant la seconde moitié des années 1980. Cette augmentation augure-t-elle des différences majeures dans les caractéristiques des homicides querelleurs et vindicatifs commis sur l'île de Montréal de 1954 à 1962, comparativement à ceux qui se sont produits entre 1985 et 1989 ? C'est ce que nous allons vérifier.

ÉVOLUTION : CONSTANCE ET CHANGEMENT

Nous verrons qu'il y a une constance dans les caractéristiques des meurtriers et des victimes : le sexe des protagonistes, leur statut marital et leur âge varient peu d'une époque à l'autre. Par contre, changent les lieux du drame et les armes du crime.

Sexe

L'homicide querelleur est une affaire d'hommes. Ceux-ci constituent 100 % des meurtriers avant la Révolution tranquille et 99 % des meurtriers durant les années 1980 (le seul cas où le meurtrier est une femme apparaît comme une situation de légitime défense). Quant aux victimes, les hommes dominent presque aussi massivement entre 1954 et 1962 : 81 % (38 sur 47) des cas. Entre 1985 et 1989, on note une légère augmentation : 91 % (69 sur 76) des personnes tuées sont des hommes. Toutefois, en examinant le récit des événements de la première période, on se rend compte que dans 4 incidents sur 9 impliquant des victimes féminines, la femme est touchée malgré le fait que le grief ne la concernait pas. Par exemple, dans une histoire de vengeance, le meurtrier se présente au domicile de la victime. C'est la femme qui ouvre la porte et le tueur lui demande si son mari est là. Lorsqu'il aperçoit le mari, il fait feu à plusieurs reprises. Il tue la femme et l'homme survit.

Âge

Le tableau 2 nous révèle que les meurtriers sont plutôt jeunes. Dans 68 % des cas, l'homme est âgé de 35 ans et moins en 1954-1962, comparativement à 77 % en 1985-1989. Dans les deux périodes, la moyenne d'âge est de 30 ans. Quant aux victimes, il est intéressant de constater qu'elles ont sensiblement le même profil d'âge, malgré l'intervalle de 23 ans entre les époques. Celles-ci sont un peu plus vieilles que les tueurs, avec une moyenne d'âge de 35-36 ans.

Tableau 2
Âge des acteurs d'homicides querelleurs sur l'île de Montréal

Âge	A : 1954-1962		B : 1985-1989	
	N	%	N	%
Âge des meurtriers				
16-25	16	43,2	24	38,7
26-35	9	24,3	24	38,7
36-45	8	21,6	11	17,7
46-55	4	10,8	2	3,2
56 et plus	–	–	1	1,6
Total	37	100,0	62	100,0
Moyenne	30,2		29,8	
Médiane	29		29	

A : 10 données manquantes.   B : 14 données manquantes.

Âge des victimes				
16-25	11	25,0	20	27,0
26-35	12	27,3	26	35,1
36-45	10	22,7	13	17,6
46-55	6	13,6	6	8,1
56 et plus	5	11,4	9	12,2
Total	44	100,0	74	100,0
Moyenne	35,9		35,4	
Médiane	33		32	

A : 3 données manquantes.   B : 2 données manquantes.

Statut marital

Chiffres à l'appui, Daly et Wilson (1997) ont établi que les célibataires tuent beaucoup plus souvent un autre homme que les hommes mariés : les premiers ont moins à perdre que les seconds. Notre analyse va dans le même sens : l'homicide conflictuel met en scène principalement des célibataires. En examinant les cas pour lesquels nous avons cette information, nous constatons que 69 % des meurtriers et 58 % des victimes sont célibataires. Il semble donc qu'être sans conjointe rende querelleur, et quelquefois, cela va jusqu'à tuer.

Armes

Si l'on compare les deux époques, on se rend compte que la fréquence en nombre absolu dans les différents types d'armes n'a pas vraiment changé, sauf pour l'utilisation d'un couteau (tableau 3). De 1954 à 1962, on recense 6 cas où l'arme est un couteau que le meurtrier porte sur lui, tandis que dans les autres cas (5), il s'agit d'un couteau de cuisine. Au cours des années 1980, l'arme du crime était, dans 29 cas sur 76, un couteau que le meurtrier avait en poche au moment du drame. Ce fait donne à penser que le port du couteau s'est répandu ces dernières années.

Tableau 3
Type d'arme utilisée dans les homicides querelleurs et vindicatifs

Type d'arme	1954-1962		1984-1989	
	N	%	N	%
Arme à feu	15	31,9	16	21,1
Couteau	11	23,4	38	50,0
Objet contondant	5	10,6	7	9,2
Bouteille	3	6,4	2	2,6
Corde (ceinture, chandail, etc.)	–	–	4	5,3
Aucune (poings, pieds)	13	27,7	9	11,8
Total	47	100,0	76	100,0

*   Si plus d'un type d'arme était utilisé, le cas était classé selon l'arme considérée la plus dangereuse. Par exemple : couteau et objet contondant = cas classé dans « couteau ».

Lieux du crime

Contrairement à la croyance voulant que les événements de ce genre se déroulent majoritairement dans les débits de boisson, on s'aperçoit que les résidences privées occupent le premier rang. Cette tendance des homicides querelleurs à se produire dans un endroit privé est même à la hausse : de 38 %, ils occupent maintenant 48 % de l'ensemble de ce type d'homicides. Il est bon de préciser que, pour notre étude, si le conflit a pris naissance à l'intérieur d'un bar ou à l'intérieur d'une résidence pour finir à l'extérieur, l'homicide n'a pas été classé dans la catégorie « extérieur », mais bien à l'endroit où tout a commencé (tableau 4).

Tableau 4
Lieu du crime

Lieu du crime	A : 1954-1962		B : 1985-1989	
	N	%	N	%
Résidence privée	18	38,3	35	47,9
Bar, restaurant	13	27,7	12	16,4
Extérieur	8	17,0	11	15,1
Immeuble public	4	8,5	3	4,1
Véhicule	1	2,1	6	8,2
Autre	3	6,4	6	8,2
Total	47	100,0	73	100,0

A : Aucune donnée manquante   B : 3 données manquantes.

LE CONFLIT : ENJEUX ET FINALITÉS

Parmi les finalités que Tedeschi et Felson (1994) attribuent aux actions coercitives, il en est deux qui s'appliquent bien à nos homicides. La première consiste à se faire justice : punir l'offenseur ou se venger. La seconde est liée à l'honneur ; elle consiste d'une part à projeter une image de force et de courage et, d'autre part, à défendre sa réputation ternie par l'offense. Ceci ne constitue pas des catégories étanches et uniques : on peut retrouver plus d'une finalité dans une même histoire de cas.

L'enjeu initial de l'affaire qui suit relève de la justice : le meurtrier reproche à sa future victime de ne pas faire sa juste part.

Michel (34 ans) et Jean-Paul (31 ans) cohabitent et partagent les dépenses d'un appartement, rue Saint-Hubert. Ils ont un « pot » commun dans lequel chacun dépose sa part. Un samedi après-midi de juin, Jean-Paul reproche à son colocataire d'avoir omis d'y déposer le 5 $ convenu. Une vive discussion s'engage. Michel prend la chose à la légère alors que Jean-Paul se met sérieusement en colère. Pour finir, il se saisit d'un couteau de cuisine et en frappe son copain à plusieurs reprises.

Le point d'honneur est au cœur de la dispute suivante.

Vers 1 h 30 du matin, Alfred marche dans une rue du centre de Montréal avec son amie après avoir passé la soirée au bar. Trois jeunes hommes les apostrophent. L'un d'eux, Marc, 19 ans, fait une remarque désobligeante sur la façon dont Alfred étreint son amie. Ce dernier réplique en l'insultant. Marc riposte en proférant des menaces. Alfred l'invite à se battre. Marc a un couteau sur lui ; il le sort et frappe l'autre d'un coup au cœur.

Le troisième exemple est plus complexe ; il y est question de rivalité sexuelle, d'honneur et de vengeance.

Guy (41 ans) vient rejoindre son amie au bar où elle travaille, un vendredi soir. Assis au comptoir, André (42 ans) fait ouvertement la cour à la copine de Guy. Ce dernier s'approche du séducteur et tente de lui expliquer que la dame n'est pas libre. Devant l'insistance d'André qui ne semble pas comprendre, une altercation s'ensuit, puis une empoignade au cours de laquelle Guy, qui est nettement plus costaud que son adversaire, terrasse André. Ce dernier, humilié, quitte les lieux en menaçant Guy de revenir lui régler son compte. Tenant parole, il réapparaît une dizaine de minutes plus tard, muni d'une arme à feu. Il se dirige droit vers Guy, se met en joue et lui tire une balle dans la nuque.

Relations entre les acteurs

Pour comprendre les enjeux et le sens de ces querelles qui finissent si mal, il n'est pas inutile de les replacer dans leur contexte relationnel. Le tableau qui suit montre que les homicides se produisent principalement entre des gens qui se connaissent : dans 64 % des situations, le contact est établi depuis plus de 24 heures. Seulement 24 % des homicides se passent entre de purs étrangers. Il est pertinent de créer une catégorie où les personnes se connaissent depuis moins de 24 heures et où, néanmoins, un type de relation a été établi (par exemple, les individus sont mis en relation par un ami commun, ils jouent au billard toute la soirée ensemble, sont mêlés à des affaires de prostitution...). Le fait qu'agresseurs et victimes se fréquentaient donne à penser qu'ils partagent le même style de vie.

Tableau 5
Connaissance entre le meurtrier et sa victime

Connaissance entre le meurtrier et sa victime	%	N
non	27	24,1
oui, moins de 24 heures	13	11,6
oui, plus de 24 heures	72	64,3
Total	112	100,0

Note : 11 données manquantes.

Quel type de relation les adversaires entretiennent-ils ? Est-ce que deux bons amis peuvent en arriver à se tuer lors d'une querelle ou cela se passe-t-il plutôt entre des connaissances ? Dans la catégorie de gens qui se connaissent depuis plus de 24 heures, on remarque que dans 42 % des cas survenus entre 1985 et 1989, les gens impliqués sont de bons amis et/ou des colocataires. Les autres entretiennent des relations d'affaires, des liens criminels, ou sont tout simplement des voisins ou des connaissances. Ces résultats sont à mettre en relation avec ce qui a été vu plus haut, à savoir que le drame se passe souvent dans une résidence. L'accès à la sphère privée d'une personne présuppose un rapport personnel.

DES INDIVIDUS DISPOSÉS À LA VIOLENCE : ANTÉCÉDENTS, INTOXICATION, PORT D'ARMES

Antécédents criminels

Parmi les sujets dont on connaît les antécédents, 58 % (40/69) des meurtriers possèdent un casier judiciaire, contre 36 % (25/70) des victimes. De plus, les meurtriers ont deux fois plus d'antécédents judiciaires *violents* que les victimes (25 % versus 10 %). (Précisons que le nombre de données manquantes est relativement élevé : 54 pour les meurtriers et 53 pour les victimes.)

Le croisement de ces deux variables fait voir que les victimes ayant des antécédents se font tuer majoritairement par des meurtriers qui en possèdent également (10/11) et que les meurtriers sans antécédents s'en prendront à des victimes sans antécédents (16/17). Quand le meurtrier a des antécédents et non la victime, 10 sur 12 avaient une relation quelconque. Il semble bien que les protagonistes mènent le même style de vie.

Intoxication

Il y a intoxication (surtout alcool) de façon certaine chez 63 % des meurtriers et 31 % des victimes. Si l'on inclut les cas pour lesquels on a de sérieux doutes (évalués par le récit des circonstances de l'événement), les proportions grimpent à 78 % pour les meurtriers et à 38 % pour les victimes. Par ailleurs, ces homicides surviennent principalement pendant les heures de loisirs : dans près de 75 % des cas, la querelle fatale a lieu durant la soirée ou la nuit.

Port d'armes

Les hommes qui tuent au cours de ces querelles tragiques sont-ils au départ armés comme les duellistes d'autrefois ou, au contraire, se sont-ils emparés de n'importe quel objet à portée de main pouvant servir d'arme ? La réponse fournie par nos données nous a réservé une surprise. Dans 59 % des cas, l'agresseur est muni d'une arme à feu ou d'une arme blanche (couteau qu'il porte). La catégorie « tout ce qui peut tomber sous la main » représente 29 % des cas. Enfin, dans 12 % des situations, la victime aura été tuée en étant rouée de coups de poing et de coups de pied. Ajoutons que, dans 15 % des cas, la victime et le meurtrier étaient tous deux en possession d'une arme ou d'un objet pouvant être utilisé comme tel.

LA DYNAMIQUE INTERACTIVE ET LE RÔLE DES TIERS[3]

La maison de chambres où habite Gilles (37 ans) ayant été ravagée par un incendie quelques jours plus tôt, celui-ci se réfugie chez son ami Paul-André (40 ans). Les deux hommes passent deux jours à boire. La réserve d'alcool étant épuisée et se trouvant à court d'argent, Paul-André subtilise quelques vêtements à Gilles pour se ravitailler en bière et en vin. Une violente altercation éclate quand Gilles constate la disparition : il est d'autant plus furieux qu'il a perdu la majorité de ses effets personnels dans l'incendie. Au cours de la bagarre qui suit, Paul-André tente de frapper Gilles avec un bâton de baseball. Ce dernier riposte par un coup de bouteille de vin au front. Paul-André s'effondre pour ensuite être roué de coups de pied (Gilles est chaussé de bottines munies de renforcements d'acier). La victime se traîne ensuite sur un canapé où elle est laissée pour endormie. Ce n'est que le lendemain que Gilles constate la mort de son ami.

Un grief fondé sur la conviction d'avoir été victime d'une injustice déclenche une altercation qui est emportée par un mouvement d'escalade[4]. De part et d'autre, on se sent offensé, attaqué, en danger. Les gestes de l'un répondent à ceux de l'autre et l'action réciproque des adversaires les emporte pratiquement contre leur gré vers une issue fatale.

Felson (1982) établit trois étapes dans l'escalade de la violence : 1) après un affrontement verbal (tentative infructueuse de faire céder l'autre, échange de propos venimeux), 2) les adversaires doivent choisir entre poursuivre ou cesser les hostilités (adopter une posture d'attaque ou de défense versus fuir, s'excuser), et 3) s'ils optent pour l'affrontement, ils passent à l'attaque physique.

En analysant les gestes posés par les meurtriers et les victimes (tableau 6), on constate que ces dernières s'en prennent plus fréquemment à l'honneur, à l'estime de soi de l'autre que les meurtriers. Il est intéressant de souligner que les opposants menacent et adoptent une attitude hostile dans des proportions équivalentes. Toutefois, la victime adoptera plus souvent une attitude de renoncement (qui malheureusement n'empêchera pas l'agresseur de la tuer).

---

3. Ces thèmes sont analysés à partir d'un échantillon aléatoire de 50 cas tiré de la deuxième période (1985-1989).

4. Le grief comprend trois éléments : 1) l'existence de normes, de conventions sociales, régissant les interactions entre les individus ; 2) la perception et l'interprétation de la violation d'une norme par un individu ; 3) l'attribution du blâme, basée sur l'évaluation de l'intentionnalité du transgresseur (Felson et Tedeschi, 1993).

Tableau 6
Gestes posés par le meurtrier et la victime

Acteurs Actions (n = 50)*	Meurtrier	Victime
1. Conflit verbal		
a) tentative d'influence	9	5
b) refus d'obéir	4	9
c) attaque à l'honneur	13	20
2. Persévérance/ désistement		
a) menace/hostilité	15	14
b) évasion/protection	1	6
3. Attaque physique		
a) coup : poings, pieds	10	4
b) coup avec une arme	45	2

* Nombre de cas, sur un total de 50 (échantillon tiré de la période 1985-1989), dans lesquels les antagonistes ont posé certains types d'actions.

Comme il fallait s'y attendre, c'est lorsque l'on passe à l'attaque physique que les différences se font les plus marquantes : 20 % (10/50) des meurtriers ont frappé leur victime d'un coup de poing, d'un coup de pied ou d'une gifle au cours de l'épisode conflictuel, alors qu'uniquement 8 % des victimes en auront fait autant. De la même manière, 45 meurtriers sur 50 vont utiliser une arme, contre 2 victimes. Nous savons par ailleurs que les meurtriers étaient beaucoup plus souvent armés que les victimes : c'est ce qui scellera l'issue du combat.

Les tiers

Assez souvent, les querelles se déroulent sous les yeux de tiers dont l'influence ne manque pas de se faire sentir. Des auteurs, peu nombreux mais importants, ont mis en relief le rôle de tiers dans les conflits : quelquefois ils jettent de l'huile sur le feu, d'autres fois ils exercent une influence apaisante en s'interposant et en proposant leur médiation (Freund, 1983 ; Felson et collab., 1984 ; Black, 1993). Une recherche qui se limite à l'homicide s'interdit de connaître les querelles dont l'issue est non violente grâce à la pacification de tiers : par nature, les homicides querelleurs et vindicatifs présupposent l'absence ou l'échec de la pacification. Il est néanmoins possible d'examiner l'éventuelle contribution pernicieuse des tiers dans nos homicides.

Des tiers sont présents dans 56 % des événements (28/50). Ils sont affiliés au meurtrier ou à la victime, ou étrangers à l'un et à l'autre, étant simplement présents lors des événements se déroulant dans un lieu public (par exemple, des passants dans la rue ou des clients dans un bar). Dans les situations où des tiers étaient présents, ceux-ci sont restés passifs dans 54 % des cas (15/28), et ont joué un rôle actif dans 46 % des cas (13/28)[5].

Tableau 7
Nature de l'intervention des tiers de 1985 à 1989

Intervention/ tiers	Tiers affilié au meurtrier	Tiers à la victime	Tiers communs	Tiers autres	Total
Participatif	8	4	1	1	14
Passif	8	9	4	5	26
Modérateur	2	–	–	1	3
Victimisé	–	2	1	–	3
Total	18	15	6	7	46

Nombre de cas = 28

Les tiers, quand ils sont présents, préfèrent ne pas se mêler de ce qui ne les regarde pas ; ils ont peur ou sont pris par surprise et manquent de temps pour réagir. Lorsque des tiers décident d'agir, ils ne le font pas dans

---

5. Comme il peut y avoir un seul ou plusieurs tiers, affiliés ou non à l'un ou l'autre des antagonistes, et que ce nombre exact n'est pas souvent précisé dans les données, il n'est pas possible de rapporter la nature des interventions des tiers sur le nombre total et précis de tiers impliqués. La comptabilisation du total indiqué dans le tableau ci-dessous (n = 46) a donc été effectuée de la façon suivante : au maximum un tiers par type d'affiliation/par nature de l'intervention/par cas. Ce qui signifie que si dans un événement quelques tiers du meurtrier ont participé activement au conflit, alors que d'autres sont demeurés passifs, au plus un tiers du meurtrier participatif et un tiers du meurtrier passif seront comptabilisés pour cet événement. Voilà pourquoi il faut lire ce tableau de la façon suivante : par exemple, pour les tiers du meurtrier ayant joué un rôle participatif, on constate que, dans 8 cas sur 28, au moins un tiers affilié au meurtrier était présent et qu'il a participé activement à la querelle. On peut également dire que les tiers affiliés au meurtrier, ayant joué un rôle participatif, constituent 17 % des tiers comptabilisés (8 sur 46).

une perspective de modération ou de médiation : ils interviennent activement dans le conflit. Ce sont les tiers affiliés au meurtrier qui s'impliquent le plus activement dans le conflit. Cette participation constitue un facteur situationnel d'aggravation.

On observe que le nombre de meurtriers accompagnés est sensiblement le même que celui des victimes : 39 % (18/46) des tiers recensés étaient avec le meurtrier, comparativement à 33 % (15/46) avec la victime. Toutefois, cette forme de compilation atténue le fait que les agresseurs sont souvent accompagnés d'un plus grand nombre de tiers que les victimes. Finalement, rappelons que près de la moitié des querelles et des vengeances se produisent alors que les opposants sont seuls (dans 46 % des cas).

Bref, quand des tiers sont présents, soit ils sont passifs, soit ils participent au combat. Rarement jouent-ils un rôle modérateur. Cette absence de pacificateur n'est probablement pas étrangère à l'issue fatale de la querelle.

RÉSUMÉ ET CONCLUSION

La physionomie des homicides querelleurs et vindicatifs perpétrés sur l'île de Montréal a peu changé au cours des quelque trente ans qui séparent les années 1954-1962 et 1985-1989. Les caractéristiques des antagonistes, de l'événement et des enjeux sont restées sensiblement les mêmes. D'une époque à l'autre, les auteurs de ce crime sont des hommes célibataires ayant en moyenne 30 ans. Même si les victimes sont un peu plus âgées, il n'en reste pas moins que, dans 58 % des cas, elles ont 35 ans et moins. Les quelques changements notés sont circonstanciels : durant les années 1980, le meurtrier exécute plus souvent sa sombre besogne avec un couteau et le drame se produit plus souvent dans une résidence privée qu'il y a trente ans.

Un portrait-robot de l'homicide querelleur et vindicatif nous servira à condenser les résultats de nos analyses. L'auteur de ce crime est un célibataire de sexe masculin ayant l'habitude de porter une arme sur lui (le plus souvent un couteau) ; il est aussi intoxiqué et a des antécédents judiciaires. Il fait face à un homme comme lui, mais un peu plus vieux, moins armé, moins ivre et moins criminalisé. Les trois quarts du temps, l'un et l'autre se connaissent : amis, colocataires, connaissances, comparses, voisins ou relation d'affaires. Ils se trouvent dans une résidence privée ou un bar quand éclate la querelle. Au cours d'une soirée bien arrosée, un motif de dispute fait surface. Un des compères insulte l'autre ou se conduit d'une manière que son vis-à-vis juge inacceptable, outrancière ou inique. Les demandes d'excuses, les ultimatums et les menaces restent sans effet. Les tiers, quand ils sont présents (dans la moitié des cas), n'osent intervenir à moins qu'ils ne jettent de l'huile sur le feu. La réciprocité négative fait alors son œuvre :

l'action des ennemis l'un sur l'autre emporte l'affrontement vers les extrêmes. La victime ne se prive pas d'insulter ou de menacer son futur meurtrier. Ce dernier, pour sa part, a lui aussi proféré insultes et menaces, puis il
a frappé avec poings ou pieds avant de porter le coup de couteau fatal.

Le drame nous met en présence d'un meurtrier qui est fréquemment
célibataire, intoxiqué, criminalisé, adepte du port d'arme, sourcilleux et
irascible plus que de raison. Un portrait dans lequel le Montréalais typique
aurait de la peine à se reconnaître. Il est en effet douteux que ce dernier ait
l'habitude de sortir armé ; ses liens avec le milieu criminel sont ténus et,
quand il perd son calme, c'est exceptionnellement qu'il ira jusqu'à cogner.
S'il nourrit un grief contre quelqu'un, plutôt que de prendre les armes, il
fera appel à une autorité compétente pour dénouer le litige.

Le milieu dans lequel évoluent ces meurtriers et plusieurs de leurs
victimes est donc assez particulier et le style de vie qu'ils mènent est passablement différent de celui de monsieur-tout-le-monde. Marginaux ou repris de justice, s'ils se sentent obligés de circuler couteau en poche, c'est
qu'ils n'espèrent rien ni de la police ni de la justice. Sans doute se disent-ils
qu'en cas de dispute ou de mauvaise rencontre, ils ne pourront compter
que sur eux-mêmes pour s'en sortir. Sans doute se disent-ils qu'étant hors
de la protection de la loi, leur propre violence reste l'ultime recours contre
celle d'autrui.

RÉFÉRENCES

Baron, R.A. et D.R. Richardson (1994). *Human Aggression,* 2ᵉ éd. New York : Plenum
Press.

Black, D.J. (1993). *The Social Structure of Right and Wrong.* San Diego : Academic Press.

Cusson, M., R. Boisvert et collab. (1994). *Recueil de données et d'analyses sur les homicides commis à Montréal de 1954 à 1962 et de 1985 à 1989, et au Québec de 1962 à
1989.* Montréal, Centre international de criminologie comparée, Université
de Montréal.

Cusson, M. (1991). *Les crimes de violence. Document de travail sur l'état des connaissances.*
Montréal, École de criminologie, Université de Montréal.

Daly, M. et M. Wilson (1997). « Crime and Conflict : Homicide in Evolutionary
Psychological Perspective », vol. 22, dans M. Tonry (dir.), *Crime and Justice : A
Review of Research.* Chicago : The University of Chicago Press.

Daly, M. et M. Wilson (1988). *Homicide.* New York : Aldine de Gruyter.

Felson, R. (1982). « Impression Management and Escalation of Aggression and Violence », *Social Psychology Quaterly,* 45 (4) : 245-254.

Felson, R. (1993). « Predatory and Dispute-Related Violence : A Social Interactionist Approach », vol. 5, p. 103-126, dans R. Clarke et M. Felson (dir.), *Routine Activity and Rational Choice. Advances in Criminological Theory*.

Felson, R.B., W. Baccaglini et G. Gmelch (1986). « Bar-room brawls : Aggression and violence in Irish and American bars », p. 153-166, dans A. Cambell et J.J. Gibbs (dir.), *Violent Transactions*. Oxford : Basil Blackwell.

Felson, R.B., S. Ribners et M. Siegel (1984). « Age and the effect of third parties during criminal violence », *Sociology and Social Research*, vol. 68, p. 452-462.

Felson, R.B. et H.J. Steadman (1983). « Situational Factors in Disputes Leading to Criminal Violence », *Criminology*, vol. 21, n° 1, p. 59-74.

Felson, R. et J. Tedeschi (1993). *Aggression and Violence : Social Interactionist Perspectives*. Washington, DC : American Psychological Association.

Freund, J. (1983). *Sociologie du conflit*. Paris : P.U.F.

Grenier, S. (1993). *L'évolution des catégories d'homicides au Québec de 1954 à 1989*. Mémoire de maîtrise, École de criminologie, Université de Montréal.

Luckenbill, D.F. (1977). « Criminal Homicide as a Situated Transaction », *Social Problems*, vol. 25, n° 2, p. 176-186.

McGrath, R.D. (1989). « Violence and lawlessness on the Western Frontier », dans T. Gurr (dir.), *Violence in America. Vol. 1 The History of Crime*. Newbury Park : Sage.

Tedeschi, J. et R. Felson (1993). « A Social Interactionist Approach to Violence : Cross-Cultural Applications », *Violence and Victims*, 8 (3) : 295-310.

Tedeschi, J. et R. Felson (1994). *Violence, Aggression, and Coercitive Actions*. Washington, DC : American Psychological Association.

6
Les parents qui tuent leurs enfants

Jacques D. Marleau, Renée Roy, Thierry Webanck,
Line Laporte et Bernard Poulin

Notre travail clinique auprès de mères qui ont tué ou tenté de tuer leur enfant nous a permis de réviser la littérature portant sur le sujet. Nous avons dégagé deux constats : contrairement à ce que certains laissent sous-entendre, de nombreux articles dans ce domaine ont été écrits depuis les années 1970 ; par contre, la plupart des séries portent sur des groupes du même sexe (c'est-à-dire des pères ou des mères filicides) et très peu d'articles proposent une analyse comparative de ces deux populations. Nous vous livrons ici un résumé de la littérature scientifique présentant, lorsque ceci est possible, des comparaisons entre les pères et les mères qui tuent leurs enfants.

Le présent chapitre propose d'abord une définition des principaux termes utilisés pour décrire l'homicide d'un enfant par l'un ou l'autre de ses parents ainsi que l'examen des statistiques de ce geste dans les sociétés occidentales. Suivra un bref historique sur le sujet ainsi qu'un regard sur les facteurs en cause dans le geste filicide. Nous aborderons ensuite le traitement pénal des parents filicides ainsi que leur évolution clinique dans une perspective longitudinale. Pour terminer, nous mettrons en lumière les facteurs cliniques dominants et les principaux axes de prévention.

DÉFINITIONS

Le mot filicide a été introduit par Resnick (1969). Il définit ce terme comme le meurtre d'un enfant par l'un de ses parents. Même si ce mot n'apparaît pas dans les dictionnaires, il est maintenant utilisé par un grand nombre de chercheurs et de cliniciens.

Le terme infanticide a souvent été employé pour désigner le meurtre d'un enfant par l'un de ses parents. Le *Petit Larousse* (1993) définit l'infanticide comme le meurtre d'un enfant, spécialement d'un nouveau-né. Cette définition englobe tous les agresseurs potentiels, incluant les parents, et le mot est généralement utilisé pour définir le meurtre d'un nouveau-né ou d'un jeune enfant de moins d'un an. La divergence entre la définition du mot infanticide et l'usage courant qui en est fait peut être expliquée en partie par la définition pénale qui, au Canada, est extrêmement restrictive. Selon le Code criminel (article 233), « une personne du sexe féminin commet un infanticide lorsque, par un acte ou une omission volontaire, elle cause la mort de son enfant nouveau-né, si au moment de l'acte ou de l'omission elle n'est pas complètement remise d'avoir donné naissance à l'enfant et si, de ce fait ou par suite de la lactation consécutive à la naissance de l'enfant, son esprit est alors déséquilibré » (Dubois et Schneider, 1998). Cette définition se limite uniquement aux enfants de moins de 12 mois et ne tient pas compte des hommes qui tuent leurs enfants.

Resnick (1970) a également proposé le mot « néonaticide » pour désigner le meurtre par ses parents d'un enfant âgé de moins de 24 heures. Ce terme est maintenant reconnu dans les recherches sur le filicide. Cependant, certains l'utilisent pour définir les meurtres commis chez les enfants de moins d'un mois (Adelson, 1991), alors que d'autres l'utilisent pour des victimes de moins d'une semaine (Jason, Gilliland et Tyler, 1983). Des auteurs recourent aussi aux mots pédicide (Adelson, 1991) et libéricide (Biéder, 1978 ; Desseigne et Carrère, 1974). Un pédicide fait référence à un meurtre dont la victime est un enfant. Le terme libéricide désigne l'homicide d'enfants âgés de plus de 24 heures. Il a surtout été utilisé en France jusqu'au début des années 1980, mais est maintenant peu employé.

Nous avons utilisé dans ce chapitre le vocable filicide tel qu'il est défini dans la littérature parce qu'il restreint la population à l'étude aux parents qui tuent leurs enfants, sans limiter l'âge de la victime.

STATISTIQUES

Le pourcentage d'homicides dont les victimes sont des enfants varie d'une époque à l'autre et est tributaire de la tranche d'âge retenue pour les analyses. Par exemple, au Canada, de 1980 à 1989, près de 8 % des homicides commis l'ont été envers des enfants de moins de 12 ans (Wright et Leroux, 1991).

Les études indiquent que la plupart des homicides d'enfants sont commis par les parents (Fornes, Druilhe et Lecomte, 1995 ; Myers, 1970 ; Resnick, 1969 ; Rodenburg, 1971 ; Wright et Leroux, 1991). À titre d'exemple, Wright et Leroux (1991) révèlent que les deux tiers des enfants victimes d'un homicide ont été tués par l'un de leurs parents : environ le tiers ont été tués par la mère et l'autre tiers par le père. Plusieurs recherches indiquent également que le nombre de pères filicides est égal ou légèrement supérieur au nombre de mères filicides (Adelson, 1961, 1991 ; Fornes, Druilhe et Lecomte, 1995 ; Krugman, 1983-1985 ; Marks et Kumar, 1993 ; Somander et Rammer, 1991). Ces données peuvent surprendre compte tenu du fait que la plupart des auteurs affirment que les filicides sont plus souvent commis par des femmes (Bourget et Bradford, 1990 ; d'Orban, 1979 ; Harder, 1967 ; Kaplun et Reich, 1976 ; Resnick, 1969). Nous avons retenu deux hypothèses pour expliquer cette inconsistance des résultats : 1) Beaucoup d'échantillons de parents filicides proviennent d'hôpitaux psychiatriques ; or, il semble que les femmes soient davantage dirigées vers les institutions psychiatriques (Resnick, 1969), ce qui pourrait expliquer leur surreprésentation au sein des échantillons. 2) Cette surreprésentation peut aussi être liée au taux de suicide plus élevé chez les hommes filicides (Daly et Wilson, 1988), excluant ceux-ci des statistiques.

Selon certains auteurs, le nombre de filicides serait beaucoup plus élevé que ne l'indiquent les statistiques officielles. Plusieurs homicides d'enfants passeraient inaperçus aux yeux des autorités pénales ou médicales. À ce titre, une recherche de Labbé et Roy (Hamann, 1997) portant sur 29 dossiers de morts suspectes d'enfants, survenues entre 1985 et 1994 dans la ville de Québec, indique, lors de la révision des dossiers, quatre cas d'homicide probable et trois cas d'homicide possible. Logan (1995) rapporte qu'entre 1 % et 20 % des enfants diagnostiqués comme étant décédés des suites du syndrome de mort subite seraient en réalité des filicides.

HISTORIQUE

Certains auteurs avancent que le filicide date de l'époque préhistorique (Denham, 1974 ; Montag et Montag, 1979 ; Scrimshaw, 1984). Cette affirmation découle habituellement d'observations effectuées auprès de sociétés préindustrielles et généralisées aux populations préhistoriques. Il est toutefois impossible de quantifier avec précision la fréquence de ce comportement. Certains auteurs vont jusqu'à affirmer que le filicide a été le moyen de régulation des naissances le plus employé au cours de l'histoire de l'humanité (Dickeman, 1975 ; Heiger, 1986).

On trouve plusieurs histoires de filicides dans la Bible : on n'a qu'à penser au sacrifice rituel du fils d'Abraham, à la mise à mort des jeunes enfants sous le règne d'Hérode Antipas ou au massacre des premiers-nés égyptiens à l'époque de Moïse. À Carthage, entre le IVe et le VIIe siècle, il est même coutumier de sacrifier des enfants premiers-nés au dieu Moloch pour obtenir des faveurs (Heiger, 1986 ; Montag et Montag, 1979).

Les premières traces tangibles de filicides se retrouvent dans la Grèce et la Rome antiques (Oliveiro, 1994). Dans certaines villes de Grèce, un vieil homme ou une sage-femme examine les nouveau-nés et les met à mort s'ils sont déformés ou trop faibles (Montag et Montag, 1979). Le filicide est même encouragé par Aristote et Platon. Aristote prône le filicide afin de conserver la pureté de la race grecque tandis que Platon l'encourage pour prévenir une trop grande hausse de population (Langer, 1974 ; Montag et Montag, 1979). À cette époque, le meurtre d'un nouveau-né n'est pas considéré comme amoral tant que l'enfant n'a pas vécu une cérémonie qui lui confère le statut d'être humain à part entière. On retrouve ce type de croyance dans plusieurs sociétés préindustrielles (Scrimshaw, 1984). La doctrine prônée par Aristide selon laquelle le père peut faire ce qu'il veut de son enfant a aussi contribué à la pratique du filicide.

Dans la Rome antique, le père a également le droit de vie ou de mort sur ses enfants. La loi romaine reconnaît au père le droit de tuer son enfant s'il est déformé physiquement, après avoir obtenu le consentement de cinq voisins. Pline l'Ancien encourage d'ailleurs cette pratique pour conserver la pureté de la race et contenir la croissance de la population (Langer, 1974). Sénèque le rhéteur, quant à lui, prône également le filicide comme moyen de contrôle de la population (Moseley, 1986).

Plusieurs auteurs s'entendent sur l'influence considérable de l'Église catholique pour diminuer la pratique du filicide (Langer, 1974 ; Bloch, 1988). Un des points importants est l'interprétation du sixième commandement « Tu ne tueras point » (Montag et Montag, 1979). Dans cette perspective, le filicide devient un meurtre. En 315 après Jésus-Christ, Constantin Ier le Grand, empereur de Rome, est le premier à promulguer des lois afin d'enrayer les meurtres d'enfants. En 374, le filicide est désormais considéré comme un meurtre. La doctrine de l'âme développée par saint Augustin renforce encore l'attitude négative envers le filicide. En résumé, celui-ci considère que l'enfant vient au monde dans le péché et que le fait de le priver de la cérémonie du baptême le garde dans le péché et l'empêche d'accéder à la vie éternelle (Langer, 1974).

Malgré la condamnation du filicide par l'Église, il ne semble pas que la situation se soit améliorée de façon notable, surtout à cause de la réprobation par l'Église des naissances illégitimes. Certains auteurs affirment qu'en conséquence, les enfants conçus hors du mariage ont une probabilité plus élevée d'être tués (Langer, 1974). Puisque le filicide est considéré comme un meurtre, les gens recourent à une autre solution, l'exposition, qui consiste en l'abandon de leur enfant. L'enfant peut ainsi être recueilli par quelqu'un d'autre. On retrouve également cette coutume dans plusieurs sociétés aborigènes (Scrimshaw, 1984).

On assiste à l'ouverture des premiers orphelinats au VIIIe siècle. Plusieurs auteurs affirment que cela équivaut à une forme passive de filicide (Langer, 1974), étant donné le taux de mortalité très élevé dans ces institutions (Langer, 1974 ; Bloch, 1988).

Au cours de l'histoire, on constate que plusieurs lois ont été édictées afin d'enrayer le filicide. Par exemple, dans plusieurs pays européens, si une femme était prise en flagrant délit d'abandon de son enfant, elle était passible de mort (Montag et Montag, 1979). À une certaine époque, plusieurs décès d'enfants par suffocation dans le lit des parents sont constatés (Langer, 1974 ; Hansen, 1979). On voit donc apparaître des lois empêchant les mères de dormir avec leur nouveau-né. Par exemple, une mère ne peut dormir avec un enfant de moins de 5 ans en Autriche et de moins de 2 ans en Prusse. D'autres lois visant à contrer la dissimulation de grossesse apparaissent dans plusieurs pays européens, comme l'édit de 1556 en France qui la punit de mort (Lalou, 1986).

Au Canada anglais du XIXe siècle, les données indiquent que les accusés de filicides sont généralement des femmes célibataires, jeunes et surtout de classe socio-économique défavorisée, en grande partie des servantes (Backhouse, 1984). Ces données ressemblent beaucoup à celles des pays européens des XVIIIe et XIXe siècles (Leboutte, 1983, pour la Belgique ; Lalou, 1986, pour la France). Backhouse (1984) laisse entendre qu'au Québec, le système religieux a probablement contribué au faible pourcentage de filicides répertoriés.

Après ce bref voyage dans le temps, nous vous proposons maintenant d'examiner les divers aspects du filicide contemporain.

PROFIL DES AGRESSEURS

En ce qui concerne l'âge des agresseurs, Resnick (1969) a montré que celui des mères filicides oscille entre 20 et 50 ans tandis que celui des pères filicides varie entre 25 et 35 ans. Il est important de mentionner qu'il n'a pas été possible de préciser l'âge de plusieurs hommes et femmes filicides dans l'échantillon de Resnick (1969), ce qui diminue la portée de ce résultat. D'autres recherches montrent qu'en général, les femmes filicides sont plus jeunes que les hommes filicides (Campion, Cravens et Covan, 1988 ; Rodenburg, 1971). Il faut souligner que certaines études sont effectuées à partir d'échantillons constitués à la fois par des mères adolescentes et adultes alors que d'autres incluent uniquement des femmes filicides adultes.

L'état civil des auteurs de filicides est relativement simple à préciser lorsque l'on mène soi-même une étude rattachée à un échantillon donné. Il s'avère toutefois plus ardu d'inventorier cet aspect à travers la littérature et surtout d'en généraliser les données afin de dresser le profil des agresseurs. Les informations portant sur le statut civil peuvent être influencées, entre autres, par l'époque et le pays d'origine de la recherche. Par ailleurs, le fait que certaines études incluent ou non au sein de leur échantillon les cas de néonaticides (généralement commis par de plus jeunes mères) ou encore, les mères adolescentes, peut avoir une influence directe sur l'état civil de l'agresseur. Les donnés disponibles à ce jour sur l'état civil semblent indiquer que les femmes filicides sont plus souvent célibataires, séparées ou divorcées (Husain et Daniel, 1984 ; Marleau et collab., 1995 ; Weisheit, 1986). Comparativement aux hommes, dans un plus grand nombre de cas, elles vivent seules avec leur(s) enfant(s) au moment du passage à l'acte.

En général, les recherches indiquent que les femmes filicides ont un niveau d'éducation peu élevé et les hommes encore moins (Campion, Cravens et Covan, 1988 ; Marleau et collab., 1999). Les femmes et les hommes filicides sont aussi plus susceptibles de ne pas avoir d'emploi au moment du délit (Campion, Cravens et Covan, 1988 ; Marleau et collab., 1995). Il semble toutefois que les femmes soient plus nombreuses que les hommes à être sans emploi (voir Marks et Kumar, 1996). Le faible niveau de scolarité et l'absence de ces hommes et de ces femmes sur le marché du travail peuvent être considérés comme des facteurs contributifs au statut socio-économique défavorisé rapporté en plus grande proportion dans la littérature (Bourget et Bradford, 1990 ; Goetting, 1988 ; Husain et Daniel, 1984 ; Marleau et collab., 1995 ; Weisheit, 1986 ; Wilczynski, 1991).

De manière générale, les auteurs de filicide n'ont aucun antécédent judiciaire ou très peu. Les données indiquent toutefois que les hommes filicides ont plus d'antécédents judiciaires que les femmes filicides (d'Orban, 1979 ; Marks et Kumar, 1993 ; Marleau et collab., 1995).

PROFIL DES VICTIMES

En ce qui concerne l'âge des victimes, Resnick (1969) fut, à notre connaissance, le premier à présenter des données comparatives entre les femmes et les hommes filicides. Ces données indiquent que les enfants âgés de moins de 2 ans sont plus souvent tués par leur mère que par leur père. Pour les enfants de 2 ans et plus, la situation est inversée. Resnick (1969) considère que la période la plus à risque se situe entre 0 et 6 mois puisque cela correspond à la période où les mères peuvent développer une dépression postnatale non psychotique ou une psychose puerpérale (voir aussi Bourget et Bradford, 1990 ; Gosselin et Bury, 1969 ; Sadoff, 1995). Depuis, plusieurs autres recherches ont souligné que les mères sont plus susceptibles de tuer de jeunes enfants alors que les pères risquent davantage de tuer des enfants plus âgés (Christoffel, 1984 ; Fornes, Druilhe et Lecomte, 1995 ; Jason, Gilliland et Tyler, 1983 ; Kunz et Bahr, 1996 ; Wilson et Daly, 1994). Mentionnons également que les femmes sont plus susceptibles que les hommes de tuer leur enfant dans les premières 24 heures de vie. On retrouve peu de néonaticides paternels dans la littérature (Adelson, 1991 ; Kaye, Borenstein et Donnelly, 1990 ; Marks et Kumar, 1996 ; Resnick, 1969).

À travers les différents échantillons, les données sur le sexe des victimes révèlent des résultats inconsistants (Marks, 1996 ; Resnick, 1969) et peu de recherches ont été effectuées dans une perspective comparative (Daly et Wilson, 1988 ; Rodenburg, 1971). Les données canadiennes de Rodenburg (1971) indiquent que l'agresseur a plus tendance à tuer une victime du même sexe. Daly et Wilson (1988) ont montré que cette relation est plus importante lorsque les victimes sont âgées de plus de 18 ans. Les données canadiennes de 1974 à 1983 montrent que parmi les 22 enfants tués par leur père, 20 sont des garçons. Cependant, certaines recherches ne révèlent aucune association entre le sexe des agresseurs et celui des victimes (Kunz et Bahr, 1996 ; Marks et Kumar, 1993). Dans des recherches ultérieures, il serait important de vérifier si le sexe des enfants joue un rôle important dans la dynamique du passage à l'acte, surtout pour certaines catégories de filicides. Par exemple, Marleau et ses collaborateurs (1995) ont mentionné que plusieurs femmes de leur échantillon effectuent un geste altruiste en tuant leur enfant, reconnaissant chez lui le même parcours de victimisation qu'elles ont connu ; leur geste filicide a pour but de lui éviter la souffrance qui en résulte. Cette identification semble encore plus marquée lorsque l'enfant est de sexe féminin. Par ailleurs, Lomis (1986) a montré que dans les filicides par vengeance, les garçons sont plus à risque d'être tués.

Le rang de naissance a été suggéré par certains auteurs comme jouant un rôle étiologique important dans le geste filicide (Scrimshaw, 1984). À notre connaissance, peu d'auteurs ont établi un lien entre le rang de naissance des victimes et le filicide. Quelques recherches sur des femmes filicides indiquent que les enfants uniques seraient plus à risque (Lukianowicz, 1971 ; Marleau et collab., 1995 ; Myers, 1970).

CARACTÉRISATION DES DÉLITS

Trois éléments ressortent dans l'étude comparative du passage à l'acte filicide des hommes et des femmes. D'abord, ces derniers se distinguent par le moyen employé (Marks et Kumar, 1993, 1996 ; Resnick, 1969 ; Rodenburg,

1971). En effet, les femmes utilisent des méthodes moins violentes que les hommes comme la suffocation, la noyade et l'empoisonnement. Les hommes ont par contre plus souvent recours à une arme à feu ou à une arme blanche.

En deuxième lieu, plusieurs auteurs ont constaté une plus grande fréquence de situations où les hommes tuent également leur conjointe au moment du geste filicide (Adelson, 1961 ; Delay et collab., 1957 ; Daly et Wilson, 1988 ; Goldney, 1977 ; Rodenburg, 1971 ; Wilson, Daly et Daniele, 1995). Ainsi, les données canadiennes de 1974 à 1983 indiquent que 26 hommes ont aussi tué leur conjointe, tandis qu'aucune femme n'a tué son conjoint lors d'un geste filicide (Daly et Wilson, 1988).

Le dernier élément qui différencie les hommes et les femmes est la probabilité de suicide après le geste filicide. Dans ce contexte, les hommes se suicident beaucoup plus souvent que les femmes. Les données de Rodenburg (1971) montrent que 60 % des hommes filicides se sont suicidés comparativement à 29 % des femmes filicides. Les données de Daly et Wilson (1988) vont dans le même sens.

Facteurs reliés au délit

Plusieurs facteurs sont associés aux gestes filicides (Bourget et Bradford, 1990 ; Marleau et collab., 1999 ; Sadoff, 1995 ; Wilczynski, 1991). Dans la section qui va suivre, ils ont été groupés en trois catégories : les facteurs situationnels, dynamiques et liés à l'état mental (voir le texte de Millaud et collab., 1992). Les facteurs statiques, quant à eux, ont été définis dans la section portant sur le profil des agresseurs.

Facteurs situationnels

Plusieurs stresseurs sociaux ont été décelés pendant la période précédant le délit, autant chez les hommes que chez les femmes filicides. Le premier élément est le réseau social. Les hommes et les femmes filicides ont un réseau social pauvre en termes quantitatifs et qualitatifs. Les femmes sont souvent isolées socialement, vivent seules avec leur enfant (Marleau et collab., 1995) et sont quelquefois déçues du manque d'aide et de soutien des membres de leur famille. La plupart des contacts qu'entretiennent les hommes sont limités à leur conjointe et à leurs enfants (Marleau et collab., 1999). Il est important de rappeler que les difficultés des hommes et des femmes filicides résultent souvent de problèmes relationnels associés à un trouble de la personnalité.

On note également des problèmes familiaux avec certains membres de la famille, autant chez les hommes que chez les femmes filicides. On constate chez les femmes filicides des relations de couple très instables comptant plusieurs séparations et réconciliations. Le stress conjugal semble jouer aussi un rôle important chez les hommes filicides (Marleau et collab., 1999). Par exemple, la peur d'une rupture avec sa conjointe peut jouer un rôle dans le dysfonctionnement du père à risque. Pour quelques hommes filicides, l'infidélité de la conjointe semble un facteur important (Marleau et collab., 1999). Par ailleurs, il n'est pas rare qu'un homme tue son jeune enfant lorsque ce dernier pleure sans cesse (Krugman, 1983-1985 ; Sadoff, 1995). La plupart de ces hommes ont peu de patience et tolèrent peu les frustrations ; ils n'acceptent pas que leur routine quotidienne soit perturbée et ne peuvent contenir leur agressivité. Cette impatience est souvent associée à un trouble de personnalité antisociale et/ou à une consommation de psychotropes (Campion, Cravens et Covan, 1988 ; Sadoff, 1995). Plusieurs d'entre eux ont peu de contrôle sur leur comportement et peuvent réagir de façon excessive en frappant fatalement leur jeune enfant (Campion, Cravens et Covan, 1988 ; Sadoff, 1995). De plus, Sadoff (1995) constate que certains pères ont tué des enfants de sexe masculin plus âgés après que ceux-ci aient défié l'autorité paternelle. Ce mécanisme pourrait expliquer en partie pourquoi les pères ont plus tendance à tuer un enfant plus âgé que les mères.

Facteurs dynamiques

Ce type de facteurs, reliés à l'histoire personnelle et familiale des parents filicides, est beaucoup moins développé que les autres dans la littérature portant sur le filicide. Nous nous référons donc ici surtout à notre expérience clinique auprès de parents filicides.

On note souvent chez les parents filicides une perception des mauvais traitements subis de la part de leurs propres parents, que ce soit par abus physique, psychologique ou par négligence. Une telle perception peut parfois être validée par des informations collatérales, mais elle résulte souvent d'une fausse vision chez des personnes dotées d'une structure de personnalité fragile ou souffrant de psychopathologie. Dans de tels contextes, même si les membres de la famille tentent d'aider la personne en difficulté, l'aide apportée à cette dernière correspond mal à ses besoins (Marleau et collab., 1995). L'aide est d'autant plus difficile à envisager clairement par les proches du fait que la personne leur renvoie, de façon projective, une image d'agresseur. Ceci survient surtout chez les parents filicides qui présentent des traits de personnalité paranoïdes, narcissiques ou limites, chez qui les frontières du moi sont floues et chez qui on retrouve souvent des mécanismes projectifs.

De façon plus générale, la structure de personnalité des parents filicides privilégie souvent le passage à l'acte comme mécanisme de défense principal. On remarque d'ailleurs fréquemment dans leur histoire personnelle la présence de gestes autodestructeurs, telles les automutilations ou les tentatives de suicide (Desseigne et Carrère, 1974 ; Marleau et collab., 1995). Dans la majorité des cas, avec des résultats mitigés, la fonction du passage à l'acte est de réduire la souffrance subjective. On remarquera que les mécanismes de défense plus évolués tels que le refoulement, l'isolement de l'affect, la rationalisation et la formation réactionnelle leur sont peu ou non accessibles.

Lorsque les parents filicides établissent des relations de couple, nous voyons souvent se répéter le même schéma relationnel établi avec leurs propres parents. Leur conjoint en vient rapidement à être perçu comme un ennemi qui les harcèle. Les difficultés relationnelles causent éventuellement l'échec du couple. La séparation est appréhendée comme une situation d'impasse insurmontable qui confirme la personne dans sa pauvre estime d'elle-même.

Dans un tel contexte d'échec relationnel appréhendé, les femmes peuvent choisir d'avoir un enfant (voir Desseigne et Carrère, 1974). Celui-ci est investi et idéalisé comme celui qui rétablira l'homéostasie du couple. Les femmes croient alors que si la relation conjugale se termine, la pérennité relationnelle sera assurée par l'enfant qui saura aimer sa mère de façon inconditionnelle. Malheureusement pour les protagonistes, le passage du temps, éprouvé par la réalité du quotidien, amène la mère à réaliser que l'enfant ne peut répondre à tous ses besoins. La dynamique fusionnelle mère-enfant étant déjà bien installée, la projection de la source des maux à l'extérieur de ce processus fusionnel permettra la préservation de l'idéalisation de l'enfant pendant un certain temps.

Chez l'homme filicide, le désir d'enfant semble moins important dans de tels contextes. Ce sera plutôt la jalousie qui constituera la principale réponse à l'angoisse de perte relationnelle (voir Grivois et Baron, 1987). Cette jalousie s'exprime à l'endroit de la mère ou de l'enfant.

Chez les parents fragiles, le processus de différenciation imposé par le développement de l'enfant ou encore l'intervention du conjoint ou d'une instance extérieure telle que le Centre de protection de l'enfance et de la jeunesse, peut entraîner une angoisse de séparation intense (Marleau et collab., 1995). La structure psychologique déficiente du parent entraîne généralement des attitudes ou des comportements non appropriés. Par conséquent, les interventions de tierces parties s'avèrent plus probables.

Devant le caractère inévitable de la réalité de la différenciation de l'enfant, des idées suicidaires peuvent surgir chez le parent à risque, comme dans son histoire antérieure. Toutefois, en raison de la relation fusionnelle avec l'enfant, l'idée du suicide devient rapidement intolérable. Le parent se perçoit alors souvent comme la seule personne au monde qui puisse subvenir convenablement aux besoins de l'enfant. La solution à ce dilemme est généralement, pour le parent à risque, de considérer que somme toute, l'enfant sera lui aussi mieux mort que vivant, compte tenu de la perception du parent selon laquelle la vie de son enfant ne pourra être bien différente de la sienne, marquée par des souffrances insupportables. Le passage à l'acte homicide revêt alors un caractère altruiste et se situe dans un plan suicidaire élargi (d'Orban, 1979 ; Husain et Daniel, 1984 ; Lukianowicz, 1971 ; Marleau et collab., 1995).

Facteurs liés à l'état mental

Les symptômes qui contribuent au geste homicide ne sont pas spécifiques à une pathologie donnée. De la même façon, il n'est pas possible, pas plus que pour d'autres types de gestes violents, d'identifier une psychopathologie spécifique comme étant plus susceptible de causer un geste filicide. Certains types de filicides, plus particulièrement les filicides accidentels, survenant dans l'évolution d'un tableau de violence contre l'enfant (syndrome de l'enfant battu) ou les filicides qui sont une vengeance contre le conjoint, sont moins souvent accompagnés d'une maladie mentale aiguë.

Les parents qui tuent leurs enfants dans le contexte d'une maladie mentale sont souvent influencés par des symptômes qui altèrent leur capacité à trouver des solutions aux difficultés qu'ils présentent. Cette limitation dans les capacités d'adaptation peut être attribuable à l'intensité des stresseurs qui débordent des capacités adéquates dans des situations de la vie courante ou à un débordement de capacités déjà handicapées par un trouble de la personnalité ou une maladie mentale grave. Des symptômes tels que l'atteinte du jugement, l'impulsivité, le délire altruiste ou de persécution, les hallucinations auditives impérieuses ou l'élaboration d'un plan suicidaire élargi peuvent intervenir dans l'installation du projet homicide et dans sa réalisation. Ces symptômes peuvent se retrouver dans diverses pathologies psychiatriques telles que la dépression majeure, le trouble schizo-affectif, la schizophrénie et le trouble délirant à type persécutoire.

Parmi les maladies mentales, deux grands groupes de pathologies peuvent être observés chez les parents filicides dont l'état mental contribue au geste filicide : il s'agit de maladies des registres dépressif et paranoïde. Parmi les états dépressifs, on trouve le trouble d'adaptation avec humeur dépressive, la dysthymie, le trouble schizo-affectif en syndrome dépressif majeur ou mixte, et le trouble unipolaire ou bipolaire de l'humeur en épisode dépressif majeur, avec ou sans éléments psychotiques. Dans les tableaux de décompensation dépressive, les deux derniers types de pathologies, soit le trouble schizo-affectif et le trouble de l'humeur, sont les plus souvent observés chez les parents filicides (Marleau et collab., 1995). Parmi les pathologies d'ordre paranoïde, on trouve le trouble délirant à type persécutoire, le trouble schizo-affectif et les épisodes dépressifs majeurs avec éléments psychotiques.

À l'intérieur d'un tableau dépressif, le parent peut élaborer un projet filicide pour des raisons altruistes, convaincu que son enfant subira des sévices. Ces convictions peuvent être basées sur des éléments de réalité amplifiés par la maladie ou n'avoir aucune base réelle (Marleau et collab., 1995). Chez certains parents, un plan suicidaire accompagne le projet homicide dans ce qu'on appelle un projet suicidaire élargi. Dans ce type de situations, le parent suicidaire veut emmener avec lui son enfant, ou bien pour lui épargner les souffrances que lui causerait son décès (Resnick, 1969), ou bien pour des raisons altruistes autres (Marleau et collab., 1995), ou bien parce qu'il est convaincu d'être la seule personne capable de s'occuper de lui, ou bien parce qu'il veut faire souffrir l'autre parent qui devra subir un deuil encore plus lourd. Souvent, l'enfant est même perçu comme un prolongement de sa mère (Bourget et Bradford, 1990 ; Marleau et collab., 1995 ; Resnick, 1969). En effet, plusieurs femmes filicides ont de la difficulté à déterminer ce qui appartient à leur enfant et à elles-mêmes (d'Orban, 1979 ; Husain et Daniel, 1984 ; Lukianowicz, 1971 ; Marleau et collab., 1995). Certains parents filicides, le plus souvent les pères, poseront ce que Wilson, Daly et Daniele (1995) ont appelé un « familicide ». Leur projet suicidaire élargi englobera alors leur conjointe, tous les enfants, et pourra même s'étendre au meurtre des animaux domestiques et à la destruction du domicile familial par le feu (voir Campion, Cravens et Covan, 1988).

Dans les maladies comportant des symptômes paranoïdes, le parent atteint de psychose a une perception altérée de la réalité qui l'entoure. Il est sous l'effet d'un délire à l'intérieur duquel l'enfant est perçu comme son persécuteur ou, plus souvent, comme une victime qu'il faut sauver. Dans ce dernier contexte, le geste filicide vise à sauver l'enfant. Le parent peut même qualifier le meurtre de son enfant comme un geste d'amour qu'il prend alors beaucoup de soins à effectuer pour éviter que son enfant ne souffre. Il lui administrera par exemple un somnifère pour qu'il ne se rende pas compte de ce qui lui arrive. Lorsque l'enfant est perçu comme un persécuteur, le *modus operendi* du filicide sera généralement marqué par une plus grande violence, l'enfant tué étant pris pour un ennemi ou pour le Diable. Des hallucinations auditives, sous forme d'ordres auxquels le parent filicide se sent de moins en moins capable de résister, peuvent aussi se manifester et contribuer au meurtre de l'enfant. Certaines maladies mentales présentées par les parents filicides sont donc du registre psychotique.

Les auteurs divergent quant à la fréquence des symptômes psychotiques. En effet, dans les séries de femmes filicides, Husain et Daniel (1984), Myers (1970) et Resnick (1969) ont rapporté que la plupart des filicides se produisent dans des contextes de psychose chez l'agresseur. Par contre, Cheung (1986), d'Orban (1979), de même que Marleau et ses collaborateurs (1995) notent que les gestes filicides répertoriés dans leurs séries sont plus souvent le fait de mères non psychotiques.

Chez les hommes filicides, plusieurs auteurs indiquent que 40 % et plus des sujets présentent une symptomatologie psychotique au moment du délit (Adelson, 1961 ; Campion, Cravens et Covan, 1988 ; Marleau et collab., 1999 ; Resnick, 1969). Adelson (1961) laisse également entendre que la psychose serait l'élément déclencheur du passage à l'acte.

CLASSIFICATION DES FILICIDES

Plusieurs auteurs ont créé leur propre classification du filicide (Alder et Baker, 1997 ; Bourget et Bradford, 1990 ; d'Orban, 1979 ; Lukianowicz, 1971 ; Resnick, 1969 ; Sadoff, 1995 ; Sakuta et Saito, 1981 ; Scott, 1973 ; Weisheit, 1986 ; Wilkey et collab., 1982). La plupart de ces classifications ont beaucoup de points communs et se basent, en général, sur la motivation du délit. Resnick, en 1969, a établi une classification à laquelle la plupart des auteurs se réfèrent :
- Filicide altruiste
- Filicide psychotique aigu
- Filicide d'un enfant non désiré
- Filicide accidentel
- Filicide de vengeance à l'égard d'un conjoint

Scott, en 1973, à partir d'un échantillon de pères filicides, a établi sa classification en fonction de la source de la pulsion homicide, celle-ci provenant de l'enfant lui-même ou d'ailleurs. Parmi les raisons extérieures à l'enfant, il retient lui aussi l'élimination d'un enfant non désiré et la pathologie mentale sévère.

D'Orban, en 1979, en se limitant aux filicides maternels, a publié une classification similaire, en y ajoutant cependant une nouvelle catégorie, le néonaticide, qui représente un groupe à part vu le déni de grossesse qu'il est souvent possible d'établir et le jeune âge de la mère au moment du délit (beaucoup plus jeune que dans les autres catégories). Ces six catégories sont les suivantes :

- Mères abusives
- Mères souffrant de maladie mentale
- Néonaticides
- Mères vengeresses
- Mères qui tuent des enfants non désirés
- Meurtres par compassion

En 1990, Bourget et Bradford ont publié leurs conclusions portant sur une série de parents filicides en insistant sur le fait que les pères aussi peuvent tuer leurs enfants. Ils ont fait du filicide paternel une catégorie à part. Ils reconnaissent cependant que cette catégorie n'est pas mutuellement exclusive de leurs autres catégories existantes.

TRAITEMENT PÉNAL

Peu de recherches, depuis le début des années 1970, ont porté sur le traitement pénal des parents filicides et encore moins ont comparé les traitements en fonction des sexes. La grande majorité des analyses ont plutôt porté sur les sentences imposées aux femmes. Resnick (1969) a indiqué que les hommes filicides de son échantillon international avaient plus de possibilités que les femmes d'être exécutés ou emprisonnés tandis qu'un plus grand nombre de ces dernières étaient orientées vers une institution psychiatrique. Qu'en est-il maintenant près de trente ans plus tard ?

L'analyse approfondie du traitement pénal des contrevenantes est un traitement complexe en soi. Il est d'autant plus difficile de comparer cet aspect à partir d'analyses réalisées à diverses époques et dans plusieurs pays qui, notamment, ne possèdent pas un système de justice comparable en tous points, ainsi que les mêmes réflexes sociaux et pénaux. La comparaison proprement dite du traitement pénal des hommes et des femmes filicides devient alors une mission très délicate en ce sens que très peu d'études, comme nous l'avons mentionné ci-dessus, sont effectuées dans une perspective comparative, que les échantillons d'hommes et de femmes ne sont pas toujours constitués de la même façon et que leur provenance est diversifiée (hôpitaux psychiatriques, prisons, pénitenciers, etc.). Ces quelques points peuvent avoir une certaine influence sur les différents résultats obtenus par les chercheurs.

Certaines études comparatives permettent malgré tout de mettre en lumière quelques éléments intéressants. Par exemple, les données de Marks et Kumar (1993) pour l'Angleterre indiquent que les pourcentages d'hommes et de femmes qui verront porter contre eux une accusation pénale consécutive au geste filicide ne diffèrent pas de façon significative. Toutefois, la nature de cette accusation semble varier selon le sexe de l'agresseur. Au total, 35 % des femmes ont été inculpées d'infanticide alors qu'aucun homme ne peut voir porter contre lui une telle accusation puisqu'il s'agit, selon le système de justice de ce pays, d'un acte réservé aux femmes. Les hommes sont donc plus nombreux que les femmes à être accusés puis condamnés pour meurtre ou homicide involontaire (Marks et Kumar, 1993). Quant aux types de sentences octroyées, il semble exister également un traitement différentiel selon le sexe. Par exemple, pour la période de 1982 à 1988, en Angleterre, 84 % des hommes filicides ont reçu une sentence d'incarcération comparativement à 19 % des femmes. Ces dernières ont été sentencées à une ordonnance de probation dans 71 % des cas alors que seulement 11 % des hommes ont obtenu le même traitement (Marks et Kumar, 1993). Plusieurs études sur les mères filicides soulignent que celles-ci sont rarement sentencées à une peine d'incarcération et se voient dans un plus grand nombre orientées vers le système médical psychiatrique, pour une hospitalisation ou pour un suivi en clinique externe (d'Orban, 1979 ; Wilczynski, 1991).

Est-ce possible que les hommes reçoivent des peines plus sévères parce qu'ils utilisent des moyens plus violents pour tuer leurs enfants ? Marks et Kumar (1993) ont tenté de répondre à cette question. Les données de leur recherche indiquent que les sentences semblent plus étroitement liées au sexe des agresseurs qu'au fait que le geste filicide soit exercé ou non avec violence. En effet, les pères qui ont tué leur enfant avec des méthodes moins violentes (ex. : asphyxie) se voient condamnés à une peine d'incarcération et, à l'inverse, les mères qui utilisent des moyens plus violents obtiennent habituellement une sentence de probation.

Malgré l'importance de ces données, il faut faire preuve de prudence dans la généralisation des résultats. Il s'avère important d'effectuer d'autres recherches du type de celles de Marks et Kumar (1993, 1996) afin de confirmer ou d'infirmer leurs résultats et de définir dans quelle mesure les circonstances entourant le délit ont eu un impact sur les accusations et les sentences des hommes et des femmes filicides.

ÉVOLUTION LONGITUDINALE APRÈS L'HOMICIDE

Le geste filicide est rarement impulsif, sans installation progressive, sauf lorsqu'il s'agit d'un geste accidentel. Dans la plupart des cas, les jours qui précèdent le délit sont marqués par beaucoup d'ambivalence face au geste envisagé. Le parent peut même aller chercher de l'aide auprès de son entourage ou auprès de professionnels, mais son appel, souvent difficile à décoder, reste sans réponse satisfaisante pour lui. Cette situation est également observable dans d'autres types d'homicides intrafamiliaux (Millaud, 1989). À mesure que la situation devient intenable, sans issue pour le parent concerné, le filicide se précipite.

Immédiatement après l'homicide, le parent suicidaire complète son scénario par un geste suicidaire ou le retarde devant l'horreur du geste qu'il vient de commettre. Il cherche alors de l'aide pour réanimer son enfant, mais il est trop tard dans la plupart des cas. Le parent filicide reste en général sur les lieux et appelle lui-même les policiers ou les ambulanciers. D'autres tentent de masquer le geste posé, déclarant dans un premier temps qu'il s'agit d'une mort naturelle. D'une façon plus élaborée, certains cachent le cadavre de leur enfant et crieront à l'enlèvement (Marleau et collab., 1995) pour finalement avouer leur culpabilité. Ce dernier scénario est cependant beaucoup moins fréquent.

Les parents filicides traversent plusieurs étapes entre le moment du passage à l'acte et le retour à la communauté. À différentes périodes de cette évolution, le risque suicidaire peut réapparaître à diverses dates qui revêtent une signification particulière, lors de rechutes de la maladie psychiatrique ou de facteurs de stress intensifiés. La gestion du risque suicidaire prend alors le premier plan jusqu'à ce qu'il soit suffisamment bien contenu pour que le parent filicide puisse retourner à son fonctionnement habituel. Certains parents filicides sont hospitalisés pendant quelques années, puis font l'objet d'un processus de réinsertion sociale progressif et souvent ardu. D'autres restent pendant quelques années en prison ou au pénitencier, puis sont libérés et retournent vivre auprès des leurs. La lourdeur de la psychopathologie, en plus de la sentence, détermine l'orientation à préconiser entre le système carcéral et le système de soins. Un suivi psychiatrique en clinique externe peut être mis en place dans les deux cas. Le pronostic de dangerosité est très favorable ; il est très rare qu'un parent filicide pose ultérieurement un autre geste filicide. Par contre, lorsqu'il s'agit de filicide accidentel dans le contexte d'abus physiques répétés contre un enfant, ou lorsqu'il s'agit d'une tentative de meurtre et non d'un meurtre, le risque de récidive doit être évalué d'une façon plus serrée. Le déni intervient souvent dans le processus de deuil, plus particulièrement chez les parents souffrant de psychose. Ce mécanisme de défense fait souvent effet de protection contre les angoisses très intenses soulevées par la culpabilité au sujet du geste filicide. Cette protection, lorsqu'elle s'avère efficace, ne sera remise en question que si le parent filicide s'y montre prêt. Par contre, si l'évolution du parent filicide est compliquée par une série d'épisodes de décompensations aiguës avec un risque suicidaire élevé, ou par de fréquentes désorganisations du comportement, il y aura lieu d'envisager une hospitalisation prolongée, afin de tenter d'assister le parent filicide dans une meilleure gestion des émotions engendrées par le souvenir du délit. Le traitement variera selon les capacités du patient, ses handicaps et sa psychopathologie. La psychothérapie peut être indiquée et l'orientation de celle-ci de même que ses objectifs sont établis selon les limites et les capacités de l'individu en cause. Un processus de réparation à la suite du délit pourra se mettre progressivement en place et sera garant d'une réinsertion sociale moins ardue.

CONSIDÉRATIONS DE TRAITEMENT

La psychothérapie devient possible chez les parents filicides dans la mesure où l'on peut réaliser une interaction significative avec eux. Chez ceux qui ont décompensé sous un mode psychotique, cela doit passer généralement par un traitement psychiatrique préalable afin de leur permettre de récupérer un état psychique suffisamment stable pour établir de tels échanges. Chez les autres candidats, même s'il n'y a pas décompensation, on note souvent une dépression importante lorsque la période initiale de déni est terminée. Cette dépression doit aussi être traitée de manière à pouvoir échanger de façon cohérente avec le parent filicide.

On se trouve ainsi devant deux grandes catégories de sujets : ceux qui, à plus ou moins long terme, refusent l'investissement psychothérapique, préférant plus utile sur le plan défensif de reporter la responsabilité du délit sur des facteurs environnementaux, extérieurs à eux (conjoint inadéquat, demandes d'aide antérieures traitées selon eux de façon légère ou incompétente, etc.) (Marleau et collab., 1995). Chez certains individus, ce style défensif projectif peut s'avérer très efficace, alors que pour d'autres, le principe de réalité ne disparaît pas entièrement et, quelques mois ou quelques années plus tard, il est possible qu'ils se trouvent à nouveau dans une situation de détresse reliée à leur délit et qu'ils recherchent alors une forme d'aide pour ce problème.

Chez les sujets pour qui la réalité du filicide devient rapidement évidente, il faut tout d'abord les amener à distinguer ce qui leur appartient dans cette responsabilité de ce qui relève de l'environnement. Le travail est généralement lourd et douloureux, les sujets en venant graduellement à prendre conscience qu'une autre solution plus tolérable que la mort de l'enfant aurait pu être envisagée. À ce moment, le désir fusionnel refait surface et les sujets veulent souvent réaliser leur projet suicidaire initial ; plusieurs tentent donc de mettre fin à leurs jours ou y songent sérieusement. Certains y renoncent, avec l'espoir que la mort les réunira un jour de toute façon. Chez d'autres, cet espoir est renforcé par le développement ou l'entretien de convictions religieuses. Ces sujets nécessitent souvent un long suivi car des épisodes de dépression accompagnés d'une recrudescence des idées suicidaires doivent être traversés et tolérés.

CONCLUSION

Bien que de nombreux parents traversent parfois des situations de vie très difficiles, il est extrêmement rare qu'un parent vienne à poser un geste homicide à l'endroit de son enfant. Nous avons dégagé dans ce chapitre les caractéristiques des parents filicides. Il serait bien utile de mettre en relief des facteurs précis qui permettent de distinguer les parents les plus à risque pour un passage à l'acte filicide, ou, du moins, de déterminer les facteurs de protection contre un acte de cette nature. Actuellement, nous ne pouvons que nous en tenir à des généralités qui sont cependant susceptibles de guider les interventions cliniques à préconiser dans un contexte d'évaluation et de traitement.

Lorsqu'un patient est connu de longue date et a fait l'objet de plusieurs évaluations de dangerosité, on peut reconnaître les indicateurs spécifiques de sa dangerosité pour lui-même et son enfant. Par exemple, lorsqu'on sait qu'une personne a déjà présenté des idées homicides à l'endroit de son enfant dans un contexte donné où des facteurs situationnels, dynamiques et liés à l'état mental ont été documentés, l'apparition conjointe de ces mêmes facteurs doit entraîner une réévaluation rigoureuse de la dangerosité du patient. En fonction de la réapparition ou non des idées filicides, de la présence d'un plan homicide précis et réalisable, de l'accessibilité à la victime potentielle, de la présence ou non de mécanismes protecteurs, il y aura lieu de mobiliser le réseau social, de resserrer le suivi en clinique externe, de modifier la médication ou de recourir à l'hospitalisation.

Pour les patients que le clinicien connaît peu ou ne connaît pas, avec lesquels l'alliance thérapeutique n'est pas encore installée, la gestion du risque sera plus complexe. Là encore, l'accès à la victime potentielle, la facilité de réalisation du scénario envisagé, la présence de personnes significatives capables d'assurer la relève auprès de l'enfant, l'autocritique de la personne face à ses difficultés et à la dangerosité spécifique qui en découle sont des éléments centraux dans l'évaluation. Pour les parents qui formulent un projet suicidaire élargi, les facteurs visés dans l'évaluation du risque suicidaire doivent aussi être examinés.

Resnick (1969) a relevé des signaux d'alarme pour le risque filicide. Il s'agit des pensées suicidaires, des symptômes psychotiques centrés sur l'enfant et de l'hostilité exprimée à l'endroit d'un enfant étroitement lié au conjoint avec lequel le parent évalué est en relation conflictuelle. Husain et Daniel (1984) suggèrent, chez les mères présentant une maladie psychiatrique grave, d'investiguer la dangerosité à l'endroit de leurs enfants, quitte à envisager un placement temporaire dans les situations à risque. Bourget et Bradford (1987, 1990) et Rodenburg (1971) ciblent les symptômes dépressifs alors que Myers (1970) cible en plus les symptômes schizophréniques comme des indicateurs de la pertinence d'une investigation plus poussée. Rodenburg (1971) propose aux intervenants d'être prudents lorsqu'ils se retrouvent en présence d'un parent ayant des symptômes dépressifs, surtout si celui-ci a de la difficulté à contrôler son agressivité et que la relation avec l'enfant est plus ou moins bonne.

Plusieurs auteurs considèrent que les intervenants de première ligne doivent redoubler de vigilance puisque plusieurs femmes filicides ont eu des contacts en psychiatrie (hospitalisation et/ou évaluation) ou avec les services sociaux avant le délit (Arboleda-Florez, 1975 ; d'Orban, 1979 ; Marleau et collab., 1995 ; Resnick, 1969). D'autres suggèrent d'investiguer la qualité du soutien social (Sadoff, 1995), surtout en présence de jeunes enfants. Récemment, certains auteurs ont suggéré d'investiguer la présence d'abus à l'égard de l'enfant comme un élément important dans le dépistage des parents filicides (Bourget et Bradford, 1990 ; Sadoff, 1995). Les éléments les plus significatifs sont souvent des préoccupations ou des comportements suicidaires, la verbalisation d'idées homicides envers l'enfant et des comportements bizarres associés à des convictions délirantes où l'enfant est perçu comme une victime potentielle qui doit être protégée ou bien comme un persécuteur (Marleau et collab., 1995). Ces éléments doivent être examinés rigoureusement dans un contexte de crise (Bourget et Bradford, 1990 ; Marleau et collab., 1995).

Dans l'évaluation du risque filicide, le clinicien doit prendre garde à ses réactions contre-transférentielles parce qu'elles sont susceptibles, comme dans toute évaluation de dangerosité, de contaminer l'opinion clinique en causant une sous-évaluation ou encore une surévaluation de la dangerosité. Le recours à l'expertise de collègues extérieurs à la situation en évaluation peut alors être fort utile afin de clarifier le risque réel de passage à l'acte.

RÉFÉRENCES

Adelson, L. (1961). « Slaughter of the innocents : a study of forty-six homicides in which the victims were children », *The New England Journal of Medicine*, 64 : 1345-1349.

Adelson, L. (1991). « Pedicide revisited : the slaughter continues », *The American Journal of Forensic Medicine and Pathology*, 12 : 16-26.

Alder, C.M. et J. Baker (1997). « Maternal filicide : more than one story to be told », *Women and Criminal Justice*, 9 : 15-39.

Arboleda-Florez, J. (1975). « Infanticide », *Canadian Journal of Psychiatry*, 20 : 55-60.

Backhouse, C.B. (1984). « Desperate women and compassionate courts : infanticide in nineteenth-century Canada », *University of Toronto Law Journal*, 3 : 447-478.

Biéder, J. (1978). « Observation d'une libéricide, questions sur l'avenir des infanticides, des libéricides et de leurs enfants épargnés », *Société médico-psychologique*, 136 : 184-190.

Bloch, H. (1988). « Abandonment, infanticide, and filicide : an overview of inhumanity to children », *American Journal of Diseases of Children*, 142 : 1058-1060.

Bourget, D. et J.M.W. Bradford (1987). « Affective disorder and homicide : a case of familial filicide : theoritical and clinical considerations », *Canadian Journal of Psychiatry*, 32 : 222-225.

Bourget, D. et J.M.W. Bradford (1990). « Homicidal parents », *Canadian Journal of Psychiatry*, 35 : 233-238.

Campion, J.F., J.M. Cravens et F. Covan (1988). « A study of filicidal men », *American Journal of Psychiatry*, 145 : 1141-1144.

Cheung, P.T.K. (1986). « Maternal Filicide in Hong Kong, 1971-85 », *Medicine, Science and the Law*, 26 : 185-192.

Christoffel, K.K. (1984). « Homicide in childhood : a public health problem in need of attention », *American Journal of Public Health*, 74 : 68-70.

Daly, M. et M.I. Wilson (1988). *Homicide*. New York : Aldine de Gruyter.

Delay, J., T. Lemperière, R. Escourolle et J.F. Dereux (1957). « Contribution à l'étude de l'infanticide pathologique », *Séminaires des hôpitaux de Paris*, 33 : 4068-4080.

Denham, W.W. (1974). « Population structure, infant transport, and infanticide among Pleistocene and modern hunter-gatherers », *Journal of Anthropological Research*, 30 : 191-198.

Desseigne, F. et J. Carrère (1974). « Contribution à l'étude des libéricides », *Société médico-psychologique*, 132 : 238-248.

Dickeman, M. (1975). « Demographic consequences of infanticide in man », *Annual Review of Ecology and Systematics*, 6 : 107-137.

Dubois, A. et P. Schneider (1998). *Code criminel et lois connexes*. Cowansville : Les éditions Yvon Blais inc.

d'Orban, P.T. (1979). « Women who kill their children », *British Journal of Psychiatry*, 134 : 560-571.

Fornes, P., L. Druilhe et D. Lecomte (1995). « Childhood homicide in Paris, 1990-1993. A case report of 81 cases », *Journal of Forensic Sciences*, 40 : 201-204.

Goetting, A. (1988). « When parents kill their young children : Detroit 1982-1986 », *Journal of Family Violence*, 3 : 339-346.

Goldney, R.D. (1977). « Family murder followed by suicide », *Forensic Science*, 9 : 219-228.

Gosselin, J.-Y. et J.A. Bury (1969). « Approche psychopathologique d'un cas d'infanticide », *Canadian Journal of Psychiatry*, 14 : 473-480.

Grivois, H. et S. Baron (1987). « Le rôle du médecin généraliste face au risque d'infanticide », *Annales de pédiatrie*, 34 : 835-838.

Hamann, J. (1997). « On ne s'habitue jamais », *Forum*, 21 aôut, p. 3.

Hansen, E. (1979). « "Overlaying" in 19th-century England : infant mortality or infanticide ? », *Human Ecology*, 7 : 333-352.

Harder, T. (1967). « The psychopathology of infanticide », *Acta Psychiatria Scandinavia*, 43 : 196-245.

Heiger, A.A. (1986). « Filicide : an update », *Connecticut Medicine*, 50 : 387-389.

Husain, A. et A.A. Daniel (1984). « A comparative study of filicidal and abusive mothers », *Canadian Journal of Psychiatry*, 29 : 596-598.

Jason, J., J.C. Gilliland et C.W. Tyler (1983). « Homicide as a cause of pediatric mortality in the United States », *Pediatrics*, 72 : 191-197.

Kaplun, D. et R. Reich (1976). « The murdered child and his killers », *American Journal of Psychiatry*, 133 : 809-813.

Kaye, N.S., N.M. Borenstein et S.M. Donnelly (1990). « Families, murder, and insanity : a psychiatric review of paternal neonaticide », *Journal of Forensic Sciences*, 35 : 133-139.

Krugman, R.D. (1983-1985). « Fatal child abuse : analysis of 24 cases », *Pediatrician*, 12 : 68-72.

Kunz, J. et S.J. Bahr (1996). « A profile of parental homicide against children », *Journal of Family Violence*, 11 : 347-361.

Lalou, R. (1986). « L'infanticide devant les tribunaux français (1825-1910) », *Extrait de communications*, 44 : 175-200.

Langer, W.L. (1974). « Infanticide : a historical survey », *History of Childhood Quarterly*, 1 : 353-365.

Leboutte, R. (1983). « L'infanticide dans l'est de la Belgique aux XVIIIe-XIXe siècles : une réalité », *Annales de démographie historique*, 5 : 163-188.

Logan, M. (1995). « Ces mères meurtrières : étude comparative du filicide et du néonaticide », *La Gazette de la GRC*, 57 : 2-11.

Lomis, M.J. (1986). « Maternal filicide : a preliminary examination of culture and victim sex », *International Journal of Law and Psychiatry*, 9 : 503-506.

Lukianowicz, N. (1971). « Attempted infanticide », *Psychiatria Clinica*, 5 : 1-16.

Marks, M.N. (1996). « Characteristics and causes of infanticide in Britain », *International Review of Psychiatry*, 8 : 99-106.

Marks, M.N. et R. Kumar (1993). « Infanticide in England and Wales », *Medicine, Science and the Law*, 33 : 329-339.

Marks, M.N. et R. Kumar (1996). « Infanticide in Scotland », *Medicine, Science and the Law*, 36 : 299-305.

Marleau, J.D., R. Roy, L. Laporte, T. Webanck et B. Poulin (1995). « Homicide d'enfant commis par la mère », *Canadian Journal of Psychiatry*, 40 : 142-149.

Marleau, J.D., B. Poulin, T. Webanck, R. Roy et L. Laporte (1999). « Paternal filicide : a study of 10 men », *Canadian Journal of Psychiatry*, 44 : 57-63.

Millaud, F. (1989). « L'homicide chez le patient psychotique : une étude de 24 cas en vue d'une prédiction à court terme », *Canadian Journal of Psychiatry*, 34 : 340-346.

Millaud, F., R. Roy, P. Gendron et J. Aubut (1992). « Un inventaire pour l'évaluation de la dangerosité psychiatrique », *Canadian Journal of Psychiatry*, 37 : 608-615.

Montag, B.A. et T.W. Montag (1979). « Infanticide : a historical perspective », *Minnesota Medicine*, 62 : 368-372.

Moseley, K.L. (1986). « The history of infanticide in Western society », *Issues in Law and Medicine*, 1 : 345-361.

Myers, S.A. (1970). *Maternal filicide. American Journal of Disease of Children*, 120 : 534-536.

Oliveiro, A.F. (1994). « Infanticide in Western cultures : a historical overview », p. 105-120, dans *Infanticide and parental care*, S. Parmigiani et F.S. vom Saal (dir.). Chur (Suisse) : Harwood Academic Publishers.

Petit Larousse (1993). Paris : Librairie Larousse, p. 548.

Resnick, P.J. (1969). « Child murder by parents : a psychiatric review of filicide », *American Journal of Psychiatry*, 126 (3) : 325-334.

Resnick, P.J. (1970). « Murder of the newborn : a psychiatric review of neonaticide », *American Journal of Psychiatry*, 10 : 58-63.

Rodenburg, M. (1971). « Child murder by depressed parents », *Canadian Psychiatric Association Journal*, 16 : 41-49.

Sadoff, R.L. (1995). « Mothers who kill their children », *Psychiatric Annals*, 25 : 601-605.

Sakuta, T. et S. Saito (1981). « A socio-medical study of 71 cases of infanticide in Japan », *Keio Journal of Medicine*, 30 : 155-168.

Scrimshaw, S.C.M. (1984). « Infanticide in human populations : societal and individual concerns », p. 439-462, dans *Infanticide : comparative and evolutionary perspectives*, G. Hausfater et S.B. Hrdy (dir.). New York : Aldine Publishing Company.

Scott, P.D. (1973). « Parents who kill their children », *Medicine, Science and the Law*, 13 : 120-126.

Somander, L.H. et L.M. Rammer (1991). « Intra-and extrafamilial child homicide in Sweden 1971-1980 », *Child Abuse and Neglect*, 15 : 45-55.

Statistique Canada (1989). *L'homicide au Canada 1988 : Perspective statistique*. Centre canadien de la statistique juridique, catalogue 85-209.

Vallaud, D. (1982). « Le crime d'infanticide et d'indulgence des cours d'assises en France au XIXe siècle », *Information sur les sciences sociales*, 21 : 475-499.

Weisheit, R.A. (1986). « When mothers kill their children », *The Social Science Journal*, 23 : 439-448.

Wilczynski, A. (1991). « Images of women who kill their infants : the mad and the bad », *Women and Criminal Justice*, 2 : 71-88.

Wilkey, I., J. Pearn, G. Petrie et J. Nixon (1982). « Neonaticide, infanticide and child homicide », *Medicine, Science and the Law*, 22 : 31-34.

Wilson, M. et M. Daly (1994). « The psychology of parenting in evolutionary perspective and the case of human filicide », p. 73-104, dans *Infanticide and parental care*, S. Parmigiani et F.S. vom Saal (dir.). Harwood academic publishers.

Wilson, M., M. Daly et A. Daniele (1995). « Familicide : the killing of spouse and children », *Aggressive Behavior*, 21 : 275-291.

Wright, C. et J.-P. Leroux (1991). « Les enfants victimes d'actes criminels violents », *Juristat*, 11 (8) : 1-13.

7
Les meurtriers qui tuent de nouveau

FABIENNE CUSSON

Les meurtriers qui tuent plus d'une fois provoquent deux types de réactions, diamétralement opposées. Le public est préoccupé et choqué par l'importance du phénomène – preuve en est l'alarmisme qui entoure les meurtriers en série (Jenkins, 1992, 1994) – tandis que la plupart des spécialistes balaient ces inquiétudes du revers de la main en affirmant que les meurtriers ne représentent pas une menace pour la sécurité puisqu'ils récidivent rarement (Favreau, 1965 ; Sellin, 1980 ; Lemire, 1984).

La scission entre les scientifiques et le public se manifeste lorsque l'on compare l'attention portée par les uns et les autres à la réitération de l'homicide. Si cette question passionne toujours autant le grand public et suscite de nombreux articles et reportages, elle est particulièrement négligée par ceux qui étudient spécifiquement le crime, ce qui se traduit par un manque de données fiables qui permettraient de se faire une idée précise de l'importance de la réitération de l'homicide.

Le présent article[1] reconstitue le portrait quantitatif de la réitération meurtrière. En effet, grâce à des données originales et complètes, on parvient désormais à calculer la proportion des meurtriers qui commettent un second homicide, à mieux comprendre comment s'enchaînent les crimes successifs d'un même individu et à émettre des hypothèses explicatives.

LE PROBLÈME DE LA RÉCIDIVE

Il y a, dans la littérature sur la récidive, deux éléments justifiant l'idée selon laquelle les meurtriers récidivent peu. Il s'agit tout d'abord du fait que les individus qui commettent des crimes violents recommencent moins que les autres, puis du fait que plus un crime est rare, plus sa récidive sera rare elle aussi.

---

1. L'auteure tient à remercier monsieur Marc Ouimet pour toute l'aide apportée au cours de la recherche dont est issu cet article.

La recherche semble avoir bien démontré que les délinquants condamnés pour des crimes violents réussissent plus souvent que les autres leur libération conditionnelle, qu'ils récidivent généralement moins que ceux qui ont été condamnés pour des crimes contre les biens (Vold, 1931 ; Ohlin, 1951 ; Stanton, 1969 ; Heilbrun et collab., 1978 ; Gabor, 1986). À ce propos, Gabor révèle qu'une vaste proportion des criminels violents commettent un seul crime, sous le coup de la passion, puis entrent dans le droit chemin. C'est ainsi que les meurtriers – criminels violents s'il en existe – peuvent être considérés comme peu à risque de récidive.

Gassin (1988) et Cusson (1993) ont aussi décrit la relation négative entre la gravité et la rareté d'un crime. Plus un crime est grave, plus il est rare. L'homicide est sans doute le meilleur exemple de ce lien, puisqu'il est à la fois considéré comme étant le délit le plus grave (Wolfgang et collab., 1985) et qu'il est très rare (Élie, 1981 ; Cusson, 1993). Cette rareté des crimes graves apparaît aussi dans la récidive, qui sera d'autant moins fréquente qu'il s'agit de crimes sérieux (Waller, 1974 ; Kensey et Tournier, 1994).

C'est donc à partir de ces caractéristiques de l'homicide – sa violence, sa gravité et sa rareté – qu'on prétend que les meurtriers sont ceux qui récidivent le moins, qu'ils ne posent pas un grand risque pour la communauté, vu les faibles probabilités qu'ils commettent un nouveau meurtre.

Jusqu'à présent, la question de la réitération de l'homicide fut abordée grâce à un concept voisin, mais non synonyme, la *récidive*. Par réitération de l'homicide, nous entendons tout simplement le fait qu'un même individu commette au moins deux homicides, à des moments différents[2]. La réitération se distingue de la récidive à deux points de vue. D'une part, la récidive implique généralement l'existence d'une condamnation antérieure à la seconde infraction et, d'autre part, la récidive est généralement non spécifique, c'est-à-dire qu'on considère qu'il y a récidive lorsque le contrevenant commet n'importe quelle nouvelle infraction. Ces conditions ne s'appliquent pas au concept de réitération.

Il existe une autre notion apparentée à la réitération meurtrière, *les meurtres en série*, qui sous-entend nécessairement plusieurs meurtres (critère de spécificité) et exclut la présence d'une condamnation (critère de sanction pénale) entre les crimes.

Ces deux notions ont leur utilité propre et ont été créées pour étudier des aspects particuliers de la réitération. La récidive par exemple est particulièrement utile à l'examen du système judiciaire, afin de mesurer l'effica-

---

2. Afin d'opérationnaliser cette définition, nous avons établi qu'il fallait un écart d'au moins 24 heures entre les deux meurtres pour qu'on considère qu'ils ont été commis à deux moments différents.

cité des peines ou du traitement. De son côté, le concept de tueur en série sert plutôt aux services policiers ou aux agences de contrôle social qui tentent d'appréhender ces criminels dangereux et qui désirent mieux connaître le type d'individus en cause. Il s'agit donc de deux concepts qui répondent à des besoins particuliers, distincts de nos préoccupations.

En réunissant des récidivistes, des tueurs en série, des tueurs à gages et tous les auteurs de plus d'un homicide commis à des moments différents, nos données permettent de reconstituer une population de meurtriers très diversifiée, d'esquisser un portrait global de la réitération de l'homicide.

MÉTHODOLOGIE
Trouver les meurtriers réitérateurs

Pour appréhender cette question complexe, la première étape a consisté à identifier les individus qui ont tué plus d'une fois. Pour ce faire, une banque de données de tous les homicides commis sur le territoire québécois entre 1956 et 1995 fut constituée à partir de la *Revue annuelle des meurtres* publiée par l'hebdomadaire *Allô Police*. Ces bilans annuels incluent tous les homicides connus des autorités policières, commis sur le territoire du Québec durant l'année. Ils ont permis de dresser une liste de 4500 affaires de meurtre, et d'identifier 3854 individus à tout le moins fortement suspectés d'avoir commis un homicide.

L'identification des auteurs de plusieurs homicides a été réalisée par comparaison des noms, prénoms et années de naissance de ces 3854 sujets. Les récidivistes ainsi dénichés ne constituent donc pas un échantillon mais plutôt une population reconstituée des individus ayant commis plus d'un homicide au Québec entre 1956 et 1995, population qui s'avère de 131 personnes.

Une fois établie la liste des meurtriers réitérateurs, les informations relatives à chacun d'eux furent extraites des articles qui leur avaient été consacrés. En effet, *Allô Police* est un hebdomadaire qui, dès sa fondation, s'est particulièrement intéressé aux homicides. Presque tous les meurtres commis au Québec font l'objet d'un article environ deux semaines après leur découverte. La seconde partie de la collecte des données nécessitait donc une fouille approfondie de chaque numéro du journal afin d'extraire tous les articles traitant des homicides commis par les meurtriers réitérateurs précédemment identifiés.

Chaque sujet ayant commis au moins deux homicides, il fallut analyser les articles relatifs à 336 meurtres répartis sur quarante années. Ces articles ont fourni la majorité des renseignements, tant qualitatifs que quantitatifs, à la base de cette étude.

Les biais d'estimation

Il importe, à cette étape, de souligner les limites des données de la recherche et tout particulièrement celles qui pourraient éventuellement causer des biais lors du recensement des meurtriers.

Les biais de surestimation

Il est possible, en principe, qu'il se soit glissé dans les données quelques individus qui n'ont pas réellement tué plus d'une fois. Le premier type de surestimation, improbable, viendrait du processus de sélection des sujets. Il se pourrait, en effet, que des individus distincts aient eu les mêmes noms, prénoms et années de naissance. De telles erreurs seraient néanmoins étonnantes puisque d'autres indices permettaient de vérifier qu'il s'agissait bien des mêmes individus. Seuls cinq cas n'ont pas satisfait à ces exigences : ils furent exclus du corpus d'analyse.

Le second biais de surestimation viendrait du fait que le suspect de l'homicide fut considéré comme le véritable tueur, même si aucune accusation ne s'ensuivit ou s'il y eut acquittement. Ainsi, il devient possible que quelques innocents soient inclus. Ce choix paraît néanmoins justifié puisque le niveau de preuve requis pour condamner un meurtrier est tel, qu'il arrive assez souvent qu'on innocente des coupables. Il semblait donc préférable d'employer ici un critère moins limitatif – les suspects identifiés après l'enquête policière – afin que soient inclus un plus grand nombre de tueurs réels.

Les biais de sous-estimation

Les biais de sous-estimation sont sans doute nettement plus importants que les biais de surestimation. En effet, il est à peu près impossible que l'ensemble des personnes qui ont tué plus d'une fois aient été découvertes et recensées. C'est pourquoi il faudra considérer que les données correspondent à une approximation minimale du nombre des meurtriers qui réitèrent.

La première raison soutenant cette affirmation est qu'un bon tiers des homicides commis au Québec ne sont pas élucidés au moment de la publication du bilan annuel (36,6 %)[3]. Il est donc très probable que, parmi ces homicides non résolus, certains aient été commis par des individus qui en ont déjà commis dans le passé ou qui en commettront d'autres dans le futur.

---

3. Calculé à partir du nombre d'homicides non résolus présentés dans la *Revue annuelle des meurtres* des *Allô Police* des dix dernières années.

De plus, Cordeau (1991) et Charland (1977) ont estimé à 10 % les homicides qui ne paraissent pas dans les *Revues annuelles des meurtres* de *Allô Police*.

Une autre sous-estimation, sans doute moins importante, serait due au fait qu'il est interdit de publier les noms des agresseurs de moins de 18 ans. Il est vraisemblable que des individus aient eu déjà un homicide à leur actif sans avoir été identifiés par le journal.

Ajoutons la sous-estimation résultant d'homicides commis ailleurs qu'au Québec, d'homicides commis avant 1956 ou après 1995.

S'il est impossible d'évaluer à quel point tous ces biais affectent la qualité des données, il faut néanmoins souligner que les chiffres à partir desquels les analyses furent construites sont des plus conservateurs, et ne représentent vraisemblablement qu'une partie de tous les meurtriers réitérateurs.

La fiabilité d'Allô Police

Outre ces problèmes d'identification, il se peut que l'étude souffre du fait qu'elle soit réalisée à partir de données secondaires dont il est impossible de garantir la justesse. On peut toutefois affirmer que les articles consultés sont généralement bien documentés et présentent des faits établis. D'ailleurs, Cordeau (1989) a déjà constaté la fiabilité de l'information contenue dans *Allô Police* comparée à celle des archives policières.

Les avantages de la recherche

Malgré ces quelques limites, les données et la méthodologie adoptée présentent de nombreux avantages sur les autres études ayant pour objet la récidive des meurtriers.

Dans cette étude, la *période d'épreuve* est assez longue pour qu'on puisse avoir une excellente idée du taux de réitération "à vie" des meurtriers, ce qui n'est pas le cas dans la majorité des études de récidive.

Le second avantage est tributaire de la grande *stabilité* de la population québécoise. En effet, les Canadiens français – environ 85 % de la population du Québec – migrent très rarement hors de la province, pour des raisons linguistiques et culturelles. Cette stabilité géographique favorise l'appréhension de la réitération, le crime subséquent ayant bien des risques de se produire sur le même territoire.

Bref, le fait de travailler à partir de tous les meurtriers de la province, pendant quarante ans, permet la création de l'une des banques de données les plus pertinentes à l'étude de la réitération de l'homicide et sur laquelle il est rassurant de s'appuyer afin d'évaluer l'ampleur de ce phénomène.

Présentation des données

La période traitée va de 1956 à 1995, ce qui permet à la fois de présenter un portrait contemporain et d'offrir une période d'épreuve suffisamment longue pour estimer la réitération « à vie » des meurtriers. Selon l'année du premier homicide, la période d'épreuve varie de quelques mois, pour ceux qui ont commis un premier meurtre en 1995, à quarante années pour ceux qui ont tué en 1956. En moyenne, les 3854 meurtriers furent suivis durant 16,7 ans (médiane : 20 ans).

Au total, 336 événements ont été étudiés. Puisqu'il arrive qu'un même homicide fasse plus d'une victime, on compte en tout 415 victimes, en moyenne 1,24 par homicide et 3,17 par meurtrier réitérateur. Dans 81 % des cas, les homicides n'impliquent qu'une victime.

La population étudiée se compose de 131 meurtriers. Les trois quarts (78 %) d'entre eux n'ont commis "que" deux homicides. Le meurtrier le plus prolifique, à notre connaissance, en a commis vingt et un.

En raison de la grande variation dans le nombre d'homicides attribués à chaque meurtrier, la majorité des analyses porteront sur un maximum de cinq homicides par individu, soit les quatre premiers et le dernier. Cette procédure permet de simplifier la banque de données, sans faire perdre beaucoup d'informations, puisque seulement 3 tueurs et 21 homicides sont touchés par cette opération.

Dans un quart des réitérations, le meurtrier n'avait pas été identifié comme auteur d'un premier homicide au moment où il tuait pour la seconde fois. C'est plus tard seulement qu'on apprenait qu'il était l'auteur d'un crime antérieur, grâce à une enquête finalement fructueuse, à la suite d'une dénonciation ou d'aveux.

Nous connaissons la condamnation pour le premier homicide de 55 de nos 131 sujets. De ceux-là, 18 ont commis un meurtre subséquent en prison, 5 au cours d'une évasion et 32 après leur libération. Notons cependant qu'en raison de la méthode de collecte des données et du temps alloué pour la faire, il est probable que des condamnations relatives aux premiers homicides aient été prononcées trop tard pour figurer dans nos données.

Les taux de réitération de l'homicide

Les taux de réitération dans le temps

Les taux de réitération seront d'abord présentés sur une base temporelle, puis selon les types d'homicides. La variable temporelle permet de tenir compte du fait que les premiers homicides sont dispersés dans le temps et que la durée du suivi est différente pour chaque cas. Ainsi, un homme qui a commis un homicide en 1956 sera « suivi » pendant 39 ans (jusqu'en 1995) pour savoir s'il a réitéré ou non. Par contre, il y a peu de chance qu'on sache s'il en était déjà à son second homicide en 1956 puisque les données ne débutent qu'en 1955. C'est pourquoi il importe de connaître les taux de réitération des différentes époques à l'étude afin d'évaluer l'effet du temps sur ces taux.

Les quarante années à l'étude sont analysées par cohortes de cinq ans. Un certain niveau d'agrégation permet en effet d'aplanir quelque peu les écarts démesurés d'une année à l'autre, causés par les petits nombres qui caractérisent la réitération. La figure 1 présente, selon les périodes, la proportion des meurtriers réitérateurs, parmi ceux qui ont commis un premier homicide durant les années indiquées. La première colonne pourrait se lire : « 3,3 % des meurtriers ayant commis un homicide entre 1956 et 1960 ont éventuellement réitéré ».

Figure 1
Taux de réitérateurs parmi l'ensemble des meurtriers,
selon l'année du premier meurtre
(nombre de réitérateurs / nombre d'auteurs d'un meurtre au cours de la période)

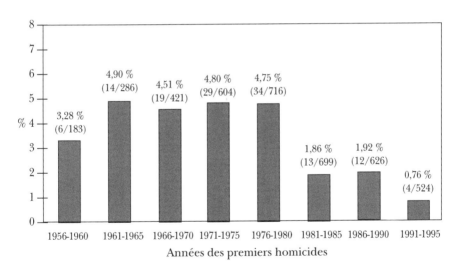

Le taux de réitérateurs varie selon la période du premier homicide. Cela se comprend puisque, plus on avance dans le temps, plus la période durant laquelle le meurtrier pouvait recommencer est courte. Il est plus élevé quand le premier homicide a été commis entre 1956 et 1980. À partir des années quatre-vingt, les taux chutent juste en dessous de 2 %, puis en

1991-1995, à moins de 1 % : il semblerait donc qu'il faille attendre environ quinze ans (1981-1995) pour que tout le potentiel de réitération ait l'occasion de s'exprimer.

S'il fallait déterminer le taux qui caractérise le mieux le phénomène de la réitération, celui qui représente la proportion la plus juste des meurtriers qui, au cours de leur vie, vont commettre un autre homicide, il faudrait choisir le taux de 4,6 % (102/2210). En effet, malgré que la proportion globale des meurtriers réitérateurs soit de 3,22 %, il s'avère que lorsque la période de suivi est d'au moins quinze ans, comme c'est le cas de 1956 à 1980, le taux est de 4,6 %. Rappelons que ce taux doit être considéré comme un minimum vu l'importance des biais de sous-estimation.

Les taux de réitération selon les types d'homicides

Depuis très longtemps, ceux qui s'intéressent à l'homicide s'entendent pour dire qu'il s'agit d'une catégorie hautement hétérogène, qui représente en fait plusieurs types de crimes (Wolfgang, 1958 ; Boudouris, 1974 ; Block, 1985 ; Daly et Wilson, 1988). Certains auteurs ont par ailleurs démontré que les différents types d'homicides sont à considérer indépendamment les uns des autres puisque « chacun de ces crimes a des caractéristiques différentes et est affecté différemment par les variations sociales et démographiques » (Grenier, 1993, p. 64) (voir également Nettler, 1982 ; Block, 1985). La typologie utilisée dans cette recherche est issue des travaux de Grenier (1993) et de Boisvert et Cusson (1994). Elle a toutefois été légèrement modifiée pour qu'on y distingue aussi les homicides « gratuits, de folie ou sexuels », une catégorie devenue nécessaire vu sa surreprésentation parmi les meurtres itératifs.

Voici les définitions et les critères utilisés pour classer les homicides (Cusson et Boisvert, 1994) :

1- *Homicides familiaux et passionnels* : tous les homicides qui impliquent des individus ayant un lien familial, amoureux ou matrimonial. La relation intime entre les protagonistes caractérise ce type d'homicides.

2- *Homicides querelleurs et vindicatifs* : ce sont généralement ceux qui impliquent des gens qui se connaissent, sans toutefois être unis par un lien familial ou amoureux. L'homicide est généralement le fruit de la colère provoquée par une insulte ou celui d'une querelle. S'ajoutent à cette catégorie les homicides commis par vengeance.

3- *Règlements de comptes* : homicides qui pourraient être assimilés à des homicides querelleurs, mais qui s'inscrivent dans une catégorie à part en raison de la connotation criminelle du conflit sous-jacent.

S'inscrivent alors dans cette catégorie les homicides qui résultent d'un conflit engendré par des activités criminelles.

4- *Homicides associés à un autre délit* : ils englobent tous les homicides commis durant l'accomplissement d'un autre délit par le meurtrier. Ici, le type de délit associé à l'homicide n'a pas d'importance particulière. Ce qui importe, c'est que l'homicide ne soit pas au départ une fin en soi ; l'objectif premier du meurtrier n'est pas l'homicide, mais le vol, la fuite, etc. (N.B. : les homicides associés aux viols sont toutefois classés dans le type homicide gratuit, de folie ou sexuel.)

5- *Homicides gratuits, de folie ou sexuels* : ce sont tous les homicides commis gratuitement, sans raison apparente autre que l'envie de tuer ou l'état psychique du meurtrier qui n'a pas vraiment conscience de ce qu'il fait. Entrent aussi dans cette catégorie les homicides liés à une agression sexuelle commise par l'agresseur ou à la suite d'un refus de relations sexuelles avec l'agresseur.

6- *Homicides autres* : ce sont des homicides dont les circonstances sont clairement définies, mais qui n'entrent pas dans l'une ou l'autre catégorie précédemment mentionnées. À ce titre, citons entre autres les pactes de suicide, les meurtres politiques et les homicides commis lors d'avortements (décès de la mère).

7- *Homicides indéterminés* : ils représentent tous les homicides pour lesquels l'information manquait (circonstances du meurtre, lien entre les protagonistes) et donc qui n'ont pu s'inscrire dans l'une ou l'autre des catégories précédentes.

Ajoutons enfin qu'il a été convenu que le lien de parenté ou le lien amoureux entre les protagonistes avait prédominance sur tout autre motif.

L'unanimité de ceux qui ont étudié l'homicide à proclamer son hétérogénéité incite à s'interroger : puisque l'homicide englobe une telle diversité de crimes, est-il possible que divers types d'homicides présentent différents taux de réitération ? Voici la question à laquelle prétend répondre la figure 2, en présentant la proportion des meurtriers de chaque catégorie qui ont éventuellement commis un autre homicide. La première colonne de la figure pourrait se lire : « 1,3 % des meurtriers ayant commis des homicides familiaux ou passionnels ont éventuellement réitéré, en commettant un homicide de même nature ou différent ».

Figure 2
Taux de réitérateurs parmi l'ensemble des meurtriers,
selon le type de leur premier meurtre
(nombre de réitérateurs / nombre d'auteurs d'un meurtre de ce type)

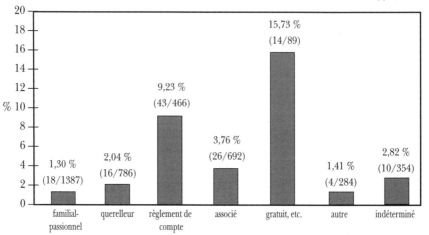

Types des premiers homicides

Les résultats sont spectaculaires : il existe des différences notables entre les types de meurtres quant aux taux de réitérateurs. On constate que près de 16 % de ceux qui commettent des homicides gratuits ou d'ordre sexuel ont éventuellement commis un autre homicide (14/89). C'est clairement la catégorie où l'on trouve la plus grande proportion de meurtriers réitérateurs, suivie par la catégorie des règlements de comptes, avec 9,2 % (43/466). Les tueurs qui ont commis d'autres types précis d'homicides ont moins souvent recommencé. Il s'agit, par ordre d'importance, des homicides associés à d'autres délits (3,8 %), des homicides querelleurs ou vindicatifs (2 %) et, en dernière position, des meurtres passionnels ou familiaux (1,3 %).

S'agit-il de taux élevés ?

Normalement, une fois en possession des chiffres et des taux, on devrait pouvoir établir si la réitération de l'homicide est un phénomène rare ou commun, dont l'ampleur est alarmante ou insignifiante. Mais l'exercice n'est pas aussi simple qu'il n'y paraît de prime abord puisqu'il n'existe pas de seuil au-delà duquel on puisse affirmer que le taux de réitération est élevé. C'est pourquoi il faut procéder par analyse comparative afin de qualifier les taux.

Comparaison avec les taux de récidive des recherches antérieures

Diverses recherches conduites dans le passé ont permis de dégager des taux de récidive chez les meurtriers. Des six taux recensés dans la littérature criminologique[4], quatre étaient inférieurs à 1 % (Stanton, 1969 ; U.S. Department of Justice, 1976-1979 ; Erwin, 1992 ; Kensey et Tournier, 1994), tandis que les deux autres – 3,8 % (ICPSR 9574) et 4,9 % (Heilbrun et collab., 1978) de récidive – s'approchaient assez du chiffre global auquel nous sommes parvenus.

Il n'est pas surprenant que le taux issu de notre analyse soit supérieur à celui de la majorité des études recensées. En effet, ces recherches présentent des taux de récidive meurtrière, et non de réitération, et la définition qu'elles utilisent est nettement plus restrictive que la nôtre. De plus, elles portaient pour la plupart sur des périodes d'épreuve assez courtes. Enfin, étant donné que les analyses traitaient d'une population d'individus libérés conditionnellement, on peut penser qu'ils représentaient d'avance un moindre risque de récidive.

Comparaison avec les taux de réitération des autres crimes

Afin de mettre en perspective le taux de réitération meurtrière, le taux correspondant pour divers autres crimes fut aussi calculé. Pour ce faire, nous avons utilisé des données du Service correctionnel du Canada qui contiennent des informations sur la récidive de plus de 3000 détenus libérés des pénitenciers canadiens entre 1983 et 1984. La durée du suivi était de deux ans. Aux fins de comparaison, quatre crimes importants, clairement définis et très différents les uns des autres, furent sélectionnés afin de mesurer un taux de récidive du même crime.

Après deux ans de libération, 19,7 % des cambrioleurs (181/917) ont été arrêtés pour un nouveau cambriolage, 8,7 % de ceux qui avaient fait un vol qualifié (86/983) en ont commis un autre, et 5,9 % des violeurs (12/202) ont commis une autre agression sexuelle. Puisque la proportion des meurtriers qui commettent un second homicide fut estimée à environ 4,6 % après quinze ans, on peut dire qu'effectivement, en comparaison avec les autres taux de réitération, l'homicide est le crime présentant le taux le plus bas. L'homicide est un crime relativement rare ; à plus forte raison, sa réitération l'est aussi.

---

4. Voir F. Cusson (1996). *La réitération de l'homicide au Québec de 1956 à 1995*, mémoire de maîtrise, École de criminologie, Université de Montréal.

Cependant, le résultat de cette comparaison ne permet pas de qualifier d'insignifiante la réitération de l'homicide. Tout comme la rareté relative des homicides, celle de leur réitération n'empêche pas qu'on trouve
son nombre préoccupant simplement parce qu'il s'agit d'un crime dont les
conséquences sont graves et irréparables.

Comparaison avec les taux d'homicides de l'ensemble des Québécois

Une autre manière de mettre en perspective le taux de réitérateurs,
c'est de le comparer au taux des individus qui n'ont pas commis d'homicide
auparavant. En d'autres mots, de comparer la probabilité qu'un meurtrier
commette un homicide à celle de quiconque.

Pour ce faire, nous avons utilisé le taux d'homicides par 100 000 habitants du Québec, en 1990, qui est de 2,6 (Ouimet, 1994). Pour le comparer
au taux de 4,6 sur 100 meurtriers, il fallut d'abord le transposer en pourcentage, puis le multiplier par 24 ans, ce qui correspond à la période de suivi
moyenne des meurtriers ayant commis leur premier homicide entre 1956 et
1980. L'ensemble des Québécois ont donc une probabilité de commettre
un homicide de 0,0624 par 100 habitants, sur une période de 24 ans, tandis
que les meurtriers ont une probabilité équivalente de 4,6 %, soit de 74 fois
plus élevée.

Bref, il n'existe pas une seule réponse évidente à la question : « Est-ce
qu'un taux de réitération moyen de 4,6 % est élevé ? » Si l'on ne peut plus
nier le fait qu'une certaine proportion des meurtriers recommencent, que
les conséquences sont toujours très graves et que ceux qui ont déjà tué représentent à ce point de vue un risque démesuré, il demeure que moins de
5 % des meurtriers commettent un second homicide, ce qui n'est pas considérable.

Ce qu'il importe de garder en mémoire, au sujet des taux de réitération, c'est qu'ils varient énormément en fonction du type d'homicide commis. Rappelons aussi que les règlements de comptes et les homicides gratuits, sexuels ou de folie se distinguent très nettement des autres types d'homicides par des taux nettement plus élevés.

D'UN HOMICIDE À L'AUTRE

Les meurtriers réitérateurs commettent-ils des homicides semblables
d'une fois à l'autre ? Cette attention portée à la spécialisation est importante. En effet, si l'hypothèse de la spécialisation se confirmait, et si l'on
découvrait que les meurtres commis par un même individu sont d'un même

type, on pourrait mieux comprendre pourquoi des individus commettent certains homicides et éventuellement privilégier une intervention plus précise, centrée sur le problème auquel fait face le meurtrier.

Voyons si les tueurs étudiés ici sont spécialisés dans un type d'homicide. Dans le tableau 1, chacun d'eux est classé en fonction des types d'homicide commis. Plus précisément, il s'agit d'un tableau croisé présentant les deux homicides en fonction de leur catégorie respective. Étant donné qu'on ne pouvait pas établir le type de certains homicides sur lesquels il manquait des informations, 11 cas furent retranchés des analyses qui portent ainsi sur un total de 120 meurtriers[5].

Tableau 1
Matrice de transition : type du premier homicide par type de l'homicide subséquent

2e / 1er	Familial passionnel	Querelleur vindicatif	Règlement de compte	Associé à autre délit	Gratuit ou sexuel	Autres	
Familial passionnel	**7** / **43,75 %**	3 / 18,75 %	2 / 12,50 %	3 / 18,75 %	0 / 0,00 %	1 / 6,25 %	16 / 13,33 %
Querelleur vindicatif	1 / 7,14 %	**6** / **42,86 %**	5 / 35,71 %	2 / 14,29 %	0 / 0,00 %	0 / 0,00 %	14 / 11,67 %
Règlement de compte	1 / 2,13 %	4 / 8,51 %	**36** / **76,60 %**	4 / 8,51 %	1 / 2,13 %	1 / 2,13 %	47 / 39,17 %
Associé à un autre délit	1 / 4,17 %	2 / 8,33 %	7 / 27,17 %	**10** / **41,67 %**	2 / 8,33 %	2 / 8,33 %	24 / 20,00 %
Gratuit ou sexuel	1 / 6,67 %	0 / 0,00 %	1 / 6,67 %	0 / 0,00 %	**13** / **86,87 %**	0 / 0,00 %	15 / 12,50 %
Autres	1 / 25,00 %	0 / 0,00 %	1 / 25,00 %	0 / 0,00 %	1 / 25,00 %	**1** / **25,00 %**	4 / 3,33 %
	12 / 10,00 %	15 / 12,50 %	52 / 43,33 %	19 / 15,83 %	17 / 14,17 %	5 / 4,17 %	N = 120

Valeurs manquantes : 11 cas où au moins un des homicides est indéterminé.

---

5. Afin de simplifier l'analyse par matrices, nous avons choisi de nous limiter à un maximum de deux homicides par tueur. Dans les cas où un individu a commis plus de deux homicides, le critère de classement dans la matrice est celui du type prédominant. Par exemple, si un individu commet un homicide familial et deux règlements de comptes, il sera considéré comme spécialisé en règlements de comptes. Cette procédure accentue légèrement la spécialisation apparente.

Les nombres et les pourcentages en caractères gras représentent les cas où le premier et le second homicide étaient de même type. On remarque que les cases à la jonction des crimes semblables comprennent toujours un plus grand nombre de cas que les autres.

L'analyse des différents meurtres commis par un même individu permet d'établir une distinction entre les meurtriers versatiles et les meurtriers spécialisés. Ainsi, les informations dont nous disposons permettent d'identifier, parmi nos 131 meurtriers réitérateurs, 73 individus qui ont commis des homicides de même type, 47 qui ont commis des meurtres de nature différente et 11 cas où le manque d'information ne permet pas de trancher. On peut donc affirmer que la majorité (61 %) des meurtriers qui réitèrent sont spécialisés tandis que 39 % des sujets sont plutôt versatiles.

Parmi les 47 tueurs versatiles, 16 ont commis un règlement de comptes lors de la réitération. En fait, deux catégories présentent des mouvements de transition plus souvent orientés vers le règlement de comptes. Il s'agit des homicides querelleurs ou vindicatifs (5 cas) et des homicides associés à un autre délit (7 cas). Mais le mouvement inverse existe aussi, quoiqu'un peu moins fréquent : certains individus d'abord impliqués dans un règlement de comptes commettent ensuite des homicides querelleurs (4 cas) ou des meurtres associés à d'autres délits (4 cas).

Cette tendance à passer aux règlements de comptes est intéressante. Est-ce qu'une fois qu'on a tué, il serait plus facile de régler des conflits criminels dans le sang ? L'institutionnalisation pénale faciliterait-elle la criminalisation ? La prison permettrait-elle de se lier à des groupes criminalisés au contact desquels on augmenterait ses chances d'être impliqué dans un règlement de comptes ? Enfin, ceux qui sont déjà impliqués dans un homicide auraient-ils plus de raisons de vouloir éliminer quelqu'un ? Voilà autant d'hypothèses plausibles.

Malgré le fait que les auteurs d'homicides familiaux ou passionnels réitèrent moins et que, parmi ceux qui le font, seulement 44 % ont commis le même type d'homicide une seconde fois, il y a tout de même 7 individus sur 16 qui ont commis plus d'un homicide familial ou passionnel dans leur vie. Dans cette catégorie d'homicide, la victime et l'agresseur sont liés soit par le sang, soit plus fréquemment par des liens conjugaux ou amoureux (Grenier, 1993). Parmi les sept auteurs de deux homicides de ce type, on compte un jeune homme qui a tué sa mère puis sa grand-mère ; un homme qui a tué sa fille, puis sa femme ; une jeune mère qui tua successivement ses deux bébés et, finalement, quatre hommes qui ont tué, à deux reprises, des femmes avec qui ils vivaient ou avaient une relation amoureuse.

Les homicides querelleurs et vindicatifs ont plusieurs points en commun avec les homicides familiaux. Non seulement s'agit-il de crimes commis sous le coup de la passion, mais aussi d'une catégorie d'homicide où la réitération est assez rare. Il n'en demeure pas moins que six individus ont trempé dans plus d'une affaire de ce type, ce qui correspond à 43 % de tous les meurtriers réitérateurs dont le premier homicide était de cette catégorie.

La seule autre catégorie où la réitération est plus souvent différente que semblable est celle des meurtres associés à d'autres délits. Parmi les 24 meurtriers réitérateurs qui ont commis un homicide associé à un autre délit la première fois qu'ils ont tué, dix, soit 42 %, ont réitéré dans des affaires semblables.

Les règlements de comptes sont, de loin, la catégorie la plus représentée lorsqu'on s'intéresse aux individus qui réitèrent dans l'homicide. Non seulement la majorité des meurtriers versatiles commettent-ils des règlements de comptes la seconde fois, mais on compte plus de 36 individus spécialisés dans ce type d'exécutions. En effet, 77 % des 47 homicides exécutés par des tueurs ayant déjà un règlement de comptes à leur actif sont encore des règlements de comptes.

L'étude qualitative des histoires de règlement de comptes vient confirmer l'idée de Cordeau (1991) selon laquelle il y a deux conditions pour choisir le règlement de comptes plutôt que tout autre moyen de régler un conflit : l'importance de l'enjeu et la facilité à tuer. L'importance de l'enjeu, note-t-il, est ce qui expliquerait que les règlements de comptes sont beaucoup plus souvent liés à d'autres homicides (par exemple, par peur d'une dénonciation) qu'à des cambriolages, malgré le fait qu'il se commet énormément plus de cambriolages que d'homicides. La seconde condition – être capable de tuer de sang froid – a été inspirée de l'hypothèse de Cornish et Clarke (1987) selon laquelle les criminels ont tendance à agir en fonction de leurs propres aptitudes. Concernant les homicides, les tueurs devraient posséder une certaine expérience de la violence, ce qui est naturellement le cas de ceux qui ont déjà tué.

La dernière catégorie où il y a une tendance évidente vers l'homogénéité est celle des homicides gratuits, sexuels ou de folie. Les meurtriers réitérateurs de ce type sont les plus « spécialisés » puisque, dans leur cas, près de 87 % (13 sur 15) ont à leur actif des homicides subséquents du même genre.

QUELQUES HYPOTHÈSES

À ce point d'une étude portant sur la réitération de l'homicide, il convient de s'attarder au moins quelques instants aux diverses hypothèses explicatives de la réitération de l'homicide, en insistant bien entendu sur celles qui conviennent le mieux aux cas étudiés ici.

Cette discussion a pour objectif de présenter quelques éléments de réponse à la question suivante : « Pourquoi certains individus commettent-ils un ou plusieurs homicides consécutifs à un premier ? ». Les explications présentées ne sont pas forcément exhaustives et nos données ne nous permettent pas de privilégier une hypothèse de départ par rapport aux autres.

Le premier homicide conduit au second

Un homicide appelle un règlement de comptes

Cette première hypothèse permet d'expliquer tout particulièrement les cas où l'homicide subséquent est un règlement de comptes. L'idée, inspirée de Cordeau (1991), est la suivante : puisque l'homicide est un crime sévèrement puni, la délation devient beaucoup plus coûteuse que dans les délits plus bénins. On comprendra alors que les auteurs d'homicides craignent plus que les autres la délation et qu'ils doivent la prévenir ou la punir en exécutant le délateur.

La levée du tabou de l'homicide

> Inévitablement, le criminel est l'œuvre de son propre crime autant que son crime est son œuvre (Tarde, 1890, p. 263).

Gabriel Tarde, dans *La philosophie pénale* (1890), défend l'idée selon laquelle la commission d'un crime, et tout particulièrement d'un meurtre, transforme irrémédiablement celui qui l'a fait. En effet, selon Tarde, le fait d'avoir passé à l'action, d'avoir brisé un tel tabou entraîne une métamorphose chez celui qui le fait. Parce qu'il s'agit du crime le plus grave, Tarde considère que son impact est encore plus grand quand il s'agit d'homicide. La réitération pourrait s'expliquer, selon cette logique, par le fait que le premier meurtre laisse une trace profonde dans l'esprit du meurtrier. Ainsi, il deviendrait psychologiquement possible, précisément parce qu'il a été commis une première fois, de poser ce geste une fois encore.

La prison comme porte d'entrée dans le milieu criminel

Cette explication des raisons qui poussent un individu à commettre un second crime est fort ancienne et fort générale puisqu'elle ne se limite pas aux homicides. Il s'agit de l'idée selon laquelle la prison est l'école du crime. On peut croire en effet que l'individu qui vit emprisonné un long moment en compagnie de truands deviendra peut-être leur copain, finira par leur ressembler, se mêlera à leurs coups et se retrouvera éventuellement mêlé à une nouvelle histoire criminelle.

Cette hypothèse permet de mieux comprendre les individus qui ont commis un premier homicide avant de faire partie du milieu criminel (par exemple, un homicide passionnel ou querelleur), puis qui, après un séjour en prison, ont été mêlés à un homicide associé à un autre délit ou à un règlement de comptes.

La personnalité criminelle

D'autres explications concernant la réitération de l'homicide sont plutôt de nature psychologique et font appel au concept de personnalité criminelle. Rappelons que plusieurs auteurs considèrent que certains individus présentent des traits ou des désordres de personnalité qui expliquent soit une attirance vers le style de vie délinquant, soit des réactions déviantes et violentes.

La théorie du noyau central de la personnalité criminelle de Pinatel (1963) fut l'une des premières théories à soutenir que certains traits de personnalité facilitent le passage à l'acte délinquant. Par la suite, plusieurs autres auteurs ont élaboré des questionnaires, des échelles, et toutes sortes de mesures permettant d'évaluer et de diagnostiquer la personnalité criminelle ou la psychopathie (Yochelson et Samenow, 1976 ; Hare, 1985). Un bon nombre de ces caractéristiques associées à la psychopathie sont aussi des traits de personnalité qu'on attribue volontiers aux meurtriers. Il s'agit par exemple de l'indifférence affective, de l'agressivité, de l'intolérance à la frustration, d'une faible maîtrise de soi ou de l'absence de culpabilité.

D'autres auteurs, plutôt que de parler de traits de personnalité, font référence aux « erreurs de pensée » ou distorsions cognitives. Celles-ci correspondent à une foule de caractéristiques propres à certains individus et expliquent leur façon d'interagir avec autrui, leur façon de voir le monde et de réagir à diverses situations. Yochelson et Samenow (1976) ont dénombré 53 de ces « erreurs de pensée » qui sont autant d'éléments de la personnalité criminelle et qui peuvent mener au meurtre.

Si la personnalité est un facteur pouvant favoriser les comportements meurtriers, certains spécialistes de la personnalité criminelle ont tout de même souligné que la plupart des comportements agressifs sont avant tout une réponse à une situation particulière. L'hypothèse relative à la personnalité en situation semble indiquer qu'un type de personne, placée dans une situation donnée, aura tendance à réagir de manière identique d'une fois à l'autre. Pensons par exemple au conjoint maladivement jaloux qui, confronté à l'abandon de sa bien-aimée, réagira avec la même agressivité autant de fois que la situation se reproduira. Songeons aussi à l'individu querelleur qui réagit avec violence à tout propos offensant.

Le milieu criminel

Cette dernière série d'hypothèses sur les raisons qui poussent des meurtriers à tuer plusieurs fois est plutôt d'ordre psychosociologique. Il s'agit ici de diverses explications qui tiennent compte du milieu dans lequel évoluent les délinquants.

Le style de vie criminel

West et Farrington (1977) ont démontré que les délinquants récidivistes ont en commun un mode de vie particulier, comportant non seulement des vols et de la violence, mais aussi des habitudes de forte consommation d'alcool et de drogues, la tendance à accumuler les dettes et une multiplicité de partenaires sexuels. Il est permis de penser qu'un individu qui mène une telle vie entrera assez souvent en conflit avec son entourage et qu'il aura tendance à apporter des solutions violentes à ses problèmes de relations interpersonnelles.

La sous-culture de violence

La théorie de la sous-culture de violence, comme Wolfgang et Ferracuti l'énoncèrent dès 1967, soutient que la violence n'est pas perçue de la même manière partout et qu'il existe des sous-cultures où elle fait partie du style de vie, où la violence sert à résoudre des problèmes. Dietz (1983) reprend à peu de chose près le même argument à propos de la sous-culture délinquante dans sa recherche sur les "felony homicides". En effet, elle démontre que, pour les criminels de carrière, auteurs de vols qualifiés ou impliqués dans les marchés criminels, la violence, et tout particulièrement l'homicide, devient légitime, acceptée comme faisant partie du métier.

The use of violence in a subculture is not necessarily viewed as illicit conduct, and the users therefore do not have to deal with feelings of guilt about their aggression (Wolfgang et Ferracuti, 1967, p. 314).

En d'autres termes, les sous-cultures criminelles sont des milieux dans lesquels les solutions violentes sont tolérées et même encouragées dans certaines circonstances, par exemple à la suite d'une provocation.

L'état de nature du milieu criminel

Au sein d'un réseau mafieux, le meurtre est simultanément nécessaire, inévitable et dévastateur. Il est nécessaire parce que les associations de malfaiteurs sont privées des moyens dont les sociétés modernes usent pour préserver la paix intérieure : le droit, la police, les tribunaux, les contrats écrits et les scrupules (Cusson, 1996, p. 13).

La théorie de « l'état de nature » fut d'abord exposée par Hobbes au XVIIe siècle mais ressemble aussi à la théorie du self-help de Black (1983). En effet, ce dernier considère certains crimes comme des actes de justice privée : « Much crime is moralistic and involves the pursuit of justice. It is a mode of conflict management, possibly a form of punishment, even capital punishment. Viewed in to law, it is self help » (Black, 1983, p. 34). C'est le cœur de cette théorie qui explique les règlements de comptes comme une nécessité incontournable dans un milieu qui n'est pas atteint par les contrôles sociaux formels. L'homicide, et plus particulièrement le règlement de comptes, devient alors un moyen efficace de se faire justice et un individu bien impliqué dans ce milieu peut être appelé à commettre (ou à commander) plusieurs de ces meurtres.

Le tueur professionnel

Le tueur professionnel, celui qui tue pour le profit, fait toujours partie du milieu criminel. La raison qui le pousse à multiplier les coups est simplement le profit qu'il en tire, généralement l'argent. Le tueur à gages serait, dans cette perspective, mû d'abord par une rationalité monétaire. Dietz (1983) soutient néanmoins que, pour devenir un vrai tueur professionnel, il faut d'abord en avoir accepté l'identité, ce qui n'est pas le cas pour tous ceux qui tuent, même pour le profit. L'élément distinctif entre celui qui tue une seule fois et celui qui choisit délibérément de continuer dans cette voie, c'est l'identité, le rôle de tueur professionnel :

The person who goes on to have a career as a killer is one who evaluates killing in a positive way and who incorporates the killer role into his self-concept (Dietz, 1983, p. 165).

CONCLUSION

Notre recherche a permis d'explorer le phénomène de la réitération de l'homicide grâce à l'étude des individus qui ont commis plus d'un meurtre, au Québec, de 1956 à 1995.

L'analyse des taux de réitérateurs a permis de constater qu'il faut compter environ quinze ans pour que tout le potentiel de réitération ait le temps de s'exprimer. En prenant en considération ce délai, nous avons finalement établi à 4,6 % le taux minimal de meurtriers qui ont réitéré en commettant un nouvel homicide.

Ce pourcentage de réitérateurs, calculé à partir de tous les individus suspectés d'avoir commis un homicide, méritait néanmoins d'être fouillé davantage. À l'aide d'une typologie tenant compte à la fois de la relation entre les protagonistes et des circonstances du délit, nous avons testé l'hypothèse selon laquelle les taux de réitération des meurtriers variaient en fonction des types d'homicides. L'hypothèse fut confirmée. Il apparut que les règlements de comptes et les homicides gratuits, sexuels ou de folie sont deux catégories de meurtres présentant des taux de réitération nettement plus élevés – respectivement 9 % et 16 % – que ceux qu'on a trouvés pour les autres homicides, qu'ils soient familiaux et passionnels (1,3 %), querelleurs et vindicatifs (2 %) ou associés à d'autres délits (3,8 %).

L'examen des relations entre les homicides commis par un même individu, grâce à une matrice de transition, nous a révélé qu'un peu plus de 60 % des meurtriers réitérateurs sont spécialisés, au sens où ils commettent le même type d'homicide d'une fois à l'autre. Les autres, qualifiés de versatiles, ont commis des homicides qui, selon notre typologie, ne sont pas de la même famille.

À l'issue de cette recherche, il est pertinent de s'attarder sur certains points qui nous paraissent importants et qui peuvent nous aider à répondre à deux questions incontournables lorsqu'on aborde un sujet tel que la réitération de l'homicide. Quelle est l'ampleur du problème au Québec ? Pourquoi certains individus commettent-ils un ou plusieurs autres homicides après en avoir commis un premier ?

S'il fallait choisir le chiffre représentant le mieux le phénomène de la réitération de l'homicide au Québec, il faudrait s'attarder au taux de 4,6 % qui correspond au pourcentage des meurtriers qui ont commis au moins un second homicide au cours d'une période de quinze ans. Ce pourcentage est-il important ? Pour aider le lecteur à porter son propre jugement, il importe de lui soumettre quelques points de comparaison et quelques chiffres susceptibles de l'éclairer.

1.   Durant les quarante dernières années, au Québec, au moins 279 personnes – en moyenne 7 par année – ont été tuées par des meurtriers qui avaient déjà tué auparavant.

2.   La probabilité qu'un meurtrier commette un nouveau meurtre au cours des 24 ans qui suivent son premier homicide est 74 fois plus élevée que la probabilité que n'importe quel Québécois commette un tel crime au cours de la même période.

Lorsqu'il s'agit d'évaluer l'ampleur de la réitération de l'homicide, il faut également prendre en considération que tous les types de meurtres ne présentent pas la même proportion de réitérateurs. Il y a deux catégories d'homicides qui présentent un problème plus grave de réitération ; il s'agit des règlements de comptes et des homicides gratuits, sexuels ou de folie qui ont respectivement des taux de 9 % et de 16 %. Un élément peut néanmoins mettre en perspective de tels chiffres ; c'est que les homicides gratuits, sexuels et de folie sont plutôt rares, puisqu'ils représentent seulement 2 % de l'ensemble des homicides commis au Québec entre 1956 et 1995. Ainsi ces cas de réitération, même s'ils paraissent proportionnellement élevés, sont malgré tout exceptionnels.

S'il fallait situer le problème de la réitération de l'homicide, il faudrait sans doute s'intéresser de plus près aux règlements de comptes. Ils représentent 55 % de l'ensemble des meurtres itératifs et, pour l'instant, rien ne laisse croire que l'incidence de ce type d'homicide soit en diminution.

Pourquoi certains individus réitèrent-ils l'homicide ? La recherche entreprise ici n'était pas destinée à répondre de manière définitive à une telle question, mais elle permet d'énoncer des hypothèses.

Celles-ci font référence à trois genres de théories : celles qui insinuent qu'un premier homicide mène au second ; celles qui prétendent que des personnalités spécifiques facilitent le passage à l'acte meurtrier chez certains individus et, finalement, les théories plus sociologiques qui présentent le milieu criminel comme un monde dans lequel les valeurs, l'absence de contrôles formels et le style de vie peuvent entraîner la perpétration d'homicides itératifs.

Ces hypothèses font toutes écho aux diverses histoires de cas qui furent étudiées au cours de la recherche et il semble que toutes les hypothèses s'appliquent, mais à différents types d'homicides. Si tel était le cas, l'hétérogénéité de l'homicide serait manifeste dans sa réitération même. Il nous apparaît que plusieurs théories criminologiques pourraient servir à l'explication de ce phénomène très particulier et fort rare qu'est l'homicide commis par quelqu'un qui a déjà tué : théories psychologiques de la personnalité criminelle ; théories sociologiques de sous-culture et du style de vie criminel ; théories plus historiques, liées à l'enchaînement des événements de la vie d'un individu. Ont aussi leur place les théories du choix rationnel, car il arrive qu'on tue de nouveau par calcul, et les théories psychiatriques car les meurtres par folie se répètent, eux aussi, plus souvent qu'à leur tour.

RÉFÉRENCES

Black, D. (1983). « Crime as social control », *American Sociological Review*, 48 : 34-45.

Block, C.R. (1985). *Lethal Violence in Chicago over seventeen years : Homicides Known to the police, 1965-1981.* Chicago : Illinois Criminal Justice Information Autority.

Boisvert, R. et M. Cusson (1994). « Une typologie des homicides commis à Montréal de 1985 à 1989 », dans M. Cusson et R. Boisvert, *Recueil de données et d'analyses sur les homicides commis à Montréal de 1954 à 1962 et de 1985 à 1989 et au Québec de 1962 à 1989.* Montréal, Université de Montréal (non publié).

Boudouris, J. (1974). « A classification of homicides », *Criminology*, 11 : 525-540.

Charland, R. (1977). *Le meurtre à Montréal de 1944 à 1975 : une étude descriptive.* Mémoire de maîtrise non publié, École de criminologie, Université de Montréal.

Cordeau, G. (1989). « Les homicides entre délinquants : une analyse des conflits qui provoquent les règlements de comptes », *Criminologie*, 22 : 13-34.

Cordeau, G. (1991). *Les règlements de comptes dans le milieu criminel québécois de 1970 à 1986.* Thèse de doctorat non publiée, Université de Montréal.

Cornish, D.B., et R.V. Clarke (1987). « Understanding Crime Displacement : An Application of Rational Choice Theory », *Criminology*, 23 : 933-947.

Cusson, F. (1996). *La réitération de l'homicide au Québec de 1956 à 1995.* Mémoire de maîtrise, École de criminologie, Université de Montréal.

Cusson, M. (1993). « L'effet structurant du contrôle social ». *Criminologie*, 26 (2).

Cusson, M. et R. Boisvert (1994). *Recueil de données et d'analyses sur les homicides commis à Montréal de 1955 à 1962 et de 1985 à 1989 et au Québec de 1962 à 1989.* Montréal, Université de Montréal (non publié).

Cusson, M. (1993). « L'effet structurant du contrôle social », *Criminologie*, 26 : 37-62.

Cusson, M. (1996). *La notion de crime organisé.* Conférence préparée pour le colloque de l'Ispec : « Criminalité organisée et ordre dans la société ».

Daly, M. et M. Wilson (1988). *Homicide.* New York : Aldine de Gruyter.

Dietz, M.L. (1983). *Killing for profit.* Chicago : Nelson-Hall.

Élie, D. (1981). *L'homicide à Montréal.* Montréal : Hurtubise HMH.

Erwin, G. (1992). « La récidive chez les homicides », *Forum – Recherches sur l'actualité correctionnelle*, 4 : 8-10.

Favreau, G. (1965). *La peine capitale : Documentation sur son objet et sa valeur*. Ottawa : Imprimeur de la Reine.

Gabor, T. (1986). *The Prediction of Criminal Behavior : Statistical Approaches*. Toronto : University of Toronto Press.

Gassin, R. (1988). *Criminologie*. Paris : Dalloz.

Grenier, S. (1993). « L'évolution des divers types d'homicides au Québec de 1954 à 1989 », *Criminologie*, 26 : 63-83.

Hare, R.D. (1985). *The Psychopathy Checklist*. Vancouver : University of British Columbia.

Heilbrun, A.B.Jr, L.C. Heilbrun et K.L. Heilbrun (1978). « Impulsive and premeditated homicide : an analysis of subsequent parole risk of the murderer », *Journal of Criminal Law and Criminology*, 69 : 108-114.

Hobbes, T. (1651, 1980). *Leviathan*. Chicago : William Benton publisher, Encyclopaedia Britannica.

Jenkins, P. (1992). « A murder wave ? Trends in american serial homicide 1940-1990 », *Criminal Justice Review*, 17.

Jenkins, P. (1994). *Using Murder. The Social Construction of Serial Homicide*. New York : Aldine de Gruyter.

Kensey, A. et P. Tournier (1994). *Libération sans retour ? Devenir judiciaire d'une cohorte de sortants de prison condamnés à une peine de temps de trois ans ou plus*. Paris : ministère de la Justice.

Lemire, G. (1984). « La sentence minimale d'emprisonnement de 25 ans : principe et pratique », *Revue canadienne de criminologie*, 26 : 459-466.

Nettler, G. (1982). *Killing one another*. Cincinnati : Anderson Publishing.

Ouimet, M. (1994). « Les tendances de la criminalité apparente et de la réaction judiciaire », dans D. Szabo et M. Le Blanc (dir.), *Traité de criminologie empirique*. Montréal : Presses de l'Université de Montréal.

Ohlin, L.E. (1951). *Selection for parole : a Manual of Parole Prediction*. New York : Russell Sage Foundation.

Pinatel, J. (1963). *Traité de droit pénal et de criminologie*. Tome lll, *Criminologie*. Paris : Dalloz.

Sellin, T. (1980). *The Penalty of Death*. Beaverly Hills, CA : Sage.

Tarde, G. (1890). *La philosophie pénale*. Paris : Éditions Cujas.

Tremblay, C. (1996). « L'homicide associé à un autre délit », *Revue internationale de criminologie et de police technique*, 49 : 30-46.

U.S. Department of Justice (1976-1979). *Sourcebook of Criminal Justice Statistics, 1975-1978*. Washington, DC : U.S. Government Printing Office.

Vold, G.B. (1931). *Prediction Methods and Parole*. Minneapolis, Minnesota : The Sociological Press.

Waller, I. (1974). *Men released from prison.* Toronto : University of Toronto Press.

West, D.J. et D.P. Farrington (1977). *The Delinquent Way of Life.* London : Heinemann.

Wolfgang, M.E. (1958). *Patterns in Criminal Homicide.* Philadelphia : Universiy of Pennsylvania Press.

Wolfgang, M.E. et F. Ferracuti (1967). *The Subculture of Violence : Toward an Integrated Theory of Criminology.* London : Tavistock.

Wolfgang, M.E., R.M. Figlio, P.E. Tracy et S.I. Signer (1985). *The National Survey of Crime Severity.* Washington, D.C. : U.S. Department of Justice.

Yochelson, S. et S. Samenow (1976). *The criminal personality.* Vol. 2 : *A profile for change.* New York : J. Aronson.

Journaux :
Allô Police, de 1954 à 1995.

Banques de données :

U.S. Department of Justice (1994). Recidivism of Felons on probation.

Cusson, M., R. Boisvert et S. Grenier (1994). Banque de données sur les homicides commis à Montréal de 1954 à 1989.

Service correctionnel canadien (1986). Banque de données sur la récidive de 3000 détenus libérés des pénitenciers canadiens entre 1983 et 1984.

PARTIE III
LES AGRESSIONS SEXUELLES

8
Les agresseurs sexuels de femmes
Scénarios délictuels et troubles de la personnalité

JEAN PROULX, MICHEL ST-YVES
JEAN-PIERRE GUAY, MARC OUIMET

Le viol, agression sexuelle d'une femme, est un phénomène dont l'ampleur est inquiétante et sous-estimée. En effet, les résultats d'un sondage de victimisation effectué par Santé Québec indiquent qu'au cours d'une année, il y a 3,97 % (69 432) des femmes du Québec qui sont victimes d'une agression sexuelle (Ouimet, 1997). Cependant, seulement 3057 agressions sexuelles contre des femmes ou des enfants sont rapportées annuellement à la police. Par ailleurs, en 1996, 1263 agresseurs sexuels furent mis en accusation. De ceux-ci, 116 seulement (dont 37 agresseurs de femmes) reçurent une sentence fédérale, soit de deux ans et plus (moyenne 3,8 ans). En conséquence, on constate une disproportion spectaculaire entre le nombre d'agressions sexuelles commises et le nombre d'agresseurs sexuels sentencés sévèrement. Les agresseurs condamnés à une peine fédérale d'incarcération ont survécu à un processus de filtrage ; ils représentent les cas les plus dangereux ayant commis les délits les plus violents, et ce, de façon répétée.

La ligne directrice de ce chapitre est l'étude des causes des divers types de viols. Dans un premier temps, nous examinerons les plus récentes théories générales de l'agression sexuelle d'une femme. Puis, nous aborderons des typologies d'agresseurs qui reposent principalement sur les caractéristiques du scénario délictuel. Finalement, nous présenterons des études sur les profils de personnalité d'agresseurs sexuels de femmes évalués à partir d'instruments psychométriques. Les résultats de ces études serviront d'introduction à la recherche que nous avons réalisée au sujet des troubles de la personnalité et des scénarios délictuels chez les agresseurs de femmes.

THÉORIES DE L'AGRESSION SEXUELLE D'UNE FEMME

Récemment, plusieurs théories ont été élaborées afin d'expliquer les actes sexuels coercitifs à l'égard des femmes. Selon Marshall et Barbaree (1990), la propension à commettre un viol résulterait des effets additifs et interactifs de l'un ou plusieurs des facteurs suivants : 1) une préférence pour des activités sexuelles coercitives impliquant une femme non consentante (Abel et collab., 1977 ; Proulx, Aubut, McKibben et Côté, 1994 ; Quinsey, Chaplin et Upfold, 1984) ; 2) une personnalité antisociale caractérisée par des comportements impulsifs, des sentiments d'hostilité et un manque d'empathie à l'égard d'autrui (Serin et collab., 1994) ; 3) des facteurs biologiques, soit neurologiques, soit endocriniens (Pinard, 1993) ; et 4) des désinhibiteurs transitoires tels les affects négatifs (Proulx, McKibben et Lusignan, 1996), l'alcool (Barbaree et collab., 1983), la pornographie (Malamuth et Check, 1983) et les distorsions cognitives (Sundberg, Barbaree et Marshall, 1991). Hall et Hirschman (1991) proposèrent, pour leur part, un modèle quadripartite du viol dans lequel on retrouve trois des facteurs proposés par Marshall et Barbaree (1990), soit une préférence sexuelle pour le viol, une personnalité antisociale et des distorsions cognitives qui justifient le viol, mais également un autre facteur, soit des sentiments d'hostilité dirigés contre les femmes.

Alors que la théorie du viol de Marshall et Barbaree, ainsi que celle de Hall et Hirschman, furent élaborées à la suite de recherches effectuées auprès de violeurs judiciarisés, celle de Malamuth et ses collègues (Malamuth, 1986 ; Malamuth, Heavey et Linz, 1993 ; Malamuth et collab., 1991) le fut à partir de l'étude de sujets non judiciarisés provenant de collèges américains. Selon ces chercheurs, les comportements sexuels coercitifs à l'égard des femmes résultent de l'interaction d'éléments qui constituent les facteurs suivants : les attitudes masculines hostiles et la promiscuité sexuelle. Par promiscuité sexuelle, ils entendent la précocité des premiers contacts sexuels, ainsi que la multiplicité des partenaires. Quant aux attitudes masculines hostiles, elles comportent trois éléments : 1) une tendance générale à la coercition ; 2) de l'hostilité envers les femmes ; et 3) des croyances qui justifient le viol. Dans cette théorie du viol, aucun type de personnalité n'est mentionné explicitement comme facteur étiologique. Toutefois, Malamuth, Heavey et Linz (1993) soulignent que la tendance générale à la coercition correspond à la dimension négative du narcissisme, c'est-à-dire à une tendance à manifester un intérêt exclusif pour ses propres besoins, associée à un manque de considération pour les conséquences de ses actes sur autrui.

Bien que ces trois théories de l'agression sexuelle comportent plusieurs similitudes, elles ne permettent pas de comprendre le processus d'infraction chez les agresseurs sexuels de femmes. Premièrement, les liens séquentiels entre les facteurs ne sont pas spécifiés. Deuxièmement, le modus operandi (planification du délit et le délit) n'est pas inclus. Troisièmement, aucun lien n'est établi entre le modus operandi et les facteurs spécifiés dans ces théories. Pour clarifier ces trois points, le modèle séquentiel du processus du passage à l'acte chez les agresseurs sexuels, développé par Pithers (1990), s'avère une voie intéressante.

Pithers et ses collègues (Pithers, 1990 ; Pithers et collab., 1988 ; Pithers et collab., 1983) ont développé un modèle de la séquence des facteurs qui culmine en une agression sexuelle – le modèle de prévention de la récidive. Le premier élément de cette séquence est un affect négatif. Si l'agresseur ne réussit pas à gérer adéquatement cette situation à risque élevé, il développe des fantaisies sexuelles déviantes qui constituent le deuxième élément. Le troisième élément de la séquence consiste en des distorsions cognitives qui justifient une agression sexuelle. Le quatrième élément, la planification consciente de l'infraction, est souvent associé à des activités masturbatoires. Finalement, le dernier élément de cette séquence délictuelle consiste en la perpétration d'une agression sexuelle.

Le modèle de prévention de la récidive développé par Pithers et ses collègues est utile pour comprendre la séquence qui culmine en l'agression sexuelle d'une femme. Toutefois, certains de ses aspects doivent faire l'objet d'une étude plus approfondie. Premièrement, les causes des situations à risque élevé, c'est-à-dire les affects négatifs, ne sont pas abordées. Sur ce plan, les troubles de la personnalité antisociale et narcissique mentionnés dans les théories du viol pourraient constituer des causes possibles. En effet, selon Millon (1981 ; Millon et Davis, 1996), un individu qui présente un trouble de la personnalité se distingue par un mode relationnel habituel inapproprié et rigide qui engendre des conflits interpersonnels et des affects négatifs. Deuxièmement, les éléments du modus operandi, à savoir la planification du délit et le délit, sont abordés d'une manière trop succincte. Finalement, le modèle de prévention de la récidive est un modèle général qui n'inclut ni les types de séquences délictuelles ni les types de personnalité associés à chacune de ces séquences. Sur ce point, le modèle de prévention de la récidive ne se distingue pas des autres théories du viol. Cette dernière critique est particulièrement importante puisque les modèles et théories générales du viol ne concordent pas avec les études typologiques qui indiquent que le viol est un phénomène hétérogène (Knight, Rosenberg et

Schneider, 1985 ; Hudson et Ward, 1997). Ainsi, les études typologiques relatives au viol sont d'un intérêt certain si l'on considère son hétérogénéité.

LES TYPOLOGIES D'AGRESSEURS SEXUELS DE FEMMES

Au cours des quarante dernières années, plusieurs typologies furent développées afin d'expliquer la diversité des agressions sexuelles commises contre des femmes. Ces typologies diffèrent les unes des autres par les critères ayant servi à leur élaboration. Ces critères sont relatifs soit à l'agresseur (personnalité, habiletés sociales, motivation du délit), soit à la victime (âge, sexe, vulnérabilité), soit au délit (degré de la force utilisée par l'agresseur, préméditation). La majorité des typologies reposent sur des éléments appartenant à plus d'une catégorie de critères.

La variable la plus souvent utilisée dans l'élaboration des typologies est un critère relatif à l'agresseur, soit sa motivation. En fait, dans la majorité des typologies, elle est la seule variable utilisée pour définir les types de violeurs (Cohen et collab., 1971 ; Groth et Birnbaum, 1979 ; Kopp, 1962 ; Rada, 1978). Les motivations incluses dans ces typologies sont la colère, la sexualité et l'antisocialité. Elles sont inférées à partir d'éléments du modus operandi (le degré de préméditation du crime, le niveau de violence, le type de violence) et de la phase précrime (la présence de fantaisies sexuelles déviantes). Ainsi, ces typologies qui semblent reposer sur des critères relatifs à l'agresseur reposent en fait sur des critères relatifs au crime. En conséquence, elles constituent des typologies du passage à l'acte chez les agresseurs sexuels de femmes et non pas des typologies de violeurs.

La plus récente des typologies basées sur la motivation du violeur fut développée par Knight et Prentky (1990). Elle se distingue des typologies antérieures sur les points suivants :
1) le recours à des critères relatifs au modus operandi et à des facteurs précrime (fantasmes déviants), dans le but d'évaluer la motivation de l'agresseur, est explicite ;
2) l'utilisation d'un critère relatif à l'agresseur, à savoir la compétence sociale, est considérée dans le processus d'assignation d'un violeur à un type ;
3) des méthodes quantitatives multivariées (Brennan, 1987) ont servi à l'élaboration de cette typologie.

La typologie développée par Knight et Prentky (1990) comporte neuf types et repose sur trois motivations au viol : la colère, la sexualité et l'antisocialité. En ce qui a trait à la colère, on trouve trois types qui, malgré un modus operandi similaire, se distinguent par la diversité des cibles de leur hostilité et leur niveau de compétence sociale. Ainsi, on trouve un premier type où la motivation au viol est une rage indifférenciée qui s'exprime par des comportements coercitifs à l'endroit de personnes des deux sexes. Chez ce type de violeur, le délit est non prémédité et il comporte une violence expressive, c'est-à-dire un niveau de coercition plus élevé que nécessaire pour contraindre la victime. Parmi les types où la colère constitue l'élément motivationnel, il y a également deux types de violeurs vindicatifs qui présentent une violence expressive et non préméditée orientée exclusivement vers les femmes. Le niveau de compétence sociale sert à distinguer les deux types de violeurs vindicatifs.

Quant à la motivation sexuelle, on retrouve quatre types de violeurs qui ont en commun des fantaisies sexuelles déviantes lors de la phase précrime. Ces fantaisies orientent le scénario délictuel, lequel est prémédité. Le niveau de violence, lors du délit, est donc fonction de la nature de ces fantaisies sexuelles. Ainsi, pour les deux types présentant des fantaisies sexuelles sadiques, le niveau de violence physique et verbale est plus élevé que pour les deux types présentant des fantaisies sexuelles déviantes non sadiques. Alors que le niveau de compétence sociale permet de discriminer les deux types non sadiques, c'est le niveau d'actualisation des fantaisies sexuelles qui permet de distinguer les deux types sadiques.

En ce qui concerne l'antisocialité, l'opportunisme, comme motivation au viol, on retrouve deux types qui partagent un mode de vie centré sur la criminalité et caractérisé par l'impulsivité. De nouveau, les deux types se distinguent par le niveau de compétence sociale. Chez les violeurs de ces deux types, le délit est non prémédité et la violence est instrumentale, c'est-à-dire qu'elle ne dépasse pas le niveau nécessaire pour briser les résistances de la victime.

La typologie développée par Knight et Prentky (1990) est d'un intérêt certain, mais elle comporte des lacunes. Seuls la préméditation et le niveau de violence sont utilisés pour décrire le délit. Si l'on fait exception du sexe et de l'âge de la victime, aucun critère relatif à la victime n'est spécifié. Finalement, en ce qui a trait aux critères relatifs à l'agresseur, il n'y a de spécifié que le niveau de compétence sociale et la motivation de celui-ci. Or, la motivation est inférée pour la majorité des types à partir du scénario délictuel et d'une variable précrime, la présence de fantaisies sexuelles déviantes. En fait, c'est seulement lorsque la motivation de l'agresseur est l'antisocialité que sa personnalité psychopathique (troubles de la personnalité narcissique et antisociale) est considérée comme constituant le principal déterminant du modus operandi. En ce qui a trait aux autres motivations incluses dans la typologie de Knight et Prentky, aucune caractéristique de la personnalité n'est mise en relation avec le modus operandi. Cette situation est surprenante puisque plusieurs études psychométriques indiquent une diversité dans les caractéristiques de la personnalité d'agresseurs sexuels de femmes (Chantry et Craig, 1994 ; Proulx, Aubut, Perron et McKibben, 1994).

PROFILS DE PERSONNALITÉ DES AGRESSEURS SEXUELS DE FEMMES

Les résultats de plusieurs études concernant la personnalité des agresseurs sexuels de femmes indiquent l'existence d'une hétérogénéité dans les profils qu'ils présentent, et l'absence d'un profil de personnalité spécifique qui les distinguerait des non-agresseurs sexuels (Levin et Strava, 1987 ; Marshall et Hall, 1995). Sur la base de ces résultats, certains chercheurs ont conclu que si les agresseurs sexuels ne présentent pas un profil de personnalité distinct, celui-ci n'a pas de lien causal ou corrélationnel avec l'agression sexuelle (Earls, 1992). Cette conclusion est erronée dans la mesure où elle repose sur la prémisse implicite selon laquelle l'agression sexuelle d'une femme est un phénomène homogène. Or, on a vu que plusieurs typologies considèrent l'agression sexuelle d'une femme comme un phénomène hétérogène. En conséquence, l'hétérogénéité des profils de personnalité observés chez les agresseurs sexuels de femmes concorderait avec l'hétérogénéité des modus operandi d'agressions sexuelles.

Chez les délinquants sexuels dont les délits comportent un niveau élevé de violence physique, on retrouve, au MMPI (Minnesota Multiphasic Personality Inventory), un profil de personnalité distinct qui se caractérise par des scores élevés à l'échelle de schizophrénie (Armentrout et Hauer, 1978 ; Panton, 1978), ainsi qu'aux échelles de paranoïa et d'hypomanie (Panton, 1978). Ces résultats indiquent donc que des types de délinquants sexuels se distinguent les uns des autres quant aux profils de la personnalité de même qu'en fonction du niveau de violence physique utilisée lors du délit.

Kalichman et ses collègues (Kalichman, 1990 ; Kalichman et collab., 1989) ont effectué des analyses typologiques basées sur des résultats au MMPI. Lors de la première étude, publiée en 1989, ils ont repéré cinq types de violeurs. Les violeurs d'un premier type n'ont présenté aucun score significatif aux échelles du MMPI, alors que ceux du second type ont obtenu des scores significativement élevés à l'échelle de psychopathie. Les violeurs de ces deux types ont habituellement commis leur crime sexuel de manière impulsive et non préméditée, lors de la perpétration d'un vol. En ce qui concerne les violeurs du troisième type, leur profil de personnalité comporte des scores élevés aux échelles de dépression, de paranoïa, de schizophrénie et de psychopathie. Un tel profil au MMPI est caractéristique des personnes présentant un trouble de la personnalité état-limite (Morey et Smith, 1988). Ces violeurs se caractérisent par une grande instabilité affective et une dominance de la colère dans leur répertoire de réactions émotionnelles. Leurs viols sont habituellement non prémédités et comportent un niveau de violence physique élevé. Pour ce qui est des violeurs du quatrième type, des scores significatifs furent obtenus pour les échelles de psychopathie et de manie. Les violeurs de ce type présentent une faible estime de soi et une difficulté à établir des relations intimes. Lors de leurs délits sexuels, le niveau de violence physique est généralement minimal et vise à obtenir la soumission de la victime. Leurs viols sont prémédités et concordent avec des fantaisies sexuelles déviantes. Finalement, les violeurs du cinquième type ont présenté des scores élevés pour la quasi-totalité des échelles du MMPI. Ce type de violeurs se caractérise par une fantasmatique de viol sadique envahissante et des perturbations affectives importantes. Lors des délits, lesquels sont prémédités, le niveau de violence physique est élevé. Les résultats de cette étude furent confirmés dans une seconde étude, publiée en 1990, et réalisée avec un autre échantillon de violeurs.

Pour leur part, Chantry et Craig (1994) ont effectué des analyses typologiques basées sur les résultats au MCMI (Millon Clinical Multiaxial Inventory) de 195 violeurs. Ils distinguent trois profils de personnalité. Les violeurs d'un premier type ont présenté des scores significatifs pour les échelles correspondant aux troubles de la personnalité narcissique et antisociale. Quant aux violeurs du second type, des scores significatifs furent obtenus pour les échelles correspondant aux troubles de la personnalité schizoïde, évitante, dépendante et passive-agressive. Finalement, les violeurs du troisième type n'ont présenté aucun score significatif aux échelles du MCMI. Malheureusement, Chantry et Craig n'ont pas établi de lien entre les profils de personnalité de violeurs qu'ils ont identifiés et les profils de modus operandi de ces infracteurs, et ce, à la différence de Kalichman et de ses collègues.

Alors que les théories du viol ne spécifient qu'un seul type de violeur, les études typologiques reposant sur le modus operandi, la motivation ou la personnalité de l'agresseur suggèrent quant à elles l'existence de plusieurs types de violeurs. Kalichman et ses collègues furent les seuls à démontrer que le type de profil de modus operandi était en relation avec le type de profil de personnalité de l'agresseur. Malheureusement, les éléments du modus operandi considérés dans leurs études sont en nombre limité. En conséquence, le but de la présente étude est de vérifier, pour un nombre d'éléments plus importants, les liens entre le type de profil de modus operandi et le type de profil de personnalité chez des agresseurs sexuels de femmes.

MÉTHODOLOGIE

Sujets

Dans cette étude, 78 agresseurs extrafamiliaux de femmes (16 ans ou plus) furent évalués. Un agresseur est considéré comme étant extrafamilial lorsque son lien avec la victime appartient à l'une des catégories suivantes : étranger (n = 27) ; connaissance passagère (n = 17) ; connaissance non intime (n = 18) ; voisin (n = 5) ; autre (n = 10). Ainsi, nous avons exclu les sujets ayant un lien affectif étroit avec la victime (conjoint, ex-conjoint, père, frère), et ce, dans la mesure où un tel lien a une influence sur le modus operandi, peu importe la personnalité de l'agresseur (St-Yves, Granger et Brien, 1998).

Ces agresseurs extrafamiliaux étaient âgés en moyenne de 31,5 ans (é.t. = 9,1 ans). Aucun d'eux ne présentait de troubles mentaux graves (ex. : schizophrénie, trouble de l'humeur). En ce qui concerne le niveau de scolarité, 59,7 % des sujets ont terminé le primaire, 29,7 % le secondaire, 9,5 % des études collégiales et 1,4 % des études universitaires. De plus, leur emploi le plus long était en moyenne de 41,5 mois (é.t. = 39,5 mois). Au moment du délit, 48,7 % d'entre eux étaient célibataires, 9 % étaient séparés ou divorcés, 1,3 % étaient veufs et 41 % vivaient en union libre ou étaient mariés. Finalement, la majorité des sujets sont de race blanche (76,9 %), alors que les autres sont soit de race noire (14,1 %), soit amérindiens (6,4 %), ou autre (2,6 %).

Au moment de la collecte des données, tous les sujets étaient incarcérés au Centre régional de réception (Sainte-Anne-des-Plaines, Québec, Canada), un pénitencier à sécurité maximale. Lors de leur séjour d'environ six semaines dans cette institution du Service correctionnel canadien, les sujets furent évalués par les membres d'une équipe multidisciplinaire composée de criminologues, de sexologues, de psychologues, de conseillers en formation professionnelle et d'agents correctionnels. Par-delà les buts de la recherche, l'évaluation effectuée visait à déterminer le niveau de sécurité requis et les besoins en traitement de chaque agresseur.

Les violeurs ayant participé à cette étude purgeaient en moyenne une sentence de 5,1 ans (é.t. = 3,5 ans), et ce, pour un nombre moyen de 1,4 victime. Ainsi, 79,5 % des sujets avaient été sentencés pour avoir agressé une seule victime, 11,5 % deux victimes et 9 % plus de deux victimes. Pour les sujets ayant agressé plus d'une victime, nous n'avons utilisé que les renseignements concernant la dernière victime. Cette décision repose sur l'hypothèse selon laquelle le modus operandi, avec l'expérience, devient plus conforme aux préférences de l'agresseur (Kaufman et colllab., 1996).

Instrument de mesure

Les troubles de la personnalité des sujets furent évalués à partir du Millon Clinical Multiaxial Inventory (MCMI-I) (Millon, 1983). Plus spécifiquement, nous avons utilisé une version française, validée auprès d'un échantillon de Québécois francophones (Landry, Nadeau et Racine, 1996). Ce test objectif consiste en 175 questions auxquelles les sujets évalués devaient répondre par vrai ou faux. Après la première étape de la procédure de compilation, on obtient une quantification brute pour onze troubles de la personnalité : schizoïde, évitante, dépendante, histrionique, narcissique, antisociale, obsessionnelle-compulsive, passive-agressive, schizotypique, état-limite et paranoïde. Dans une seconde étape, les données brutes obtenues sont transformées en taux basaux, conversion qui repose sur des données relatives à la prévalence de chacun des troubles de la personnalité évalués. Finalement, les taux basaux sont interprétés à partir de deux seuils de discrimination. Ainsi, un taux basal supérieur à 74 et inférieur à 85 correspond à la présence de caractéristiques propres à un trouble de la personnalité, alors qu'un taux basal supérieur à 84 représente une présence marquée de telles caractéristiques.

Procédure

Tous les sujets qui ont participé à cette étude ont signé un formulaire de consentement qui stipulait que les informations recueillies serviraient à des fins de recherche. Ainsi, chacun d'eux a été soumis à une batterie d'instruments psychométriques qui incluait le MCMI. Lors d'entretiens semi-structurés, basés sur le « Questionnaire informatisé sur les délinquants sexuels » (QIDS) (St-Yves, Proulx et McKibben, 1994), des informations concernant le modus operandi et les facteurs précrimes furent colligées. Finalement, s'y ajoutèrent des informations provenant de sources officielles (dossiers de police, déposition de la victime). En cas de divergence entre les informations, celles provenant d'une source officielle, jugées plus valides, furent retenues aux fins de la présente recherche.

Quant au modus operandi, des informations furent recueillies sur les variables suivantes : degré de préméditation du délit ; type de lien unissant l'agresseur et la victime (sans lien = aucun lien, connaissance passagère ; avec lien = connaissance non intime, connaissance intime, voisin) ; stratégie utilisée pour amorcer l'agression sexuelle (usage ou non de force physique) ; type de violence au moment du délit (instrumentale versus expressive, voir Proulx, Aubut, McKibben et Côté, 1994) ; présence de blessures physiques chez la victime ; présence d'éléments d'humiliation verbale (insulte) ou physique (uriner sur la victime) de la victime ; usage d'une arme ; usage de contentions ; enlèvement et séquestration de la victime ; présence de coït ; présence d'actes sexuels de la victime sur l'agresseur (fellation, masturbation) ; type de résistance de la victime (usage ou non de force physique) ; type de réactions de l'agresseur à la résistance de la victime (usage ou non de force physique) et durée du délit.

Par rapport à la phase précrime, soit les 48 heures avant le délit, des informations ont été recueillies concernant les variables suivantes : présence de fantaisies sexuelles déviantes ; consommation d'alcool ; consommation de drogues ; consommation de matériel pornographique ; fréquentation de bars érotiques ; présence d'affects de colère, d'excitation sexuelle, d'anxiété ou de dépression.

RÉSULTATS

Le tableau 1 présente les pourcentages de sujets pour chaque variable du modus operandi dans chacun des trois profils de scénarios délictuels établis à partir d'une analyse typologique K-Means. Ce type d'analyse a permis de diviser notre groupe d'agresseurs sexuels en trois sous-groupes relativement homogènes, et ce, à partir de leurs similitudes quant aux variables du modus operandi. **Les agresseurs du profil sadique** représentent 15,4 % (n = 12) de notre échantillon. Ce profil se caractérise par un scénario délictuel prémédité, l'absence de lien entre l'agresseur et la victime et un niveau élevé de violence physique et verbale.

De plus, le délit est organisé, tel qu'en témoignent l'usage d'une arme et la séquestration de la victime. Finalement, c'est pour ce type de profil de modus operandi que la dimension sexuelle est la plus importante. À preuve, dans 92 % des cas, il y a coït et dans 67 % des cas l'agresseur contraint la

Tableau 1
Pourcentage de sujets selon les variables du scénario délictuel
pour trois profils de modus operandi

		Profil sadique n = 12	Profil colérique n = 39	Profil opportuniste n = 27
**	Délit prémédité	92 %	29 %	33 %
NS	Présence d'un lien agresseur-victime	8 %	39 %	44 %
**	Usage de force physique pour amorcer le délit	75 %	92 %	37 %
**	Présence de violence expressive lors du délit	83 %	100 %	19 %
**	Présence de blessures physiques	33 %	87 %	7 %
**	Humiliation de la victime	58 %	49 %	0 %
**	Usage d'une arme	83 %	44 %	11 %
*	Usage de contentions	25 %	23 %	0 %
**	Enlèvement et séquestration de la victime	50 %	5 %	0 %
NS	Occurrence de coït	92 %	70 %	70 %
NS	Acte sexuel de la victime sur l'agresseur	67 %	38 %	37 %
**	Résistance physique de la victime	33 %	84 %	41 %
**	Usage de force physique si la victime résiste	33 %	100 %	15 %
*	Délit d'une durée de plus de quinze minutes	91 %	84 %	56 %

* $p < 0,05$
** $p < 0,01$
NS   non significatif

victime à commettre des actes sexuels à son égard. **Les agresseurs du profil colérique** représentent 50 % (n = 39) de notre échantillon. En ce qui a trait à ce profil, le délit est non prémédité et il peut impliquer une victime avec ou sans lien avec l'agresseur. De plus, l'agresseur a toujours recours à une violence expressive (qui dépasse ce qui est nécessaire pour contraindre la victime) qui résulte en des blessures physiques chez 87 % des victimes. Il n'est donc pas surprenant que la majorité des victimes (84 %) fassent usage de force physique pour résister à un assaut aussi brutal. Finalement, ce type de profil de modus operandi est moins organisé et comporte moins d'éléments sexuels que le profil sadique. **Les agresseurs du profil opportuniste** représentent 34,6 % (n = 27) de notre échantillon. En ce qui concerne ce profil, le délit est non prémédité et il peut impliquer une victime avec ou sans lien avec l'agresseur. De plus, l'agresseur a recours à une violence expressive dans une minorité de cas (19 %), ce qui résulte en des blessures physiques chez une minorité de victimes (7 %). Par ailleurs, l'agresseur n'humilie pas sa victime. Finalement, ce type de modus operandi est peu organisé et comporte des éléments sexuels dans des proportions équivalentes à celles du profil colérique.

Au tableau 2, on trouve les pourcentages de sujets selon les variables de la phase précrime (48 heures avant le délit) pour trois profils de scénarios délictuels. Les agresseurs dont le profil de modus operandi correspond au profil sadique rapportent plus fréquemment des fantaisies sexuelles déviantes (58,3 %) que ceux des deux autres profils (21,0 %, 7,7 %) [Phi = 0,40, p < 0,01]. Ils mentionnent plus fréquemment la présence d'un affect de colère (33,3 %) que ceux du profil opportuniste (7,4 %) [Phi = 0,29, p < 0,05]. Quant aux agresseurs dont le modus operandi correspond au profil colérique, ils rapportent plus fréquemment la consommation d'alcool (71,8 %) que ceux du profil sadique (33,3 %) [Phi = 0,27, p = 0,05]. De plus, ils rapportent plus fréquemment la présence d'un affect de colère (33,3 %) que ceux du profil opportuniste (7,4 %) [Phi = 0,29, p < 0,05]. Finalement, il est à noter que la fréquentation de bars érotiques, la consommation de matériel pornographique et la présence d'un affect d'excitation sexuelle sont rares, et ce, chez les agresseurs des trois profils de modus operandi.

Tableau 2
Pourcentage de sujets selon les variables de la phase précrime pour trois profils de scénarios délictuels

		Profil sadique n = 12	Profil colérique n = 39	Profil opportuniste n = 27
**	Présence de fantaisies sexuelles déviantes	58,3 %	21,0 %	7,7 %
*	Consommation d'alcool	33,3 %	71,8 %	59,3 %
NS	Consommation de drogues	33,3 %	50,0 %	25,9 %
NS	Consommation de pornographie	0 %	5,3 %	7,4 %
NS	Fréquentation de bars érotiques	0 %	7,7 %	0 %
*	Présence d'un affect de colère	33,3 %	33,3 %	7,4 %
NS	Présence d'un affect d'excitation sexuelle	0 %	0 %	0 %
NS	Présence d'un affect dépressif ou anxieux	33,3 %	10,2 %	11,1 %

*	p < 0,05
**	p < 0,01
NS	non significatif

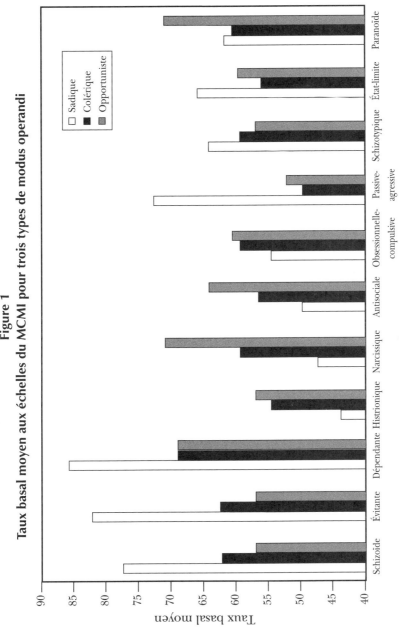

Figure 1
Taux basal moyen aux échelles du MCMI pour trois types de modus operandi

La figure 1 présente les taux basaux moyens des agresseurs sexuels des trois profils de modus operandi, et ce, pour les onze échelles du MCMI qui concernent les troubles de la personnalité. Chez les agresseurs qui ont présenté le profil sadique, on note des scores moyens cliniquement significatifs (> 74) pour les échelles des troubles de la personnalité schizoïde (76,8), évitante (82,4) et dépendante (85,1). Chez les agresseurs dont le délit correspond au profil colérique, on ne note aucun score cliniquement significatif aux échelles de troubles de la personnalité du MCMI. Finalement, chez les agresseurs qui présentent le profil opportuniste, on trouve des scores moyens marginalement significatifs sur le plan clinique pour les échelles concernant les troubles de la personnalité narcissique (70,5) et paranoïde (70,6).

Afin de vérifier s'il existe des différences statistiquement significatives entre les trois groupes de violeurs, une analyse de variance de type 3 x 11 (type de violeur et type d'échelle du MCMI), avec mesures répétées sur le second facteur, fut réalisée. Les résultats sont les suivants : l'effet principal du type de violeur n'est pas significatif, alors que l'effet principal du type d'échelle du MCMI est significatif [$F(10,540) = 4,31$, $p < 0,001$]. De plus, l'effet d'interaction du type de violeur avec le type d'échelle du MCMI est significatif [$F(20,540) = 2,32$, $p < 0,001$]. Pour clarifier la nature de l'effet d'interaction, on a procédé à une analyse des effets simples du type de violeur, et ce, pour chacune des échelles du MCMI. Ainsi, il y a des différences significatives entre les groupes pour les échelles des troubles de la personnalité évitante [$F(2,54) = 3,2$, $p < ,05$] et narcissique [$F(2,54) = 3,3$, $p < 0,05$]. Finalement, la technique de comparaison multiple de Scheffé fut utilisée afin de vérifier la présence de différences significatives entre les groupes de violeurs pour ces deux échelles du MCMI. Ainsi, les agresseurs du profil sadique ont présenté un taux basal moyen significativement plus élevé que celui des agresseurs du profil opportuniste à l'échelle du trouble de la personnalité évitante ($p < 0,05$). Par ailleurs, chez les agresseurs qui présentent le profil opportuniste, on trouve un taux basal moyen significativement plus élevé que celui des agresseurs du profil sadique à l'échelle du trouble de la personnalité narcissique ($p < 0,05$).

On s'est également questionné sur les liens possibles entre les profils de modus operandi et les antécédents judiciaires de nos sujets. Ainsi, comme on peut le constater au tableau 3, les agresseurs du profil sadique ont des antécédents judiciaires plus nombreux que ceux des deux autres profils, et ce, pour les délits de nature acquisitive [$F(2,75) = 3,8$, $p < 0,05$]. Toutefois, pour les autres types de délits, il n'y a pas de différence significative entre les profils.

Tableau 3
Antécédents judiciaires officiels pour les agresseurs
de trois profils de scénarios délictuels

	Nombre moyen de chefs : délit sexuel	Nombre moyen de chefs : délit violent	Nombre moyen de chefs : délit acquisitif
Profil sadique (n = 12)	1,3	3,8	26,0
Profil colérique (n = 39)	0,7	1,9	7,5
Profil opportuniste (n = 27)	0,8	1,9	12,8

INTERPRÉTATION DES RÉSULTATS

Dans cette section, nous mettrons en relation les types d'agresseurs sexuels de femmes établis par Knight et Prentky (1990) et ceux obtenus dans la présente étude. Puis, nous analyserons la cohérence interne des trois profils de modus operandi obtenus. Par la suite, des liens seront établis entre les profils de personnalité et les profils de modus operandi. Finalement, nous aborderons les implications théoriques et cliniques de nos résultats.

Typologie des agresseurs sexuels de femmes

Les trois profils de modus operandi retenus dans la présente étude concordent avec les trois motivations au viol rapportées par Knight et Prentky (1990). En effet, pour les agresseurs du profil sadique, tout comme chez ceux dont la motivation est sexuelle et sadique, on retrouve des fantaisies sexuelles déviantes dans les heures précédant le délit. De plus, celui-ci est prémédité et il comporte une violence expressive. Pour ce qui est des agresseurs du profil colérique, à l'instar de ceux dont la motivation est la colère, on ne retrouve pas de fantaisies sexuelles déviantes lors de la phase précrime. Par ailleurs, le délit est non prémédité et il comporte une violence expressive. Finalement, en ce qui a trait aux agresseurs du profil opportuniste, comme pour ceux dont la motivation est l'opportunisme, il n'y a pas de fantaisies sexuelles déviantes avant le crime. De surcroît, celui-ci est non prémédité et il comporte une violence instrumentale. Bref, lorsque l'on ne considère que les variables utilisées par Knight et Prentky pour définir les profils de modus operandi, les types de profils obtenus chez les sujets de notre étude concordent parfaitement avec ceux qu'ont obtenus ces auteurs. Cependant, alors que Knight et Prentky n'ont évalué le type de motivation au viol qu'en fonction d'une variable de la phase précrime (fantaisie sexuelle déviante) et de deux variables de la phase crime (préméditation, degré de violence), nous avons évalué les profils de modus operandi à partir de huit variables de la phase précrime et de treize variables de la phase crime.

Cohérence interne des profils de modus operandi

En raison du nombre élevé de variables utilisées pour définir chacun des trois profils de modus operandi de notre étude, il nous apparaît important de nous questionner au sujet de la cohérence interne de chacun de ces profils. Une telle analyse s'inscrit dans la perspective de la criminologie de l'acte (Cusson et Cordeau, 1994), qui a pour objet d'étude les processus décisionnels d'un délinquant lors de la perpétration d'un crime spécifique. Ainsi, lorsqu'il est motivé et décidé à commettre un crime, le délinquant recherche une cible qui lui permette de satisfaire ses besoins et qui ne présente pas trop de risques. Ainsi, par-delà la motivation du criminel, chaque forme de crime comporte une constellation spécifique de contraintes à partir desquelles des décisions seront prises par un individu particulier. Cette constellation constitue les propriétés structurantes d'un choix criminel (Cornish et Clarke, 1986). Dans des travaux antérieurs, nous avons abordé la question des propriétés structurantes de crimes sexuels contre des enfants prépubères (Proulx et Ouimet, 1995 ; Proulx, Perreault et Ouimet, 1999), alors que Tedeschi et Felson (1994) ont abordé cette question pour des crimes sexuels contre des femmes en relation intime avec l'agresseur.

Quelles sont les propriétés structurantes et les processus décisionnels associés au profil sadique ? Tout d'abord, pendant la phase précrime, il y a présence de fantaisies sexuelles déviantes et d'un affect de colère, qui vont orienter le déroulement du délit. Ainsi, afin de maximiser la concordance entre ses fantaisies sexuelles déviantes et le délit, l'agresseur doit planifier, préméditer son délit et plus spécifiquement la manière de neutraliser toute tentative de résistance de la part de la victime. En conséquence, il n'est pas surprenant que ce profil de modus operandi soit celui pour lequel on trouve les pourcentages les plus élevés d'usage d'une arme, d'usage de contentions et de séquestration de la victime. Ces éléments de neutralisation semblent efficaces puisque c'est pour le profil sadique que l'on trouve le plus faible taux de résistance physique de la part de la victime (33 %), et ce, malgré une violence expressive chez 83 % des agresseurs. Par ailleurs, la préméditation du délit implique le choix d'une victime inconnue, ce qui réduit les probabilités d'appréhension par les forces policières. Finalement, lorsque la victime est sous son contrôle et que les chances d'être appréhendé sont faibles, l'agresseur peut prendre le temps nécessaire pour actualiser ses fantaisies sexuelles déviantes et pour exprimer sa colère. Il en résulte un modus operandi qui comporte les plus hauts pourcentages de coït et d'actes sexuels de la victime sur l'agresseur, de même que des pourcentages très élevés de violence verbale, d'humiliation de la victime, et de violence physique.

Dans le cas du profil colérique, quelle est la cohérence interne d'un délit qui semble ne répondre à aucune logique ? Effectivement, l'absence de séquestration de la victime chez la quasi-totalité des agresseurs, de même que l'utilisation d'une arme (dans bien des cas trouvée sur le lieu du délit) chez seulement 44 % d'entre eux concordent avec une absence de préméditation. De plus, puisque 39 % de ces agresseurs connaissaient leur victime, on peut supposer que le choix de la victime était non prémédité et que le risque de dénonciation à la police ne fut pas considéré. Quelle cohérence, quelle rationalité peut-il y avoir dans un délit coercitif et non prémédité ? Tout d'abord, soulignons que dans la phase précrime il y a souvent consommation d'alcool et de drogues ainsi qu'un affect de colère chez un tiers des agresseurs. Or, la consommation d'alcool (Barbaree et collab., 1983) et un affect de colère (Yates, Barbaree et Marshall, 1984) ont un effet désinhibiteur sur les comportements sexuels coercitifs à l'égard des femmes. Ainsi, au cours de cette phase précrime, il y a présence d'éléments qui favorisent ce genre de conduite. L'agresseur est désinhibé et à la limite d'une explosion de violence sexuelle. Le scénario délictuel qui s'ensuit est tout à fait congruent avec celle-ci puisqu'une violence expressive est présente chez tous ces agresseurs. De plus, on note le taux le plus élevé de blessures physiques chez la victime (87 %). Ce type de modus operandi comporte également de la violence verbale, l'humiliation de la victime. Devant une telle expression de violence, il n'est pas surprenant que 84 % des victimes résistent à leur agresseur, ce qui entraîne chez celui-ci l'usage de force physique. Ce taux élevé de résistance physique de la part de la victime pourrait également s'expliquer par le recours plus rare par l'agresseur à des moyens de contrôle de la victime, soit l'usage d'une arme et la séquestration de la victime. Finalement, dans le comportement sexuel, on note une prédominance du coït par rapport aux actes sexuels de la victime sur l'agresseur. Une hypothèse pouvant expliquer une telle configuration d'actes sexuels est que le coït serait un acte intrusif et actif qui serait plus compatible avec une expression explosive de violence que la réception passive de caresses buccales ou manuelles de la part de la victime.

Quelle est la cohérence interne d'un délit de type opportuniste qui ne répond ni aux exigences de fantaisies sexuelles déviantes ni à celles d'une explosion de colère ? Dans ce type de scénario délictuel, seuls les éléments sexuels sont saillants, soit un taux de coït de 70 % et un taux d'actes sexuels de la victime sur l'agresseur de 37 %. Toutefois, ces actes sont non prémédi-tés, ce qui concorde avec le fait qu'aucun des agresseurs n'a fait usage de contentions et que seulement 11 % d'entre eux ont fait usage d'une arme. De plus, aucun de ces agresseurs n'a séquestré sa victime. Finalement, pour 44 % d'entre eux on note un lien entre l'agresseur et la victime. Ce type de délit opportuniste serait favorisé par la présence d'un désinhibiteur lors de la phase précrime, soit l'alcool. Ainsi, la nature opportuniste et sexuelle de ce délit est congruente avec l'usage d'une violence instrumentale par la majorité des agresseurs et l'absence de blessures physiques pour la majorité des victimes. Le prototype de ce modus operandi consiste en l'agression sexuelle non préméditée d'une femme à l'occasion d'un vol par effraction.

Malgré une cohérence interne élevée pour chacun des trois profils de modus operandi, on peut se demander si celle-ci ne fut pas réduite par des problèmes de validité relatifs à certaines variables. En effet, pour les varia-bles de la phase précrime, notre seule source d'information était les propos de l'agresseur. Or, dans un contexte d'évaluation du risque institutionnel représenté par les sujets, il est probable que bon nombre d'entre eux n'aient pas divulgué des informations indiquant qu'ils sont dangereux. À titre d'exemple, certains agresseurs ont possiblement omis de mentionner qu'ils avaient eu un affect de colère ou des fantaisies sexuelles déviantes dans les heures précédant le délit. De plus, certains d'entre eux ont peut-être pré-tendu avoir consommé de l'alcool avant le délit afin de minimiser leur res-ponsabilité. Pour leur part, les variables relatives à la phase crime furent codées à partir d'informations provenant de sources officielles – rapport de police, déclaration de la victime. En conséquence, elles nous apparaissent reposer sur des informations valides. C'est pour cette raison que lors des analyses statistiques visant à définir les profils de modus operandi, nous n'avons utilisé que les variables de la phase crime.

Profils de personnalité et profils de modus operandi

Comme il fut mentionné précédemment, les trois profils de modus operandi présentent une cohérence interne qui découle de variables précrimes et de propriétés structurantes, contraintes spécifiques à un type de délit. Nos données indiquent également que chaque profil de modus operandi est associé à un profil particulier de personnalité. Quel est le sens d'un tel lien ? Est-ce que la personnalité constituerait un autre déterminant du modus operandi ? Avant de répondre à ces questions, comparons les profils de personnalité établis dans la présente étude et ceux obtenus par Chantry et Craig (1994) avec le MCMI et par Kalichman (1990) avec le MMPI.

En ce qui a trait à Chantry et Craig (1994), ils ont relevé trois profils chez les violeurs de leur échantillon, soit une personnalité 1) antisociale, narcissique ; 2) schizoïde, évitante, dépendante, passive-agressive ; 3) aucun score significatif aux échelles du MCMI. Ces trois profils correspondent aux trois profils des agresseurs de notre échantillon. Cette concordance, malgré des différences d'échantillonnage, confirme la validité de ces profils de personnalité chez les agresseurs sexuels de femmes. Malheureusement, Chantry et Craig ne rapportent aucune information concernant les modus operandi des sujets de leur échantillon, ce qui empêche toute comparaison entre leurs résultats et les nôtres sur ce point.

Pour sa part, Kalichman (1990) présente des données concernant les profils de personnalité des violeurs, ainsi que certains éléments du modus operandi qui leur sont associés. Toutefois, toutes comparaisons entre nos résultats et les siens sont limitées parce que nous n'avons pas utilisé le même instrument psychométrique pour évaluer le profil de personnalité des violeurs. Néanmoins, des comparaisons sont possibles, malgré cette limitation (Antoni, 1993). En effet, les deux premiers profils de personnalité définis par Kalichman comportent un score significatif à l'échelle de psychopathie et ils sont associés à un délit non prémédité qui comporte une violence instrumentale. Ces deux profils correspondent à une personnalité narcissique, antisociale, paranoïde au MCMI, à celle du psychopathe de Hare (1991) et à la personnalité criminelle décrite par Yochelson et Samenow (1976) – des criminels pour qui la coercition n'est pas une fin en soi, mais un moyen pour obtenir un pouvoir, un contrôle sur autrui. Ainsi, nos sujets dont le profil de modus operandi correspond au profil opportuniste présentent un profil de personnalité et un scénario délictuel similaires à ceux des deux premiers types de Kalichman. Le troisième profil de personnalité établi par Kalichman comporte des scores significatifs aux échelles de dépression, de paranoïa, de schizophrénie et de psychopathie et il est associé à un délit non prémédité et coercitif. Kalichman indique que ce profil de personnalité est caractéristique d'un sujet présentant un trouble de la personnalité état-limite. Nos sujets dont le modus operandi appartient au profil colérique présentent un scénario délictuel similaire à celui de ce troisième type de Kalichman. Toutefois, nos résultats n'indiquent pas de profil de personnalité spécifique associé à ce profil de modus operandi. Afin d'expliquer cette absence de concordance, on peut formuler l'hypothèse selon laquelle les sujets présentant un trouble de la personnalité état-limite constituent un groupe hétérogène quant au profil de la personnalité, ce qui empêche de trouver un profil moyen significatif (Antoni, 1993). Le quatrième profil de personnalité décrit par Kalichman comporte des scores significatifs aux

échelles de psychopathie et d'hypomanie et il est associé à un délit prémédité et non coercitif. Ce profil de modus operandi est similaire au type à
motivation sexuelle non sadique de Knight et Prentky (1990). Lors de l'analyse des données des sujets de notre étude, ce profil de modus operandi ne
fut pas relevé. Ce fait fut confirmé par les résultats de Guay (1997), lesquels
indiquent qu'il n'y a que 4,2 % des agresseurs de notre échantillon qui présentent une motivation sexuelle non sadique. Cette situation découle probablement du fait que ces agresseurs ont commis des délits moins graves et
qu'en conséquence, ils ont reçu des sentences relativement courtes qu'ils
ont à purger dans une prison sous juridiction provinciale. Finalement, le
cinquième profil de personnalité établi par Kalichman comporte des scores
significatifs à la quasi-totalité des échelles du MMPI et il est associé à un
modus operandi prémédité et coercitif. Pour ce qui est de nos sujets, ceux
qui présentent un profil de modus operandi qui correspond au profil sadique sont également ceux qui présentent le plus grand nombre de scores
significatifs au MCMI. Ainsi, les résultats de notre étude concordent avec les
résultats obtenus par Kalichman (1990). Toutefois, les caractéristiques de
modus operandi que nous avons mises en relation avec les profils de personnalité sont en nombre plus important.

Nos résultats ainsi que ceux de Kalichman ont permis d'établir des
correspondances entre des profils de personnalité et des profils de modus
operandi. Quel est le sens d'un tel lien ? Est-ce que la personnalité constituerait un autre déterminant qui viendrait structurer le modus operandi ?
Pour répondre à cette question, une avenue prometteuse serait la conception des troubles de la personnalité développée par Millon (Millon, 1981 ;
Millon et Davis, 1996). Selon cet auteur, un individu qui présente un trouble de la personnalité se distingue par un mode relationnel habituel,
inapproprié et rigide, qui engendre des conflits interpersonnels et/ou une
détresse intérieure. Ainsi, si l'on considère que l'agression sexuelle constitue une forme de rapport interpersonnel et que la nature du trouble de la
personnalité détermine les caractéristiques de ce type de rapport, il est plausible d'en déduire que la nature du trouble de personnalité va également
déterminer, pour une part du moins, le scénario de l'agression sexuelle.
Ainsi, le viol serait un prolongement, ou une compensation, dans le champ
de la sexualité du mode relationnel habituel associé à un trouble de la personnalité, et ce, dans ses dimensions cognitives, affectives et comportementales. Cette conception ne suppose pas que la présence d'un trouble de la
personnalité soit une condition suffisante pour qu'un individu agresse sexuellement une femme. Cependant, il semble que la présence d'un tel trouble
soit une condition nécessaire à l'émergence et à la structuration d'un viol.

Afin d'illustrer cette hypothèse sur le sens du lien entre le type de trouble de la personnalité et le type de modus operandi, considérons les cas de Roland, Roger et Albert.

Roland est un agresseur sexuel dont le modus operandi appartient au profil sadique et dont le profil de personnalité, tel qu'il est évalué au MCMI, est un amalgame d'éléments schizoïde (98), évitant (107), dépendant (96) et passif-agressif (96). En congruence avec ce profil de personnalité, Roland se pense inférieur à autrui et considère que les gens qu'il côtoie, en particulier les femmes, le rejettent, le contrôlent et l'humilient. Ces distorsions cognitives engendrent des sentiments de rage, d'humiliation et de souffrance, qui cependant restent inexprimés. Roland adopte alors une position de retrait sur le plan relationnel et il se réfugie dans un monde de fantaisies sexuelles coercitives. En raison du temps important qu'il consacre à ses fantaisies sexuelles, celles-ci sont élaborées et elles constituent un exutoire à l'ensemble de ses affects inexprimés : la rage, l'humiliation et la souffrance. Roland rapporte que dans les heures précédant le délit, il ressentait un désir intense d'actualiser ses fantaisies sexuelles coercitives et qu'il a planifié un scénario délictuel lui permettant de les exprimer. Dans les heures précédant le délit, il n'a pas consommé de substances psychoactives. Ainsi, Roland s'est rendu dans un commerce où il n'y avait en fonction qu'une jeune femme qu'il ne connaissait pas. Il portait un sac à dos contenant des armes (revolver, couteau), des gants et des moyens de contention (ruban adhésif, menottes). Lorsqu'il fut seul avec la victime, il sortit son revolver et il lui ordonna de verrouiller la porte du commerce. Par la suite, il l'a conduite au sous-sol et il lui a lié les mains avec du ruban adhésif. Il l'a alors dévêtue et il a tenté de la sodomiser. En outre, il lui a mordu les seins, il l'a forcée à lui lécher l'anus et il l'a finalement pénétrée dans le vagin alors qu'il l'humiliait verbalement. Une fois l'orgasme obtenu, il a tenté de tuer sa victime en l'étranglant. Comme il n'y parvenait pas, il a saisi un objet contondant qui se trouvait à proximité et il a frappé la victime à la tête. Ensuite, il a quitté les lieux, croyant que la victime était morte. L'agression sexuelle a duré environ 45 minutes. Ce scénario délictuel planifié correspond parfaitement aux fantaisies sexuelles coercitives de Roland. En ce sens, les actes posés lors du délit ont fait vivre à la victime une détresse qui est le reflet de la détresse subjective de l'agresseur dans ses rapports interpersonnels.

Roger est un agresseur sexuel dont le modus operandi correspond au profil colérique et dont le profil de personnalité, tel qu'il est évalué au MCMI, est un amalgame d'éléments narcissique (78) et dépendant (75). En congruence avec ce profil de personnalité, que l'on retrouve chez une personne présentant un trouble de la personnalité état-limite, Roger a une perception de lui-même qui est clivée, ce qui implique qu'il va alterner entre une image négative et une image positive de lui-même. La perception qu'il a des autres est également clivée, ce qui signifie qu'il les perçoit comme étant totalement bons ou bien totalement mauvais. Ces perceptions clivées expliquent l'instabilité émotive de Roger. Dans son répertoire émotionnel, on trouve des sentiments intenses de colère, de dépression et d'anxiété. Dans les heures précédant le délit, il avait consommé de l'alcool, du haschisch et de la cocaïne. De plus, Roger rapporte qu'il était en colère contre les femmes. Par la suite, il a fait une halte improvisée dans une maison privée et il a demandé à la femme qui lui a ouvert la porte s'il pouvait se servir du téléphone. Il voulait qu'un ami vienne le chercher parce qu'il était trop intoxiqué pour conduire sa bicyclette. Une fois dans la résidence, Roger s'est dirigé vers le téléphone pour y faire son appel. Soudainement, il a saisi un couteau de cuisine et il s'est dirigé vers une autre femme qui se trouvait dans la résidence, la menaçant de la tuer si elle ne faisait pas tout ce qu'il lui demanderait. La victime s'est débattue et s'est blessée avec la lame du couteau. Il lui a alors frappé la tête contre un mur à plusieurs reprises. Ensuite, il lui a ordonné de retirer son pantalon et de lui faire une fellation. Alors qu'elle s'exécutait, il l'injuriait, l'humiliait. Au moment où il s'apprêtait à la pénétrer dans le vagin, les policiers sont arrivés. Les événements ont duré environ 45 minutes. Ce scénario délictuel non planifié découle d'une rage intense contre les femmes et d'un état de désinhibition résultant de la consommation de subtances psychoactives.

Finalement, considérons le cas d'Albert, un agresseur sexuel dont le modus operandi correspond au profil opportuniste et dont le profil de personnalité, tel qu'il est évalué au MCMI, est un mélange d'éléments narcissique (98), antisocial (85) et histrionique (85). En congruence avec ce profil de personnalité, Albert se pense supérieur à autrui et il considère que les gens qu'il côtoie doivent répondre à ses besoins immédiats. Si ce n'est pas le cas, il y voit de l'ingratitude même si ses demandes ne respectent pas la volonté de l'autre. En fait, pour Albert, un crime n'est qu'une juste compensation pour les injustices qu'il a subies. Ainsi, en cas de refus, il se met en colère et il utilise le niveau de contrainte nécessaire pour arriver à ses fins, soit la manipulation, la menace et même la violence physique. Albert rapporte que dans les heures précédant le délit, il avait consommé de l'alcool. Ensuite, il s'est rendu dans un commerce pour y commettre un vol à main armée. L'employée en fonction était une jeune femme qu'il ne connaissait pas. Il a exigé le contenu du tiroir-caisse. Puis il a eu le désir d'un contact sexuel avec la jeune femme. Il a exigé de celle-ci qu'elle le suive dans l'arrière-boutique. Sous la menace de son arme, il lui a demandé de se dévêtir, puis il lui a touché les seins et il l'a pénétrée dans le vagin. Puisque la victime ne résistait pas physiquement, il n'a utilisé aucune force physique. L'agression sexuelle fut d'une durée approximative de vingt minutes. Ce scénario délictuel non planifié découle d'un désir sexuel ayant émergé dans le contexte d'un vol, ce qui concorde avec le mode de vie impulsif d'Albert.

Les trois cas présentés ci-dessus illustrent les liens entre le type de profil de personnalité et le type de profil de modus operandi. Toutefois, certaines discordances peuvent être relevées entre un cas spécifique et un profil prototypique établi à partir d'une analyse typologique. De telles discordances ne constituent pas des erreurs, mais des phénomènes fréquents lorsqu'on a recours à des classifications polythétiques. En effet, comme le souligne Brennan (1987), en sciences sociales, l'hermétisme des classes est bien souvent un idéal inaccessible et il est préférable de rechercher des similarités entre les sujets et une cohésion intraclasse, soit des prototypes. Par prototypes, on entend généralement un certain nombre de variables ou de critères partagés par la majorité des sujets, mais pas nécessairement tous.

Une limite importante des résultats de notre étude découle de la nature de notre échantillon d'agresseurs sexuels de femmes. En effet, nous avons établi des liens entre des profils de personnalité et des profils de modus operandi, et ce, chez des agresseurs dangereux, incarcérés dans un pénitencier. En conséquence, des études complémentaires devront être réalisées afin de vérifier si de tels liens existent pour des agresseurs moins dangereux, c'est-à-dire ceux incarcérés dans une prison sous juridiction provinciale ou ayant reçu une sentence de probation. Pour ces deux catégories d'agresseurs, il est possible que des facteurs situationnels (ex. : alcool, excitation sexuelle) et non pas des profils de personnalité soient associés aux profils de modus operandi (Tedeschi et Felson, 1994).

Implications théoriques et cliniques

Quelles sont les implications théoriques des résultats de cette étude ? Tout d'abord, soulignons le fait que la diversité des profils de modus operandi et des profils de personnalité décelés chez les agresseurs sexuels de femmes de notre échantillon semble peu compatible avec les modèles généraux proposés par Marshall et Barbaree (1990), Hall et Hirschman (1991), Pithers (1990) et Malamuth (1986). En conséquence, à notre avis, la démarche subséquente serait l'élaboration de micro-théories du viol spécifiques à chaque type de profil de modus operandi. Ces micro-théories devraient inclure des

Figure 2
Modèle du processus de passage à l'acte chez les agresseurs sexuels de femmes

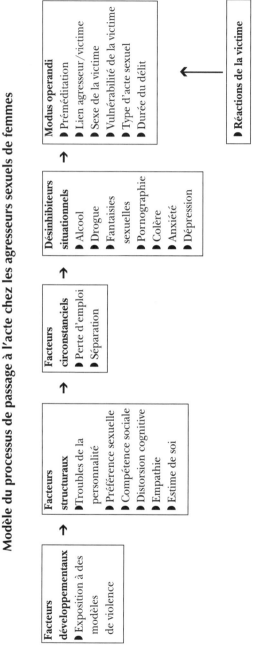

variables appartenant aux catégories suivantes : 1) des facteurs développementaux (exposition à des modèles de violence, antécédents judiciaires) ; 2) des facteurs structuraux (trouble de la personnalité, préférence sexuelle, compétence sociale, distorsion cognitive favorisant le viol, empathie, estime de soi) ; 3) des facteurs circonstanciels (perte d'un emploi, séparation) ; 4) des désinhibiteurs situationnels (alcool, drogue, fantaisies sexuelles déviantes, pornographie, colère, anxiété) ; 5) des caractéristiques du modus operandi ; et 6) les réactions de la victime à l'agression. Ces diverses catégories de variables permettraient de déterminer les caractéristiques développementales et structurales desquelles découlent différents types de prédispositions à l'agression d'une femme, ainsi que les facteurs circonstanciels et situationnels qui en permettent l'actualisation (figure 2).

Sur le plan clinique, quelles pourraient être les retombées de cette étude ? En premier lieu, une connaissance des variables précrime spécifiques à chaque type de modus operandi peut être utile aux cliniciens lors de l'animation d'un programme de prévention de la récidive du viol. En effet, nos données enrichissent le modèle de prévention de la récidive proposé par Pithers (1990). Précédemment nous avions démontré que les affects prédélictuels, chez l'agresseur, différaient selon l'âge et le sexe des victimes (McKibben, Proulx et Lusignan, 1994 ; Proulx, McKibben et Lusignan, 1996). Cette fois, nous avons établi que non seulement le type d'affect, mais également les autres éléments de la séquence précrime varient selon le type d'agresseur et d'agression de femmes. En second lieu, lors de la réinsertion sociale d'agresseurs sexuels, les intervenants auront des interventions mieux ciblées, puisqu'ils connaîtront les éléments précurseurs de la séquence délictuelle spécifique à chaque type d'infracteur. Ceci devrait permettre de réduire les risques de récidive. En dernier lieu, les liens établis entre le type de modus operandi et le type de profil de personnalité de l'agresseur serviront de base à un programme informatisé de profilage criminel (Douglas et collab., 1992 ; Rosmo, 1993). En effet, en se basant sur le modus operandi, il sera possible d'établir un portrait psychologique et un autre des habitudes de vie de l'agresseur qui permettront d'orienter les forces policières dans leurs enquêtes.

RÉFÉRENCES

Abel, G.G., D.H. Barlow, E.B. Blanchard et D. Guild (1977). « The components of rapists' sexual arousal », *Archives of General Psychiatry*, 34 : 895-903.

Antoni, M. (1993). « The combined use of the MCMI and MMPI », p. 279-302, dans R.J. Craig (dir.), *The Millon Clinical Multiaxial Inventory : A Clinical Research Information Synthesis*. Hillsdale, New Jersey : Lawrence Erlbaum Associates.

Armentrout, J.A. et A.L. Hauer (1978). « MMPI of rapists of adults, rapists of children and non-rapist sex offenders », *Journal of Clinical Psychology*, 34 : 330-332.

Barbaree, H.E., W.L. Marshall, E. Yates et L.O. Lightfoot (1983). « Alcohol intoxication and deviant sexual arousal in male social drinkers », *Behaviour Research and Therapy*, 21 : 365-373.

Beck, A.T. et A. Freeman (1990). *Cognitive Therapy of Personality Disorders*. New York : Guilford.

Brennan, T. (1987). « Classification : An Overview of Selected Methodological Issues », p. 201-248, dans M. Tonry et D.M. Gottfredson (dir.), *Prediction and Classification : Criminal Justice Decision Making*. Chicago : University of Chicago Press.

Chantry, K. et R.J. Craig (1994). « Psychological screening of sexually violent offenders with the MCMI », *Journal of Clinical Psychology*, 50 : 430-435.

Cohen, M.L., R.F. Garofalo, R. Boucher et T. Seghorn (1971). « The psychology of rapists », *Seminars in Psychiatry*, 3 : 307-327.

Cornish, D.B. et R.V. Clarke (1986). « Introduction », p. 1-16, dans D.B. Cornish et R.V. Clarke (dir.), *The reasoning criminal : Rational Choice Perspectives on Offending*. New York : Springer-Verlag.

Cusson, M. et G. Cordeau (1994). « Le crime du point de vue de l'analyse stratégique », p. 91-112, dans D. Szabo et M. Le Blanc (dir.), *Traité de criminologie empirique*. Montréal : Les Presses de l'Université de Montréal.

Douglas, J.E., A.W. Burgess, A.G. Burgess et R.K. Ressler (1992). *Crime Classification Manual : A Standard System for Investigating and Classifying Violent Crimes*. New York : Lexington.

Earls, C.M. (1992). « Clinical issues in the psychological assessment of child molesters », p. 232-255, dans W. O'Donohue et J.H. Geer (dir.), *The Sexual Abuse of Children : Clinical Issues*. Hillsdale, New Jersey : Lawrence Erlbaum.

Groth, A.N. et H.J. Birnbaum (1979). *Men Who Rape*. New York : Plenum.

Guay, J.P. (1997). *Validation de typologies d'agresseurs sexuels : qualités structurales, consistance de l'assignation, concordances typologiques et valeur explicative*. Mémoire inédit. École de criminologie, Université de Montréal.

Hall, G.C.N. et R. Hirschman (1991). « Towards a theory of sexual aggression : A quadripartite model », *Journal of Consulting and Clinical Psychology*, 59 : 662-669.

Hare, R.D. (1991). *Manual for the Revised Psychopathy Checklist*. Toronto : Multihealth Systems Inc.

Hudson, S.M. et T. Ward (1997). « Rape : Psychopathology and theory », p. 331-355, dans D.R. Laws et W. O'Donohue (dir.), *Sexual Deviance : Theory, Assessment and Treatment*. New York : Guilford.

Kalichman, S. (1990). « Affective and personality characteristics of MMPI profiles subgroups of incarcerated rapists », *Archives of Sexual Behavior*, 19 : 443-459.

Kalichman, S.C., D. Szymanowski, J. McKee, J. Taylor et M. Craig (1989). « Cluster analytically derived MMPI profiles subgroups of incarcerated adult rapists », *Journal of Clinical Psychology*, 45 : 149-155.

Kaufman, K.L., K. Orts, J. Holmberg, F. McCrady, E.L. Daleiden et D. Hilliker (1996, novembre). *Contrasting Adult and Adolescent Sexual Offenders' Modus Operandi : A Developmental Process*. Paper presented at the 15th Annual Conference of the Association for the Treatment of Sexual Abusers, Chicago, Illinois, USA.

Knight, R.A. et R.A. Prentky (1990). « Classifying sexual offenders : The development and corroboration of taxonomic models », p. 23-52, dans W.L. Marshall, D.R. Laws et H.E. Barbaree (dir.), *Handbook of Sexual Assault : Issues, Theories and Treatment of Offender*. New York : Plenum.

Knight, R.A., R. Rosenberg et B. Schneider (1985). « Classification of sexual offenders : perspectives, methods, and validation », p. 222-293, dans A. Burgess (dir.), *Rape and Sexual Assault : A Research Handbook*. New York : Garland.

Kopp, S.B. (1962). « The character structure of sex offenders », *American Journal of Psychotherapy*, 16 : 64-70.

Landry, M., L. Nadeau et S. Racine (1996). *Prévalence des troubles de la personnalité dans la population toxicomane du Québec*. Document inédit, Recherche et intervention sur les substances psychoactives.

Levin, S.M. et L. Stava (1987). « Personality characteristics of sex offenders : A review », *Archives of Sexual Behavior*, 16 : 57-79.

Malamuth, N.M. (1986). « Predictors of naturalistic sexual aggression », *Journal of Personality and Social Psychology*, 50 : 953-962.

Malamuth, N.M. et J.V.P. Check (1983). « Sexual arousal to rape depictions : individual differences », *Journal of Abnormal Psychology*, 92 : 55-67.

Malamuth, N.M, C.L. Heavey et D. Linz (1993). « Predicting men's antisocial behavior against women : the interaction model of sexual aggression », p. 63-97, dans G.C.N. Hall, R. Hirschman, J.R. Graham et M.S. Zaragoza (dir.), *Sexual Aggression : Issues in Etiology, Assessment and Treatment*. Washington, D.C. : Taylor and Francis.

Malamuth, N.M., R. Sockloskie, M.P. Koss et J. Tanaka (1991). « The characteristics of Aggressors against women : Testing a model using a national sample of college students », *Journal of Consulting and Clinical Psychology*, 59 : 670-681.

Marshall, W.L. et H.E. Barbaree (1990). « An integrated theory of the etiology of sexual offending », p. 23-52, dans W.L. Marshall, D.R. Laws et H.E. Barbaree (dir.), *Handbook of Sexual Assault : Issues, Theories and Treatment of the Offender.* New York : Plenum.

Marshall, W.L. et G.C.N. Hall (1995). « The value of the MMPI in deciding forensic issues in accused sexual offenders », *Sexual Abuse : A Journal of Research and Treatment,* 7 : 205-219.

McKibben, A., J. Proulx et R. Lusignan (1994). « Relationship between conflict, affect and deviant sexual behavior in rapists and pedophiles », *Behaviour Research and Therapy,* 32 : 571-575.

Millon, T. (1981). *Disorders of Personality : DSM-III, axe II.* New York : Wiley.

Millon, T. (1983). *Millon Clinical Multiaxial Inventory Manual.* Minneapolis : Interpretive Scoring Systems.

Millon, T. et R.D. Davis (1996). *Disorders of Personality DSM-IV and Beyond.* New York : Wiley.

Morey, L. et M. Smith (1988). « Personality disorders », dans R. Green (dir.), *The MMPI : Use with Specific Populations.* Philadelphia : Grune et Stratton.

Ouimet, M. (1997). *L'agression sexuelle, la violence conjugale et la toxicomanie : portrait statistique.* Rapport de recherche inédit. Centre international de criminologie comparée.

Panton, J.H. (1978). « Personality differences appearing between rapists of adults, rapists of children and non-violent sexual molesters of female children », *Research Communications in Psychology, Psychiatry and Behavior,* 3 : 385-393.

Pinard, G. (1993). « Les théories biologiques de l'agression sexuelle », dans J. Aubut (dir.), *Les agresseurs sexuels : théorie, évaluation et traitement.* Montréal : Les Éditions de la Chenelière.

Pithers, W.D. (1990). « Relapse prevention with sexual aggressors : a method for maintaining therapeutic gain and enhancing external supervision », p. 343-361, dans W.L. Marshall, D.R. Laws et H.E. Barbaree (dir.), *Handbook of Sexual Assault : Issues, Theories and Treatment of the Offenders.* New York : Plenum.

Pithers, W.D., J.K. Marques, C.C. Gibat et G.A. Marlatt (1983). « Relapse prevention with sexual aggressives : a self-control model of treatment and maintenance change », p. 214-239, dans J.G. Greer et I.R. Stuart (dir.), *The Sexual Aggressor : Current Perspectives on Treatment.* New York : Van Nostrand Reinhold.

Pithers, W.D., K.M. Kashima, G.F. Cumming, L.S. Beal et M.M. Buell (1988). « Relapse prevention of sexual aggression », p. 244-260, dans R.A. Prentky et V.L. Quinsey (dir.), *Human Sexual Aggression : Current Perspectives.* New York : New York Academy of Sciences.

Proulx, J., J. Aubut, A. McKibben et M. Côté (1994). « Penile responses of rapists and non-rapists to rape stimuli involving physical violence or humiliation », *Archives of Sexual Behavior,* 23 : 295-310.

Proulx, J., J. Aubut, L. Perron et A. McKibben (1994). « Troubles de la personnalité et viol : implications théoriques et cliniques », *Criminologie*, 27 : 33-53.

Proulx, J., A. McKibben et R. Lusignan (1996). « Relationship between affective components and sexual behaviors in sexual aggressors », *Sexual Abuse : A Journal of Research and Treatment*, 8 : 279-289.

Proulx, J. et M. Ouimet (1995). « Criminologie de l'acte et pédophilie », *Revue internationale de criminologie et de police technique*, 48 : 294-310.

Proulx, J., C. Perreault et M. Ouimet (1999). « Pathways in the offending process of extrafamilial sexual child molester », *Sexual Abuse : A Journal of Research and Treatment*, 11 : 117-129.

Quinsey, V.L., T.C. Chaplin et D. Upfold (1984). « Sexual arousal to nonsexual violence and sadomasochistic themes among rapists and non sex offenders », *Journal of Consulting and Clinical Psychology*, 52 : 651-657.

Rada, R.T. (1978). *Clinical Aspects of the Rapists*. New York : Grune et Stratton.

Rosmo, D.K. (1993). *Multivariate Spatial Profiles as a Tool in Crime Investigation*. Document inédit, École de criminologie, Simon Fraser University.

Serin, R.C., P.B. Malcolm, A. Khanna et H.E. Barbaree (1994). « Psychopathy and deviant sexual arousal in incarcerated sexual offenders », *Journal of Interpersonal Violence*, 9 : 3-11.

St-Yves, M., L. Granger et T. Brien (1998). *Scénario délictuel et lien avec la victime chez les agresseurs sexuels de femmes adultes*. (Soumis pour publication)

St-Yves, M., J. Proulx et A. McKibben (1994). *Questionnaire informatisé sur les délinquants sexuels*. Document inédit, Service correctionnel du Canada.

Sundberg, S.L., H.E. Barbaree et W.L. Marshall (1991). « Victim blame and the disinhibition of sexual arousal to rape », *Violence and Victims*, 6 : 103-120.

Tedeschi, J.T. et R.B. Felson (1994). *Violence, Aggression and Coercive Actions*, p. 307-343. Washington : American Psychological Association.

Yates, A., H.E. Barbaree et W.L. Marshall (1984). « Anger and deviant sexual arousal » *Behavior Therapy*, 15 : 287-294.

Yochelson, S. et S.E. Samenow (1976). *The Criminal Personality : A Profil for Change*. New York : Aronson.

9
Les agresseurs sexuels d'enfants
Scénarios délictuels et troubles de la personnalité

JEAN PROULX, CHRISTINE PERREAULT
MARC OUIMET, JEAN-PIERRE GUAY

Par-delà les problèmes méthodologiques, l'estimation de la prévalence des agressions sexuelles d'enfants est difficile à évaluer, et ce, à cause de problèmes de définition. En effet, comme le souligne Salter (1992), d'un sondage de victimisation à l'autre, la définition de l'agression sexuelle d'un enfant varie en fonction de plusieurs dimensions : 1) l'âge de la victime ; 2) la présence ou non de contact physique entre l'agresseur et la victime (ex. : exhibitionnisme) ; 3) la différence d'âge entre l'agresseur et la victime ; 4) la présence ou non de coercition (contraintes verbales ou physiques). Ainsi, les données d'un échantillon américain (Russell, 1984) indiquent que 28 % des filles de moins de 14 ans ont eu des contacts sexuels non désirés avec une personne ayant au moins cinq ans de plus qu'elles. Quant à Badgley (1984), sur la base d'un échantillon canadien, il évalue que 15 % des filles et 6 % des garçons de moins de 16 ans ont eu des contacts sexuels non désirés. Malgré les divergences dans les taux de victimisation rapportés, les résultats des sondages effectués auprès d'échantillons provenant de l'ensemble de la population démontrent que l'agression sexuelle des enfants est un problème d'une ampleur considérable.

Lorsqu'il est question de l'agression sexuelle d'un enfant, il se pose également un problème de définition relatif à l'agresseur. Ainsi, si l'on se réfère au DSM-III-R (American Psychiatric Association, 1987), un pédophile est défini comme une personne qui a des fantaisies sexuelles et des désirs récurrents impliquant un enfant prépubère (13 ans ou moins). Cette définition n'inclut pas nécessairement une actualisation des désirs et des fantaisies sexuelles. Donc, une personne pourrait recevoir un diagnostic de pédophilie et n'avoir jamais eu de contacts sexuels avec un enfant. De plus, comme le souligne Marshall (1997), il n'y a que 40 % des agresseurs sexuels d'enfants extrafamiliaux et 25 % des agresseurs intrafamiliaux qui répondent aux critères de pédophilie du DSM-III-R. Une telle définition de la pédophilie pose problème dans la mesure où bon nombre d'agresseurs sexuels d'enfants nient leurs fantaisies sexuelles déviantes.

En réponse à ces critiques, les critères diagnostiques du DSM-IV (American Psychiatric Association, 1994) concernant la pédophilie ajoutent à ceux du DSM-III-R une dimension comportementale, soit des activités sexuelles avec un enfant prépubère. Toutefois, afin que le diagnostic de pédophilie puisse être posé, la personne évaluée doit indiquer que les désirs, les fantaisies ou les comportements sexuels lui causent une détresse significative ou une détérioration de son fonctionnement social et occupationnel. Ainsi, un agresseur sexuel d'enfant dont les fantaisies et les comportements sont égosyntones et dont le fonctionnement social et occupationnel est satisfaisant ne recevrait pas le diagnostic de pédophilie. En raison de ces aberrations de définitions au sujet de la pédophilie, à l'instar de Marshall (1997), nous considérons qu'il est préférable d'ignorer le diagnostic de pédophilie et d'utiliser un terme descriptif, soit « agresseur sexuel d'enfant » (extrafamilial, intrafamilial).

L'objet du présent chapitre est l'étude des causes des divers types d'agressions sexuelles d'enfants. En introduction, les points suivants seront abordés : 1) théories générales de l'agression sexuelle d'un enfant ; 2) types de séquences délictuelles chez les agresseurs sexuels d'enfants ; 3) types d'attachement et types de séquences délictuelles ; 4) types de personnalité et types de séquences délictuelles.

THÉORIES GÉNÉRALES DE L'AGRESSION SEXUELLE D'UN ENFANT

Finkelhor (Finkelhor, 1984 ; Finkelhor et Araji, 1986) proposa un modèle quadrifactoriel de la pédophilie dans lequel sont intégrés des facteurs issus de théories psychanalytiques, cognitivo-comportementales et sociologiques. Selon ce modèle, les comportements pédophiliques seraient la conséquence de motivations sexuelles et non sexuelles. Ainsi, un premier facteur, la congruence émotionnelle, suppose qu'il y a une adéquation entre les besoins affectifs du pédophile et les caractéristiques de l'enfant. De fait, un pédophile, qui se perçoit inférieur aux adultes qu'il côtoie, préférera la compagnie des enfants. En effet, avec ces derniers, il s'évalue positivement car ils lui manifestent de l'intérêt. De surcroît, avec les enfants, il se perçoit en position de contrôle et de pouvoir, ce qui n'est pas le cas avec les adultes. Comme second facteur, Finkelhor mentionne l'excitation sexuelle pédophilique. Par celle-ci, il entend une réponse génitale préférentielle à l'égard d'un enfant lors d'une évaluation phallométrique (Barbaree et Marshall, 1989 ; Proulx, 1989, 1993). Le troisième facteur est une obstruction du processus par lequel un homme parvient à obtenir des gratifications sexuelles avec des personnes adultes consentantes. Cette obstruction peut être attribuée à des déficiences quant aux habiletés sociales nécessaires pour accéder à de tels partenaires (Segal et Marshall, 1985 ; Stermac et Quinsey, 1985). Finalement, le quatrième facteur du modèle de Finkelhor consiste en une désinhibition qui permet l'actualisation des comportements pédophiliques. À titre de désinhibiteurs, on trouve l'alcool (Barbaree et collab., 1983), des distorsions cognitives pro-pédophiliques (Abel et collab., 1989 ; Hanson et collab., 1998), ainsi que des états affectifs dysphoriques (Cortoni, Heil et Marshall, 1996 ; Cortoni et Marshall, 1996 ; McKibben, Proulx et Lusignan, 1994 ; Pithers et collab., 1989 ; Pithers et collab., 1988 ; Proulx, McKibben et Lusignan, 1996). Selon Kelly et Lusk (1992), le modèle quadrifactoriel de Finkelhor est toujours actuel, car il constitue un cadre suffisamment large pour inclure les développements théoriques et les données empiriques récentes. Comme le souligne Marshall (1997), des macrothéories de ce type sont nécessaires pour orienter des études expérimentales spécialisées.

Un autre modèle de l'agression sexuelle d'un enfant a été proposé par Hall et Hirschman (1992). Ce modèle inclut les facteurs suivants : 1) une préférence sexuelle pour des activités sexuelles impliquant des enfants ; 2) des distorsions cognitives qui justifient ces activités sexuelles impliquant des enfants ; 3) des désordres affectifs (colère, anxiété, dépression) ; et 4) un trouble de la personnalité.

Ces deux théories de l'agression sexuelle d'un enfant présentent plusieurs similitudes. Cependant, elles ne permettent pas de comprendre le processus de passage à l'acte chez les agresseurs sexuels d'enfants. Premièrement, les liens séquentiels entre les facteurs ne sont pas spécifiés. Deuxièmement, le modus operandi (planification du délit et délit lui-même) n'est pas inclus. Troisièmement, aucun lien n'est établi entre le modus operandi et les facteurs spécifiés dans ces théories. Pour clarifier ces trois points, le modèle séquentiel du processus du passage à l'acte chez les agresseurs sexuels développé par Pithers (1990) s'avère une voie intéressante.

Pithers et ses collègues (Pithers, 1990 ; Pithers et collab., 1988 ; Pithers et collab., 1983) ont développé un modèle de la séquence des facteurs qui culmine en une agression sexuelle (« modèle de prévention de la récidive »). Le premier élément de cette séquence est une situation à risque élevé, soit un affect négatif. Si l'agresseur ne réussit pas à gérer adéquatement la situation à risque élevé, celle-ci est suivie de fantaisies sexuelles déviantes, qui constituent le deuxième élément. Le troisième élément de la séquence consiste en des distorsions cognitives qui justifient une agression sexuelle. Le quatrième élément, la planification consciente de l'infraction future, est associé à des activités masturbatoires. Finalement, une agression sexuelle est perpétrée, dernier élément de cette séquence délictuelle.

Le modèle de prévention de la récidive développé par Pithers et ses collègues est utile pour comprendre la séquence qui culmine en l'agression sexuelle d'un enfant. Toutefois, même si ce modèle intègre plusieurs facteurs des théories générales de la pédophilie (Finkelhor, 1984 ; Hall et Hirschman, 1992), il ne concerne que le processus de récidive après un traitement et non pas les autres variantes de l'agression sexuelle d'un enfant (Ward et Hudson, 1996). De plus, certains de ses aspects doivent faire l'objet d'une étude plus approfondie. Les éléments du modus operandi, la planification du délit et le délit, sont abordés de manière trop succincte et les causes des situations à risque élevé, c'est-à-dire les affects négatifs, ne sont pas abordées. Sur ce point, les troubles de la personnalité mentionnés par Hall et Hirschman (1992) pourraient constituer des causes possibles. En effet, selon Millon (Millon, 1981 ; Millon et Davis, 1996), un individu qui présente un trouble de la personnalité se distingue par un mode relationnel habituel inapproprié et rigide qui engendre des conflits interpersonnels et des affects négatifs. Finalement, le modèle de prévention de la récidive est un modèle général et, en conséquence, il n'inclut pas des types de séquences délictuelles, ni des types de personnalité associés à chacune de ces séquences (Marshall, 1997 ; Proulx et Ouimet, 1995). Dans les sections suivantes, nous aborderons des études portant sur ces aspects négligés du modèle de prévention de la récidive.

TYPES DE SÉQUENCES DÉLICTUELLES CHEZ DES AGRESSEURS SEXUELS D'ENFANTS

Ward, Louden, Hudson et Marshall (1995) ont effectué une analyse qualitative de séquences délictuelles chez 26 agresseurs sexuels d'enfants (extrafamiliaux, intrafamiliaux). Pour tous les sujets, la collecte des données fut effectuée avant qu'ils ne débutent leur traitement. Leurs résultats indiquent que les agresseurs sexuels d'enfants suivent l'une des deux séquences délictuelles suivantes : la première est caractérisée par des affects positifs (joie, tendresse), l'utilisation de fantaisies sexuelles déviantes, la présence de distorsions cognitives (la victime est consentante et éprouve du plaisir au cours des activités sexuelles avec une personne adulte), une planification explicite du délit et une infraction de longue durée comportant un faible niveau de coercition ; la seconde séquence délictuelle est caractérisée par des affects négatifs (anxiété, dépression, culpabilité), l'abus d'alcool, la perception de la victime comme étant un objet sexuel, une planification implicite du délit et une infraction de courte durée comportant un niveau élevé de coercition. Par conséquent, il existe différentes séquences délictuelles qui sont probablement liées à la nature des éléments affectifs y intervenant. De plus, selon Ward, Louden, Hudson et Marshall (1995), la nature de ces éléments affectifs semble liée à la perception de soi et d'autrui de l'agresseur ainsi qu'à son style de vie. Les résultats de cette étude sont d'un intérêt certain ; cependant, aucune information distincte n'est fournie sur les agresseurs extrafamiliaux et intrafamiliaux. De plus, le modus operandi y est abordé de manière succincte.

Pour leur part, Proulx, Perreault et Ouimet (1999) ont effectué une analyse exhaustive des séquences délictuelles de 44 agresseurs sexuels d'enfants extrafamiliaux. À partir d'analyses typologiques, ils ont établi les deux séquences délictuelles suivantes : 1) la première (n = 14) est caractérisée par le recours à des fantaisies sexuelles déviantes, la présence de distorsions cognitives pro-pédophiliques, la consommation de pornographie infantile, une planification explicite du délit, la perception d'une vulnérabilité psychosociale chez l'enfant, une victime de sexe masculin non familière avec l'agresseur et une infraction de longue durée (plus de quinze minutes) comportant des activités sexuelles non coïtales ainsi qu'un faible niveau de coercition ; 2) la seconde séquence (n = 30) est caractérisée par une planification implicite du délit, une victime de sexe féminin familière avec l'agresseur et une infraction de courte durée comportant des activités sexuelles coïtales ainsi qu'un niveau élevé de coercition.

Lorsque l'on considère les variables communes à l'étude de Proulx, Perreault et Ouimet (1999), ainsi qu'à celle de Ward, Louden, Hudson et Marshall (1995), on constate que les séquences délictuelles correspondent pour les variables suivantes : les fantaisies sexuelles déviantes, les distorsions cognitives, la planification du délit, la durée du délit et le niveau de coercition au cours du délit. En fait, la seule variable pour laquelle il y a divergence entre les deux études est l'affect prédélictuel. Les données de Proulx et de ses collègues n'indiquent pas de relation entre le type d'affect prédélictuel et le type de séquence délictuelle. Pourquoi ces résultats contrastent-ils avec ceux de Ward et ses collègues ? Une hypothèse plausible est que les données de Proulx et ses collègues ont été recueillies durant une période d'évaluation qui visait à déterminer le niveau de risque en établissement de chaque détenu. Par conséquent, ces individus peuvent avoir été très motivés à dissimuler de l'information susceptible d'être utilisée pour les classer à titre de détenus ayant un niveau de risque élevé. De plus, parce qu'aucune information officielle n'était accessible concernant leurs émotions durant la phase précrime, la validité des données pour cette variable est douteuse (Kaufman et collab., 1993). Pour leur part, les données de Ward et ses collègues ont été recueillies lorsque leurs sujets subissaient une évaluation avant de commencer un programme de traitement. Puisqu'il n'y a normalement, dans de telles conditions, aucune conséquence négative à fournir de l'information valide sur le processus délictuel, les données qu'ils ont recueillies sur les émotions durant la phase précrime sont probablement plus valables que celles recueillies dans l'étude de Proulx et de ses collègues. Par conséquent, nous concluons que la possibilité d'une validité moindre des données de Proulx et de ses collaborateurs sur les émotions durant la phase précrime ne leur a pas permis d'établir des liens entre le type d'émotions durant la phase précrime et le type de modus operandi. Ainsi, seule l'étude de Ward et de ses collègues a permis d'établir de tels liens. Ward et ses collègues (Ward et Hudson, 1997 ; Ward, Hudson et Marshall, 1996 ; Ward, Hudson, Marshall et Siegert, 1995) furent également les seuls à avoir établi des liens entre une variable psychologique stable, le type d'attachement et le type de processus délictuel.

TYPES D'ATTACHEMENT ET TYPES DE SÉQUENCES DÉLICTUELLES CHEZ DES AGRESSEURS SEXUELS D'ENFANTS

Selon Bartholomew et Horowitz (1991), chaque type d'attachement implique des perceptions de soi et d'autrui, des émotions et des stratégies relationnelles spécifiques. Les personnes qui présentent un type d'attachement sécure ont une perception positive d'eux-mêmes et des autres. En conséquence, ils sont capables d'établir des relations intimes satisfaisantes avec d'autres adultes. Toutefois, il n'en est pas de même pour les personnes qui présentent l'un des types d'attachement insécure suivants : 1) anxieux-ambivalent (perception de soi négative et perception d'autrui positive) ; 2) craintif (perception de soi et d'autrui négative) ; et 3) fuyant (perception de soi positive et perception d'autrui négative).

Marshall (1989, 1993) a formulé l'hypothèse selon laquelle les agresseurs sexuels d'enfants présentent un type d'attachement insécure qui entraîne une solitude émotionnelle et une recherche d'intimité lors de contacts interpersonnels et sexuels avec un enfant. En concordance avec cette hypothèse, les résultats d'une étude de Ward, Hudson et Marshall (1996) indiquent que 82 % des agresseurs sexuels d'enfants présentent un type d'attachement insécure alors que seulement 35 % des hommes non criminels présentent un tel type d'attachement. Malheureusement, cette étude ne comporte pas de données permettant de relier des types d'attachement et des types de scénarios délictuels.

Pour leur part, Ward, Hudson, Marshall et Siegert (1995) ont proposé des hypothèses sur les liens possibles entre des types d'attachement et des types de scénarios délictuels. Ainsi, un agresseur qui présente un type d'attachement anxieux/ambivalent (*preoccupied*) a peu confiance en lui et il recherche l'approbation d'autrui. Puisqu'il lui est plus facile de se sentir aimé et admiré par un enfant que par un adulte, il recherchera une relation amoureuse avec un enfant. Ainsi, pendant la phase prédélictuelle, il présente des distorsions cognitives pro-pédophiliques (« les contacts sexuels avec un enfant permettent d'exprimer de l'amour »), ainsi que des fantaisies amoureuses et sexuelles impliquant un enfant. De plus, au cours de la phase délictuelle, il a recours à des stratégies non coercitives (jeux, séduction, argent, cadeau) avec une victime connue. Quant à l'agresseur qui présente un type d'attachement craintif (*fearfull*), il manifeste un désir de rapprochement intime avec des adultes, mais ceux-ci sont perçus comme rejetants et critiques. En conséquence, il évite les adultes et recherche des relations interpersonnelles et sexuelles impersonnelles avec un enfant. Un tel type d'agresseur est centré sur son plaisir et a peu d'empathie pour la victime, d'où résulte l'utilisation de la force nécessaire pour arriver à ses fins. Dans ces cas, la victime est peu connue de l'agresseur. Finalement, l'agresseur qui présente un type d'attachement fuyant (*dismissive*) manifeste un désir d'autonomie et d'indépendance. De plus, il recherche des relations interpersonnelles et sexuelles impersonnelles avec un enfant, a peu d'empathie pour la victime et ressent même de l'hostilité à son égard. En conséquence, il en résulte un délit dont le niveau de coercition physique est plus élevé que nécessaire pour soumettre la victime. Ces hypothèses sur les liens entre des types d'attachement et des types de scénarios délictuels sont intéressantes ; elles devraient toutefois être confirmées par des données de recherche. En plus du type d'attachement, une autre variable psychologique stable – le type de personnalité – a été mise en relation avec le type de scénario délictuel.

TYPES DE PERSONNALITÉ ET TYPES DE SÉQUENCES DÉLICTUELLES CHEZ DES AGRESSEURS SEXUELS D'ENFANTS

Le Minnesota Multiphasic Personality Inventory (MMPI) est le questionnaire le plus fréquemment utilisé pour évaluer les caractéristiques psychopathologiques d'agresseurs sexuels d'enfants (Hall, Graham et

Shepherd, 1991 ; Kalichman, 1991 ; Levin et Stava, 1987 ; Schlank, 1995).
Le profil de psychopathologie le plus fréquent chez les agresseurs sexuels
d'enfants comporte des scores significatifs aux échelles de psychopathie et
d'hypomanie (Hall, 1989 ; Hall et collab., 1986 ; Quinsey, Arnold et Pruesse,
1980). Cependant, ces agresseurs constituent un groupe hétérogène quant
au profil de psychopathologie (Hall, Graham et Shepherd, 1991 ; Schlank,
1995). En effet, ceux dont le délit comporte un niveau de violence physique
élevé présentent un profil de psychopathologie qui se caractérise par des
scores significatifs à l'échelle de schizophrénie (Armentrout et Hauer, 1978 ;
Panton, 1978) ainsi qu'aux échelles de paranoïa et d'hypomanie (Panton,
1978). De plus, ceux qui ont agressé sexuellement des garçons présentent
des scores plus prononcés à l'échelle d'inversion sociale que ceux qui ont
agressé des filles (Langevin et collab., 1978). Ainsi, les résultats des études
réalisées à partir du MMPI indiquent que le type de scénario délictuel est en
relation avec le type de profil de psychopathologie.

Pour leur part, les études réalisées avec le Millon Clinical Multiaxial
Inventory (MCMI) indiquent une hétérogénéité des caractéristiques de
personnalité chez les agresseurs sexuels (Bard et Knight, 1987 ; Chantry et
Craig, 1994 ; Langevin et collab., 1988). Toutefois, seule l'étude de Chantry
et Craig (1994) comporte des résultats séparés pour les agresseurs sexuels
d'enfants. Sur la base des résultats au MCMI de 202 agresseurs sexuels d'enfants, ces auteurs ont défini trois profils de personnalité au moyen d'analyses typologiques. Les agresseurs d'un premier type ont présenté des scores
significatifs pour les échelles correspondant aux troubles de la personnalité
dépendante (92), évitante (81) et passive-agressive (83). Quant aux agresseurs du second type, des scores significatifs furent obtenus pour les échelles correspondant aux troubles de la personnalité schizoïde (78), évitante
(76) et dépendante (79). Finalement, les agresseurs du troisième type ont
présenté des scores marginalement significatifs pour les échelles correspondant aux troubles de la personnalité dépendante (63), narcissique (66) et
obsessionnelle-compulsive (69). Malheureusement, Chantry et Craig n'ont
pas établi de lien entre les profils de personnalité d'agresseurs sexuels d'enfants et les caractéristiques du modus operandi de ces infracteurs.

Alors que les théories de l'agression sexuelle d'un enfant ne spécifient
qu'un seul type d'infracteur, les études sur le processus de passage à l'acte,
ainsi que les études psychométriques semblent indiquer, quant à elles, l'existence d'une hétérogénéité parmi ces agresseurs. Ward et ses collaborateurs
(1995) ont formulé l'hypothèse selon laquelle il y aurait un lien entre le
type d'attachement et le type de modus operandi, alors que des résultats

d'études psychométriques réalisées avec le MMPI indiquent l'existence d'un lien entre le profil de psychopathologie et le type de modus operandi. Cependant, les éléments du modus operandi considérés dans ces études sont en nombre limité (niveau de violence, sexe de la victime). Par ailleurs, la diversité des profils de personnalité, tels qu'ils sont évalués avec le MCMI, ne fut jamais mise en relation avec le type de modus operandi. En conséquence, le but de la présente étude est de vérifier s'il existe des liens entre le type de profil de personnalité et le type de modus operandi chez des agresseurs sexuels d'enfants extrafamiliaux.

MÉTHODOLOGIE

Sujets

Au cours de cette étude, 51 agresseurs sexuels d'enfants (une victime âgée de moins de 13 ans) furent évalués. Tous ces agresseurs étaient extrafamiliaux, ce qui signifie que leur lien avec la victime appartient à l'une des catégories suivantes : étranger (n = 5) ; membre de la famille élargie (n = 16) ; connaissance intime (n = 3) ; connaissance non intime (n = 8) ; personne en position d'autorité (n = 6) ; voisin (n = 10) ; connaissance passagère (n = 2) ; autre (n = 1). Ainsi, nous avons exclu les sujets ayant un lien biologique étroit avec la victime (père biologique, frère, demi-frère) ou un rôle de père substitut (père adoptif, beau-père). Nous avons exclu les agresseurs intrafamiliaux parce qu'un tel lien a un impact sur le modus operandi (Poirier, 1997).

Ces agresseurs extrafamiliaux étaient âgés en moyenne de 45,1 ans (é.t. = 15,5 ans). Aucun d'eux ne présentait un trouble mental grave (ex. : schizophrénie, trouble de l'humeur). En ce qui concerne la scolarité, 71 % des sujets ont terminé le primaire, 15,2 % le secondaire, 2,2 % ont fait des études collégiales et 10,9 % des études universitaires. La durée moyenne de leur emploi le plus long était de 88,5 mois (é.t. = 71,9 mois). Au moment du délit, 23 étaient célibataires, 13 étaient séparés ou divorcés et 15 vivaient en concubinage ou étaient mariés. Finalement, la majorité des sujets sont de race blanche (94,1 %), alors que les autres sont soit amérindiens (2 %), soit de race noire (3,9 %).

Au moment de la collecte des données, tous les sujets étaient incarcérés au Centre régional de réception (Sainte-Anne-des-Plaines), un pénitencier québécois à sécurité maximale. Lors de leur séjour d'environ six semaines dans cette institution du Service correctionnel canadien, les sujets furent évalués par les membres d'une équipe multidisciplinaire composée de criminologues, de sexologues, de psychologues, de conseillers en formation professionnelle et d'agents correctionnels. Par-delà les buts de recherche, l'évaluation effectuée visait à déterminer le niveau de sécurité requis et les besoins de traitement de chaque agresseur.

Tous les agresseurs ayant participé à cette étude avaient reçu une peine d'incarcération de deux ans ou plus, ce qui laisse supposer que notre échantillon est composé des agresseurs les plus dangereux, soit en raison du niveau élevé de violence au cours de leurs délits actuels, soit à cause de leurs antécédents judiciaires importants. Les agresseurs ayant participé à cette étude purgeaient en moyenne une sentence de 3,9 ans (é.t. = 1,8 an), et ce, pour un nombre moyen de 1,8 victime (é.t. = 1,3). Ainsi, 62,7 % des sujets étaient sentencés pour avoir agressé une seule victime, 19,6 % pour deux et 17,6 % pour plus de deux. Pour les sujets qui ont agressé plus d'une victime, nous n'avons utilisé que les renseignements concernant la dernière victime. Cette décision repose sur l'hypothèse selon laquelle le modus operandi, avec l'expérience, devient plus conforme aux préférences sexuelles de l'agresseur (Kaufman et collab., 1996).

Instrument de mesure

Les troubles de la personnalité des sujets furent évalués à partir du Millon Clinical Multiaxial Inventory (MCMI-I) (Millon, 1983). Plus spécifiquement, on a utilisé une version française, validée auprès d'un échantillon de Québécois francophones (Landry, Nadeau et Racine, 1996). Ce test objectif consiste en 175 questions auxquelles les sujets évalués devaient répondre par vrai ou faux. Après la première étape de la procédure de compilation, on obtient une quantification brute pour onze troubles de la personnalité : schizoïde, évitante, dépendante, histrionique, narcissique, antisociale, obsessionnelle-compulsive, passive-agressive, schizotypique, état-limite et paranoïde. Dans une seconde étape, les données brutes sont transformées en taux basaux, conversion qui repose sur des données relatives à la prévalence de chacun des troubles de la personnalité évalués. Finalement, les taux basaux sont interprétés à partir de deux seuils de discrimination. Ainsi, un taux basal supérieur à 74 et inférieur à 85 correspond à la présence de caractéristiques propres à un trouble de la personnalité, alors qu'un taux basal supérieur à 84 représente une présence marquée de telles caractéristiques.

Procédure

Tous les sujets qui ont participé à cette étude ont signé un formulaire de consentement qui stipulait que les informations recueillies serviraient à des fins de recherche. Chacun d'eux a été soumis à une batterie d'instruments psychométriques, laquelle incluait le MCMI. Au cours d'entretiens semi-structurés, basés sur le « Questionnaire informatisé sur les délinquants sexuels » (QIDS) (St-Yves, Proulx et McKibben, 1994), des données relatives au modus operandi et aux facteurs précrimes furent aussi colligées. Finalement, s'y ajoutèrent des informations provenant de sources officielles (dossiers de police, déposition de la victime). En cas de divergence entre les informations, celles provenant d'une source officielle, jugées plus valides, furent retenues aux fins de la présente recherche.

Quant au modus operandi, des informations furent recueillies concernant les variables suivantes : le degré de préméditation, le type de lien unissant l'agresseur et la victime (familier : connaissance intime, voisin, membre de la famille élargie, personne en position d'autorité ; non familier : étranger, connaissance passagère, connaissance non intime), le sexe de la victime (masculin, féminin), la présence d'une vulnérabilité psychosociale chez la victime (elle est issue d'un milieu dysfonctionnel), la stratégie utilisée pour amorcer l'agression sexuelle (non coercitive : séduction, argent, jeux ; coercitive : action directe sur la victime, menace, force physique), l'usage de force physique au moment du délit, la présence de blessures physiques chez la victime, la présence de coït, la présence d'actes sexuels non coïtaux de l'agresseur sur la victime (cunnilingus, fellation, masturbation, caresse), la présence d'actes sexuels de la victime sur l'agresseur (fellation, masturbation) et la durée du délit.

Pour ce qui est de la phase précrime, soit les 48 heures avant le délit, des informations ont été recueillies sur les variables suivantes : présence de fantaisies sexuelles déviantes, présence de distorsions cognitives propédophiliques, consommation d'alcool, consommation de drogues, consommation de matériel pornographique, présence d'un affect de colère, présence d'un affect d'excitation sexuelle et présence d'un affect d'anxiété ou de dépression.

Tableau 1
**Pourcentage de sujets selon les variables du modus operandi
pour trois profils de scénarios délictuels**

		Homosexuel non familier n = 13	Hétérosexuel non familier n = 16	Hétérosexuel familier n = 22
*	Délit prémédité	85 %	56 %	29 %
**	Agresseur familier avec la victime	23 %	13 %	91 %
**	Victime masculine	100 %	25 %	14 %
**	Victime issue d'un milieu dysfonctionnel	85 %	0 %	32 %
**	Usage d'une stratégie coercitive pour amorcer le délit	15 %	88 %	73 %
**	Coït ou sodomie	15 %	21 %	86 %
*	Actes sexuels non coïtaux de l'agresseur sur la victime	92 %	44 %	46 %
*	Actes sexuels de la victime sur l'agresseur	92 %	44 %	63 %
NS	Délit d'une durée de plus de quinze minutes	64 %	50 %	26 %

   * $p < 0,05$
  ** $p < 0,01$
  NS   non significatif

RÉSULTATS

Le tableau 1 présente les pourcentages de sujets pour chaque variable du modus operandi dans chacun des trois profils de scénarios délictuels établis à partir d'une analyse typologique K-Means. Ce type d'analyse a permis de diviser notre groupe d'agresseurs sexuels d'enfants extrafamiliaux en trois sous-groupes relativement homogènes, et ce, à partir de leurs similitudes quant aux variables de modus operandi. Les **agresseurs homosexuels non familiers** représentent 26 % (n = 13) de notre échantillon. Chez eux, le scénario délictuel est prémédité et l'agresseur est non familier avec la victime. De plus, celle-ci est de sexe masculin et elle est issue d'un milieu dysfonctionnel. Par ailleurs, une stratégie non coercitive est utilisée pour amorcer le délit – jeux, séduction, cadeau. Finalement, le délit, qui est habituellement d'une durée de plus de quinze minutes, implique généralement des actes sexuels de la victime sur l'agresseur et des actes sexuels non coïtaux de l'agresseur sur la victime, et parfois la pénétration (coït, sodomie) de la victime. Pour ce qui est des **agresseurs hétérosexuels non familiers**, ils constituent 31 % (n = 16) de notre échantillon. Chez un agresseur dont le délit présente ce profil, le scénario délictuel est prémédité dans la moitié des cas et l'agresseur est non familier avec la victime. De plus, la victime est de sexe féminin et elle n'est pas issue d'un milieu dysfonctionnel. Par ailleurs, une stratégie coercitive est utilisée pour amorcer le délit – agir directement sur la victime, menacer, user de force physique. Finalement, le délit est d'une durée de plus de quinze minutes dans la moitié des cas et il implique, avec environ la même proportion, des actes sexuels de la victime sur l'agresseur. Toutefois, la pénétration de celle-ci est peu fréquente. En ce qui a trait aux **agresseurs hétérosexuels familiers**, ils totalisent 43 % (n = 22) de notre échantillon. Chez eux, le scénario délictuel est non prémédité et l'agresseur est familier avec la victime. De plus, celle-ci est de sexe féminin et n'est habituellement pas issue d'un milieu dysfonctionnel. Par ailleurs, l'agresseur a recours à une stratégie coercitive pour amorcer le délit. Finalement, le délit dure moins de quinze minutes et il implique la pénétration de la victime ainsi que des actes sexuels de la victime sur l'agresseur.

Tableau 2
Pourcentage de sujets selon les variables de la phase précrime pour trois profils de scénarios délictuels

		Homosexuel non familier n = 13	Hétérosexuel non familier n = 16	Hétérosexuel familier n = 22
**	Présence de fantaisies sexuelles déviantes	77 %	13 %	12 %
*	Présence de distorsions cognitives pro-pédophiliques	85 %	38 %	41 %
NS	Consommation d'alcool	15 %	19 %	29 %
NS	Consommation de drogues	0 %	0 %	18 %
*	Consommation de matériel pornographique	38 %	6 %	5 %
NS	Présence d'un affect de colère	0 %	13 %	5 %
NS	Présence d'un affect d'excitation sexuelle	0 %	0 %	0 %
*	Présence d'un affect anxieux ou dépressif ou de solitude ou d'ennui	69 %	38 %	18 %

* p < 0,05
** p < 0,01
NS non significatif

Le tableau 2 présente les pourcentages de sujets selon les variables de la phase précrime (48 heures avant le délit) pour trois profils de scénarios délictuels. Les agresseurs homosexuels non familiers rapportent plus fréquemment des fantaisies sexuelles déviantes (77 %) que les sujets des deux autres profils (13 %, 12 %) (Phi = 0,63, p < 0,001). De plus, ils mentionnent plus fréquemment la présence de distorsions cognitives pro-pédophiliques (85 %) que les sujets des deux autres groupes (38 %, 41 %) (Phi = 0,40, p < 0,05). Par ailleurs, ils mentionnent plus souvent la présence d'affects négatifs (anxiété, dépression, solitude, ennui) (69 %) que les sujets des deux autres groupes (50 %, 26 %) (Phi = 0,32, p < 0,05). Finalement, les agresseurs homosexuels non familiers rapportent plus fréquemment la consommation de matériel pornographique (38 %) que les deux autres groupes (6 %, 5 %) (Phi = 0,42, p < 0,05). Sur un autre plan, il est à noter que la consommation d'alcool et de drogues est peu fréquente, et ce, chez les agresseurs des trois profils de modus operandi.

La figure 1 présente les taux basaux moyens des agresseurs des trois profils de modus operandi pour les onze échelles du MCMI qui concernent les troubles de la personnalité. En ce qui a trait aux agresseurs homosexuels non familiers, on note un score moyen cliniquement significatif (> 74) pour l'échelle concernant le trouble de la personnalité dépendante (84), ainsi que des scores marginalement significatifs pour les échelles concernant les troubles de la personnalité évitante (73) et schizoïde (68). Pour ce qui est des agresseurs hétérosexuels non familiers, on trouve des scores moyens significatifs pour les échelles concernant les troubles de la personnalité évitante (85), dépendante (78) et schizoïde (77), ainsi que des scores marginalement significatifs pour les échelles concernant les troubles de la personnalité schizotypique (68) et paranoïde (66). Finalement, chez les agresseurs hétérosexuels familiers, on note un score moyen significatif pour l'échelle concernant le trouble de la personnalité dépendante (79), ainsi que des scores marginalement significatifs pour les échelles concernant les troubles de la personnalité narcissique (66), obsessionnelle-compulsive (66) et paranoïde (68).

Afin de vérifier s'il existe des différences statistiquement significatives entre les trois groupes d'agresseurs sexuels d'enfants, une analyse de variance de type 3x11 (type d'agresseur et type d'échelle du MCMI) avec mesures répétées sur le second facteur fut réalisée. Les résultats sont les suivants : l'effet principal du type d'agresseur n'est pas significatif, alors que l'effet principal du type d'échelle du MCMI est significatif [$F_{(10, 350)}$ = 9,5, p < 0,001]. De plus, l'effet d'interaction du type d'agresseur avec le type d'échelle du MCMI est significatif [$F_{(20, 350)}$ = 2,8, p < 0,001]. Pour clari-

Figure 1

Taux basal moyen aux échelles du MCMI pour trois types de modus operandi

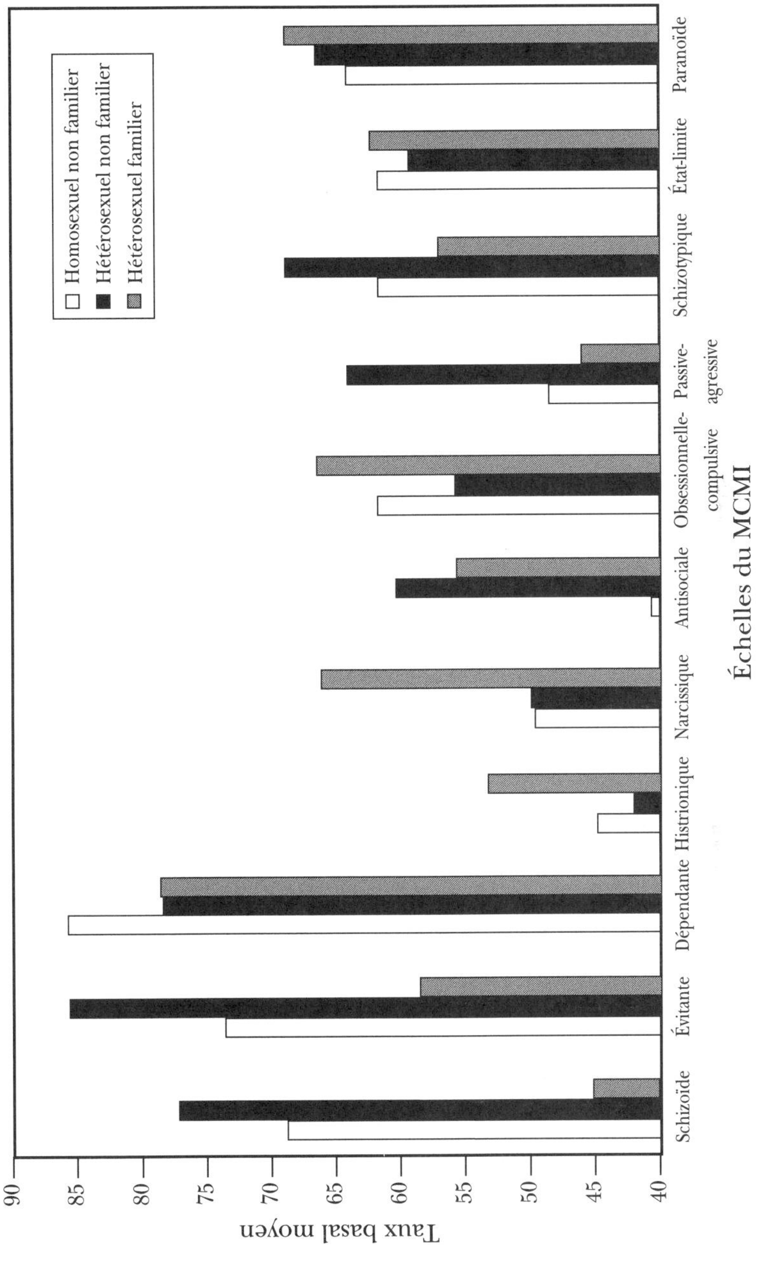

fier la nature de l'effet d'interaction, on a procédé à une analyse des effets simples du type d'agresseur, et ce, pour chacune des échelles du MCMI. Ainsi, il y a des différences significatives entre les groupes pour les échelles des troubles de la personnalité schizoïde [$F(2, 35) = 5,7$, $p < 0,01$], évitante [$F(2, 35) = 3,9$, $p < 0,05$] et narcissique [$F(2, 35) = 4,6$, $p < 0,05$]. Finalement, la technique de comparaison multiple de Scheffé fut utilisée afin de vérifier la présence de différences significatives entre les groupes d'agresseurs sexuels d'enfants pour ces échelles du MCMI. Ainsi, les agresseurs du profil hétérosexuel non familier ont présenté un taux basal moyen significativement plus élevé que celui des agresseurs du profil hétérosexuel familier aux échelles du trouble de la personnalité schizoïde ($p < 0,05$) et du trouble de la personnalité évitante ($p < ,05$). Par ailleurs, chez les agresseurs du profil hétérosexuel familier, on trouve un taux basal moyen significativement plus élevé que celui des agresseurs du profil homosexuel non familier, et ce, à l'échelle du trouble de la personnalité narcissique ($p < 0,05$).

Comme on le constate au tableau 3, les agresseurs du profil homosexuel non familier ont des antécédents judiciaires plus nombreux que ceux des deux autres profils, et ce, pour les délits sexuels [$F(2,47) = 3,3$, $p < 0,05$].

Tableau 3
Antécédents judiciaires (chefs d'accusation) officiels
pour les agresseurs de trois profils de scénarios délictuels

	Nombre moyen de chefs : délits sexuels	Nombre moyen de chefs : délit violents	Nombre moyen de chefs : délits acquisitifs
Profil homosexuel non familier (n = 13)	5,5	0,2	13,1
Profil hétérosexuel non familier (n = 16)	3,3	0,8	4,3
Profil hétérosexuel familier (n = 22)	1,0	0,7	3,9

INTERPRÉTATION DES RÉSULTATS

Types de séquences délictuelles chez des agresseurs sexuels d'enfants

La diversité des profils de scénarios délictuels observés chez les agresseurs sexuels de la présente étude concorde avec ceux obtenus par Ward, Louden, Hudson et Marshall (1995), ainsi que par Proulx, Perreault et Ouimet (1999). En effet, les agresseurs homosexuels non familiers présentent un profil de modus operandi identique au profil non coercitif obtenu par Proulx et ses collaborateurs (1999). Ce profil homosexuel non familier correspond au profil « affect positif » de Ward, Louden, Hudson et Marshall (1995) pour toutes les variables communes aux deux études, soit la présence de fantaisies sexuelles déviantes, la présence de distorsions cognitives pro-pédophiliques, la préméditation du délit, l'usage d'une stratégie non coercitive pour amorcer le délit et un délit de courte durée. Ainsi, malgré la diversité des appellations, ce profil de scénario délictuel émerge de l'ensemble des études réalisées.

Les deux profils hétérosexuels (familier, non familier) de la présente étude comportent de nombreuses similitudes avec le profil coercitif défini par Proulx et ses collaborateurs, ainsi qu'avec le profil « affect négatif » obtenu par Ward, Louden, Hudson et Marshall. En fait, dans la présente étude, nous avons obtenu deux profils de scénario délictuel hétérosexuel plutôt qu'un seul parce que notre nombre de sujets était suffisant pour effectuer une analyse typologique plus approfondie. Ainsi, dans les deux profils hétérosexuels, on retrouve des caractéristiques du profil coercitif de Proulx et ses collègues, soit une victime féminine, non issue d'un milieu dysfonctionnel, et l'usage d'une stratégie coercitive pour amorcer le délit. Toutefois, malgré un tronc commun, les deux profils hétérosexuels présentent des différences quant aux variables suivantes : le degré de préméditation du délit, le niveau de familiarité entre l'agresseur et la victime, la présence de coït, et la durée du délit. Ainsi, nos résultats permettent une clarification des types de scénarios délictuels chez les agresseurs hétérosexuels.

Cohérence interne des profils de modus operandi

En raison du nombre élevé de variables utilisées pour définir chacun des trois profils de scénarios délictuels de notre étude, il nous apparaît important de nous questionner sur la cohérence interne de chacun de ces profils. Une telle analyse s'inscrit dans la perspective de la criminologie de l'acte (Cusson et Cordeau, 1994), qui a pour objet d'étude les processus décisionnels d'un délinquant lorsqu'il commet un crime. Ainsi, lorsqu'il est motivé et décidé à commettre un crime, le délinquant recherche une cible qui lui permet de satisfaire ses besoins et qui ne présente pas trop de risques. Par-delà la motivation du criminel, chaque forme de crime comporte une constellation spécifique de contraintes à partir desquelles des décisions seront prises par un individu particulier. Cette constellation constitue les propriétés structurantes d'un choix criminel (Cornish et Clarke, 1986). Proulx et Ouimet (1995) ont déjà abordé la question des propriétés structurantes de crimes sexuels contre des enfants prépubères. Pour approfondir la question, nous analyserons les propriétés structurantes des trois profils de scénarios délictuels définis dans la présente étude.

Quelles sont les propriétés structurantes associées à l'agression sexuelle d'un enfant lorsque le modus operandi est de type homosexuel non familier ? Tout d'abord, pendant la phase précrime, il y a présence de fantaisies sexuelles déviantes (77 %) et de distorsions cognitives pro-pédophiliques (85 %) qui vont justifier et orienter le déroulement ultérieur du délit. Ainsi, afin de maximiser l'adéquation entre ses fantaisies sexuelles déviantes et le délit, l'agresseur doit planifier son délit et plus spécifiquement la manière d'inciter la victime à participer à des activités sexuelles. Pour ce faire, l'agresseur sélectionne une victime vulnérable issue d'un milieu dysfonctionnel (85 %), en manque d'affection et d'activités récréatives. Puis il utilise une stratégie non coercitive (jeux, cadeau, argent) pour amorcer le délit (85 %). Dans la mesure où la victime ne s'oppose pas aux activités sexuelles, celles-ci peuvent se poursuivre plus longtemps (64 %). Au cours de ce délit sans coercition, les actes sexuels intrusifs sont peu fréquents (coït : 15 %), alors que les actes non intrusifs sont nombreux (actes sexuels de la victime sur l'agresseur : 92 % ; actes sexuels non coïtaux de l'agresseur sur la victime : 92 %).

Pour ce profil de modus operandi non coercitif et prémédité, il reste à expliquer pourquoi la victime est de sexe masculin et non familière avec l'agresseur. Tout d'abord, il est à noter que les agresseurs homosexuels ont une activité délictueuse plus importante (nombre de délits, nombre de victimes) que les agresseurs hétérosexuels (Hanson, Steffy et Gauthier, 1993 ; Proulx et collab., 1997). Alors, on peut formuler l'hypothèse selon laquelle les agresseurs homosexuels présentent un modus operandi prémédité et non coercitif parce qu'ils ont plus d'expérience. À l'appui de cette hypothèse, Kaufman et ses collaborateurs (1996) ont démontré que les agresseurs adultes utilisent plus fréquemment des stratégies non coercitives et préméditées que les agresseurs adolescents, et ce, en raison de leur plus grande expérience. En outre, puisque les agresseurs homosexuels ont un nombre élevé de victimes, il est probable qu'ils ne disposent pas du temps nécessaire pour devenir familiers avec chacune d'elles (23 %).

Quelle est la cohérence interne d'un délit de type hétérosexuel non familier qui ne répond pas aux exigences de fantaisies sexuelles déviantes ? Tout d'abord, la sélection d'une victime qui ne présente pas de vulnérabilité psychosociale (0 %) concorde avec l'usage d'une stratégie coercitive pour amorcer le délit (88 %). En effet, puisque la victime ne recherche pas la présence de l'agresseur (jeux, cadeau, argent), celui-ci doit utiliser une stratégie coercitive pour convaincre la victime de participer à des activités sexuelles intrusives (21 %) ou non (44 %). L'utilisation de stratégies coercitives pourrait aussi découler du manque d'expérience délictuelle des agresseurs hétérosexuels. Finalement, le choix d'une victime non familière (87 %) pourrait s'expliquer par des considérations stratégiques de la part de l'agresseur, comme de réduire le risque d'être identifié et arrêté par la police. Ces considérations stratégiques seraient congruentes avec un taux de préméditation relativement élevé chez ces agresseurs (56 %).

Quant au modus operandi de type hétérosexuel familier, quelle est sa cohérence interne ? En premier lieu, le recours à une stratégie coercitive pour amorcer le délit (73 %) pourrait découler des facteurs suivants : 1) la victime ne présente pas de vulnérabilité psychosociale (32 %) qui favoriserait sa soumission à des activités sexuelles avec l'agresseur ; 2) un faible taux de préméditation (29 %) qui favorise l'usage de stratégies directes et coercitives ; et 3) une présence importante d'actes sexuels intrusifs (coït : 86 %) et probablement douloureux pour la victime, ce qui augmente la probabilité que celle-ci s'oppose au délit. Par ailleurs, il n'est pas surprenant qu'un délit intrusif et non planifié soit d'une courte durée (76 %) parce que la victime cherche à échapper à l'emprise de son agresseur. Finalement, un délit non prémédité et intrusif semble avoir pour finalité la satisfaction sexuelle de l'agresseur avec la première victime disponible, donc familière dans la très grande majorité des cas (91 %).

Malgré une cohérence interne élevée pour chacun des trois profils de modus operandi, on peut se demander si celle-ci ne fut pas réduite en raison de problèmes de validité relatifs à certaines variables. En effet, pour les variables précrime, notre seule source d'information était les propos de l'agresseur. Or, dans un contexte d'évaluation des risques présentés par des sujets en détention, il est probable que bon nombre d'entre eux n'aient pas divulgué des informations indiquant qu'ils sont dangereux. Par exemple, certains agresseurs ont possiblement omis de mentionner qu'ils avaient eu un affect de colère ou des fantaisies sexuelles déviantes dans les heures précédant le délit. Quant aux données de la phase crime, elles furent codées à partir d'informations provenant de sources officielles – rapport de police, déclaration de la victime. En conséquence, elles nous apparaissent reposer sur des informations valides. C'est pour cette raison qu'au cours des analyses statistiques visant à définir les profils de modus operandi, nous n'avons utilisé que les variables de la phase crime.

Comme il fut mentionné précédemment, les trois profils de modus operandi présentent une cohérence interne qui découle de variables précrime et de propriétés structurantes, des contraintes spécifiques à un type de délit. Nos données indiquent également que chaque profil de modus operandi est associé à un profil spécifique de personnalité. Quel est le sens d'un tel lien ? Est-ce que la personnalité constituerait un autre déterminant qui viendrait structurer le modus operandi ?

Profils de personnalité et profils de modus operandi

Avant de répondre à ces questions, comparons les profils de personnalité définis dans la présente étude et ceux obtenus par Chantry et Craig (1994). Ceux-ci ont identifié trois profils de personnalité chez les agresseurs de leur échantillon, soit une personnalité 1) dépendante, évitante, passive-agressive ; 2) schizoïde, évitante, dépendante ; 3) dépendante, narcissique et obsessionnelle-compulsive. Ces profils correspondent aux trois profils obtenus avec les agresseurs de notre échantillon. Cette concordance, malgré des différences d'échantillonnage, confirme la validité de ces profils de personnalité chez les agresseurs sexuels d'enfants.

Dans la mesure où les profils de personnalité obtenus chez ces agresseurs semblent stables, il est pertinent de s'interroger sur le sens du lien entre ces profils psychologiques et ceux de modus operandi. Afin de répondre à cette question, une avenue qui nous semble pertinente à explorer serait la conception des troubles de la personnalité développée par Millon (Millon, 1981 ; Millon et Davis, 1996). Selon cet auteur, un individu qui présente un trouble de la personnalité se distingue par un mode relationnel habituel, inapproprié et rigide, qui engendre des conflits interpersonnels et/ou une détresse intérieure. Ainsi, si l'on considère que l'agression sexuelle constitue une forme de rapport interpersonnel et que la nature du trouble de la personnalité détermine la nature de cette forme de rapport, il est plausible d'en déduire que la nature du trouble de personnalité va également ment déterminer, pour une part du moins, le scénario de l'agression sexuelle. Ainsi, l'agression sexuelle d'un enfant serait un prolongement, ou une compensation, dans le champ de la sexualité, du mode relationnel habituel associé à un trouble de la personnalité, et ce, dans ses dimensions cognitives, affectives et comportementales. Cette conception ne suppose pas que la présence d'un trouble de la personnalité soit une condition suffisante pour qu'un individu agresse sexuellement un enfant. Cependant, il semble que la présence d'un tel trouble soit une condition nécessaire à l'émergence et à l'actualisation d'une agression. Afin d'illustrer ces hypothèses sur le sens du lien entre le type de trouble de la personnalité et le type de modus operandi, considérons les cas de Claude, Denis et Serge, trois agresseurs sexuels d'enfants.

Tout d'abord, on doit souligner que pour les trois types de modus operandi, le score moyen à l'échelle du MCMI pour le trouble de la personnalité dépendante est supérieur à 74, donc cliniquement significatif. Cependant, les trois groupes d'agresseurs se distinguent au MCMI pour les échelles des troubles de la personnalité schizoïde, évitante et narcissique. En conséquence, les différences quant aux caractéristiques de la personnalité des sujets de chacun des trois profils de modus operandi découlent des traits de personnalité associés au trait dépendant, lequel constitue une base commune aux agresseurs d'enfants extrafamiliaux.

Ainsi, prenons le cas de Claude, un agresseur sexuel dont le profil de modus operandi est de type homosexuel non familier et dont le profil de personnalité, tel qu'il est évalué au MCMI, est un amalgame d'éléments dépendants (80) et évitants (75). En raison de ce profil de personnalité, Claude se croit inférieur à autrui et considère que les adultes qu'il côtoie le rejettent. Ces distorsions cognitives engendrent des sentiments de dépression et de solitude qui restent inexprimés. Claude adopte alors une position de retrait face aux adultes et il investit émotivement et sexuellement des garçons prépubères. Ce choix des garçons prépubères pourrait découler d'expériences positives vécues par l'agresseur avec ce type de partenaires lors de comportements sexuels exploratoires alors qu'il était lui-même prépubère. En raison de cet investissement émotionnel et sexuel des garçons, les fantaisies sexuelles pédophiliques et la pornographie infantile occupent une place importante dans la vie de Claude. De plus, Claude présente des distorsions cognitives qui justifient la pédophilie : « lors des délits, le garçon était excité sexuellement ». Dans les mois et les jours précédant les délits, Claude était sans emploi et isolé socialement. Il en résultait des sentiments d'ennui, de vide et de solitude. C'est dans ces conditions qu'il a fait la connaissance de sa victime dans un centre sportif. Le garçon, issu d'une famille dysfonctionnelle, était souvent seul. Après quelques rencontres, Claude l'a invité chez lui avec l'intention d'avoir des contacts sexuels. Pendant le visionnement d'un film pornographique, convaincu du désir et du consentement du garçon, il l'a caressé et masturbé, puis il a pratiqué une fellation. Ensuite, il a incité la victime à poser les mêmes gestes sur lui. L'agression sexuelle fut d'une durée d'environ deux heures. Par la suite, à quelques reprises, Claude a eu d'autres contacts sexuels avec la victime dans des conditions similaires. Ainsi, pour Claude, l'agression sexuelle d'un garçon est un moyen de combler des besoins affectifs et sexuels qu'il ne parvient pas à assouvir avec des adultes.

Considérons maintenant le cas de Denis, un agresseur sexuel dont le modus operandi est de type hétérosexuel non familier et dont le profil de personnalité, tel qu'il est évalué au MCMI, est un mélange d'éléments évitants (95), dépendants (78) et schizoïdes (77). En raison de ce profil de personnalité, Denis se croit inférieur à autrui et il considère que les adultes qu'il côtoie le rejettent et l'humilient. Ces distorsions cognitives engendrent des sentiments d'humiliation, de dépression et de solitude qui restent inexprimés. Au cours des mois qui ont précédé l'agression, Denis fut abandonné par sa partenaire. À son avis, cette rupture découle de son incompétence sexuelle et de ses lacunes personnelles. Sans renoncer à l'établissement d'une relation amoureuse avec une femme, il a cependant peur d'être rejeté par celle-ci. Au cours des heures qui ont précédé le délit, il se sentait anxieux et déprimé. Le jour du délit, il a tenté d'entrer en contact avec son ex-partenaire, mais celle-ci a refusé de le rencontrer. Après cet appel téléphonique, marchant dans un parc, il a aperçu une fillette de 8 ans, seule, et qu'il ne connaissait pas. Il l'a abordée et il lui a demandé si elle voulait l'aider à trouver son chat qui s'était enfui dans les buissons au centre du parc. Celle-ci a accepté et a accompagné Denis. Une fois seul avec la victime, il lui a demandé une fellation. Lorsqu'elle a refusé, il l'a giflée et l'a menacée de mort. Alors, elle s'est exécutée. Après quelques minutes, il a éjaculé et quitté le lieu du délit avec précipitation. Ce délit, d'une durée d'environ dix minutes, constitue pour Denis une illusion de contact et une manière d'exprimer son sentiment d'humiliation avec une personne de sexe féminin qui n'est pas en mesure d'évaluer sa compétence sexuelle ni de le rejeter.

Finalement, considérons le cas de Serge, un agresseur sexuel dont le modus operandi est de type hétérosexuel familier et dont le profil de personnalité, tel qu'il est évalué au MCMI, est un amalgame d'éléments dépendants (92) et narcissiques (85). En raison de ce profil de personnalité, Serge se croit supérieur à autrui et considère que les autres doivent répondre à ses besoins. Il a continuellement besoin de la présence d'autrui afin de ne pas se sentir seul et vide. Lorsqu'autrui ne répond pas à ses besoins, il est en colère et il se sent en droit d'utiliser la force afin d'arriver à ses fins. À l'époque du délit, Serge cohabitait avec une femme. Toutefois, le soir du délit, il était seul dans l'appartement avec la fille de 9 ans d'une voisine. Au cours de la soirée, il a consommé de l'alcool. Lorsque la jeune fille s'est blottie dans ses bras, comme elle le faisait souvent, il a eu une érection et lui a demandé d'enlever ses vêtements. Elle a obéi. Ensuite, il l'a pénétrée dans le vagin, malgré ses pleurs et ses tentatives pour le repousser. La durée du délit fut d'environ dix minutes. En entrevue, il rapporte que la jeune fille l'a provoqué en se blottissant dans ses bras et qu'elle était consentante puisqu'elle a enlevé ses vêtements sans contrainte.

Les trois cas présentés ci-dessus illustrent des liens entre le type de profil de personnalité et le type de profil de modus operandi ; toutefois, certaines discordances peuvent être relevées entre un cas spécifique et un profil prototypique établi à partir d'une analyse typologique. De telles dis-cordances ne constituent pas des erreurs, mais des phénomènes fréquents lorsqu'on a recours à des classifications polythétiques. En effet, comme le souligne Brennan (1987), en sciences sociales, l'hermétisme des classes est bien souvent un idéal inaccessible et il est préférable de rechercher des si-milarités entre les sujets ainsi qu'une cohésion intraclasse, soit des prototy-pes. Par prototypes, on entend généralement un certain nombre de varia-bles ou de critères partagés par la majorité des sujets, mais pas nécessaire-ment par tous.

Une limite importante des résultats de notre étude découle de la na-ture de notre échantillon d'agresseurs sexuels d'enfants. En effet, nous avons établi des liens entre des profils de personnalité et des profils de modus operandi chez des agresseurs dangereux incarcérés dans un pénitencier. En conséquence, des études complémentaires devront être réalisées afin de vérifier si de tels liens existent pour des agresseurs moins dangereux, c'est-à-dire ceux incarcérés dans une prison sous juridiction provinciale, ainsi que ceux qui ont reçu une sentence de probation.

Profils de personnalité, types d'attachement et modus operandi

Alors que les résultats de la présente étude nous amènent à formuler l'hypothèse selon laquelle le type de modus operandi serait déterminé en partie par le type de trouble de la personnalité, nous avons vu que Ward, Hudson, Marshall et Siegert (1995) ont proposé l'hypothèse selon laquelle le type de modus operandi serait déterminé par le type d'attachement insécure. En conséquence, on peut s'interroger sur les liens qui existent entre ces deux types de variables psychologiques stables que sont les trou-bles de la personnalité et les types d'attachement insécure. Tout d'abord, en ce qui concerne les définitions, les deux variables font référence à des orga-nisations de pensées, d'émotions et de comportements qui caractérisent la manière dont une personne interagit avec autrui et avec elle-même. Puis, si l'on compare les modus operandi associés aux trois profils de troubles de personnalité définis dans la présente étude avec ceux des trois types d'atta-chement insécure proposés par Ward et ses collègues, on note de nombreu-ses similitudes. En effet, chez l'agresseur homosexuel non familier (dépen-dant et évitant) et chez celui qui manifeste un type d'attachement anxieux-ambivalent, on trouve des distorsions cognitives pro-pédophiliques et des fantaisies sexuelles déviantes pendant la phase précrime et l'usage de straté-gies non coercitives pour amorcer le délit. Dans le cas de l'agresseur hétéro-sexuel non familier (évitant, dépendant et schizoïde) et chez celui qui ma-nifeste un type d'attachement craintif, la phase crime inclut l'usage de

Figure 2

Modèle du processus de passage à l'acte chez les agresseurs sexuels d'enfants extrafamiliaux

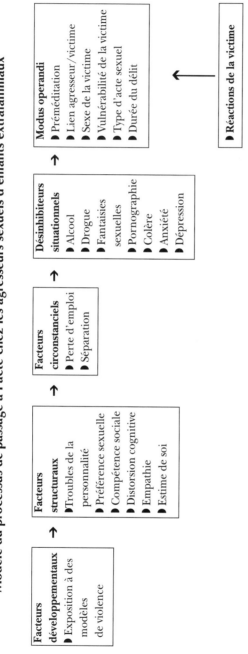

stratégies coercitives pour amorcer le délit. Finalement, chez l'agresseur hétérosexuel familier (dépendant, narcissique) et chez celui qui manifeste un type d'attachement fuyant, on note également l'usage de stratégies coercitives au cours de la phase crime. Pour ces deux derniers types d'attachement, les comparaisons quant au profil de modus operandi sont limitées. En conséquence, la nature des liens entre le type d'attachement et le type de trouble de la personnalité chez les agresseurs sexuels d'enfants reste une question qui nécessite des études empiriques.

Implications théoriques et nosographiques

Sur le plan théorique, quelles sont les implications des résultats de cette étude ? Tout d'abord, soulignons le fait que la diversité des types de modus operandi et des types de profils de personnalité des agresseurs d'enfants semble peu compatible avec les modèles généraux proposés par Finkelhor (1984), Hall et Hirschman (1992) et Pithers (1990). En conséquence, à notre avis, la démarche subséquente serait l'élaboration de micro-théories de l'agression sexuelle d'un enfant spécifiques à chaque type de modus operandi. Ces micro-théories devraient inclure des variables appartenant aux dimensions suivantes : 1) des facteurs développementaux (exposition à des modèles de violence) ; 2) des facteurs structuraux (trouble de la personnalité, préférence sexuelle, compétence sociale, distorsion cognitive pro-pédophilique, empathie, estime de soi) ; 3) des facteurs circonstanciels (perte d'emploi, séparation) ; 4) des désinhibiteurs situationnels (alcool, drogue, fantaisie sexuelle déviante, pornographie, colère, anxiété) ; 5) des caractéristiques du modus operandi ; et 6) les réactions de la victime à l'agression. Ces variables permettraient de déterminer les caractéristiques développementales et structurales desquelles découlent différents types de prédispositions à l'agression sexuelle d'un enfant, ainsi que les facteurs circonstanciels et situationnels qui en permettent l'actualisation (figure 2).

Sur le plan nosographique, les résultats de cette étude démontrent que la présence de fantaisies sexuelles déviantes n'est pas une condition nécessaire à l'agression sexuelle d'un enfant. En effet, seuls les sujets homosexuels non familiers rapportent de telles fantaisies pendant la phase précrime. En conséquence, le recours à des critères diagnostiques portant exclusivement sur ce facteur semble une approche réductionniste qui exclut un nombre important d'agresseurs sexuels d'enfants (DSM-III-R, APA, 1987). De plus, la nécessité d'une détresse significative causée par des fantaisies ou des comportements sexuels impliquant des enfants semble également une approche réductionniste, voire contradictoire (DSM-IV, APA, 1994). En effet, les agresseurs homosexuels non familiers, qui rapportent des fantaisies sexuelles déviantes, sont également les mieux enracinés dans la pédophilie, ainsi qu'en témoigne leur préférence sexuelle pour les garçons prépubères (Proulx, Côté et Achille, 1993), leurs distorsions cognitives pro-pédophiliques (Hanson et collab., 1998) et leur activité délictueuse continue (Proulx et collab., 1997). De plus, ces agresseurs sont souvent membres d'associations, telle la NAMBLA (*North American Men Boy Love Association*) qui vise la promotion des contacts sexuels entre un adulte et un enfant. En conséquence, en raison des aberrations dans la définition de la pédophilie, nous considérons que cette catégorie diagnostique est peu utile dans sa forme actuelle explicitée dans le DSM-IV.

RÉFÉRENCES

Abel, G. G., D.K. Gore, C.L. Holland, N. Camp, J.V. Becker et J. Rathner (1989). « Cognitive distortions of child molesters », *Annals of Sex Research*, 2 : 135-153.

American Psychiatric Association (1987). *Diagnostic and Statistical Manual of Mental Disorders* (DSM-III-R). Washington, D.C. : American Psychiatric Association.

American Psychiatric Association (1994). *Diagnostic and Statistical Manual of Mental Disorders* (DSM-IV). Washington, D.C. : American Psychiatric Association.

Armentrout, J.A. et A.L. Hauer (1978). « MMPIs of rapists of adults, rapists of children and non-rapists sex offenders », *Journal of Clinical Psychology*, 34 : 330-332.

Badgley, R.F. (1984). *Sexual offenses against children : Report of the committee on sexual offenses against children and youths*. Ottawa, Canada : Canadian Government Publishing Centre.

Barbaree, H. E., W.L. Marshall, E. Yates et L.O. Lightfoot (1983). « Alcohol intoxication and deviant sexual arousal in male social drinkers », *Behaviour Research and Therapy*, 21 : 513-520.

Barbaree, H.E. et W.L. Marshall (1989). « Erectile responses amongst heterosexual child molesters, father-daughter incest offenders and matched non-offenders : Five distinct age preference profiles », *Canadian Journal of Behavioral Science*, 21 : 70-82.

Bard, L.A. et R.A. Knight (1987). *Sex offending subtyping and the MCMI*. Conférence présentée à la Conference on the Millon Clinical Inventory, Miami, Floride.

Bartholomew, K. et L.W. Horowitz (1991). « Attachment styles among adults : a test of a four category model », *Journal of Personality and Social Psychology*, 61 : 226-244.

Brennan, T. (1987). « Classification : an overview of selected methodological issues », p. 201-248, dans D.M.G. Gottfredson et M. Tonry (dir.), *Prediction and classification : criminal justice decision making*. Chicago : Chicago University Press.

Chantry, K. et R.J. Craig (1994). « MCMI typologies of criminal sexual offenders », *Sexual addiction and Compulsivity*, 1 : 215-226.

Cornish, D. B. et R.V. Clarke (1986). « Introduction », p. 1-16, dans D.B. Cornish et R.V. Clarke (dir.), *The reasoning criminal : Rational choice perspectives on offending*. New York : Springer-Verlag.

Cortoni, F., P. Heil et W.L. Marshall (1996, novembre). *Sex as a coping mechanism and its relationship to loneliness and intimacy deficits in sexual offending*. Conférence présentée au 15th Annual Meeting of the Association for the Treatment of Sexual Abusers, Chicago, Illinois, É.-U.

Cortoni, F. et W.L. Marshall (1996, août). *Juvenile sex history, sex, and coping strategies : A comparison of sexual and violent offenders*. Conférence présentée au 26th International Congress of Psychology, Montréal, Canada.

Cusson, M. et G. Cordeau (1994). « Le crime du point de vue de l'analyse stratégique », p. 91-112, dans D. Szabo et M. LeBlanc (dir.), *Traité de criminologie empirique*. Montréal : Presses de l'Université de Montréal.

Finkelhor, D. (1984). *Child sexual abuse : New theory and research*. New York : The Free Press.

Finkelhor, D. et S. Araji (1986). « Explanations of pedophilia : a four factor model », *The Journal of Sex Research*, 22 : 145-161.

Hall, G.C.N. (1989). « WAIS-R and MMPI profiles of men who have sexually assaulted children : evidence of limited utility », *Journal of Personality Assessment*, 53 : 404-412.

Hall, G.C.N., J.R. Graham et J.B. Shepherd (1991). « Three methods of developing MMPI taxonomies of sexual offenders », *Journal of Personality Assessment*, 56 : 2-13.

Hall, G.C.N. et R. Hirschman (1992). « Sexual aggression against children : A conceptual perspective of etiology », *Criminal Justice and Behavior*, 19 : 8-23.

Hall, G.C.N., R.D. Maiuro, P.P. Vitaliano et W.C. Proctor (1986). « The utility of the MMPI with men who have sexually assaulted children », *Journal of Consulting and Clinical Psychology*, 54 : 493-496.

Hanson, R.K., I. Pronovost, J. Proulx, H. Scott et H. Raza (1998). Étude des propriétés psychométriques d'une version française de l'échelle cognitive d'Abel et Becker », *Revue sexologique*, 6 : 127-141.

Hanson, R.K., R.A. Steffy et R. Gauthier (1993). « Longterm recidivism of child molesters », *Journal of Consulting and Clinical Psychology*, 61 : 646-652.

Kalichman, S.C. (1991). « Psychopathology and personality characteristics of criminal sexual offenders as a function of victim age », *Archives of Sexual Behavior*, 20 : 187-197.

Kaufman, K. L., D.R. Hilliker, P. Lathrop et E.L. Daleiden (1993). « Assessing child sexual offenders' modus operandi : accuracy in self-reported use of threats and coercion », *Annals of Sex Research*, 6 : 213-229.

Kaufman, K.L., K. Orts, J. Holmberg, F. McCrady, E.L. Daleiden et D. Hilliker (1996, novembre). *Contrasting adult and adolescent sexual offenders' modus operandi : A developmental process.* Conférence présentée à la 15th Annual Conference of the Association for the Treatment of Sexual Abusers, Chicago, Illinois, USA.

Kelly, R.V. et R. Lusk (1992). « Theories of pedophilia », p. 168-203, dans W. O'Donohue et J.H. Geer (dir.), *The sexual abuse of children : Theory and research.* Hillsdale, New Jersey : Lawrence Erlbaum.

Landry, M., L. Nadeau et S. Racine (1996). *Prévalence des troubles de la personnalité dans la population toxicomane du Québec.* Document inédit : recherche et intervention sur les substances psychoactives.

Langevin, R., R. Lang, R. Reynolds, P. Wright, D. Garrells, V. Marchese, L. Handy, G. Pugh et R. Frenzel (1988). « Personality and sexual anomalies : an examination of the Millon Clinical Multiaxial Inventory », *Annals of Sex Research,* 1 : 13-32.

Langevin, R., D. Paitich, R. Freeman, K. Mann et L. Handy (1978). « Personality characteristics and sexual anomalies in males », *Canadian Journal of Behavioral Science,* 10 : 222-238.

Levin, S.M. et L. Stava (1987). « Personality characteristics of sex offenders : a review », *Archives of Sexual Behavior,* 16 : 57-79.

Marshall, W.L. (1989). « Intimacy, loneliness and sexual offenders », *Behaviour Research and Therapy,* 27 : 491-503.

Marshall, W.L. (1993). « The role of attachments, intimacy, and loneliness in the etiology and maintenance of sexual offending », *Sexual and Marital Therapy,* 8 : 109-121.

Marshall, W.L. (1997). « Pedophilia : psychopathology and theory », p. 152-174, dans D.R. Laws et W. O'Donohue (dir.), *Sexual deviance : Theory, assessment and treatment.* New York : Guilford.

McKibben, A., J. Proulx et R. Lusignan (1994). « Relationships between conflict, affect and deviant sexual behaviors in rapists and pedophiles », *Behaviour Research and Therapy,* 32 : 571-575.

Millon, T. (1981). *Personality disorders.* New York : Wiley.

Millon, T. (1983). *Millon Clinical Multianual Inventory Manual.* Mineapolis : Interpretive Scoring Systems.

Millon, T. et R.D. Davis (1996). *Disorders of personality : DSM-IV and beyond.* New York : Wiley.

Panton, J.H. (1978). « Personality differences appearing between rapists of adults, rapists of children and non-violent sexual molesters of female children », *Research Communications in Psychology, Psychiatry and Behavior,* 3 : 385-393.

Pithers, W.D. (1990). « Relapse prevention with sexual aggressors : a method for maintaining therapeutic gain and enhancing external supervision », p. 343-

361, dans W.L. Marshall, D.R. Laws et H.E. Barbaree (dir.), *Handbook of sexual assault : Issues, theories and treatment of the offenders.* New York : Plenum.

Pithers, W.D., L.S. Beal, J. Armstrong et J. Petty (1989). « Identification of risk factors through clinical interviews and analysis of records », p. 77-87, dans D.R. Laws (dir.), *Relapse prevention with sexual offenders.* New York : Guilford.

Pithers, W.D., K.M. Kashima, G.F. Cumming, L.S. Beal et M.M. Buell (1988). « Relapse prevention of sexual aggression », p. 244-260, dans R.A. Prentky et V.L. Quinsey (dir.), *Human sexual aggression : Current perspectives.* New York : New York Academy of Sciences.

Pithers, W.D., J.K. Marques, C.C. Gibat et G.A. Marlatt (1983). « Relapse prevention with sexual aggressives : A self-control model of treatment and maintenance change », p. 214-239, dans J.G. Greer et I.R. Stuart (dir.), *The sexual aggressor : Current perspectives on treatment.* New York : Van Nostrand Reinhold.

Poirier, M.E. (1997). *Génitalisation et troubles de la personnalité chez les agresseurs sexuels d'enfants.* Mémoire inédit. Département de psychologie, Université de Montréal.

Proulx, J. (1989). « Sexual preference assessment of sexual aggressors », *International Journal of Law and Psychiatry*, 12 : 275-280.

Proulx, J. (1993). « L'évaluation des préférences sexuelles », p. 98-106, dans J. Aubut (dir.), *Les agresseurs sexuels : théories, évaluation et traitement.* Montréal : La Chevalière.

Proulx, J., G. Côté et P.A. Achille (1993). « Prevention of voluntary control of penile response in homosexual pedophiles during phallometric testing », *The Journal of Sex Research*, 18 : 140-147.

Proulx, J., A. McKibben et R. Lusignan (1996). « Relationship between affective components and sexual behaviors in sexual aggressors », *Sexual Abuse : A Journal of Research and Treatment*, 8 : 279-289.

Proulx, J. et M. Ouimet (1995). « Criminologie de l'acte et pédophilie », *Revue internationale de criminologie et de police technique*, 48 : 294-310.

Proulx, J., B. Pellerin, Y. Paradis, A. McKibben, J. Aubut et M. Ouimet (1997). « Static and dynamic predictors of recidivism in sexual aggressors », *Sexual Abuse : A Journal of Research and Treatment*, 9 : 7 : 27.

Proulx, J., C. Perreault et M. Ouimet (1999). « Pathways in the offending process of extrafamilial sexual child molestors », *Sexual abuse : A Journal of Research and Treatment*, 11 : 117-129.

Quinsey, V.L., L.S. Arnold et M.G. Pruesse (1980). « MMPI profiles of men referred for a pretrial psychiatric assessment as a function of offense type », *Journal of Clinical Psychology*, 36 : 410-417.

Russell, D. (1984). *Sexual exploitation, child sexual abuse, and workplace harassment.* Beverly Hills, California : Sage.

Salter, A.C. (1992). « Epidemiology of child sexual abuse », p. 108-138, dans W. O'Donohue et J.H. Geer (dir.), *The sexual abuse of children : Theory and research.* Hillsdale, New Jersey : Lawrence Erlbaum.

Schlank, A.M. (1995). « The utility of the MMPI and the MSI for identifying a sexual offender typology », *Sexual Abuse : A Journal of Research and Treatment*, 7 : 185-194.

Segal, Z.V. et W.L. Marshall (1985). « Heterosexual social skills in a polulation of rapists and child molesters », *Journal of Consulting and Clinical Psychology*, 53 : 55-63.

Stermac, L.E. et V.L. Quinsey (1985). « Social competence among rapists », *Behavioral Assessment*, 8 : 171-185.

St-Yves, M., J. Proulx et A. McKibben (1994). *Questionnaire informatisé sur les délinquants sexuels.* Document inédit, Service correctionnel du Canada.

Ward, T. et S.M. Hudson (1996). « Relapse prevention : a critical analysis », *Sexual Abuse : A Journal of Research and Treatment*, 8 : 177-200.

Ward, T. et S.M. Hudson (1997). « Relapse prevention : Conceptual innovations », dans D.R. Laws, S.M. Hudson et T. Ward (dir.), *Rethinking relapse prevention with sex offenders : Theory and practice.* Londres : Wiley.

Ward, T., S.M. Hudson, W.L. Marshall et R. Siegert (1995). « Attachment style and intimacy deficits in sexual offenders : a theoretical framework », *Sexual Abuse : A Journal of Research and Treatment*, 7 : 317-335.

Ward, T., S.M. Hudson et W.L. Marshall (1996). « Attachment style in sex offenders : a preliminary study », *The Journal of Sex Research*, 33 : 17-26.

Ward, T., K. Louden, S.M. Hudson et W.L. Marshall (1995). « A descriptive model of the offence chain for child molesters », *Journal of Interpersonal Violence*, 10 : 452-472.

PARTIE IV
LES VOIES DE FAIT ET LES COUPS ET BLESSURES

10
La violence au quotidien

Analyse de la prévalence et de la structure des voies de fait

Marc Ouimet

L'objet de ce chapitre est d'abord de faire état des connaissances accumulées sur les voies de fait et de décrire le phénomène tel qu'il est observé à partir des sondages et des statistiques policières disponibles. Puisque seulement une fraction des attaques et agressions physiques sont rapportées à la police, les analyses effectuées à l'aide des statistiques policières ne sauraient représenter l'ensemble des voies de fait réellement commises. Les cas rapportés à la police sont différents des cas non rapportés à plusieurs égards. Fattah (1991) indique que deux grands facteurs jouent sur la visibilité des infractions : la gravité de l'acte posé (les cas les plus graves sont plus fréquemment rapportés à la police) et la distance sociale entre l'agresseur et la victime (les agressions entre étrangers sont plus fréquemment rapportées que les agressions entre proches).

Selon le Code criminel canadien, est coupable d'une voie de fait quiconque se livre à une agression ou tente ou menace d'employer la force contre une autre personne si cette dernière peut croire que l'agresseur est en mesure de le faire. Commet également une voie de fait une personne armée qui en importune une autre sur la voie publique ou une personne qui lui crache au visage. Le vocable voie de fait regroupe donc une très grande variété de comportements criminels, tant dans la motivation de l'agresseur, dans la situation criminelle que dans la gravité de l'acte.

PORTRAIT DÉVELOPPEMENTAL DE L'AGRESSION

Le comportement violent apparaît tôt chez l'enfant. Dès 2 ans, l'enfant utilise l'agression physique de manière instrumentale pour protéger ses biens ou pour défendre son espace personnel. Lorsqu'un garçonnet voit un de ses jouets saisi par un enfant du voisinage, il peut répliquer avec un violent coup de bâton à la tête de ce dernier. Ce genre d'événement est si fréquent que les bâtons de baseball vendus pour les enfants sont le plus souvent fabriqués d'une matière plastique, de manière à limiter les dégâts chez une éventuelle victime. Plus tard, l'apprentissage de la violence se fait principalement au contact des parents (Patterson, 1982), soit par imitation (lorsque les parents utilisent la coercition comme moyen de gestion des conflits), soit par renforcement (lorsque les parents répondent positivement à la coercition naturelle de l'enfant). L'apprentissage de la violence se fera ensuite au contact d'autres enfants, dans la rue ou à l'école. L'enfant comprendra qu'il est possible d'utiliser la violence pour atteindre une variété de fins telles que l'amusement, la glorification personnelle ou la vengeance. Bien entendu, les parents doivent consacrer une énergie considérable à réprimer les instincts agressifs de leurs rejetons. Ce n'est qu'avec les années que l'enfant intériorise la norme anti-violence. Malheureusement, certains enfants intériorisent faiblement la norme et apprennent à utiliser la coercition dans leurs rapports avec les autres.

L'intériorisation de la norme anti-violence se fait très graduellement. Une étude portant sur plus de 22 000 enfants canadiens âgés de 2 à 11 ans montre que le pourcentage des enfants qui parfois, selon leurs parents, mordaient, frappaient et donnaient des coups de pied diminuait progressivement avec l'âge (Tremblay et collab., 1996). Selon cette étude dont les données adaptées sont reproduites à la figure 1, c'est entre 27 et 29 mois que les enfants sont les plus agressifs, le pourcentage d'enfants ayant frappé, mordu ou donné des coups de pied se situant alors à près de 50 %. À 11 ans, un peu plus de 10 % des garçons posaient encore de tels gestes. Les résultats d'un sondage américain confirment la règle voulant que la violence diminue de manière progressive avec la maturation (Dobrin et collab., 1996). Les résultats de cette étude, illustrés à la figure 1, montrent que le pourcentage d'adolescents avouant s'être battus au cours de la dernière année diminue entre 12 et 21 ans. Chez les garçons, 59 % des 12 ans font cet aveu alors que le pourcentage n'est plus que de 31 % à 21 ans. Il n'existe aucune étude de délinquance autorévélée se prolongeant dans la vie des adultes, mais il y a fort à parier que moins de 1 % des cinquante ans et plus avoueraient s'être battus au cours de la dernière année.

Figure 1

La prévalence des comportements agressifs chez les garçons selon l'âge

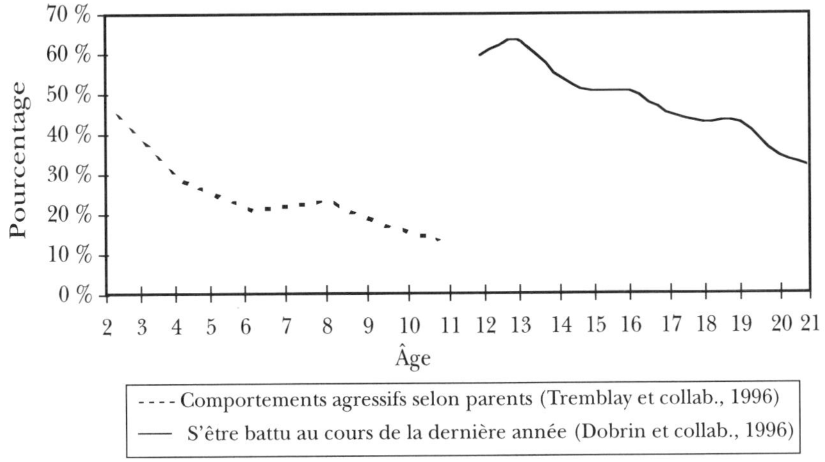

---- Comportements agressifs selon parents (Tremblay et collab., 1996)
—— S'être battu au cours de la dernière année (Dobrin et collab., 1996)

Contrairement à d'autres types d'actes violents, comme l'homicide, l'agression sexuelle ou le vol qualifié, les coups et les batailles débutent très tôt dans la vie et deviennent de moins en moins fréquents au fur et à mesure que les personnes vieillissent. Un tel constat contraste avec des travaux de recherche qui fixent le début de l'adolescence comme la période d'initiation à la délinquance et à la violence (Fréchette et LeBlanc, 1987). Selon Le Blanc (1994, p. 289), « habituellement entre 8 et 10 ans, les activités délictueuses s'affirment homogènes et bénignes, s'exprimant à peu près strictement sous la forme de menus larcins... » Comment expliquer que certains chercheurs aient fixé le début de l'adolescence comme la période d'émergence de la violence ? Si les enfants sont plus fréquemment violents que les adolescents, seuls ces derniers sont dénoncés à la police pour leurs comportements. Les parents et éducatrices de garderie gèrent eux-mêmes la violence des petits enfants et la considèrent comme normale et inévitable. Par contre, lorsqu'un enfant s'approche de la puberté, ses gestes de violence, s'ils sont graves ou répétitifs, risquent d'être rapportés à la police (on fixe actuellement à 12 ans l'âge de la responsabilité pénale). Nous pouvons même présumer que la proportion de gestes violents rapportée aux autorités croît durant l'adolescence (la tolérance à l'égard des gestes délinquants des adolescents serait inversement proportionnelle à leur âge). Ainsi, les statistiques de la criminalité, ou celles issues des tribunaux pour mineurs, nous présentent l'image erronée d'une délinquance violente qui apparaît au début de l'adolescence et s'intensifie par la suite.

Ce portrait développemental de la violence montre que celle-ci n'est pas apprise à l'adolescence. Puisque « l'enfant est le père de l'homme » (Wilson et Herrnstein, 1985, p. 241), il faut relativiser l'importance des facteurs externes à l'individu et à sa famille dans les théories étiologiques de la délinquance. Si les facteurs sociaux souvent invoqués pour expliquer la délinquance, tels l'école ou les pairs, sont utiles pour comprendre les mécanismes du désengagement social et les conditions d'expression de l'agressivité des jeunes, ils ne peuvent en expliquer l'origine. Une bonne partie des actes de violence perpétrés par les adultes ne constituent en fait que la remise en service de vieux réflexes développés dans le plus jeune âge. Pour comprendre la violence des adultes, il faut donc s'intéresser aux conditions qui en favorisent l'expression.

LA SOURCE DES CONFLITS MENANT AUX VOIES DE FAIT

Peu d'études portent sur les motivations des agresseurs dans le cas des voies de fait. Par contre, plusieurs études ont porté sur l'homicide. Selon Block (1987), une très grande proportion des homicides ne sont que la résultante d'un vol qualifié ou d'une agression physique qui a mal tourné. Harries (1990) va même jusqu'à dire que l'homicide et les voies de fait représentent des comportements semblables, se distinguant plus par le résultat que par le processus. Maxfield (1989) a étudié les circonstances de 195 543 homicides qui eurent lieu aux États-Unis entre 1976 et 1985. Le type d'homicide de loin le plus fréquent est celui qui résulte d'un conflit, avec 82 909 cas. Parmi ces homicides, on retrouve 4 771 meurtres de jalousie amoureuse, 8030 meurtres commis au cours d'une bagarre entre gens en état d'ébriété, 5782 meurtres commis à l'occasion d'une chicane d'argent et 64 045 meurtres issus d'autres conflits interpersonnels.

Une distinction classique oppose les agressions dites expressives aux agressions dites instrumentales. Les agressions expressives seraient causées par la colère, l'anxiété, la frustration, et seraient ainsi souvent impulsives et soudaines. Selon Gottfredson et Hirschi (1993), le modèle sous-tendu est celui de la frustration-agression qui a eu une importance considérable en psychologie et en sociologie, notamment dans les théories de la tension. Les agressions dites instrumentales sont celles qui visent un résultat. Elles sont ainsi le plus souvent planifiées par l'agresseur. Tedeschi et Felson (1994) mettent en doute la validité du concept de violence expressive. En effet, ils pensent que pratiquement toutes les agressions sont instrumentales et visent un quelconque bénéfice. En ce sens, même dans les agressions qui semblent découler d'un accès de colère, il faut chercher la rationalité chez l'auteur.

Dans un sondage mené auprès de 1394 adolescents américains, Agnew (1990) s'intéresse aux motivations pour différents types de crimes. Des 264 jeunes ayant avoué une voie de fait, 64 % indiquent qu'ils étaient motivés par un désir de vengeance et 10 % disent avoir été poussés par un devoir de rétribution. En plus, 8 % des jeunes disent simplement s'être battus à la suite d'un conflit et 8 % disent avoir été injustement provoqués. Toutefois, en matière de vol, les motivations sont le plus souvent la gratification et le plaisir (45 %), l'obtention de biens (23 %) et la vengeance (10 %). Ceci montre que les personnes s'en prenant aux autres physiquement se croient souvent justifiées de le faire. Le désir de vengeance est la principale raison fournie par les délinquants pour expliquer leurs actes de violence. On peut donc présumer que bien des agresseurs ont subi des affronts réels ou imaginés de leur adversaire et qu'ils se sont alors sentis contraints à agir, soit par souci de justice, soit pour prévenir des affronts similaires dans le futur.

Provocation et vengeance

On peut distinguer deux processus typiques menant à l'agression, soit le modèle de la provocation et celui de la vengeance. Le modèle de la provocation indique que l'agression physique est une réaction aux tracasseries et affronts subis. Ainsi, lorsqu'une personne en insulte une autre, la victime a le choix : elle peut s'esquiver ou affronter le tourmenteur. L'affrontement débute généralement par des menaces verbales. Mais, comme l'indiquent Pruitt et ses collaborateurs (1993), les menaces ne valent pas grand-chose si elles ne sont pas crédibles. Or, la crédibilité d'une personne dépend de ses actions antérieures. Les personnes dont on craint les menaces sont celles qui, dans le passé, les ont maintes fois mises à exécution.

La vengeance semble, selon les données de Agnew (1990), être la principale motivation des agresseurs. Tedeschi et Felson (1994) indiquent qu'une injustice subie peut mener à la formation d'un grief envers autrui (il faut noter que certaines personnes sont atteintes de distorsions cognitives ou de paranoïa et qu'elles ont l'impression erronée d'avoir subi une injustice). L'injustice doit être entendue dans son sens large et incorpore le préjudice moral et la violation de normes à son propre égard (ou à l'égard d'un proche). Du grief, on passe au blâme. On peut blâmer directement l'auteur de l'injustice ou diffuser le blâme dans le réseau social de l'individu en utilisant la médisance. Parfois, le blâme est suffisant pour compenser le tort causé et est efficace si la personne en cause fait amende honorable. Par contre, dans d'autres occasions, la colère et la haine persistent chez la personne lésée. Ces émotions peuvent mener à des relations interpersonnelles futures tendues et hostiles pouvant dégénérer en conflit. Dans d'autres cas, la personne apparemment lésée décide de se faire justice et de punir l'auteur de l'injustice. L'application de la peine vise à rétablir l'équilibre entre les parties, mais permet aussi de prévenir d'autres injustices dans le futur (on hésitera à s'en prendre à quelqu'un qui est connu pour se faire vengeance).

Le modèle de la vengeance peut aussi être généralisé. En effet, il est possible que certaines personnes lésées dans le passé dans des circonstances particulières puissent avoir développé une haine envers tous ceux qui partagent les mêmes caractéristiques que l'agresseur. Prenons un exemple. Un jeune homme prostitué homosexuel tue un de ses clients. Le meurtrier explique que la victime a payé pour celui qui, dix ans auparavant, en avait abusé et avait ainsi causé son dérapage social. La généralisation du modèle de la vengeance nous rapproche des théories sociologiques de la légitimation de la violence (Wolfgang et Ferracuti, 1967) et des opportunités légitimes (Merton, 1938). Dans ces théories, on indique qu'il existe une sous-culture de la violence dans les classes défavorisées. Pour certains groupes, le vol et la violence sont considérés comme des moyens légitimes de rétablir une forme d'équité sociale.

Les modèles de la provocation et de la vengeance supposent que la victime ait commis un geste antinormatif. Mais alors, pourquoi les personnes apparemment lésées n'ont-elles pas utilisé les moyens officiels de recours, soit la police ou les tribunaux civils ? Tout d'abord, une grande partie des injustices sont constituées d'affronts et de moqueries. Ces affaires sont trop bénignes pour intéresser les divers agents officiels de contrôle social. Pour les injustices plus sérieuses, Black (1983) montre que plusieurs personnes n'ont pas la capacité ou le réflexe de s'en remettre à d'autres pour gérer leurs conflits. Par exemple, le revendeur de drogues lésé ne peut utiliser les moyens officiels de résolution de conflits (police et tribunaux) et doit prendre les moyens qui sont à sa disposition pour punir, exiger réparation ou prévenir les victimisations futures. L'argument peut être étendu aux classes défavorisées de la population qui n'ont pas le réflexe, l'habitude ou les ressources financières pour faire appel aux organismes officiels de gestion des conflits.

Violence conjugale : la coercition

Les agressions entre conjoints représentent une part importante des voies de fait. Pour l'année 1995 au Québec, on compte près de 8000 femmes victimes de voies de fait dans un contexte conjugal, soit 54 % des femmes victimes de ce type de crime (Québec, 1996). La violence conjugale compte pour environ 22 % de l'ensemble des voies de fait. La fréquence des violences conjugales s'explique en partie par le fait que les hommes et les femmes passent beaucoup de temps ensemble et que le couple est le lieu de bien des disputes (concernant la lessive, l'argent, le sexe, etc.). Ces disputes laissent souvent un goût amer chez les parties qui se sentent incomprises ou injustement traitées. Devant de telles situations, certains hommes décident d'utiliser la coercition, mode relationnel basé sur les menaces de violence, pour contraindre leur femme à obéir à leurs ordres (Frieze et Browne, 1989). L'utilisation de la coercition permet à l'homme d'éviter d'interminables discussions avec sa conjointe. Puisque la crédibilité est au cœur de la capacité de contraindre autrui avec la menace, l'homme coercitif devra utiliser périodiquement la violence contre sa conjointe pour lui montrer que sa menace est réelle, et ainsi faire en sorte que ses menaces futures soient prises au sérieux. L'utilisation de la violence dans un contexte conjugal pourrait s'expliquer par une volonté de contrôle et de pouvoir au sein du couple. Deux autres mécanismes peuvent être considérés, soit les valeurs et attitudes sexistes et la force des inhibitions au sujet de la violence en général, et de la violence contre les femmes en particulier. Le niveau d'intégration sociale du mari est aussi un facteur fortement associé à la violence conjugale : les hommes éprouvant des difficultés professionnelles et financières utiliseraient davantage la violence contre leur conjointe (Freize et Browne, 1989 ; Burgess et Draper, 1989). Finalement, le désir de vengeance pourrait bien rendre compte des agressions commises par les ex-conjoints (qui comptent pour pratiquement un tiers des voies de fait en contexte conjugal ; Québec, 1996).

Il semble qu'une proportion importante des hommes utilisant la coercition dans leur couple aient eux-mêmes appris ce mode de fonctionnement dans leur famille d'origine (Burgess et Draper, 1989). Dans une étude des personnes s'étant livrées à la violence conjugale, Farrington (1994) montre que les maris violents se distinguent des autres personnes violentes sur plusieurs points. D'abord, on retrouve dans les familles d'origine des conjoints violents une fréquence de conflits conjugaux particulièrement élevée. Ensuite, les conjoints violents ont davantage de difficultés relationnelles avec leurs propres parents que les autres (cette variable n'est pas liée aux autres mesures de violence générale). De plus, le chômage, la consommation d'alcool et de drogues et le sentiment d'échec social sont plus fortement associés à la violence conjugale qu'à la violence générale. Ainsi, les hommes présentant un faible niveau d'adaptation sociale et des difficultés relationnelles utiliseraient davantage les mécanismes de coercition dans leur couple que les autres.

LES VOIES DE FAIT SELON LES SONDAGES

En 1987, le gouvernement canadien entreprenait le premier sondage national de victimisation (Sacco et Johnson, 1990). Les données du sondage indiquent que 6,8 % des Canadiens affirment avoir été victimes d'une agression violente (c'est-à-dire avoir été frappés ou battus) au cours de la dernière année. En comparaison, 1,3 % des Canadiens disent avoir été victimes d'un vol qualifié et moins de 1 % d'une agression sexuelle. Les voies de fait sont plus fréquentes que les cambriolages et les vols de véhicules motorisés. Le pourcentage de victimisation pour voies de fait varie peu selon le sexe (7,4 % des hommes et 6,3 % des femmes), mais varie selon l'âge (14,5 % des 15-24 ans, 8,0 % des 25-44 ans et 1,9 % des 45-64 ans) et l'état matrimonial (3,9 % des personnes mariées ou en union libre, 13,1 % des célibataires et 17,8 % des divorcés ou séparés).

Les résultats du sondage montrent que les risques de violence augmentent avec le type d'activités auxquelles les répondants prennent part. Par exemple, les personnes qui sortent peu le soir ont un taux annuel global de victimisation violente de 5,5 %, alors que ceux qui sortent fréquemment le soir ont un taux de 28,4 %. Le groupe le plus à risque est composé des hommes âgés de 15 à 24 ans sortant souvent le soir, soit un pourcentage de victimisation de 43,9 %. On remarque une association très étroite entre la consommation d'alcool et les risques de victimisation violente ; les jeunes de 15 à 24 ans consommant 14 verres d'alcool ou plus par semaine ont un pourcentage de victimisation de 64,8 %. Il semble donc que le type d'activités auxquelles nous prenons part influence directement notre probabilité de victimisation, le tout conformément à la théorie des activités routinières de Cohen et Felson (1979).

Le sondage permet aussi d'aborder la question de la proportion des affaires dénoncées à la police ou connues d'elle. Les résultats du sondage montrent que 30 % des voies de fait ont été rapportées à la police, comparativement à 32 % des vols qualifiés (incluant tentatives) et à 70 % des cambriolages. Le pourcentage de voies de fait signalées à la police varie fortement selon l'âge de la victime (20 % pour les 15-24 ans versus 35 % pour les 35-44 ans). Quelles sont les raisons pour lesquelles on n'informe pas la police d'une victimisation violente ? Le plus fréquemment, la victime n'informe pas la police parce qu'elle juge que l'incident est une affaire personnelle (69 % des cas). Dans d'autres cas, la victime indique que l'incident était sans importance (65 % des cas), ou que la police ne pouvait rien faire (50 % des cas). La peur de représailles est un motif invoqué par 21 % des répondants victimes de voies de fait.

Les voies de fait constituent la forme de violence la moins souvent rapportée à la police. Plusieurs facteurs influencent le taux de dénonciation (Harries, 1990 ; Fattah, 1991). D'abord, les agressions les plus graves sont plus susceptibles d'être rapportées. Ensuite, les agressions entre proches sont moins susceptibles d'être dénoncées que les agressions entre étrangers. Mais le taux de dénonciation varie aussi en fonction des caractéristiques personnelles de la victime (âge, sexe et niveau d'éducation). Puisque les données policières sont le résultat d'un filtrage non aléatoire, il en résulte une surreprésentation de certains groupes sociaux dans les données policières. Dans les statistiques policières, sont surreprésentés les femmes, les personnes plus vieilles, les crimes entre étrangers et les voies de fait ayant causé des blessures.

LA NATURE DES ÉVÉNEMENTS

Cette section vise à présenter les statistiques policières se rapportant aux voies de fait. D'abord, seront examinés le volume global de voies de fait et son incidence relative par rapport aux autres formes de criminalité. Ensuite, il sera question de l'écologie des voies de fait. Finalement, seront analysées les caractéristiques des agresseurs et des victimes.

Le nombre d'événements

Dans les statistiques policières, les voies de fait sont regroupées en plusieurs catégories : les voies de fait simples, les voies de fait armées et les voies de fait graves, c'est-à-dire causant des lésions corporelles. On définit les lésions corporelles comme nécessitant des soins médicaux, par exemple lorsqu'il y a coupure, fracture ou traumatisme (les rougeurs ou ecchymoses ne sont pas considérées comme des lésions corporelles). Il y a ensuite plusieurs autres catégories de voies de fait, comme le fait d'infliger des lésions corporelles, le fait de décharger une arme à feu avec l'intention de blesser, les voies de fait contre un policier ou un agent de la paix, la négligence criminelle entraînant des lésions corporelles et les autres voies de fait. La figure 2 présente les statistiques officielles de la criminalité au Québec pour 1995 (source : Statistique Canada, catalogue annuel 85-205).

Figure 2
Les voies de fait par rapport aux autres formes de crimes (Québec, 1995)

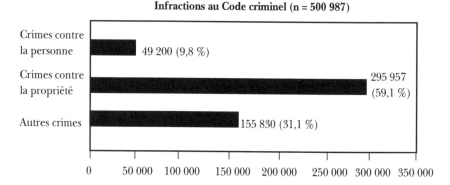

Infractions au Code criminel (n = 500 987)

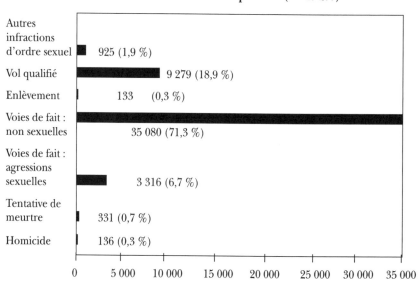

Infractions contre la personne (n = 49 200)

Comme on le voit à la figure 2, les crimes contre la personne consti-tuent un dixième des infractions rapportées à la police. En effet, 9,8 % des 500 987 événements criminels de 1995 sont constitués d'homicides, de ten-tatives de meurtre, d'agressions sexuelles, de voies de fait, d'enlèvements et de vols qualifiés. Les voies de fait représentent quelque 71,3 % de l'ensem-ble des 49 200 crimes contre la personne. La figure 3 présente la distribu-tion des voies de fait selon l'infraction la plus grave retenue par le policier.

Ces données proviennent du système informatisé des rapports d'événements criminels, système qui ne couvre pas en 1995 la totalité de la criminalité rapportée au Québec.

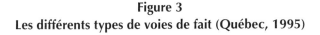

Figure 3
Les différents types de voies de fait (Québec, 1995)

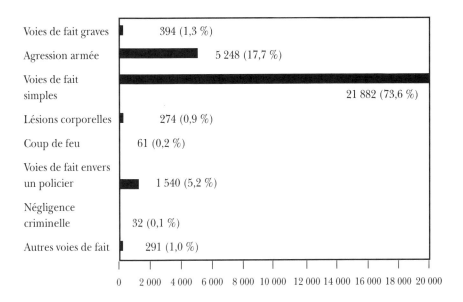

Les voies de fait simples constituent 73,6 % du total des 29 722 incidents rapportés et les voies de fait armées représentent 17,7 % du total. Nous avons analysé le classement des affaires au moment de la saisie informatique des rapports d'événements. Sur les 25 179 affaires classées, il y a 16 576 mises en accusation et 8421 affaires classées sans suites, soit que le plaignant refuse que l'accusation soit portée (4307), soit qu'il y a des raisons indépendantes de la volonté des policiers (2554), soit que le pouvoir discrétionnaire des policiers a été appliqué (1560).

L'écologie des voies de fait

Il y a deux manières d'aborder l'analyse du lieu d'émergence des voies de fait. Il est possible d'étudier a) l'endroit spécifique où les crimes ont été commis, ou b) la distribution du taux de voies de fait dans les différents secteurs d'une ville. Les données de cette section proviennent de l'étude de Ouimet, Tremblay et Morselli (1996) sur la criminalité à Montréal en 1995.

Figure 4
Le lieu des voies de fait à Montréal en 1995 (n = 8965)

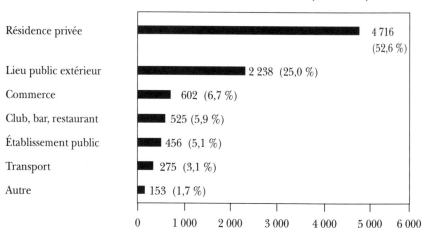

Les données présentées à la figure 4 montrent que 52,6 % des 8965 événements disponibles se sont produits dans une résidence privée. Suivent 25,0 % des cas survenus dans un lieu public extérieur. Ces deux catégories forment plus des trois quarts de l'échantillon.

L'importance de la résidence privée dans la distribution vient du fait que la majorité des voies de fait sont commises entre des protagonistes qui se connaissent, conjoints, amis ou parents. Il est toutefois surprenant de voir que les commerces, entreprises et manufactures voient si peu d'incidents se produire (6,7 %). Il existerait peut-être dans les milieux de travail des mécanismes de contrôle qui préviennent la violence ou qui gèrent les conflits une fois ceux-ci survenus. De plus, la violence d'un employé envers un collègue est un motif suffisant pour justifier sa mise à pied. Les données montrent aussi qu'il y a relativement peu d'incidents dans les clubs, bars et restaurants. Il est possible que la plupart des conflits amorcés dans de tels lieux se règlent en fait dans la rue.

La seconde avenue pour analyser l'écologie des voies de fait est l'étude de la distribution des taux de voies de fait dans l'espace. Le rapport de Ouimet, Tremblay et Morselli (1996) présente, pour les 49 postes de quartier du territoire de Montréal, le taux de voies de fait par 1000 résidents et le taux de voies de fait pondéré par le nombre de personnes qui circulent dans le quartier pour une journée donnée. Le tableau 1 présente les quartiers où les taux de voies de fait sont particulièrement bas ou élevés. En parallèle, d'autres caractéristiques issues des données de recensement par quartier sont présentées, soit le pourcentage de résidents vivant sous le seuil de la pauvreté et celui des familles avec enfant à la maison dirigées par une seule personne, le nombre de stations de métro et le nombre de débits de boisson.

Tableau 1

Caractéristiques des quartiers de Montréal avec un faible ou un fort taux de voies de fait

Quartier	Pourcentage de personnes pauvres	Pourcentage de familles monoparentales	Nombre de métros	Nombre de bars	Taux de voies de fait	Taux de voies de fait pondéré
Quartiers avec faible taux						
Beaconsfield/Baie d'Urfé/ Kirkland/Senneville/L'Île-Bizard/ Sainte-Anne-de-Bellevue	0,08	0,12	0	2	2,7	1,34
Pierrefonds-O/Sainte-Geneviève	0,12	0,17	0	2	2,8	1,64
Côte-Saint-Luc/Hampstead/ Montréal-Ouest	0,14	0,17	0	0	2,4	1,23
Mont-Royal	0,15	0,19	2	7	4,8	1,86
Anjou	0,18	0,29	0	4	4,4	1,47
Quartiers avec fort taux						
Pointe-Saint-Charles/ Saint-Henri/Petite-Bourgogne	0,46	0,47	4	19	14,3	6,60
Ville-Marie-SO	0,38	0,34	7	87	41,9	4,18
Ville-Marie-SE	0,45	0,51	6	59	58,1	5,80
Centre-Sud	0,48	0,50	3	44	17,8	1,78
Hochelaga-Maisonneuve	0,46	0,47	4	21	14,2	4,06
Saint-Michel-N	0,34	0,31	1	4	10,0	4,36
Villeray-E	0,39	0,36	2	9	10,6	4,51
Petite-Patrie-O	0,43	0,42	3	17	15,4	6,57
Petite-Patrie-E	0,31	0,37	1	15	10,5	5,45
Plateau-Mont-Royal-SE	0,37	0,42	2	47	12,2	5,18

Les résultats présentés au tableau 1 montrent que les secteurs où le taux de voies de fait est le plus faible sont aussi les plus épargnés par la pauvreté et la désorganisation familiale, tandis que ceux où le taux de voies de fait est élevé ont à composer avec un fort pourcentage de personnes vivant sous le seuil de la pauvreté et de familles monoparentales. Les quartiers avec un taux élevé de voies de fait ont, plus souvent que les autres, une ou des stations de métro et un grand nombre de bars et de débits de boisson. La distinction à établir entre le taux de voies de fait et le taux pondéré est que la seconde mesure tient compte du flux total de population durant la journée. Le flux de population influence à la hausse les voies de fait puisque l'arrivée massive de personnes dans un quartier le jour (pour travailler) ou le soir (pour se divertir) est de nature à faire augmenter le nombre de voies de fait du secteur. Ainsi, le quartier Centre-Sud, qui a un taux élevé de voies de fait par 1000 résidents a un taux relativement bas de voies de fait compte tenu de la population flottante.

Le tableau 2 présente les résultats d'analyses statistiques mettant en relation les caractéristiques des quartiers et l'importance des voies de fait. On y présente les coefficients de corrélation entre les variables de même que les coefficients de régression standardisés.

Tableau 2
Corrélation et régression multiple entre les caractéristiques des quartiers de Montréal et les taux de voies de fait

Variables	Taux de voies de fait (sur population résidente)		Taux de voies de fait pondéré (sur population réelle)	
	r (corrélation)	B (régression)	r (corrélation)	B (régression)
Pourcentage des résidents vivant sous le seuil de la pauvreté	0,52**	0,07	0,68**	0,65*
Pourcentage des familles monoparentales	0,53**	0,08	0,69**	0,06
Nombre de stations de métro	0,64**	0,14	0,37**	-0,05
Nombre de débits de boisson	0,82**	0,66**	0,35*	0,05
R carré		0,7123		0,5224
Signification		0,0000		0,0000

Note : * indique $p < 0,05$ et ** indique $p < 0,01$.

Les résultats du tableau 2 indiquent que les prédicteurs bivariés (c'est-à-dire les corrélations) les plus puissants du taux de voies de fait sur la population résidente sont la pauvreté, le pourcentage de familles monoparentales, le nombre de stations de métros et de bars. Cependant, l'analyse multivariée montre que la principale variable qui détermine le taux de voies de fait sur la population résidente est celle du nombre de débits de boisson du quartier. La séquence serait donc la suivante : les débits de boisson attirent de nombreuses personnes, souvent jeunes, qui, l'alcool aidant, ont des affrontements entre eux. Lorsque la population flottante est tenue constante (taux de voies de fait pondéré), l'indice de pauvreté devient le seul prédicteur significatif en mode multivarié. Ainsi, toutes choses étant égales par ailleurs, le niveau de pauvreté du quartier influencera positivement la fréquence des incidents de violence interpersonnelle.

Comment interpréter de tels résultats ? Les nombreux travaux de recherche en écologie humaine ont montré que les quartiers d'une ville où sévit la délinquance étaient caractérisés par la pauvreté, la mobilité résidentielle et l'hétérogénéité ethnique (Shaw et McKay, 1942). La distribution de la délinquance se rapproche de celle du décrochage scolaire, de la mortalité infantile et de la maladie mentale. Dans leur interprétation, Shaw et McKay ont mis l'accent sur l'existence de systèmes de valeurs contradictoires transmises aux jeunes des milieux caractérisés par la pauvreté. L'interprétation la plus souvent retenue reste cependant celle de la désorganisation sociale (Kornhauser, 1978 ; Bursik, 1988). Selon Shoemaker (1990), la désorganisation sociale peut être définie de deux manières, soit l'incapacité d'un groupe de réaliser ses objectifs collectifs, soit l'incapacité d'organiser la vie collective de manière à permettre le contrôle et le développement des jeunes (Sampson, 1985). Aux interprétations sociologiques de la distribution spatiale de la violence, il faut ajouter l'impact des différents services générateurs d'opportunités criminelles, comme les débits de boisson (Ronceck et Maier, 1994), les stations de métro (Block et Davis, 1995) ou les centres commerciaux (Brantingham et Brantingham, 1995). La concentration de tels services dans un secteur est de nature à attirer des délinquants motivés et des victimes potentielles, rendant compte de taux de violence plus élevés dans ces endroits.

Les caractéristiques des personnes impliquées

Considérons maintenant la relation entre l'agresseur et la victime, de même que le sexe et l'âge des protagonistes. Les données présentées proviennent du système informatisé des incidents criminels pour les cas de voies de fait survenus au Québec en 1995. La figure 5 présente les résultats de distribution du lien entre les protagonistes.

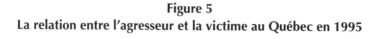

Figure 5
La relation entre l'agresseur et la victime au Québec en 1995

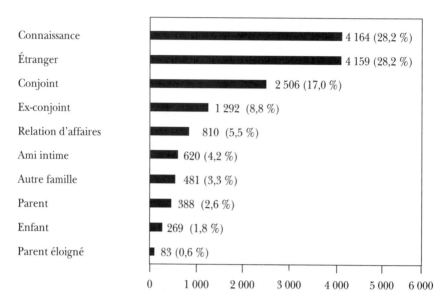

Des 14 772 cas de voies de fait pour lesquels l'information sur le lien est disponible, un incident sur quatre (soit 25,7 %) implique des conjoints ou ex-conjoints. Les agressions qui surviennent entre personnes qui se connaissent sans être des proches constituent le tiers des incidents (soit 5,5 % pour les relations d'affaires et 28,2 % pour les connaissances et voisins). De plus, 28,2 % des voies de fait se produisent entre des protagonistes étrangers l'un pour l'autre dans les heures précédant l'altercation. Les données sur la relation entre l'agresseur et la victime confirment donc que les voies de fait se produisent le plus souvent entre proches, soit entre conjoints ou ex-conjoints, entre amis ou entre connaissances.

La figure 6 renseigne sur la distribution du sexe des agresseurs, du sexe des victimes, et sur la relation entre ces deux variables pour les 13 296 incidents pour lesquels l'information est couplée. Au total, 86,9 % des suspects de voies de fait sont des hommes et 13,1 % sont des femmes. Par contre, les victimes de voies de fait se distribuent à peu près également selon le sexe (52,4 % d'hommes et 47,6 % de femmes).

Puisque les hommes commettent plus souvent des voies de fait que les femmes, il en résulte que les femmes subissent la violence des hommes. En effet, les femmes victimisées sont agressées à 83,9 % par des hommes et à 16,1 % par des femmes. Une information intéressante émerge des données

Figure 6
Le sexe de l'agresseur et de la victime

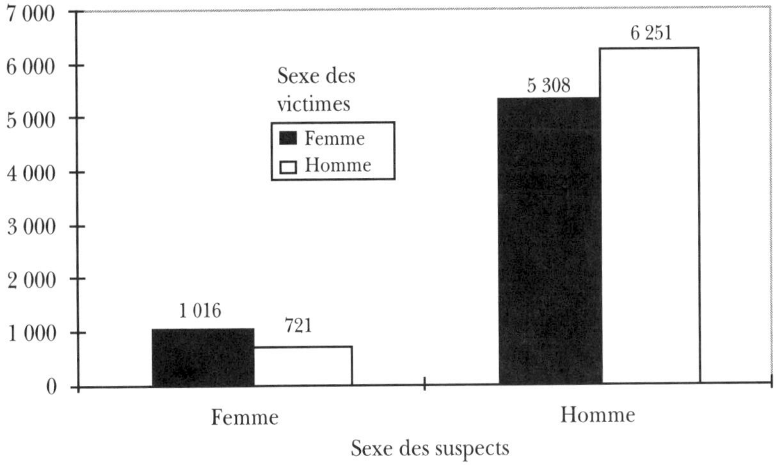

Sexe des victimes
- Femme
- Homme

1 016
721
5 308
6 251

Femme   Homme
Sexe des suspects

du tableau lorsque l'analyse est poussée. Une analyse de tableau croisé montre que les agresseurs masculins choisissent un homme comme victime dans 54,1 % des cas et une femme dans 45,9 % des cas. Or, les agresseurs féminins choisissent une victime de leur sexe dans 58,5 % des cas et s'en prennent à un homme dans 41,5 % des cas. Il semble donc que les agresseurs, hommes ou femmes, n'ont pas une propension exagérée à choisir un sexe au détriment de l'autre. Ainsi, la survictimisation des femmes ne s'explique pas par le fait que les hommes choisissent davantage de s'en prendre à des femmes, mais bien parce que la violence est un comportement plus fréquent chez l'homme. Lorsque les femmes victimes sont analysées séparément, il appert que 48 % d'entre elles ont été victimisées par leur conjoint ou un ex-conjoint, contre seulement 12 % qui ont été victimisées par un étranger. Ainsi, les femmes sont le plus souvent victimisées par un conjoint ou ex-conjoint alors que les hommes sont plus fréquemment agressés par une connaissance ou un étranger.

Les données confirment ce que tous savent : les hommes sont plus violents que les femmes. Mais pourquoi en est-il ainsi ? Il existe trois grandes explications qui rendent compte du recours plus fréquent à la violence chez les hommes que chez les femmes. Tout d'abord, la thèse des rôles sexuels stipule que les garçons sont plus violents que les filles parce que les rôles inculqués à chacun des groupes diffèrent (Adler, 1975). Contre cette interprétation, on évoque le fait que le différentiel de délinquance homme/

femme (un ratio de 10 pour 1) n'a pas diminué au fur et à mesure que nos sociétés sont devenues plus égalitaires (Steffensmeier, Allan et Streifel, 1989). Le seconde interprétation est de nature sociobiologique (Wilson et Herrnstein, 1985 ; Burgess et Draper, 1989). Ici, on indique le rôle joué par les hormones masculines dans la genèse de l'agressivité, genèse qui va des troubles plus fréquents d'hyperactivité chez les garçons, aux difficultés d'apprentissage, à l'inadaptation en général et à la délinquance. La troisième interprétation, qui est compatible avec celle du modèle sociobiologique, a trait au contrôle personnel. Gottfredson et Hirschi (1990) indiquent que les filles ont un plus grand contrôle personnel que les garçons.

La figure 7 porte sur l'âge des agresseurs, l'âge des victimes et la relation de dépendance entre ces deux variables pour les 12 853 cas de voies de fait pour lesquels l'information est couplée. Pour l'année 1995, seuls 13,1 % des suspects de voies de fait ont moins de 18 ans, 33,9 % des suspects sont de jeunes adultes et 39,0 % des suspects ont entre 30 et 44 ans. Relativement peu de suspects sont âgés de 45 ans et plus (14 %). Du côté des victimes, le portrait est assez semblable, avec 16,6 % de mineurs, 35,7 % de jeunes adultes, 33,8 % d'adultes et 14,0 % de personnes âgées de 45 ans et plus.

Figure 7
L'âge de l'agresseur et de la victime

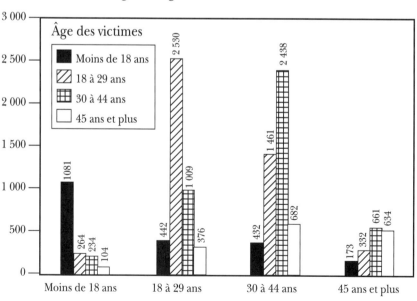

La relation de dépendance entre l'âge de l'agresseur et l'âge de la victime est très forte. Les données montrent que 64,2 % des suspects mineurs s'en prennent à une victime de leur âge et que 58,1 % des jeunes adultes s'en prennent aussi à un jeune adulte. Chez les délinquants plus vieux, on observe une relation moins forte entre l'âge des deux protagonistes. Cette tendance à l'agression intergroupe s'explique par le fait que les conflits se produisent davantage entre gens qui se fréquentent et que les rapports interpersonnels, dans notre société, sont fortement segmentés par groupes d'âge.

La distribution de l'âge des suspects montre qu'il y a plus de personnes de 30 à 44 ans mises en cause pour voies de fait que de jeunes adultes (5013 versus 4357). Cette situation est surprenante puisqu'il a été montré que les jeunes adultes constituaient généralement la grande majorité des personnes accusées pour des crimes de violence (Gottfredson et Hirschi, 1990). De manière à pousser l'étude de cette question, nous avons analysé la distribution du taux de mise en accusation par 1000 habitants pour les crimes contre la propriété, les crimes contre la personne et les voies de fait. Le tableau 3 présente, pour chaque groupe d'âge, la population, le nombre et le taux de suspects des trois types de conduites. La figure 8 en illustre les tendances.

Les données du tableau 3 montrent qu'il y a une explosion des deux formes de crimes dès la fin de l'adolescence. On compte 17 614 jeunes âgés de 15 à 19 ans mis en cause en 1995 pour un crime contre la propriété, nombre qui diminue abruptement dès l'âge de 20 à 24 ans. La courbe observée pour le taux de crimes contre la propriété ressemble à celle d'une grande variété de pays à diverses époques (Quételet, 1832 ; Farrington, 1986 ; Wilson et Herrnstein, 1985). En ce qui a trait aux crimes de violence et aux voies de fait, les données montrent que le plus grand nombre de suspects se trouve dans le groupe des 30 à 34 ans, mais le groupe d'âge où le taux est le plus élevé est celui des 25 à 29 ans. Le taux de violence diminue assez rapidement dans la quarantaine et devient très bas à la fin de la cinquantaine. La courbe du crime selon l'âge observée pour les crimes contre la personne au Québec en 1995 est tout à fait exceptionnelle. En effet, plusieurs en étaient venus à affirmer l'universalité du phénomène de la diminution de violence après le début de la vingtaine (Gottfredson et Hirschi, 1990). Or, chez nous, le taux de violence est pratiquement constant entre 15 et 35 ans.

Actuellement au Québec, une part importante du volume de la criminalité violente est commise par des adultes dans la trentaine. Deux hypothèses pourraient expliquer cette situation. Tout d'abord, beaucoup de crimes sont commis par les 30 ans simplement parce que cette cohorte est la plus

Tableau 3
La distribution de l'âge des suspects pour les crimes contre la personne et les crimes contre la propriété (Québec, 1995)

Groupes d'âge	Population estimée	Suspects crimes contre la propriété	Suspects crimes de violence	Suspects voies de fait	Taux par 1 000 : crimes contre la propriété	Taux par 1 000 : crimes contre la personne	Taux par 1 000 : voies de fait
10 à 14 ans	464 600	5 290	1 679	1 235	11,39	3,61	2,66
15 à 19 ans	462 100	17 614	4 718	3 165	38,12	10,21	6,85
20 à 24 ans	438 900	10 797	4 823	3 232	24,60	10,99	7,36
25 à 29 ans	496 000	9 061	5 644	3 684	18,27	11,38	7,43
30 à 34 ans	620 400	8 667	6 367	4 117	13,97	10,26	6,64
35 à 39 ans	610 000	6 298	5 078	3 273	10,32	8,32	5,37
40 à 44 ans	553 700	3 954	3 439	2 208	7,14	6,21	3,99
45 à 49 ans	503 000	2 225	2 208	1 403	4,42	4,39	2,79
50 à 54 ans	409 500	1 343	1 506	941	3,28	3,68	2,30
55 à 59 ans	325 100	850	830	492	2,61	2,55	1,51
Total	4 883 300	66 099	36 292	23 750			

Figure 8
Le taux de délinquance selon l'âge (Québec, 1995)

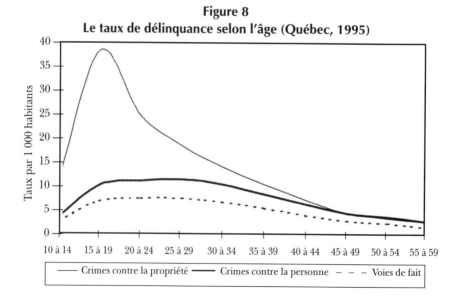

nombreuse (voir les données du tableau 3 sur la population). Cette explication démographique (Easterlin, 1980 ; Steffensmeier et Harer, 1987 ; Cusson,
1990 ; Ouimet, 1994) est approfondie au chapitre sur l'évolution de la criminalité de violence. Le second facteur est celui de l'intégration sociale
(Cusson, 1990). Selon Ouimet et LeBlanc (1996), le mariage (ou son équi-
valent) après 23 ans et l'emploi sont deux facteurs qui favorisent l'abandon
de la carrière criminelle. La famille et l'emploi freinent l'activité criminelle
de deux manières. D'abord, le travailleur marié et ayant des enfants a peu
de temps à consacrer à des activités qui l'exposent à des conflits violents
potentiels (par exemple, fréquentation de bars, recherche de partenaires
sexuelles). Ensuite, la famille et l'emploi sont des investissements importants. La balance entre les bénéfices et les coûts du crime change radicale-
ment lorsqu'un individu risque de perdre sa famille et son emploi s'il est
incarcéré. Or, les années 1980 se caractérisent par une baisse du taux de
mariage, un éclatement de la famille et un marché du travail très limité
pour les jeunes adultes. Il y a donc un retard peut-être irrécupérable d'intégration sociale pour la cohorte, très nombreuse, des jeunes adultes des années 1980. Cette hypothèse mériterait qu'une recherche lui soit consacrée.

RÉFÉRENCES

Adler, F. (1975). *Sisters in Crime : The Rise of the New Female Criminal.* New York : McGraw
Hill.

Agnew, R. (1990). « The origins of delinquent events : an examination of offender
accounts », *Journal of Research on Crime and Delinquency,* 27 (3) : 267-294.

Black, D. (1983). « Crime as social control », *American Sociological Review,* 48 : 34-45.

Block, R. (1987). *Homicide in Chicago : Aggregate and Time-series perspectives on victim,
offender and circumstance.* Center for public policy analysis, Loyola University.

Block, R. et S. Davis (1995). *Transit Stations and Street Robbery.* Paper presented at the
Annual Meeting of the American Society of Criminology, Boston.

Brantingham, P.L. et P.J. Brantingham (1995). « La concentration spatiale relative
de la criminalité et son analyse : vers un renouvellement de la criminologie
environnementale », *Criminologie,* 17 (1) : 81-98.

Burgess, R.L. et P. Draper (1989). « The explanation of family violence : the role of
biological, behavioral and cultural selection », dans L. Ohlin et M. Tonry (dir.),
Crime and Justice, A review of Research. Chicago : University of Chicago Press.

Bursik, R.J. (1988). « Social Disorganisation and Theories of Crime and Delinquency :
Problems and Prospects », *Criminology,* 26 (45) : 519-552.

Cohen, L.E. et M. Felson (1979). « Social change and crime rates change : a routine
activity approach », *American Sociological Review,* 44 : 588-608.

Cusson, M. (1990). *Croissance et décroissance du crime*. Paris : PUF.

Dobrin, A., B. Wiersema, C. Loftin et D. McDowall (1996). *Statistical handbook on violence in America*. Phoenix, AZ : Phoenix Press.

Easterlin, R.E. (1980). *Birth and fortune : The impact of numbers on personal welfare*. Chicago : University of Chicago Press.

Fattah, E. (1991). *Understanding criminal victimization*. Scarborough, Ontario : Prentice Hall.

Farrington, D. (1986). « Age and Crime », dans N. Tonry et M. Tonry (dir.), *Crime and Justice*, vol. 7.

Farrington, D. (1994). « Childhood, Adolescent, and Adult Features of Violent Males », dans L.R. Husman (dir.), Aggressive Behavior : Current Perspectives. New York : Plenum Press.

Fréchette, M. et M. Le Blanc (1987). *Délinquances et délinquants*. Chicoutimi : Gaétan Morin.

Frieze, I.H. et A. Browne (1989). « Violence in marriage », dans L. Ohlin et M. Tonry, *Crime and Justice, A review of Research*. Chicago : University of Chicago Press.

Gottfredson, M. et T. Hirschi (1993). « A control Theory Interpretation of Research on Aggression », dans R.B. Felson et J.T. Tedeschi (dir.), *Aggression and Violence : Social Interactionist Perspectives*. Washington, DC : National Academy Press.

Gottfredson, M. et T. Hirschi (1990). *A general theory of crime*. Stanford University Press.

Gouvernement du Québec (1996). *Violence conjugale : Statistiques 1995*. Ministère de la Sécurité publique.

Harries, K.D. (1990). *Serious violence : Patterns of homicide and assault in America*. Springfield, Ill. : Charles Thomas.

Kornhauser, R. (1978). *Social Sources of Delinquency*. Chicago : Chicago University Press.

Le Blanc, M. (1994). « La délinquance des adolescents », dans F. Dumont, S. Langlois et Y. Martin (dir.), *Traité des problèmes sociaux*. Québec : Institut québécois de recherche sur la culture.

Maxfield, M.G. (1989). « Circumstances in supplementary homicides reports : Variety and validity », *Criminology*, 27 (4) : 671-695.

Merton, R.K. (1938). « Social structure and anomie », *American Sociological Review*, 3 : 672-682.

Ouimet, M. (1994). « Les tendances de la criminalité et de la réaction judiciaire au Québec de 1962 à 1991 », dans D. Szabo et M. Le Blanc (dir.), *Traité de criminologie empirique*. Montréal : Presses de l'Université de Montréal.

Ouimet, M. et M. Le Blanc (1996). « Life events in the continuation of the adult criminal carrer », *Criminal Behavior and Mental Health*, 6 (1) : 75-97.

Ouimet, M., P. Tremblay et C. Morselli (1996). *Analyse stratégique des facteurs sociaux, économiques et démographiques qui façonnent l'environnement du SPCUM*. Rapport final de recherche, Service de police de la Communauté urbaine de Montréal.

Patterson, G. (1982). *Coercive family process*. Eugene, OR : Castalia.

Pruitt, D.G., J.M. Mikolic, R.S. Peirce et M. Keating (1993). « Aggression as a Struggle Tactics in Social Conflict », dans R.B. Felson et J.T. Tedeschi (dir.), *Aggression and Violence : Social Interactionist Perspectives*. American Psychological Association.

Quételet, A. (1832). *Recherche sur le penchant au crime aux différents âges*. Académie Royale des sciences.

Ronceck, D.W. et P.A. Maier (1994). « Bars, blocks and crime revisited : Linking the theory of routine activities to the empiricism of "hots spots" », *Criminology*, 29 (4) : 725-754.

Sacco, V. et H. Johnson (1990). *Profil de la victimisation au Canada*. Enquête sociale générale, Statistique Canada.

Sampson, R.J. (1985). « Neighborhood and Crime : The Structural determinants of personal victimization », *Journal of Research on Crime and Delinquency*, 22 : 7-40.

Shaw, C.R. et H.D. McKay (1942). *Juvenile Delinquency and Urban Areas*. Chicago : University of Chicago Press.

Shoemaker, D. (1990). *Theories of Delinquency : An examination of explanations of delinquent behavior*. New York : Oxford University Press.

Steffensmeier, D.J. et M.D. Harer (1987). « Is the crime rate really falling : An aging US population and its impact on the nation's crime rate », *Journal of Research on Crime and Delinquency*, 24 (1) : 23-48.

Steffensmeier, D.J., E. Allan et C. Streifel (1989). « Development and Female Crime », *Social Forces*, 68 : 262-263.

Tedeschi, J.T. et R. Felson (1994). *Violence, Aggression and coercive actions*. Washington, DC : American Psychological Association.

Tremblay, R.E., B. Boulerice, P. Harden, P. McDuff, D. Pérusse, R. Pihl et M. Zoccolillo (1996). « Les enfants du Canada deviennent-ils plus agressifs à l'approche de l'adolescence ? », dans Statistique Canada, *Grandir au Canada. Enquête longitudinale sur les enfants et les jeunes*, Développement des ressources humaines Canada.

Wilson, J.Q. et R. Herrnstein (1985). *Crime and human nature*. New York : Simon and Schuster.

Wolfgang, M.E. et F. Ferracuti (1967). *The subculture of violence*. London : Tavistock.

11
Les voies de fait au fil des jours et des saisons

Marc Ouimet et Francis Fortin

Le comportement violent est-il plus fréquent l'été que l'hiver ? Quand il pleut, observe-t-on une augmentation de la violence conjugale ? Qu'arrive-t-il les jours de fin de semaine ? L'influence des saisons et de la température sur le comportement violent a été d'abord étudiée par des chercheurs tels Lombroso, Guerry, Quételet et même Durkheim, mais le sujet est ensuite tombé en désuétude. Toutefois, cette question a récemment refait surface sous l'inspiration de la théorie des activités routinières de Cohen et Felson (1979). Depuis vingt ans, de nombreuses études ont été menées, études caractérisées par une abondance de données et des méthodes statistiques sophistiquées. Parmi les facteurs considérés pour étudier le volume de crimes rapportés pour les différents jours de l'année, on retrouve les saisons et les mois, les jours de la semaine, divers indicateurs de température, de même qu'un certain nombre d'autres facteurs tels les fêtes et congés, les journées de paye, les matchs de football et même la pleine lune.

Mais quel est l'intérêt de cette question ? L'étude des effets structurants de facteurs temporels, météorologiques et sociaux sur le volume d'incidents de violence permet de mieux comprendre la nature de différents types d'incidents de violence interpersonnelle et contribue ainsi aux développements théoriques. De plus, les résultats d'une recherche sur les déterminants du volume d'incidents de violence peuvent nous aider à trouver des pistes de prévention du crime. Par ailleurs, une bonne connaissance de la rythmique de différents types d'incidents de violence interpersonnelle pourrait permettre une distribution temporelle optimale des ressources policières. Ce chapitre vise d'abord à renseigner sur l'état des connaissances accumulées au fil des études portant sur les déterminants temporels et climatiques de la criminalité. Il présente ensuite une analyse originale des facteurs associés au nombre d'incidents de voies de fait survenus au Québec en 1995.

243

APERÇU DES CONNAISSANCES

Les théories sur les relations entre les conditions climatiques et le comportement humain remontent à l'antiquité. Konigsberg (1960) mentionne que les premières théories sur le sujet, datant d'avant Jésus-Christ, indiquaient la présence d'un lien entre les conditions climatiques d'un pays et son type d'organisation sociale. Longtemps, on a pensé que seuls les pays situés dans des climats tempérés permettaient aux hommes de développer leur plein potentiel intellectuel.

Les discussions sur la relation entre les conditions climatiques et les phénomènes comme le suicide, le crime et les révolutions s'intensifièrent au XIXe siècle. Quételet (1835) nota d'abord que les régions du nord se caractérisaient par les crimes contre la propriété et les régions du sud par les crimes contre la personne. Ensuite, il observa que les crimes contre la personne étaient le plus souvent commis pendant l'été alors que les crimes contre la propriété étaient plus communs en hiver. Il montra alors, pour expliquer cet état de fait, que la misère et le besoin frappaient davantage pendant l'hiver ou dans les régions froides et que les vols de subsistance étaient ainsi plus fréquents. En été ou dans les régions chaudes, les passions sont plus vives et on observe alors un plus grand nombre de crimes contre la personne. Dans la théorie thermique, on trouve un modèle social et un modèle individuel. Le modèle social indique que les variations dans le niveau ou le type d'activités sociales expliquent les variations dans les taux observés. Ainsi, Durkheim (1897) mentionne que si le nombre de suicides augmente de janvier à juillet, c'est parce que la vie sociale devient de plus en plus intense durant cette période. Le modèle individuel porte sur des changements présumés dans le caractère des individus suivant les saisons. Par exemple, Lombroso (1876) indique que la chaleur excite le système nerveux et ainsi rend l'homme plus violent.

Avec le perfectionnement des outils de mesure des conditions météorologiques et de la criminalité, un renouveau de la recherche est maintenant perceptible. Plusieurs chercheurs se sont engagés dans un débat méthodologique entourant le traitement de la relation entre température et crime. La bataille se livre maintenant sur le terrain des statistiques, ou plus précisément sur la qualité et le niveau de sophistication de la méthode employée pour analyser les données. En général, la plupart des travaux publiés montrent des relations statistiques significatives entre la température et la criminalité. Field (1992) va même jusqu'à affirmer que l'influence de la température sur la criminalité est une des connaissances les plus solidement établis en criminologie.

Parmi les travaux de recherche récents, on trouve une variété dans les thématiques abordées et les mesures utilisées. Un examen du volume quotidien de voies de fait observé à Newark au New Jersey montre que celui-ci est positivement corrélé à la température ambiante (Feldman et Jarmon, 1979). Harries et Stadler (1983) ont découvert à Dallas, au Texas, une corrélation positive entre le nombre de voies de fait et le score obtenu à une échelle d'inconfort (qui tient compte de la température et de l'humidité). LeBeau et Langworthy (1986) rapportent qu'il est possible, à l'aide du score à l'échelle d'inconfort, de prédire le nombre d'appels pour les affaires de violence conjugale. Pour leur part, Rotton et Frey (1985) examinent les appels quotidiens pour voies de fait acheminés au service de police de Dayton en Ohio et montrent une corrélation positive avec la température, mais aussi avec le taux d'ozone et la quantité de polluants dans l'atmosphère. Leur analyse montre que le vent agit comme frein à l'expression de la violence, puisqu'il disperse les sources de pollution et fait ainsi diminuer le nombre d'incidents. De même, ils précisent qu'une partie de l'effet généralement associé à la chaleur doit être attribuée à celle du niveau de pollution. L'impact de la pluie sur la criminalité a aussi été démontré par Feldman et Jarmon (1979). Certains types de crimes ont été associés à des conditions météorologiques et temporelles bien précises. Par exemple, les émeutes se produisent surtout par les chaudes nuits d'été (Baron et Ransberger, 1978).

D'autres auteurs ont considéré l'importance des effets de calendrier sur le volume de crimes de violence. Par exemple, plusieurs études montrent que les jours de fin de semaine affichent un volume d'incidents supérieur aux jours de la semaine (LeBeau et Langworthy, 1986 ; LeBeau, 1988 ; Harries et Stadler, 1983 ; Harries, 1988). Cependant, on a encore peu étudié l'impact des congés sur le niveau de violence. Field (1992) indique qu'il existe une hausse des crimes de violence durant le mois de décembre, hausse qu'il attribue aux activités sociales entourant la fête de Noël. D'autres types d'activités sociales sont également considérés ; ainsi, l'étude de White, Katz et Scarborough (1992) montre que la victoire de l'équipe de football locale est associée à une augmentation des admissions de femmes dans les urgences des hôpitaux pour blessures associées à une agression.

Rares sont les recherches qui ne trouvent pas de relation entre température et violence. Defronzo (1984) a mené une étude des températures et des taux de criminalité dans 42 régions métropolitaines aux États-Unis. Ses résultats ne démontrent pas l'existence d'une relation statistique entre les caractéristiques climatiques des régions et l'indice de violence. Ainsi, la vieille hypothèse de Quételet au sujet de l'influence du climat sur la criminalité serait invalidée aux États-Unis. Toutefois, puisqu'il s'agit d'une étude comparant les données dans l'espace, elle ne permet pas de se prononcer sur la covariation temporelle entre température et crime. Il existe aussi des travaux mettant en doute l'influence de la saison ou des effets de calendrier sur le nombre d'homicides (Cheatwood, 1988, 1995 ; Landau et Fridman, 1993).

Parallèlement aux travaux d'inspiration sociologique sur les déterminants temporels, météorologiques et sociaux du volume d'incidents de violence, de rares travaux en psychologie ont entrepris d'étudier les effets de la température sur le comportement de violence. Ici, à l'instar de Lombroso, le modèle stipule que des changements dans les conditions météorologiques induisent des changements dans le caractère des individus. Lors de grandes chaleurs, on devrait observer une plus grande irritabilité et une moins grande tolérance à la frustration chez les individus. Baron et Bell (1976) ont montré, lors d'une expérience en laboratoire, que la chaleur ambiante était de nature à faciliter l'agression (soit l'imposition de chocs électriques factices à des sujets). Toutefois, la relation entre le niveau de chaleur et l'intensité de l'agression est sujette à discussion (il est possible qu'une chaleur élevée conduise à l'agression, mais qu'une chaleur extrêmement élevée ait un effet inverse). L'impact de la température sur le caractère et le comportement violent a peut-être suscité peu d'intérêt récemment puisque nous trouvons de plus en plus le moyen de nous prémunir contre l'adversité des conditions environnantes. Qu'il fasse -20° à l'extérieur ou 30°, nous trouvons généralement le moyen d'échapper à ces conditions en nous réfugiant dans un endroit bien chauffé ou dans un lieu climatisé. Bref, l'effet direct de la température sur le comportement n'est peut-être pas aussi grand qu'il aurait pu l'être autrefois.

Les effets météorologiques et temporels ne peuvent influencer directement l'occurrence de la violence. Il doit y avoir des mécanismes intermédiaires entre les indicateurs (la température, le jour, par exemple) et l'actualisation de la violence interpersonnelle. Les mécanismes intermédiaires peuvent être compris à l'aide de la théorie des opportunités criminelles. Selon Cohen et Felson (1979), le crime est le produit des interactions de la vie de tous les jours et présuppose trois éléments : 1) un contrevenant potentiel, 2) une cible potentielle et 3) une absence de gardien. Les activités habituelles comprennent « toute activité récurrente ou prévalente qui subvient aux besoins de base de la population et d'individus, peu importe leurs origines biologiques ou culturelles ». Ainsi, les activités habituelles incluraient le travail formel autant que les activités sociales, ludiques ou éducatives. La poursuite d'activités par les citoyens structure donc les opportunités criminelles. De la même façon, les activités habituelles mettraient en place les circonstances favorables à l'accomplissement d'un crime.

Le quotidien de la population est dicté par un certain nombre de rythmes. Il existe un système de conventions associé aux différents paramètres temporels. Mauss (1950), en étudiant les habitudes saisonnières des communautés esquimaudes, en vient à conclure que des oscillations sont présentes, que nous appellerons le *rythme de la société*. Bien que la vie sociale des Esquimaux obéisse à des impératifs fort différents de ceux des sociétés occidentales, celles-ci sont tout aussi en proie à ce que l'auteur qualifie de « loi probablement d'une grande généralité » : la vie sociale ne se maintient pas au même rythme aux différents moments de l'année. Elle passe plutôt par des phases qui se succèdent et qui surviennent de façon régulière. Mauss (1950) affirme que, si un rythme saisonnier apparaît clairement, on peut facilement en soupçonner des oscillations de moindre magnitude à l'intérieur des mois, des semaines et des jours.

Ainsi, à la lumière des écrits recensés, nous pouvons distinguer les rythmes des activités de la population. Le présent modèle (figure 1) postule donc que les différentes unités temporelles aident à prédire le nombre de voies de fait d'une journée donnée. Nous prétendons que ces rythmes influencent le ratio activités obligatoires/activités discrétionnaires pour plusieurs raisons : 1) les voies de fait surviennent quand les gens sont en période d'activités libres ; 2) les voies de fait impliquent la présence de plusieurs individus en un même endroit (même si, au travail ou à l'école, plusieurs personnes sont aux mêmes endroits en même temps, on ne peut les considérer car les gens ont un but commun, une tâche à accomplir, et les institutions gèrent elles-mêmes les conflits) ; 3) un congé ou un type d'activité connu de tous et reconnu comme tel peut produire un choc sur le nombre de voies de fait (les jours de paye, par exemple). Ainsi, il existe des périodes où il y a plus de probabilités que les gens se réunissent pour faire des activités discrétionnaires. Ces périodes suivent le cycle horaire, journalier et mensuel du temps de travail. Nous poursuivrons donc dans le même sens que LeBeau et Langworthy (1986) qui postulent que le rythme et le tempo de la société changent selon différentes conditions.

Il existe aussi des conditions météorologiques qui sont plus propices aux activités discrétionnaires. Ce postulat découle de plusieurs phénomènes : 1) les gens sont plus enclins à sortir pendant les journées plus chaudes, et à sortir moins durant les journées froides, toutes saisons confondues ; 2) les activités sont perturbées par des froids intenses, des précipitations confinant les individus dans leur demeure (ce qui peut amener une augmentation de la violence intrafamiliale) ; 3) plus de gens prennent congé au cours des journées ensoleillées ; 4) les événements sont plus « visibles » en été (les individus circulent davantage, on ouvre les fenêtres, ce qui rend les événements plus perceptibles). C'est ainsi que les conditions atmosphériques peuvent avoir une influence sur les voies de fait.

La figure 1 constitue donc un modèle théorique d'explication du volume des incidents violents. Il reste cependant à expliquer comment s'articulent les différents éléments du schéma.

La figure 1 s'explique de la façon suivante : les activités obligatoires seraient les activités dont on a le sentiment qu'elles doivent être accomplies

Figure 1
Modèle général de l'explication des voies de fait dans cette étude

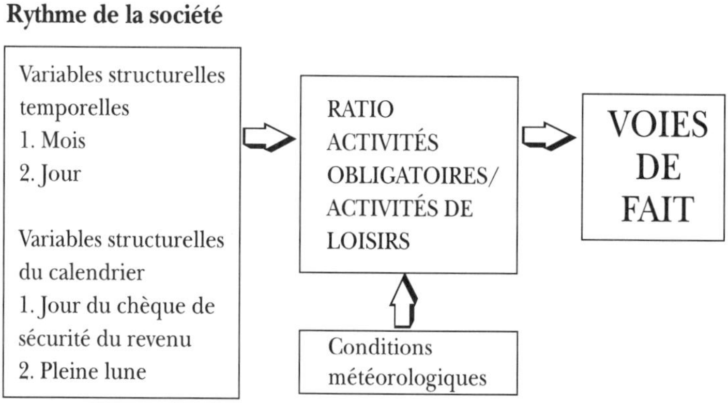

Rythme de la société

(comme le travail ou l'école), alors que les activités discrétionnaires ou de loisirs englobent les activités où, à l'inverse des activités obligatoires, le degré de choix est plus grand que la contrainte. Ainsi, on peut postuler que, lorsqu'il y a une forte proportion d'activités de loisirs, l'occurrence des voies de fait augmente. Les conditions météorologiques quant à elles viendraient modifier le choix des activités. La température agit comme une variable antécédente qui aide à définir les activités de la population et, en retour, le niveau de déviance commise. Ainsi, une tempête de neige inhiberait l'action extérieure alors qu'une journée plus chaude entraînerait une plus grande prévalence d'individus à l'extérieur. Les voies de fait impliquent des confrontations face à face entre une victime et un agresseur. Il y a donc plus de risque que ces événements surviennent quand les gens ont un plus grand nombre de contacts, et ce, tant entre gens qui se connaissent qu'entre inconnus.

La présente étude porte sur les déterminants météorologiques, temporels et sociaux du volume quotidien de voies de fait enregistré au Québec en 1995. Les voies de fait constituent les crimes de violence les plus fréquents, mais ont comme désavantage de représenter une grande variété de comportements criminels. Aux fins de la présente étude, nous distinguerons donc trois types de voies de fait selon les liens existant entre les protagonistes : étrangers, connaissances ou relations d'affaires, et membres d'une même cellule familiale. De plus, les voies de fait graves ou avec blessures feront l'objet d'une analyse spécifique. Les analyses porteront sur les déterminants du nombre total de voies de fait observé, de même que sur les déterminants spécifiques aux trois types de voies de fait et aux voies de fait graves.

DONNÉES ET MÉTHODE

Les données sur la criminalité sont issues d'un fichier contenant tous les rapports d'événements rédigés par les policiers pour l'année 1995. Dans un rapport d'événement criminel, on trouve une section sur les caractéristiques de l'événement, une autre sur les caractéristiques de la victime et une dernière sur les caractéristiques du suspect. L'utilisation des rapports de police pose le problème suivant : une fraction seulement des incidents de violence sont rapportés à la police. Les données sur les voies de fait ne peuvent donc pas témoigner du volume réel d'incidents survenant chaque jour, ni sur l'importance relative des trois types de voies de fait (les voies de fait intrafamiliales, par exemple, sont moins souvent rapportées à la police que les agressions dans la rue entre étrangers). Néanmoins, ces biais de sélection ne devraient pas poser de problème pour la présente étude puisqu'ils sont présumés constants pour les 365 jours de l'étude.

Les infractions retenues pour analyse comprennent toutes les voies de fait non sexuelles enregistrées au Québec en 1995. On compte dans le fichier pas moins de 29 722 entrées pour des voies de fait non sexuelles, soit 21 882 voies de fait simples, 5248 voies de fait armées, 394 voies de fait graves (causant des blessures), 404 voies de fait contre un agent de la paix ou un policier et 1794 voies de fait de types autres. Les données ont été pondérées de manière à refléter plus exactement les 32 128 incidents que l'on retrouve dans les statistiques officielles du gouvernement du Québec (les services de police ne contribuent pas tous encore au système informatisé, ce qui explique la différence entre les 29 722 cas du fichier et les 32 128 cas des statistiques officielles). Plusieurs variables dépendantes ont été créées à partir de cette base de données. Elles sont présentées ci-dessous.

- Nombre total de voies de fait : cette variable indique le nombre d'événements enregistrés par les policiers pour chacun des 365 jours de l'année 1995. Il faut cependant être conscient que les événements survenus pendant la nuit (après minuit) sont attribués au jour suivant. Par exemple, un événement survenu le samedi soir à deux heures du matin sera attribué à la journée de dimanche. Le nombre total d'incidents est de 32 128 pour l'année, soit en moyenne 88 voies de fait par jour.

- Nombre de voies de fait graves : cette variable comprend le nombre d'événements quotidiens pour voies de fait graves, voies de fait armées, infliction illégale de blessures, fait de décharger une arme à feu avec intention de blesser, et négligence criminelle entraînant des blessures. À ces événements ont été ajoutées les voies de fait simples dont le rapport d'événement fait état de blessures chez la victime. Le nombre de voies de fait graves est de 6495, soit en moyenne 18 par jour.

- Nombre de voies de fait intrafamiliales : cette variable mesure le nombre d'incidents commis entre membres d'une même famille, soit entre conjoints ou ex-conjoints, parents et enfants, frères et sœurs. Le nombre de voies de fait intrafamiliales est de 10 753 pour l'année, pour une moyenne quotidienne de 29.

- Nombre de voies de fait entre connaissances : cette variable indique le nombre de voies de fait commises entre les membres de la famille élargie, les amis intimes, les relations d'affaires ou les connaissances. Le nombre de ces incidents est de 12 368, pour une moyenne de 34 par jour.

- Nombre de voies de fait entre étrangers : cette variable précise le nombre d'agressions impliquant deux personnes inconnues l'une pour l'autre dans les heures précédant l'incident. Le nombre de ces événements atteint 9061, avec une moyenne de 25 par jour.

La présente étude comprend plusieurs variables indépendantes. Les variables de calendrier sont le mois de l'année et le jour de la semaine. Bien que des informations descriptives soient présentées pour chacun des jours de la semaine, une variable « fin de semaine » a été créée et comprend les événements survenus le vendredi et le samedi. Nous avons de plus créé plusieurs variables liées à la température. Les données ont été colligées à partir des rapports d'Environnement Canada et elles s'appliquent à la région montréalaise. Les informations météorologiques ont pour la plupart été dichotomisées. En effet, des analyses préliminaires ont montré que la notion de plateau était plus apte à décrire la réalité du nombre d'incidents que des informations d'intensité. La seule variable non transformée est celle de la température maximale moyenne pour chacune des journées de l'année (il s'agit de la température maximale attendue pour une journée de l'année compte tenu de la température maximale observée pour cette journée au cours des années antérieures). Voici la définition des variables liées à la température qui ont été dichotomisées :

- Pluie de 15 mm et plus : les jours où la quantité de précipitations sous forme de pluie a été égale ou supérieure à 15 mm. On compte 17 journées dans l'année présentant une telle condition.
- Neige de 10 mm et plus : les jours où la quantité de précipitations sous forme de neige a été égale ou supérieure à 10 mm. On relève un total de 10 journées dans l'année présentant une telle condition.
- Température maximale à moins de 8 degrés de la normale : les jours où la température maximale enregistrée a été inférieure de 8 degrés à la normale maximale pour cette journée. Cette variable sert à mesurer le froid relatif à une telle période de l'année (par exemple, lorsqu'il fait 15° au mois de juillet, on dit qu'il fait froid). Un total de 15 journées dans l'année ont satisfait cette condition.
- Température maximale à plus de 8 degrés de la normale : les jours où la température maximale enregistrée a été de plus de 8 degrés de la normale maximale pour cette journée. Un total de 16 journées ont connu cette situation.
- Chaleur torride : les jours où le mercure a enregistré une valeur égale ou supérieure à 30°. Il y eut 16 journées de chaleur torride en 1995.
- Froid intense : les jours où la température maximale atteinte a été inférieure ou égale à -20°. Il a fait un froid intense 11 jours en 1995.

Les études sur la criminalité au quotidien comprennent surtout des variables liées au calendrier ou à la température. Nous avons choisi d'inclure dans notre modèle deux autres dimensions, soit la pleine lune et le chèque de la sécurité du revenu. Selon une croyance populaire, la pleine lune exercerait une influence mystérieuse sur le comportement humain. Certains attribuent à la pleine lune des pouvoirs spirituels, sexuels ou surnaturels. De plus, certains pubs ou bars organisent des soirées spéciales « pleine lune ». Ainsi, compte tenu des perceptions des effets de la pleine lune et de modifications possibles des comportements ou habitudes de vie qui y sont associés, nous pouvons émettre l'hypothèse que son apparition coïncidera avec une hausse du nombre d'incidents observés. L'effet de la pleine lune a déjà été noté dans au moins deux études, soit celle de Lieber et Sherin (1972) sur l'homicide et celle de Tasso et Miller (1976) sur différents types de crimes. Lab et Hirschel (1988), dans leur analyse des voies de fait à Charlotte (Caroline du Nord) en 1983, ne trouvèrent aucun effet significatif du cycle de la lune. Sera ensuite considéré l'effet du versement des chèques de la sécurité du revenu à leurs récipiendaires. Ces chèques sont versés à tous les prestataires le premier de chaque mois (si le premier est un jour férié, le chèque est versé le jour ouvrable précédent). Des séances préliminaires d'observation participante nous permettent de croire que les « jours de chèque » se caractérisent par une certaine effervescence dans les quartiers pauvres de la ville et dans des lieux publics tels que les pubs, les bars, les discos et les débits de boisson en tous genres. Pourquoi les jours de chèque verraient-ils se matérialiser plus de conflits ? D'abord, ces deux journées seraient souvent consacrées à des activités de loisirs par plusieurs récipiendaires de chèque, notamment de loisirs bien arrosés. Ensuite, ces deux journées pourraient voir se cristalliser les conflits entre conjoints, proches ou amis sur les questions d'argent. Cohn (1996) a montré que, toutes choses étant égales par ailleurs, plus d'appels de service étaient logés à la police les journées du versement des chèques de la sécurité du revenu. Les deux explications fournies par Cohn ont trait à l'augmentation du nombre de conflits domestiques sur les questions d'argent et à l'augmentation anticipée par les voleurs quant aux gains potentiels de leurs crimes (il y a plus d'argent liquide en circulation durant ces jours).

LE NOMBRE DE VOIES DE FAIT AU JOUR LE JOUR

Les événements criminels se distribuent dans le temps avec une certaine constance. Quételet (1835) avait remarqué l'étonnante régularité dans le nombre de crimes commis d'une année à l'autre. Si l'on compte 30 000 voies de fait cette année sur un territoire donné, le nombre d'incidents de l'année prochaine devrait tourner autour de 30 000. C'est un fait moins connu que le nombre d'incidents est aussi extraordinairement stable d'une journée à l'autre. La figure 2 illustre le nombre de voies de fait enregistrées au jour le jour au Québec en 1995.

Le nombre brut de voies de fait enregistrées au Québec en 1995 varie de 41 (les mercredi 4 janvier et jeudi 12 janvier) à 123 (les vendredis 23 juin et 14 juillet) à 144 (le samedi 24 juin). La courbe du nombre quotidien d'incidents affiche des variations saisonnières, avec une hausse du printemps à l'été. Aussi, il apparaît que les creux et les pics de la courbe sont de faible amplitude. Aucune journée n'a vu 200 agressions se produire ; pas une seule journée n'en a été exempte. Le tableau 1 donne les statistiques descriptives des différents types de voies de fait.

Figure 2
Nombre total de voies de fait enregistrées au Québec
du premier au dernier jour de l'année 1995

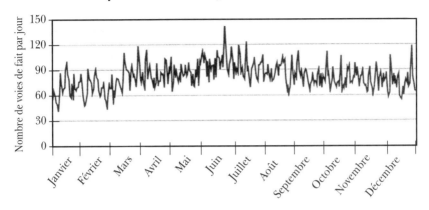

Tableau 1
Statistiques descriptives pour les différents types
de voies de fait (n = 365 jours)

	Moyenne	Médiane	Mode	Écart-type	Indice de dissymétrie	Kurtose
Total	88,0	87,6	75	16,4	0,31	0,49
Voies de fait graves	17,8	17,3	15	5,7	0,41	0,17
Voies de fait familiales	29,5	28,3	26	9,3	0,37	-0,03
Voies de fait entre connaissances	33,9	32,7	35	10,2	0,16	-0,29
Voies de fait entre étrangers	24,8	24,0	26	8,6	0,25	-0,09

En moyenne, on observe 88 voies de fait par jour, nombre qui se répartit en 18 voies de fait graves (et donc 70 voies de fait simples) et en 30 voies de fait familiales, 34 voies de fait entre connaissances et 25 voies de fait entre étrangers. Puisque les moyennes tendent à se confondre avec les médianes, il y a lieu d'avancer l'hypothèse que les distributions sont normales. Le faible indice de dissymétrie confirme en quelque sorte la normalité des cinq distributions. La statistique de kurtose renseigne sur le degré d'aplatissement des courbes. Les résultats indiquent que les courbes de voies de fait aux rubriques « total » et « graves » sont plus concentrées que celles des trois autres types. Notamment, la courbe des voies de fait entre connaissances est plus aplatie que les autres, soulignant que ce type de voies de fait est

Figure 3
Histogramme de la distribution du nombre quotidien de voies de fait au Québec en 1995 (n = 365 jours)

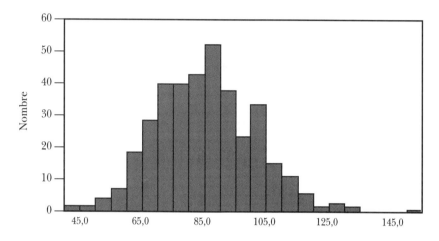

Distribution du nombre quotidien de voies de fait

moins concentré dans le temps que les autres types. Quant à la variation, on note des écarts-types restreints, indiquant la relative homogénéité des journées quant aux voies de fait enregistrées. La figure 3 illustre la distribution de fréquence du nombre de voies de fait pour les jours de l'année 1995.

L'histogramme de la distribution quotidienne des voies de fait confirme le diagnostic de normalité effectué à partir des statistiques descriptives. Le fait que le nombre de voies de fait se distribue normalement indique que le volume d'incidents au jour le jour doit se comprendre dans une logique d'intensité. Une courbe asymétrique ou bimodale aurait témoigné du fait que la plupart des journées sont calmes, mais qu'un certain nombre de journées sont singulières. La présente courbe montre qu'il n'y a pas de journées qualitativement différentes des autres. En d'autres mots, on ne peut soutenir qu'il y a des journées calmes et des journées mouvementées du point de vue des voies de fait. Il n'y a que des journées plus ou moins mouvementées.

LES DÉTERMINANTS DU VOLUME QUOTIDIEN DE VOIES DE FAIT

Au premier chef des conditions météorologiques, on trouve la température. La figure 4 illustre la relation entre la température maximale moyenne par journée en 1995 et le nombre quotidien de voies de fait connues des policiers pour l'année 1995 au Québec. Le diagramme de dispersion montre qu'il existe bel et bien une relation statistique importante entre la température maximale moyenne et le nombre de voies de fait. La corrélation entre les deux variables est de 0,56, c'est-à-dire que 32 % de la variance des voies de fait s'explique par la température maximale.

Figure 4
**Diagramme de dispersion entre la température maximale
et le nombre de voies de fait (n = 365 jours)**

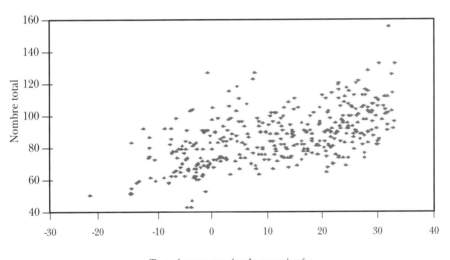

Température maximale enregistrée

L'analyse plus systématique des données est menée en deux temps et cherche à reproduire les deux principales manières de conceptualiser un problème d'analyse statistique. D'abord, nous procéderons à des analyses bivariées. Celles-ci permettent de savoir s'il y a plus d'incidents de voies de fait lorsque telle ou telle condition est présente. Par exemple, y a-t-il plus d'incidents les jours de chaleur torride que les autres jours ? Cette méthode a toutefois ses limites. En effet, elle décontextualise la dimension à l'étude.

Dans notre exemple, on commettrait une erreur en ne considérant pas le fait que les jours de chaleur torride sont aussi des jours d'été. Nous procéderons ensuite à des analyses multivariées qui permettent de mesurer l'impact spécifique d'une variable sur le nombre total d'incidents alors que les autres dimensions sont contrôlées statistiquement. Avec ce mode, on peut mesurer l'impact net d'une dimension sur le nombre de voies de fait. Le tableau 2 présente les résultats des analyses bivariées. Le eta (indicateur de la force de la relation) est présenté entre parenthèses seulement si la relation bivariée (test de moyennes) est significative au seuil de 5 % d'erreur.

Tableau 2
Nombre moyen de voies de fait de différents types selon les variables à l'étude (n = 365 jours)

	Nombre total de voies de fait	Nombre de voies de fait graves	Nombre de voies de fait familiales	Nombre de voies de fait entre connaissances	Nombre de voies de fait entre étrangers
	(moyenne)	(moyenne)	(moyenne)	(moyenne)	(moyenne)
Jour de la semaine (eta) :	**(0,421)**	**(0,409)**	**(0,318)**	**(0,342)**	**(0,401)**
Dimanche	89	19	35	28	28
Lundi	83	17	29	31	22
Mardi	81	16	28	34	21
Mercredi	82	15	25	35	22
Jeudi	84	15	27	34	23
Vendredi	100	20	30	41	29
Samedi	96	22	32	34	29
Mois de l'année (eta) :	**(0,578)**	**(0,375)**	**(0,389)**	**(0,399)**	**(0,365)**
Janvier	73	14	27	30	18
Février	74	14	25	28	19
Mars	86	17	28	34	24
Avril	91	20	32	34	26
Mai	92	20	28	37	27
Juin	108	22	36	44	29
Juillet	100	20	37	36	26
Août	93	19	31	34	27
Septembre	89	18	27	37	27
Octobre	86	18	28	33	25
Novembre	82	17	26	31	25
Décembre	82	17	30	29	25

Neige de plus de 10 mm (eta) : **(0,128)**					
Non	88	18	30	34	25
Oui	76	15	24	28	21
Froid intense : -10 degrés (eta) : **(0,248)**	**(0,170)**	**(0,104)**	**(0,169)**	**(0,188)**	
Non	89	18	30	34	25
Oui	69	13	25	26	17
Pluie de 15 mm ou plus (eta) :					
Non	88	18	29	34	25
Oui	92	19	33	37	26
Chaleur torride : 30 degrés (eta) : **(0,279)**	**(0,174)**	**(0,245)**	**(0,123)**	**(0,141)**	
Non	87	18	29	34	25
Oui	109	22	40	40	31
Température maximale à moins de 8 degrés de la normale (eta) : **(0,258)**	**(0,156)**	**(0,115)**	**(0,154)**	**(0,163)**	
Non	89	18	30	34	25
Oui	68	14	25	27	18
Température maximale à plus de 8 degrés de la normale (eta) :					
Non	88	18	30	34	25
Oui	88	17	28	35	26
Jour et lendemain du chèque de sécurité du revenu (eta) : **(0,178)**			**(0,138)**		
Non	87	18	29	34	25
Oui	99	20	31	39	28
Jour et lendemain de pleine lune (eta) : **(0,113)**					
Non	88	18	30	34	25
Oui	86	15	29	33	24
Total	**88**	**18**	**29**	**34**	**25**

Les résultats présentés au tableau 2 montrent d'abord que les lundis, mardis, mercredis et jeudis sont des jours plus tranquilles que les trois jours de la fin de semaine. Vendredi est le jour le plus actif, suivi de samedi et de dimanche (il faut se rappeler qu'une bonne partie des crimes du dimanche se sont produits dans la nuit de samedi à dimanche). Les données mensuelles indiquent une variation saisonnière importante dans le nombre de voies de fait. Les deux mois de l'année les plus tranquilles sont janvier et février. Le nombre moyen d'incidents monte rapidement au printemps pour atteindre des sommets en juin, juillet et août. La force de la relation statistique entre le mois et les quatre catégories de voies de fait est comparable.

Lorsqu'il tombe au moins 10 mm de neige, le nombre de voies de fait moyen est de 76 comparativement à 88 lorsqu'il n'y a pas d'averses de neige. Mais le froid est le plus systématiquement associé au nombre d'incidents. Lorsque la température maximale d'une journée n'atteint pas la barre des -10°, ou lorsque la température maximale est de 8 degrés sous la normale (le froid relatif), il y a moins de voies de fait. Cette relation négative est toutefois beaucoup moins forte pour les voies de fait intrafamiliales. La chaleur relative n'est pas associée au nombre d'incidents. Toutefois, lorsqu'il fait très chaud, soit 30° ou plus, on observe un nombre de voies de fait nettement supérieur à la moyenne, pour toutes les catégories. La chaleur torride est la variable météorologique la plus fortement associée au nombre total d'incidents.

Au cours de la journée et du lendemain du versement du chèque de la sécurité du revenu, on observe un nombre moyen d'incidents significativement plus élevé qu'en temps normal, soit 99 incidents contre 87. La relation statistique est aussi significative dans le cas des voies de fait entre connaissances. Les jours de pleine lune ne sont pas associés au nombre total d'incidents, mais sont associés à une baisse du nombre quotidien de voies de fait graves.

Les données issues des analyses bivariées ne peuvent nous informer sur l'impact particulier de chacun des facteurs sur le nombre de voies de fait (les journées chaudes sont aussi des jours d'été, les jours de chèque sont souvent un vendredi, etc.). Le tableau 3 présente les résultats de cinq équations de régression multiple effectuées sur les différentes variables dépendantes de l'étude, soit le nombre total de voies de fait, le nombre des voies de fait graves, intrafamiliales, entre connaissances et entre étrangers.

Tableau 3
Résultats des analyses de régression multiple
sur le nombre de voies de fait

	Nombre total de voies de fait	Nombre de voies de fait graves	Nombre de voies de fait familiales	Nombre de voies de fait entre connais-sances	Nombre de voies de fait entre étrangers
	b	b	b	b	b
Température maximale moyenne	0,64**	0,14**	0,13**	0,27**	0,19**
Fin de semaine (vendredi, samedi, dimanche)	13,41**	4,15**	1,94	4,49**	6,10**
Pluie de 15 mm et plus	-2,29	-0,92	1,91	0,16	-0,74
Neige de 10 mm et plus	-6,95	-1,91	-4,06	-3,14	-2,04
Température maximale à moins de 8 degrés de la normale	-8,26	-0,90	-2,72	-1,55	-0,78
Température maximale à plus de 8 degrés de la normale	3,04	0,26	-1,64	2,38	2,05
Chaleur torride : 30 degrés	11,29**	2,50	8,81**	1,40	2,51
Froid intense : -10 degrés	-3,85	-2,20	-0,54	-3,05	-4,38
Jour ou lendemain du versement du chèque de la sécurité du revenu	7,77**	0,65	0,83	4,54*	1,54
Jour ou lendemain de la pleine lune	-2,48	-2,56	-0,10	-0,79	-0,37
Constante	77,16	15,38	27,33	29,55	21,04
R carré	0,349	0,249	0,354	0,269	0,135
Signification	0,000	0,000	0,000	0,000	0,000
Moyenne journalière d'incidents	88	18	29	34	25
Nombre total d'incidents	32 128	6 495	10 753	12 368	9 061

Note : * signifie p < 0,05 et ** signifie p < 0,01.

Les cinq analyses de régression multiple sont toutes significatives au seuil de 1 %. Le pourcentage de variance expliquée varie d'un modèle à l'autre. D'abord, environ 35 % de la variance du nombre total de voies de fait et des voies de fait intrafamiliales est expliqué par les variables incluses. Le pourcentage de variance expliquée est moyen pour les voies de fait graves ou entre connaissances et relativement faible pour les voies de fait entre étrangers. Ces résultats indiquent donc que la violence entre étrangers est moins associée aux facteurs temporels, sociaux et météorologiques que les autres formes de violence. Globalement, on ne peut pas dire que les pourcentages de variance expliquée obtenus soient particulièrement élevés. Il a été montré que les voies de fait constituent le crime le moins influencé par les saisons parmi une liste de treize crimes, les vols dans les résidences et les viols étant les crimes les plus fortement influencés par les saisons (U.S. Department of Justice, 1988). Les pourcentages de variance expliquée de notre étude sont en deçà de ceux obtenus par plusieurs autres chercheurs dans d'autres pays. Par exemple, LeBeau et Langworthy (1986) ont expliqué 78 % de la variance des appels de service logés à la police, alors que Cohn (1996) a expliqué 54 % de la variance des appels reçus par les policiers de Minneapolis. Le modèle de Harries et Stadler appliqué aux voies de fait survenues à Dallas est parvenu à expliquer 71 % de la variance totale. Nos résultats concordent mieux avec ceux de Lab et Hirschel (1988) qui n'ont expliqué que 25 % de la variance du nombre de voies de fait enregistrées à Charlotte en Caroline du Nord.

Les analyses de régression multiple permettent de connaître lesquelles des variables indépendantes ont le plus grand pouvoir explicatif. L'indicateur retenu est le « b », soit le coefficient de régression non standardisé. Il indique qu'une augmentation d'une unité de la variable indépendante est associée à une variation de « b » unité sur la variable dépendante. Par exemple, dans le tableau 3 on trouve que chaque degré de température maximale moyenne est associé à une augmentation de 0,64 voies de fait. Dans le cas des variables dichotomiques, il faut comprendre que la présence du facteur est liée à une augmentation de « b » incidents de voies de fait. Par exemple, les jours de fin de semaine, il y a 13,4 voies de fait de plus que les jours de semaine. L'équation générale des voies de fait montre donc qu'un vendredi d'été avec une température maximale observée de 35°, et où un chèque serait versé, aurait un nombre prédit de 130 voies de fait. À l'inverse, un mardi d'hiver où il neige 10 mm ou plus, sans chèque et avec pleine lune aurait un score prédit de 46 voies de fait.

Les variables associées au nombre total de voies de fait sont la température maximale moyenne, la fin de semaine, la chaleur torride et le versement du chèque de la sécurité du revenu. Dans le cas des voies de fait graves ou des voies de fait entre étrangers, seules la température moyenne maximale et la fin de semaine ont un impact indépendant significatif. Les voies de fait intrafamiliales ont deux prédicteurs significatifs, soit la température moyenne maximale et la chaleur torride. Pour les incidents entre connaissances, il y a la température moyenne maximale, le jour de la semaine et la journée de versement du chèque. La présence de prédicteurs significatifs différents témoigne du fait que les conduites examinées n'ont pas les mêmes sources. En cas de chaleur torride, on s'en prend à ses proches. Lorsque le chèque arrive, des conflits naissent entre connaissances. Mais ces rapports, exception faite des conflits familiaux, sont modulés par le rythme des activités humaines que façonnent les saisons et le jour de la semaine.

L'analyse de régression multiple nous permet aussi d'examiner nos erreurs de prédiction, soit les journées où le nombre d'incidents rapportés est largement supérieur à la prédiction effectuée sur la base des variables utilisées dans le modèle. Le tableau 4 rapporte les journées où il y eut un excédent d'au moins 25 cas de voies de fait sur la valeur prédite.

Tableau 4
Analyse des résiduels positifs de la régression multiple pour 1995

Jour	Nombre prédit	Nombre observé	Différence
Dimanche, le 1ᵉʳ janvier	73	104	31
Vendredi, le 17 mars	90	119	29
Samedi, le 8 avril	96	123	27
Mercredi, le 26 avril	86	111	26
Dimanche, le 4 juin	91	117	26
Vendredi, le 23 juin	106	133	27
Samedi, le 24 juin	117	156	38
Vendredi, le 22 décembre	87	128	40

Les journées indiquées ne présentent pas de dénominateur commun. Certaines sont des jours de fête comme le 1ᵉʳ janvier et les 23 et 24 juin (Saint-Jean-Baptiste). Le 22 décembre est la journée des emplettes tardives de Noël (les centres commerciaux grouillent de consommateurs excédés), mais aussi celle de bien des « fêtes de bureau ». Il n'y a rien d'officiel au calendrier des autres journées, mais une étude des journaux de 1995 permet de savoir s'il y a eu des événements exceptionnels à ces dates. Le 17 mars, il y eut une échauffourée à Québec entre les policiers et un groupe d'étudiants ontariens venus faire la fête durant leur congé académique. Le 8 avril, il y eut une intervention policière dans un bar clandestin du quartier Hochelaga-Maisonneuve au cours de laquelle les clients ont lancé des bouteilles de bière aux policiers. Deux policiers ont été blessés et environ 35 personnes ont été mises en arrestation. Aucun événement particulier souligné par les quotidiens n'est survenu les 26 avril et 4 juin.

DISCUSSION ET CONCLUSION

Les résultats de cette étude corroborent ce que la presque totalité des études sur le sujet ont déjà montré : le rythme des saisons, le rythme de la semaine et la température sont associés au nombre d'incidents de violence observés. Outre ces dimensions, il appert que le versement du chèque de la sécurité du revenu ait un impact positif sur le nombre total de voies de fait et sur le nombre de voies de fait entre connaissances. Toutefois, les analyses ont montré qu'à peine un tiers de la variation du nombre de voies de fait peut s'expliquer par les variables de notre modèle. Cela veut dire que les deux tiers de la variation dans le nombre de voies de fait au jour le jour s'expliquent par d'autres facteurs ou sont tout simplement aléatoires. Un certain nombre de facteurs relevés dans la littérature n'ont pas été considérés dans notre étude et pourraient faire augmenter le pourcentage de variance expliquée. Parmi ceux-ci, mentionnons la pollution atmosphérique ou certains événements sportifs ou culturels. Un facteur qui n'apparaît directement dans aucune étude est la consommation quotidienne d'alcool. En effet, le lien entre la consommation d'alcool et la violence est bien établi (Wilson et Herrnstein, 1985 ; Brochu, 1995) et pourrait s'avérer un bon prédicteur du volume de voies de fait. Cependant, il n'existe encore aucun indicateur connu de la consommation quotidienne d'alcool qui puisse être utilisé dans une telle étude.

Les analyses que nous venons de mener ne permettent pas d'établir des relations causales entre les variables. En effet, les relations observées se situent à un niveau d'agrégation beaucoup trop élevé pour cela. Ainsi, les résultats présentés ne confirment ou n'infirment aucune thèse explicative particulière sur le plan individuel. À l'instar de la majorité des auteurs ayant travaillé sur cette question, nous pensons que les variations dans les activités humaines associées à la saison, à la température ou à la rythmique hebdomadaire expliquent les changements dans le volume ou la configuration des crimes de violence. En particulier, la densité des interactions sociales augmenterait au printemps et à l'été, produisant plus d'occasions de conflits interpersonnels. Toutefois, puisque ce modèle est aussi applicable aux voies de fait intrafamiliales, la thèse de la densité des contacts ne peut être la seule valide (la densité des contacts entre conjoints est présumée invariable avec les saisons). Dans le cas des voies de fait intrafamiliales, l'impact de la chaleur torride peut être interprété par une intolérance plus grande en cas d'inconfort ou par des modifications de comportement associées à la chaleur torride, notamment une consommation accrue d'alcool.

RÉFÉRENCES

Baron, R.A. et P.A. Bell (1976). « Agression and heat : The influence of ambiant temperature, negative affect, and cooling dring on physical agression », *Journal of Psychology and Social Psychology*, 33 (3) : 245-255.

Baron, R.A. et V.M. Ransberger (1978). « Ambiant temperature and the occurrence of collective violence : the long hot summer revisited », *Journal of psychology and social psychology*, 36 (2) : 351-360.

Brochu, S. (1995). *Drogue et criminalité.* Montréal : Presses de l'Université de Montréal.

Cheatwood, D. (1995). « The effects of weather on Homicide », *Journal of Quantitative Criminology*, 11 (1) : 51-70.

Cheatwood, D. (1988). « Is there a season for homicide ? », *Criminology*, 26 (2) : 287-306.

Cohen, L.E. et M. Felson (1979). « Social change and crime rates change : a routine activity approach », *American Sociological Review*, 44 : 588-608.

Cohn, E.G. (1996). « The effect of weather and temporal variations on calls for police service », *American Journal of Police*, 15 (1) : 23-43.

Defronzo, J. (1984). « Climate and crime : Test of an FBI assumption », *Environment and Behavior*, 16 : 185-210.

Durkheim, E. (1897). *Le suicide.* Paris : Presses Universitaires de France.

Feldman, H.S. et R.G. Jarmon (1979). « Factors influencing criminal behavior in Newark (NJ) : A local study in forensic psychiatry », *Journal of Forensic Sciences*, 24 (1) : 234-239.

Felson, M. (1980). « Human Chronography », *Sociology and Social Research*, 65 (1) : 1-9.

Field, S. (1992). « Effect of temperature on crime », *British Journal of Criminology*, 32 (3) : 340-51.

Harries, K. et S. Stadler (1983). « Determinism revisited : Assault and heat stress in Dallas, 1980 », *Environment and Behavior*, 15 (2) : 235-256.

Harries, K. (1988). « Heat and violence : New findings from Dallas field Data, 1980-1981 », *Journal of Applied Social Psychology*, 18 (2) : 129-138.

Hawley, A. (1950). *Human Ecology : A Theory of Community Structure.* New York : The Ronald Press.

Konigsberg, C. (1960). « Climate and society : A review of the literature », *Journal of Conflict Resolution*, 4 : 67-82.

Lab, S.P. et D. Hirschel (1988). « Climatological conditions and crime : The forecast is... ? », *Justice Quarterly*, 5 (2) : 281-299.

Landau, S.F. et D. Fridman (1993). « The seasonality of violent crime : The case of robbery and homicide in Israel », *Journal of Research on Crime and Delinquency*, 0 (2) : 163-191.

LeBeau, J. et R. Langworthy (1986). « The linkages between routine activities, weather, and calls for services », *Journal of Police Science and Administration*, 14 (2) : 137-145.

LeBeau, J. (1988). « Weather and crime : Trying to make social sense of a physical process », *Justice Quarterly*, 5 (2) : 301-309.

Lieber, A. et C. Sherin (1972). « Homicide and the lunar cycle : toward a theory of lunar influence on emotional disturbance », *American Journal of Psychiatry*, 120 : 101-106.

Lombroso, C. (1876). *L'homme criminel*. Paris : Alcan.

Mauss, M. (1950). *Sociologie et anthropologie*. Paris : Presses Universitaires de France.

Quételet, A. (1835). *Physique sociale*. Paris : Baillière.

Rotton, J. et J. Frey (1985). « Air pollution, weather, and violent crimes : Concomittant time-series analysis of archival data », *Journal of Personnality and Social Psychology*, 49 (5) : 1207-1220.

Tasso, J. et E. Miller (1976). « The effect of the full moon on human behavior », *Journal of psychology*, 93 : 81-83.

U.S. Department of Justice (1988). *The seasonality of crime victimisation*. Washington, D.C. : Bureau of Justice Statistics, NCJ 111003.

White, G.F., J. Katz et J. Scarborough (1992). « Impact of professional football games upon violent assault on women », *Violence and Victims*, 7 (2) : 157-171.

Wilson, J.Q. et R. Herrnstein (1985). *Crime and Human Nature*. New York : Simon and Shuster.

PARTIE V

LES TROUBLES MENTAUX ET LE PRONOSTIC DE LA VIOLENCE

12
Maladie mentale et violence
Revue de littérature

Frédéric Millaud

Ce chapitre[1] est axé sur la violence commise par les malades mentaux. La notion de maladie mentale n'est pas définie de façon uniforme dans la littérature. Les grandes études épidémiologiques se concentrent le plus souvent sur les maladies mentales majeures (schizophrénie, maladie affective et troubles délirants) et les distinguent clairement des problèmes toxicomaniaques. D'autres études englobent certains troubles de personnalité qui sont bien connus pour leurs problèmes d'impulsivité. On peut cependant considérer de façon générale qu'il s'agit de troubles de personnalité graves et que la personnalité antisociale est considérée comme une entité autonome.

Les malades mentaux sont souvent associés à la violence dans la population générale. Ainsi, Monahan et Arnold (1996) rapportent qu'une étude de 1990 dirigée par DYG Corporation sur un échantillon de 1000 personnes aux États-Unis révèle que 24 % des répondants sont d'accord sur le fait que les malades mentaux chroniques sont plus dangereux que la population générale. Une autre étude de 1993 rapporte que 57 % des Américains répondent par l'affirmative à la question suivante : « Pensez-vous que les malades mentaux sont plus susceptibles de commettre des actes de violence ? » La surreprésentation des malades mentaux responsables de violence se retrouve également dans les médias ; plusieurs études depuis le début des années 1980 en font état (Gerbner et collab., 1981 ; Link, Cullen et Frank, 1987 ; Wahl, 1987 et 1995). Ainsi Monahan et Arnold rapportent qu'un ensemble de chercheurs et d'avocats arrivent au consensus suivant : troubles

---

1. Ce texte est une synthèse et une mise à jour de l'article « Troubles mentaux et violence », paru dans *Criminologie*, XXIX (1), 1996, et de « Violence », chapitre 76 de *Psychiatrie clinique : Approche bio-psycho-sociale*, 3ᵉ édition, à paraître.

mentaux et violence sont étroitement liés dans la pensée du public. Une combinaison de facteurs est à l'origine de cette perception : des reportages sensationnalistes effectués par les médias lorsqu'un acte violent est commis par un ancien patient psychiatrique ; un mauvais usage par la population des termes psychiatriques tels que psychotique, psychopathe ; l'utilisation, par l'industrie du spectacle, de formules toutes faites et de stéréotypes bornés. Le public justifie ainsi sa peur et son rejet des personnes étiquetées malades mentales et tente de les exclure de la communauté en raison de cette supposée dangerosité. Mais, si la stigmatisation dont souffrent les malades mentaux est associée à ces éléments, ceux-ci n'en sont certainement pas la cause profonde. La peur que suscitent les malades mentaux nous semble due à deux éléments : d'une part, la crainte de la pathologie psychiatrique, de la folie en tant que telle, du fantasme de contagiosité qui y est souvent associé ; d'autre part, la crainte de gestes violents qu'on ne peut prévenir et qui paraissent irraisonnés, immotivés, effectués à partir d'une pensée qui nous apparaît totalement étrangère, difficile à comprendre.

Sur le plan historique, on se rappellera que la psychiatrie à ses débuts a été construite autour du fou criminel (Senninger, 1990). Après le XIXe siècle, cependant, cette association systématique est écartée, ce qui a abouti à la séparation de la psychiatrie et de la criminologie. L'idée qui domine par la suite, tout au moins chez les cliniciens, est que les malades mentaux ne semblent pas plus dangereux que la population générale (Hafner et Böker, 1973 ; Guze, 1976).

Après quelques précisions sémantiques, nous présenterons quelques éléments sur l'évolution des idées en ce qui concerne la question de la prédiction de violence. Cette question est devenue centrale au fil des ans et se situe, bien sûr, dans un esprit de prévention de la violence.

Nous indiquerons ensuite quelques données générales sur la violence des malades mentaux. Les études cliniques et épidémiologiques portant sur des petits échantillons de population ou certaines populations spécifiques sont nombreuses. Elles apportent certaines données dont nous parlerons plus loin. Par ailleurs, il existe un petit nombre d'études épidémiologiques portant sur de grands échantillons de population qui permettent d'établir avec une bonne validité certains indicateurs de violence chez les malades mentaux, en les comparant à la population générale. Ce type de travail peut déboucher sur des programmes de prévention et influencer certaines décisions sociales ou politiques. Ces études sont d'un grand intérêt.

Toutefois, la portée générale de ces études épidémiologiques ne permet pas une intégration de l'ensemble des éléments qualitatifs propres à chaque individu. C'est pourquoi il est utile pour le clinicien de posséder également certains outils d'évaluation et de traitement pour faire face aux situations cliniques quotidiennes. Nous évoquerons alors les éléments retenus dans l'inventaire de dangerosité psychiatrique, outil élaboré à l'Institut Philippe-Pinel de Montréal.

Nous énoncerons enfin quelques principes d'intervention thérapeutique auprès des patients psychiatriques violents.

DÉFINITIONS

Plusieurs termes sont fréquemment utilisés dans la littérature de façon plus ou moins précise. Il nous semble essentiel avant toute chose de tenter de mieux définir ces notions.

L'agressivité est l'expression d'une pulsion dont le contrôle est incertain. Nous sommes dans le registre de l'expression pulsionnelle et de l'expression des affects (Millaud et collab., 1992).

L'impulsivité est un manque de contrôle des pensées et du comportement (Baratt, 1972).

La violence est liée aux actes réels envers autrui, et non pas fantasmatiques, qui sont susceptibles de porter atteinte à l'intégrité physique (Millaud et collab., 1992). La violence s'exprime par des comportements violents appelés agressions (Baratt, 1994). La violence psychologique est un autre volet mais qui paraît plus difficile à cerner en termes de critères précis.

La dangerosité est un état dans lequel une personne est susceptible de commettre un acte violent (Millaud et collab., 1992). Elle peut se décomposer en plusieurs éléments (Steadman et collab., 1994) :
- **les facteurs de risque** : variables utilisées pour prédire la violence ;
- **le dommage** : importance de la violence et type de violence prédit ;
- **le risque** : probabilité d'un dommage.

ÉVOLUTION DE LA PENSÉE AU SUJET DE LA PRÉDICTION DE VIOLENCE

Jusqu'au milieu des années 1980, les psychiatres et les psychologues ont été perçus comme totalement incapables de prédire les comportements violents (Monahan, 1981 ; Steadman, 1983). Par la suite, cette perception s'est un peu transformée et certaines études ont montré que la prédiction à court terme semble un peu plus réalisable (Tardiff, 1989 ; Durivage, 1989 ; McNiel et Binder, 1991 ; Linaker et Busch-Iversen, 1995). Récemment, Apperson, Mulvey et Lidz (1993) ont démontré les défauts méthodologiques des premières études sur la prédiction clinique à court terme de comportements violents, et Lidz, Mulvey et Gardner (1993) concluent que le jugement clinique a été sous-évalué dans les recherches précédentes.

Il faut souligner que les cliniciens ne font pas franchement de prédiction de comportements violents, comme le soulignent Mulvey et Lidz dès 1988, mais abordent cette question de la dangerosité sous l'angle des conditions contingentes.

Ainsi, les attentes créées par le désir de prévenir la violence et l'impossibilité de le faire sans erreur ont amené chercheurs et cliniciens à prendre conscience de leurs capacités réelles, sans les minimiser, mais sans chercher non plus de recette infaillible.

La prédiction de violence a été reconceptualisée sous l'angle des facteurs de risque de violence. La notion de risque laisse donc toujours une place à l'incertitude. En clinique, cette perspective nous paraît beaucoup plus appropriée. En effet, les patients psychiatriques sont soumis à des facteurs environnementaux qui interagissent avec leur personnalité et leur pathologie. Leur niveau de dangerosité psychiatrique varie en fonction d'un ensemble de facteurs. On peut donc affirmer que la dangerosité (ou le risque de violence) ne peut pas être établie une fois pour toutes. Il existe des fluctuations dans le temps et des variations d'intensité. Ces variations dépendent aussi des symptômes et des situations (Mulvey, 1994). On se situe donc plus sur un continuum que dans un registre dichotomique, ce qui implique, en clinique, des réévaluations périodiques en vue d'une prévention efficace. Cette position amène aussi un certain rapprochement entre chercheurs et cliniciens. On trouve ainsi dans la grande étude de MacArthur aux États-Unis cette prise en compte de la clinique (Steadman et collab., 1994) : « Les facteurs de risque associés à la violence que nous explorons sont ceux qui, pensons-nous, jouent un rôle dans l'apparition de la violence chez les malades mentaux et que l'on peut évaluer sans trop de difficulté dans la pratique clinique actuelle ; les facteurs de risque étudiés sont : a) ceux associés à la violence dans des recherches antérieures ; b) ceux que nous croyons être associés à la violence de par l'expérience des cliniciens[2] [...] ».

DONNÉES GÉNÉRALES ET DONNÉES DES ÉTUDES CLINIQUES ET ÉPIDÉMIOLOGIQUES LES PLUS RÉCENTES

Nous tenterons dans cette partie de faire ressortir les points saillants des recherches effectuées sur les malades mentaux. Quels que soient les types de recherches (cliniques et épidémiologiques), certains éléments dominent la littérature et apparaissent comme les données générales actuellement valides. Nous les mentionnerons avant d'aborder les études épidémiologiques proprement dites.

---

2.   C'est nous qui traduisons.

Les actes de violence des malades mentaux

En ce qui concerne les homicides commis par les malades mentaux, il n'existe que peu d'études (Taylor et Gunn, 1984 ; Lindqvist, 1986 ; Gottlieb, Gabrielsen et Kramp, 1987). Les chiffres sont peu précis et oscillent entre 20 % et 50 % des homicides. Cependant, dans ces chiffres, les facteurs d'intoxication par l'alcool ou les drogues semblent prendre une place particulièrement grande et nous incitent donc à atténuer l'importance du rôle joué par les maladies mentales dans les gestes homicides. Par ailleurs, il est clair que la majorité des cas d'agression n'entraînent pas de blessures graves et que ce sont surtout les patients récidivistes qui posent les gestes les plus dramatiques (Haller et Deluty, 1988).

À un autre niveau, on doit malheureusement mentionner que l'impression des cliniciens va dans le sens d'une augmentation de la violence chez les patients évalués en psychiatrie (Bureau et collab.), ce qui semble corroborer une étude de Tardiff et de ses collaborateurs (1997a). Celle-ci nous indique que les actes violents précédant une admission en psychiatrie auraient considérablement augmenté au cours des dix dernières années : hausse de 150 % chez les femmes et de 50 % chez les hommes.

Les victimes

On constate que les victimes sont principalement (50 % à 70 % des cas) les membres de l'entourage familial (Cormier et collab., 1971 ; Addad et Benezech, 1977 ; Millaud, 1989 ; Estroff et Zimmer, 1994). Les mères paraissent le plus souvent visées dans les cas de violence répétée (Estroff et Zimmer, 1994). D'autre part, lorsqu'il s'agit de patients hospitalisés, les victimes deviennent alors soit les membres du personnel soignant, soit les autres patients. Cela confirme donc les indications données par Cormier dès 1971 qui mentionnait que les patients psychiatriques commettaient des agressions surtout dans le cadre de relations spécifiques. Autrement dit, ce sont les personnes qui sont en contact de façon privilégiée avec les malades mentaux et qui établissent certains liens sur un plan affectif qui sont principalement visées lorsqu'il y a agression.

Par ailleurs, Marzuk (1996) avance que les malades mentaux sont probablement plus souvent eux-mêmes les victimes de la violence que les acteurs de cette violence.

Les éléments démographiques

L'âge : la plupart des études montrent que les jeunes adultes sont plus violents que le reste de la population. En ce qui concerne les patients psychiatriques, il semble exister un risque plus élevé de violence chez les patients de moins de 30 ans (James et collab., 1990 ; Swanson, 1994).

Le sexe : les études des années 1980 montrent que les hommes sont plus violents que les femmes. Les proportions sont de l'ordre de neuf hommes pour une femme (Tardiff et Sweillam, 1980 ; Craig, 1982 ; Noble et Rodger, 1989). Cependant, aux États-Unis les études plus récentes tendent à démontrer qu'il n'y a pas de différence entre les malades mentaux quant au nombre d'actes violents commis, quant aux patterns utilisés, et quant au type de violence (Klassen et O'Connor, 1994 ; Steadman et collab., 1994 ; Newhill, Mulvey et Lidz, 1995 ; Tardiff et collab., 1997a).

Le statut socio-économique : on trouve, parmi les individus violents, plus de célibataires et de personnes ayant un statut économique faible (Williams, Thorby et Sandlin, 1989 ; Smith et Hucker, 1991). Cependant, lorsque certains facteurs sont pris en compte (les personnes de faible condition socio-économique sont plus exposées à des groupes violents ; l'utilisation de services cliniques), les éléments sociodémographiques ne semblent plus significativement associés à la violence (Klassen et O'Connor, 1994 ; Swanson et collab., 1997).

Les facteurs de risque relevés dans les études cliniques et épidémiologiques

Rappelons que la notion de maladie mentale varie d'une étude à l'autre. Cependant, même si les diagnostics de trouble de personnalité, d'abus d'alcool ou de drogues font partie des classifications diagnostiques usuelles (DSM-IV), ils ne sont pas considérés comme des maladies mentales dans la plupart des grandes études épidémiologiques ; on distingue alors volontiers les maladies mentales majeures (schizophrénie, trouble affectif majeur, trouble paranoïaque et autres psychoses) des autres.

À l'instar de Torrey (1994), on peut distinguer cinq grands objets d'études : a) individus arrêtés ; b) patients hospitalisés ; c) patients traités en externe ; d) familles comptant un membre malade mental ; e) échantillons de la population générale. Nous ajouterons quelques données récentes sur la récidive d'actes violents.

Études portant sur les individus arrêtés. Depuis les années 1960 (époque de la désinstitutionnalisation), ces études montrent que le taux d'arrestation des malades mentaux est supérieur à celui de la population générale.

Cependant, ce fait n'est pas un bon indice de violence, puisque la plupart des arrestations sont effectuées pour des délits non violents (Torrey, 1994). Par ailleurs, certains auteurs ont examiné la proportion de malades mentaux parmi des populations de prisonniers mais sans s'attacher spécifiquement au repérage d'éléments de violence. Ainsi, Jemelka, Trupin et Chiles (1989) nous indiquent que de 10 % à 15 % des prisonniers d'État aux États-Unis souffrent d'un trouble majeur de la pensée ou d'un trouble de l'humeur nécessitant des soins psychiatriques. Hodgins et Côté (1990) montrent qu'au Canada, la prévalence des troubles mentaux majeurs (schizophrénie, dépression majeure, troubles bipolaires) chez les populations pénitentiaires est supérieure à celle de la population générale.

En ce qui concerne les crimes violents, Lamb et Grant (1982), à Los Angeles, ont montré que sur 96 prisonniers dirigés pour évaluation psychiatrique, 28 % étaient accusés de crimes violents. Une étude similaire chez les femmes donne 18 % de crimes violents. On soulignera cependant le biais introduit par le fait qu'il s'agit d'une population de prisonniers dirigés pour évaluation psychiatrique et non pas d'une sélection aléatoire sur une population carcérale globale. Une autre approche concerne l'examen de l'état mental des sujets ayant commis des crimes particuliers, comme dans les études citées plus haut sur les homicides. Martell et Dietz (1992) ont par ailleurs étudié une série d'individus qui ont poussé ou tenté de pousser quelqu'un devant la rame de métro à New York. Les malades mentaux sont responsables de la majorité des gestes de ce type. Mais là encore, comme pour les homicides, le rôle joué par les drogues et l'alcool est très important.

Étude portant sur les patients hospitalisés. Il existe de nombreuses études de patients hospitalisés. Plusieurs s'attachent à démontrer les liens entre les éléments repérables avant une admission à l'hôpital et les comportements violents intrahospitaliers, qu'il s'agisse de l'urgence, d'une unité d'admission ou autre. Il en ressort certains éléments cités comme facteurs de risque :

- des antécédents de gestes violents (McNiel et collab., 1988 ; Palmstierna et Wistedt, 1988, 1990 ; Blomhoff, Seim et Friis, 1990 ; Tardiff, 1991). Cet élément est considéré comme le meilleur prédicteur de violence et toutes les études d'importance en tiennent compte ;
- le jeune âge, l'apparition récente de la maladie, l'angoisse (Kay, Wolkenfeld et Murrill, 1988) ;
- les abus d'alcool et de drogues (Kay, Wolkenfeld et Murrill, 1988 ; Palmstierna et Wistedt, 1988) ;
- la dépression, la manie (Kay, Wolkenfeld et Murrill, 1988 ; McNiel et Binder, 1989) ;

- les éléments d'organicité cérébrale (Convit et collab., 1988) ;
- les symptômes psychotiques (Humphreys et collab., 1992).

Par ailleurs, Tardiff (1991) signale qu'environ 10 % des patients ont commis des gestes violents envers autrui juste avant leur admission. Si l'on inclut les bris d'objets et les agressions verbales, 35 % à 45 % des patients sont alors concernés. D'autres études décrivent en termes symptomatologiques et diagnostiques les caractéristiques des patients violents hospitalisés. Ainsi, sont le plus souvent documentés :

- les symptômes psychotiques, délires et hallucinations (Noble et Rodger, 1989 ; Lowenstein, Binder et McNiel, 1990 ; Tardiff, 1991) ;
- l'impulsivité (Apter, Plutchik et Van Praag, 1993) ;
- l'angoisse (Tardiff, 1991 ; Apter, Plutchik et Van Praag, 1993) ;
- certains diagnostics : schizophrénie (Krakowski, Convit et Volavka, 1988 ; Noble et Rodger, 1989 ; Palmstierna et Wistedt, 1991), manie (Janofsky, Spears et Neubauer, 1988), dépression (Morrison, 1992).

Études portant sur les patients traités en externe. Elles sont complémentaires des précédentes (patients sortis de l'hôpital). Bartels et ses collaborateurs (1991) s'intéressent à un échantillon de 133 schizophrènes et mesurent leur agressivité à l'aide d'une échelle de 1 à 5 (1 pour l'agressivité verbale et 5 pour la violence physique avec lésions potentielles ou effectives). Les plus hauts niveaux d'agressivité sont corrélés de façon significative au sexe masculin, au diagnostic de trouble schizo-affectif ainsi qu'à l'absence de traitement pharmacologique. Soixante et onze pour cent des patients des niveaux 4 et 5 prennent mal la médication, contre 17 % pour ceux qui ne manifestent aucune agressivité. Link, Andrews et Cullen (1992) estiment que les patients psychiatriques présentent de deux à trois fois plus de risques de devenir violents. La seule variable qui les distingue de la population générale est le niveau des symptômes psychotiques : plus ils sont malades, plus ils risquent d'être violents.

Études portant sur les familles comptant un membre malade mental. Toutes les études nous indiquent que c'est l'entourage familial qui est principalement visé lors des agressions. En 1990, la National Alliance for the Mentally Ill, aux États-Unis, a réalisé une étude sur 1401 familles dont un membre est malade mental (schizophrénie, troubles bipolaires ou dépression majeure). Durant l'année précédant l'étude, 10,6 % des patients ont blessé physiquement un membre de la famille et 12,2 % ont menacé de le faire. On observe une différence entre les hommes et les femmes lorsqu'il s'agit de menaces d'agressions (25 % d'hommes et 12,5 % de femmes) mais un score presque semblable pour les agressions (12 % d'hommes et 9,5 % de femmes).

Ces quatre premiers types d'études nous apportent des résultats intéressants sous l'angle des données cliniques et descriptives. Ils permettent de faire certaines corrélations entre maladie mentale et violence et d'établir certains facteurs de risque. Cependant, ces informations ne sont valables que dans le contexte spécifique de ces études et on ne peut en tirer des conclusions générales valides sur les liens entre maladie mentale et violence. Les études suivantes portant sur des échantillons de la population générale semblent plus intéressantes en ce sens.

Études portant sur des échantillons de la population générale. Elles sont peu nombreuses, nécessitant des moyens économiques et humains souvent importants. Trois études sont à mentionner : celle effectuée par le National Institute of Mental Health et dont on nous rapporte deux séries de résultats (Swanson et collab., 1990 ; Robins et Regier, 1991 ; Swanson, 1994) ; une deuxième étude effectuée en Suède et rapportée par Hodgins (1992) ; la troisième, menée par Link et Stueve (1994), qui s'attache plus spécialement au rôle des symptômes psychotiques dans les comportements violents. Sans entrer dans les détails de chaque étude, on dégagera les éléments les plus marquants. Si l'on sépare les troubles liés à l'utilisation de substances psychoactives (alcool et drogues) des maladies mentales, on observe que :

*   85 % des sujets violents ne sont pas des malades mentaux ;
*   90 % des sujets atteints de maladie psychiatrique grave ne sont pas violents (Swanson et Holzer, 1991).

D'une part, les malades mentaux asymptomatiques sans antécédents de violence se comparent à la population générale en ce qui concerne les risques de violence. D'autre part, le risque de comportements violents chez les malades mentaux implique une symptomatologie aiguë. Par ailleurs, l'abus de substances psychoactives augmente les risques de violence chez les malades mentaux.

Il semble donc exister un sous-groupe de patients psychiatriques plus dangereux que la population générale et pour lequel on peut dégager quatre caractéristiques principales : a) ces patients ont une histoire de violence antérieure ; b) ils n'observent pas la médication psychiatrique ; c) ils abusent d'alcool ou de drogues ; d) ils présentent une symptomatologie aiguë.

En ce qui concerne cette symptomatologie aiguë, certains symptômes psychotiques semblent plus significativement associés à la violence (Link et Stueve, 1994). Ces auteurs mentionnent en particulier que les patients de ce sous-groupe ont souvent l'impression que leur pensée est dominée par des forces hors de leur contrôle, que des pensées leur sont imposées de l'extérieur et qu'elles ne leur appartiennent pas et, enfin, qu'il y a des gens qui leur souhaitent du mal. Ils évoquent également le principe de la rationalité dans l'irrationalité pour expliquer certains comportements violents. Les patients psychotiques délirants sont convaincus de la réalité des éléments délirants qu'ils perçoivent et agissent donc de façon souvent rationnelle et congruente en dépit de leurs perceptions et de leurs convictions délirantes. Ainsi, si l'on n'a pas accès au contenu mental de ces patients, leurs comportements paraissent alors imprévisibles, bizarres et irrationnels. Swanson et ses collaborateurs (1997) reprennent sensiblement les mêmes éléments mais ajoutent qu'il existe aussi une relation entre la violence des malades mentaux et l'absence de contact avec des centres de santé mentale. Ceci est certainement à rapprocher de l'étude de Bartels et de ses collaborateurs (1991), citée plus haut, qui souligne que l'absence de traitement pharmacologique est un facteur de risque. La relation entre le défaut de traitement et une haute incidence de violence paraît cependant moins prononcée chez les répondants qui ont une comorbidité d'abus de drogues. Par ailleurs, lorsque les variables cliniques et de traitement sont prises en compte, les prédicteurs sociodémographiques ne sont pas significativement liés à la violence.

La récidive. La récidive a été étudiée pour des populations carcérales et hospitalières. Une étude de Villeneuve et Quinsey (1995) s'est intéressée au suivi, sur une période de 92 mois, d'une population de 120 prisonniers libérés d'une unité psychiatrique interne d'un pénitencier fédéral. Cette étude, en accord avec d'autres études antérieures similaires, montre en particulier qu'il existe une association négative entre la psychose et le risque de récidive violente. Les prédicteurs de récidives violentes dans ce type de population ont été établis comme suit :
- la délinquance juvénile ;
- le jeune âge lors de la libération ;
- l'usage de drogues lors des délits ;
- des condamnations pour des délits violents ;
- la séparation des parents avant l'âge de 16 ans ;
- la commission de délits sous l'influence de l'alcool ;
- la diversité des formes de délinquance ;
- de courtes périodes d'emploi ;
- l'absence de maladie psychotique.

Sreenivasan et ses collaborateurs (1997) montrent que le profil clinique de récidive violente chez les malades mentaux est associé à trois éléments : un double diagnostic (troubles psychotiques et abus de substances), une rigidité cognitive et des traits psychopathiques modérés. L'échantillon de l'étude se composait de 66 hommes qui ont été admis de façon involontaire à l'hôpital en mesure d'internement parce qu'ils présentaient un danger pour autrui et, par ailleurs, de 43 hommes acquittés pour cause d'aliénation mentale à la suite d'un délit.

Par ailleurs, Tardiff et ses collaborateurs (1997b) montrent, dans une étude prospective sur la violence des patients psychiatriques après une hospitalisation, que ceux qui ont été violents dans le mois précédant l'admission sont neuf fois plus souvent violents dans les deux semaines après avoir quitté l'hôpital si on les compare à ceux qui n'étaient pas violents juste avant l'admission. Les patients présentant un trouble de personnalité sont quatre fois plus souvent violents après une hospitalisation que ceux qui n'ont pas de trouble de personnalité. Les victimes sont le plus souvent les membres de la famille ou d'autres proches et souvent les mêmes personnes qui ont été agressées avant l'hospitalisation.

L'ÉVALUATION DE LA DANGEROSITÉ PSYCHIATRIQUE

Tout bon clinicien doit connaître les facteurs de risque de violence rapportés dans les recherches. Cependant, lorsqu'il s'agit de faire face à une situation clinique concrète, avec un patient donné, il est nécessaire d'avoir également en sa possession un outil d'évaluation, facile d'utilisation, complet, et qui permette de prendre des décisions autres qu'intuitives ou « impressionnistes ». C'est dans cet esprit que les cliniciens de l'Institut Philippe-Pinel de Montréal ont élaboré *l'inventaire de dangerosité* (s'appuyant sur la littérature et l'expérience clinique) destiné spécifiquement à l'évaluation clinique des patients dangereux (Millaud et collab., 1992). Les éléments de cet inventaire se retrouvent en grande partie dans l'étude de MacArthur aux États-Unis (Steadman et collab., 1994).

Rappelons cependant les principaux éléments qui le composent : 1) caractériser l'acte violent. Cette partie est fondamentale et doit être décrite avec le plus de précision possible. Cette étape peut être difficile et demander du temps, mais elle est indispensable. On ne peut traiter de la même façon un meurtre et un fantasme d'agression, un acte isolé et un acte répétitif, etc. ; 2) déceler les facteurs associés à l'acte violent. Il s'agit là de reconnaître les facteurs de risque évoqués plus haut ; on trouve ainsi les facteurs démographiques, historiques, les facteurs d'intoxication par l'alcool ou les drogues, les éléments de perturbation de l'état mental (parties symptomatologique et diagnostique). Ces éléments se retrouvent en grande partie dans les études épidémiologiques. Nous avons également tenu compte des aspects psychodynamiques, des facteurs environnementaux ou situationnels, des facteurs biologiques et, enfin, du niveau de reconnaissance du patient.

Les éléments psychodynamiques d'un patient doivent être, dans la mesure du possible, décodés. Cerner le noyau conflictuel principal d'un individu et les mécanismes de défense qu'il utilise est très utile en clinique pour mieux « comprendre » le patient. Autrement dit, commencer à donner un sens à l'acte violent, tenter de mettre des mots avec des patients qui ne mentalisent que très peu permet souvent de mettre en perspective les actes d'un patient et d'influencer les décisions thérapeutiques. Il s'agit d'une dimension couramment utilisée en clinique. Les éléments liés aux composantes de personnalité sont le plus souvent à inclure dans ce volet.

Les facteurs environnementaux comprennent principalement les éléments extérieurs à l'individu et qui servent de déclencheurs (par exemple, une séparation), de précipitants (par exemple, la cessation d'une médication) ou d'éléments favorisants (par exemple, les modèles de violence dans l'enfance).

Les facteurs biologiques sont très utiles pour préciser les diagnostics et les traitements pharmacologiques adaptés. Ils sont aussi à considérer pour tenter de déterminer quelles sont les capacités réelles du patient à contrôler son agressivité et ses capacités d'apprentissage. Un patient déficient ou porteur d'une lésion cérébrale n'aura pas les mêmes réactions ni les mêmes besoins thérapeutiques qu'un sujet d'intelligence normale ou sans lésion cérébrale objectivable. Les facteurs biologiques se répartissent en plusieurs catégories :

- Tout d'abord, les facteurs génétiques : l'étude sur le phénotype XYY suggérant la possibilité de comportements plus agressifs chez ces sujets n'a pas été confirmée par la suite. Di Lalla et Gottesman (1991), après une revue de littérature concluent qu'il n'y a pas encore de preuve d'éléments génétiques à l'origine de la violence.
- Des facteurs congénitaux sont à considérer : les problèmes prénataux et périnataux peuvent jouer un certain rôle dans les dommages cérébraux associés aux sujets violents.
- Sur le plan neuroanatomique, les études actuelles, à l'aide des nouvelles techniques (imagerie cérébrale par exemple), associent les comportements violents à des lésions de certaines structures cérébrales, en particulier les structures limbiques, les lobes frontaux et temporaux (Garza-Travino, 1994).
- Des déficits neuropsychologiques sont aussi régulièrement observés chez les patients psychiatriques et plus spécialement chez les patients violents.
- Pour les facteurs neurochimiques, les chercheurs ont pris comme concept clé l'impulsivité. Les comportements violents sont vus comme une

déficience du contrôle des impulsions (Shalling, 1993). Plusieurs neu-
rotransmetteurs ont fait l'objet de recherches : acide glutamique,
GABA, noradrénaline, dopamine, mais on retiendra principalement
deux marqueurs biologiques :

–   la sérotonine. Linnoila et Virkunnen (1992) parlent du « syn-
     drome de basse sérotonine » pour décrire des épisodes de chan-
     gements d'humeur, de comportements impulsifs ou les deux ;
–   la monoamine oxydase (MAO). Une faible activité de monoamine
     oxydase dans les plaquettes sanguines peut être indirectement
     reliée au système sérotoninergique central (Shalling, 1993).

Cependant, les marqueurs semblent valides pour l'impulsivité en elle-
même, plutôt que pour les comportements agressifs ou violents. Ainsi, on
peut dire que ces facteurs contribuent à une facilitation de l'expression de
la violence.

Enfin, le niveau de reconnaissance du patient face à sa violence est
une question importante en clinique et qui est souvent d'un poids considérable dans les décisions thérapeutiques. Des mesures d'internement peuvent en découler en particulier. On doit tenter de qualifier le niveau de
reconnaissance : d'une part, évaluer si le patient reconnaît la violence de
son acte ou de ses fantasmes et dans quelle mesure il s'en attribue la responsabilité et, d'autre part, s'il connaît des signes précurseurs à l'acte violent.
En effet, on observe souvent une série de petits signes qui paraissent s'en-
chaîner jusqu'au passage à l'acte. Par exemple, l'apparition d'une insom-
nie, une augmentation de l'anxiété qui peut se traduire par le besoin de
marcher sans arrêt, une irritabilité verbale, etc.

L'utilisation d'un outil systématisé tel que l'*inventaire de dangerosité*
permet avant tout de bien documenter la situation clinique sans occulter
certaines parties. Elle permet donc de diminuer les problèmes liés à une
surévaluation ou à une sous-évaluation de la dangerosité ou, en d'autres
termes, de réduire les réactions contre-transférentielles que suscitent les
patients violents.

L'évaluation de la dangerosité implique donc une prise en compte
pondérée et interactive des différents éléments mentionnés plus haut. Il
s'agit d'une évaluation complexe et on se doit d'être le plus systématique
possible. Notons à ce sujet, et dans le même esprit, l'intéressante modélisa-
tion des connexions des maladies mentales et de la violence proposée récemment par Hiday (1997).

QUELQUES PRINCIPES D'INTERVENTION AUPRÈS DES PATIENTS VIOLENTS

L'intervention doit tenir compte de la complexité des situations cliniques dans lesquelles nous amènent les patients violents. Cela suppose nécessairement une approche multidisciplinaire (Maden, 1993) et un travail effectué en vue de la prévention de la violence (Millaud et collab., 1992 ; Rice, Harris et Quinsey, 1994). L'investigation clinique qui vise à documenter les éléments cités plus haut nous paraît la base essentielle à la mise en place d'un traitement. En effet, les zones à risque ainsi découvertes seront aussi les zones où effectuer un travail en collaboration avec le patient.

La première étape du traitement est donc l'évaluation clinique et, progressivement, le partage avec le patient des résultats de cette évaluation ; à ce point, on se doit de communiquer au patient quels sont, selon nous, les différents éléments qui constituent des facteurs de risque de violence pour lui. Il doit en effet apprendre petit à petit à les connaître, à les accepter. Tant que les patients persistent à dénier leur violence et leurs facteurs de risque, ils peuvent représenter un danger important.

Ces patients, comme les autres patients psychiatriques, peuvent tirer profit de certaines interventions pharmacologiques. Certains médicaments peuvent aider à diminuer les manifestations d'agressivité (neuroleptiques, lithium, anticonvulsivants). L'utilisation de ces médications varie en fonction des psychopathologies rencontrées.

Par ailleurs, des interventions psychothérapiques sont également utiles. Ces interventions ne s'effectueront qu'en l'absence de crise aiguë et relèveront pour la plupart d'un registre cognitivo-comportemental. Les approches groupales sont le plus souvent privilégiées, mais peuvent se jumeler avec des prises en charge individuelles. Lion et Tardiff (1987) ont suggéré quelques principes de base. Premièrement, on évaluera la motivation et les raisons du patient à s'engager dans un processus psychothérapique ; deuxièmement, le patient doit développer un autocontrôle de ses émotions et de ses comportements, en particulier ses comportements violents et agressifs. Troisièmement, la verbalisation doit être encouragée, plutôt que les actes. Ceci présente une importante difficulté pour les patients violents qui ont de grandes difficultés à mentaliser et à verbaliser leurs émotions.

Depuis quelques années, l'accent est également mis sur les approches psychoéducatives, phénoménologiques et cognitives des patients psychotiques violents. Le dépistage de signes précurseurs de violence (Linaker et Busch-Iversen, 1995) est utile pour l'équipe traitante dans un premier temps ; dans un second temps, le travail consiste à partager avec le patient la connaissance, l'observation de ces signes précurseurs de violence afin que, dans la mesure du possible, il puisse de lui-même les reconnaître et demander de l'aide de façon appropriée, dans un but préventif. L'approche phénoménologique des délires est également évoquée par plusieurs auteurs (Junginger, 1996 ; Buchanan, 1997) de même que l'approche cognitive pour les phénomènes hallucinatoires et les délires (Fowler, Garety et Kuipers, 1995 ; Chadwick, Birchwood et Trower, 1996 ; Kuipers et collab., 1997).

Des interventions familiales sont aussi fréquemment utiles. En effet, les patients violents engendrent souvent de la peur et de l'anxiété chez les autres membres de leur famille ; en outre, il n'est pas rare que des dynamiques familiales violentes existent chez plusieurs membres de la famille, ce qui contribue à entretenir chez le patient ce type de comportements.

On doit tenir compte de certaines considérations légales avec de tels patients, en particulier les mesures d'internement en milieu psychiatrique (garde en établissement). Par ailleurs, des mesures de judiciarisation de certains actes violents peuvent être privilégiées selon les circonstances et les pathologies (Bureau et collab.).

Enfin, en dehors de ces interventions thérapeutiques, il est nécessaire que tous les cliniciens respectent certaines règles spécifiques pour entrer en relation avec des patients violents et instaurer un cadre thérapeutique efficace et sécuritaire.

Premièrement, les interventions auprès de ces patients ne doivent être effectuées que si le clinicien se sent en sécurité sur le plan physique. On ne peut pas intervenir de façon appropriée si on est terrorisé. On se doit donc de ne pas chercher à intervenir et à traiter les patients violents à tout prix, dans n'importe quelle condition.

Deuxièmement, une fois la sécurité du clinicien assurée, on doit informer le patient de l'évaluation faite à son sujet, des mesures qui sont prises à son égard, mesures qui doivent être congruentes avec l'évaluation de sa dangerosité. On doit, autant que possible, lui préciser ce qu'on attend de lui sur le plan clinique, sur le plan de ses comportements et de sa façon d'entrer en relation avec nous.

Troisièmement, il est important d'établir des limites claires quant à ce qui est toléré et ce qui est interdit sur le plan de l'agressivité. Ces patients ont souvent tendance à transgresser les limites établies. Il faut les leur rappeler chaque fois qu'il y a transgression.

Il est important que les décisions concernant la façon d'intervenir avec ces patients soient prises en équipe de façon à ce que les éléments négatifs vécus par le patient ne soient pas associés à une seule personne qui pourrait alors servir de bouc émissaire et même qui pourrait être en danger.

Quatrièmement, il est important de faire reconnaître au patient les éléments de souffrance cernés par les membres de l'équipe et qui sont sous-jacents aux manifestations de violence.

Cinquièmement, les éléments de clivage dans lesquels nous amènent de façon systématique les patients violents doivent être repérés et discutés entre les différents cliniciens. Cette situation est normale quand elle est transitoire. Dans la mesure où elle est reconnue, elle peut être facilement remise dans le contexte clinique propre du patient. La compréhension de ce phénomène de clivage doit alors être communiquée au patient, et des mesures concrètes, congruentes et constructives peuvent ainsi être prises ; cela évite au patient de projeter à l'extérieur ses problèmes et de les faire porter par les autres, en particulier les soignants.

Sixièmement, le plan d'intervention doit être clair et facile d'application, de façon à ce que chacun des intervenants de l'équipe multidisciplinaire soit à l'aise et puisse appliquer le plan de soins sans difficulté.

On voit que la philosophie qui sous-tend l'ensemble de ces interventions préconise l'écoute du patient, les interventions actives, mais aussi la responsabilisation.

En fonction des niveaux de violence des patients, des niveaux de risque et de l'évolution de ces facteurs au cours des traitements, les patients violents peuvent ainsi bénéficier de cadres de soins différents qui vont des soins externes à des soins hospitaliers, y compris ceux d'un hôpital sécuritaire comme l'Institut Philippe-Pinel de Montréal.

Enfin, il est bon d'insister sur la nécessité d'offrir aux différents intervenants des équipes multidisciplinaires impliquées dans les traitements un enseignement spécifique concernant l'évaluation de la dangerosité et la prise en charge de patients violents (Reed, 1997).

CONCLUSION

Les conditions économiques actuelles, la désinstitutionnalisation accrue, la diminution des ressources créent un contexte de soins fragilisé. Il est encore difficile d'en voir tout l'impact sur les soins psychiatriques en général et sur la violence exprimée par les patients au sein du système de soins psychiatriques. Ces questions commencent à être soulevées, de même que celle d'une augmentation de la criminalisation des malades mentaux. Quoi qu'il en soit, il est intéressant de constater que depuis quelques années, l'intérêt des chercheurs et des cliniciens pour la question de la violence et de la dangerosité des malades mentaux s'est accru. De là une réflexion et des méthodes de recherche de plus en plus spécifiques. On constate par ailleurs une évolution des pratiques psychiatriques et, plus généralement, des pratiques cliniques avec des dimensions d'encadrement légal de plus en plus rigoureuses. Cette réalité est un argument de plus pour préciser les risques qu'encourent personnellement nos patients et ceux qu'ils font courir aux autres. Cliniciens et chercheurs doivent donc continuer à unir leurs efforts dans ce domaine, lequel retrouve une place importante au sein de la clinique quotidienne.

RÉFÉRENCES

Addad, M. et M. Benezech (1977). « Schizophrénie et délinquance. Enquête médico-sociale chez 116 psychotiques, dont 83 délinquants, hospitalisés en centre hospitalier spécialisé », *Annales médicales*, 1 (1) : 1-33.

Afferson, L., E. Mulvey et C. Lidz (1993). « Short term clinical prediction of assaultive behavior : artifacts of research methods », *American Journal of Psychiatry*, 150 : 1374-1379.

Apter, A., R. Plutchik et H.M. Van Praag (1993). « Anxiety, impulsivity and depressed mood in relation to suicidal and violent behavior », *Acta Psychiatrica Scandinavica*, 87 (1) : 1-5.

Baratt, E. (1972). « Anxiety and impulsiveness : toward a neuropsychological model », *Anxiety current trends in theory and research*. New York : Edition Spielberg C., Academic Press.

Baratt, E. (1994). « Impulsiveness and aggression », p. 61-79, dans J. Monahan et H. Steadman (dir.), *Violence and Mental Disorder*. Chicago : Chicago University Press.

Bartels, J., R.E. Drake, M.A. Wallach et D. Freeman (1991). « Characteristic hostility in schizophrenic outpatients », *Schizophrenia Bulletin*, 17 (1) : 163-171.

Blomhoff, S., S. Seim et S. Friis (1990). « Can prediction of violence among psychiatric patients be improved ? », *Hospital & Community Psychiatry*, 41 (7) : 771-775.

Buchanan, A. (1997). « The investigation of acting on delusions as a tool for risk assessment in the mentally disordered », *British Journal of Psychiatry*, 170 (Suppl. 32) : 12-16.

Bureau, N., R. Roy, P. Gendron et F. Millaud (soumis pour publication). « La judiciarisation des patients psychiatriques : éléments de réflexion et applications pratiques ».

Chadwick, P.D.J., M. Birchwood et P. Trower (1996). *Cognitive therapy for delusions, voices and paranoia*. New York : Wiley.

Convit, A., J. Jaeger, S. Pin Lin, M. Meisner et J. Volavka (1988). « Predicting assultiveness in psychiatric inpatients : a pilot study », *Hospital & Community Psychiatry*, 39 (4) : 429-434.

Cormier, B. et collab. (1971). « The psychodynamics of homicide in a specific relationship », *Revue canadienne de criminologie*, 13 : 1-8.

Craig, T.J. (1982). « An epidemiological study of problem associated with violence among psychiatric inpatients », *American Journal of Psychiatry*, 139 : 1262-1266.

Di Lalla, L.F. et I. Gottesman (1991). « Biological and genetic contributors to violence-widom's untold tail », *Psychology Bulletin*, 109 : 125-129.

Durivage, A. (1989). « Assaultive behaviour : before it happens », *Canadian Journal of Psychiatry*, 34 (5) : 393-397.

Estroff, S.E. et C. Zimmer (1994). « The influence of social networks and social support on violence by persons with serious mental illness », *Hospital and Community Psychiatry*, 45 (7) : 669-679.

Fowler, D., P. Garety et E. Kuipers (1995). *Cognitive behaviour therapy for psychosis : theory and practice.* New York : Wiley.

Garza-Travino, E. (1994). « Neurobiological factors in aggressive behavior », *Hospital and Community Psychiatry*, 45 (7) : 690-699.

Gerbner, G., L. Cross, M. Morgan et N. Signorielli (1981). « Health and medicine on television », *New England Journal of Medicine*, 305 : 901-904.

Gottlieb, P., G. Gabrielsen et P. Kramp (1987). « Psychotic homicide in Copenhagen from 1959 to 1988 », *Acta Psychiatrica Scandinavica*, 76 : 285-292.

Guze, S. (1976). *Criminality and psychiatric disorders.* New York : Oxford University Press.

Hafner, H. et W. Böker (1973). *Crimes of violence by mentally abnormal offenders.* Cambridge : Cambridge University Press.

Haller, R.M. et R.H. Deluty (1988). « Characteristics of psychiatric inpatients who assault staff severely », *Journal of Nervous and Mental Disease*, 178 (8) : 536-537.

Hiday, V.A. (1997). « Understanding the connection between mental illness and violence », *International Journal of Law and Psychiatry*, 20 (4) : 399-417.

Hodgins, S. (1992). « Mental disorder, intellectual deficiency and crime », *Archives of General Psychiatry*, 49 : 476-483.

Hodgins, S. et G. Côté (1990). « The prevalence of mental disorders among penitentiary inmates », *Canadian Mental Health*, 38 : 1-5.

Humphreys, M.S., E.C. Johnstone, J.F. Macmillan et P.J. Taylor (1992). « Dangerous behaviour preceding first admissions for schizophrenia », *British Journal of Psychiatry*, 161 : 501-505.

James, D.V., N.A. Fineberg, A.K. Shah et R. Priest (1990). « An increase in violence on an acute psychiatric ward : a study of associated factors », *British Journal of Psychiatry*, 156 : 846-852.

Janofsky, J., S. Spears et D. Neubauer (1988). « Psychiatrist's accuracy in predicting violent behavior on an inpatient unit », *Hospital and Community Psychiatry*, 39 (10) : 1090-1094.

Jemelka, R., E. Trupin et J.A. Chiles (1989). « The mentally ill in prison », *Hospital and Community Psychiatry*, 40 : 481-485.

Junginger, J. (1996). « Psychosis and violence : the case for a content analysis of psychotic experience », *Schizophrenia Bulletin*, 22 (1) : 91-103.

Kay, S.R., F. Wolkenfeld et L.M. Murrill (1988). « Profiles of aggression among psychiatric patients : covariates and predictors », *Journal of Nervous & Mental Disorders*, 176 (9) : 547-557.

Klassen, D. et W. O'Connor (1994). « Demographic and case history variables in risk assessment », p. 229-257, dans J. Monahan et H. Steadman (dir.), *Violence and Mental Disorder*. Chicago : Chicago University Press.

Krakowski, M.I., A. Convit et J. Volavka (1988). « Patterns of inpatients assaultiveness : effect of neurological impairment and deviant family environment of response to treatment », *Neuropsychology and Behavioral Neurology*, 1 (1) : 21-29.

Kuipers, E., P. Garety, D. Fowler, G. Dunn, P. Bebbington, D. Freeman et C. Hadley (1997). « London-East Anglia randomized controlled trial or cognitive-behavioural therapy for psychosis », *British Journal of Psychiatry*, 171 : 319-327.

Lamb, H.R. et R.W. Grant (1982). « The mentally ill in an urban county jail », *Archives of General Psychiatry*, 39 : 17-22.

Lidz, C., E. Mulvey et W. Gardner (1993). « The accuracy of prediction of violence to others », *Journal of the American Association*, 269 : 1007-1011.

Linaker, O. et H. Busch-Iversen (1995). « Predictors of imminent violent in psychiatric inpatients », *Acta Psychiatrica Scandinavica*, 92 (4) : 250-254.

Lindqvist, P. (1986). « Criminal homicide in Northern Swenden 1970-1981 : alcohol intoxication, alcohol abuse and mental disease », *International Journal of Law and Psychiatry*, 8 : 19-37.

Link, B.G., H. Andrews et F.T. Cullen (1992). « The violent and illegal behavior of mental patients reconsidered », *American Sociological Review*, 57 : 275-292.

Link, B.G., F. Cullen et J. Frank (1987). « The social rejection of former mental patients : understanding why labels matter », *American Journal of Sociology*, 92 : 1461-1500.

Link, B.G. et A. Stueve (1994). « Psychotic symptoms and the violent/illegal behavior of mental patients compared to community controls », p. 137-159, dans J. Monahan et H. Steadman (dir.), *Violence and Mental Disorder*. Chicago : Chicago University Press.

Linnoila, V. et M. Virkunnen (1992). « Aggression, suicidality, and serotonin », *Journal of Clinical Psychiatry*, 53 : 46-51.

Lion, J. et K. Tardiff (1987). « The long term treatment of the violent patient », p. 537-548, dans R. Hales et A. Frances (dir.), *Psychiatry Update : Annual Review of the American Psychiatric Association (6)*. Washington, DC : American Psychiatric Press.

Lowenstein, M., R.L. Binder et D.E. McNiel (1990). « The relationship between admission symptoms and hospital assaults », *Hospital and Community Psychiatry*, 41 (3) : 311-313.

Maden, T. (1993). « The psychiatric management of violence », p. 135-146, dans *Violence : Basic and Clinical Science*. Boston : Édition Thompson et Cowen.

Martell, D.A. et P.E. Dietz (1992). « Mentally disordered offenders who push or attempt to push victims onto subway tracks in New York City », *Archives of General Psychiatry*, 49 : 472-475.

Marzuk, P.M. (1996). « Violence, crime, and mental illness : how strong a link ? », *Archives of General Psychiatry*, 53 (6) : 481-486.

McNiel, D.E. et R.L. Binder (1989). « Relationship between preadmission threats and later violent behavior by acute psychiatric inpatient », *Hospital and Community Psychiatry*, 40 (6) : 605-608.

McNiel, D.E. et R.L. Binder (1991). « Clinical assessment of the risk of violence among psychiatric patients », *American Journal of Psychiatry*, 148 (10) : 1317-1321.

McNiel, D.E., R.L. Binder et T. Greenfield (1988). « Predictors of violence in civilly committed psychiatric patents », *American Journal of Psychiatry*, 145 : 965-970.

Millaud, F. (1989). « L'homicide chez le patient psychotique : une étude de 24 cas en vue d'une prédiction à court terme », *Revue canadienne de psychiatrie*, 34 : 340-346.

Millaud, F., P. Gendron et J. Aubut (1992). « Un inventaire pour l'évaluation de la dangerosité des patients psychiatriques, *Revue canadienne de psychiatrie*, 37 : 608-615.

Monahan, J. (1981). *The clinical prediction of violent behavior*. Washington, DC : Government Printing Office.

Monahan, J. et J. Arnold (1996). « Violence by people with mental illness : a consensus statement by advocates and researchers », *Psychiatric Rehabilitation Journal*, 19 (4) : 67-70.

Morrison, E. (1992). « A hierarchy of aggressive and violent behaviors among psychiatric patients », *Hospital and Community Psychiatry*, 43 (5) : 505-506.

Mulvey, E. et C. Lidz (1988). « What clinicans talk about when assessing dangerousness ? ». Conférence présentée à The Biennal Meeting of the American Psychology Law Society, Miami.

Mulvey, E.P. (1994). « Assessing the evidence of a link between mental illness and violence », *Hospital and Community Psychiatry*, 45 (7) : 663-668.

Newhill, C.E., E.P. Mulvey et C.W. Lidz (1995). « Characteristics of violence in the community by female patients seen in a psychiatric emergency service », *Psychiatric Services*, 46 (8) : 785-789.

Noble, P. et S. Rodger (1989). « Violence by psychiatric inpatients », *British Journal of Psychiatry*, 155 : 384-390.

Palmstierna, T. et B. Wistedt (1988). « Prevalence of risk factors for aggressive behavior : characteristics of an involuntary admitted population », *Acta Psychiatrica Scandinavica*, 78 (2) : 227-229.

Palmstierna, T. et B. Wistedt (1990). « Risk factors for aggressive behaviour are of limited value in predicting the violent behaviour of acute involuntary admitted patients », *Acta Psychiatrica Scandinavica*, 81 (8) : 152-155.

Palmstierna, T. et B. Wistedt (1991). « The relationship of crowding and aggressive behavior on a psychiatric intensive care unit », *Hospital and Community Psychiatry*, 42 (12) : 1237-1240.

Reed, J. (1997). « Risk assessment and clinical risk management : the lesson from recent inquiries », *British Journal of Psychiatry*, 170 (Suppl. 32) : 4-7.

Rice, M., G. Harris et V. Quinsey (1994). « Control in the psychiatric setting – adults », p. 129-143, dans M. Hersen, R. Ammerman et L. Sission, *Handbook of aggressive and destructive behavior in psychiatric patients*. New York : Plenum Press.

Robins, L. et D. Regier (1991). *Psychiatric disorders in America : the epidemiologic catchment area study*. New York : New York Press.

Senninger, J.L. (1990). « Dangerosité. Étude historique », *L'information psychiatrique*, 7 : 690-696.

Shalling, I. (1993). « Neurochemical correlates of personality, impulsivity and desinhibitory, suicidality », p. 208-266, dans S. Hodgins (dir.), *Mental Disorder and Crime*. Newbury Park. Sage Publications.

Smith, J.E. et S.J. Hucker (1991). « Violence, current opinion », *Psychiatry*, 4 : 841-845.

Sreenivasan, S., P. Kirkish, S. Eth, J. Mintz, S. Hwang, W. Van Gorp et W. Van Vort (1997). « Predictors of recidivism violence in criminally insane and civilly committed psychiatric inpatients », *International Journal of Law and Psychiatry*, 20 (2) : 279-291.

Steadman, H. (1983). « Predicting dangerousness among the mentally ill : art magic science », *International Journal of Law and Psychiatry*, 6 : 381-390.

Steadman, H., J. Nonahan, P. Affelbaum, T. Grisso, E. Mulvey, L. Roth, P. Robbins et D. Klassen (1994). « Designing a new generation of risk assessment research », p. 297-318, dans J. Monahan et H. Steadman (dir.), *Violence and Mental Disorder*. Chicago : Chicago University Press.

Swanson, J. (1994). « Mental disorder, substance abuse, and community violence : an epidemiological approach », p. 101-136, dans J. Monahan et H. Steadman (dir.), *Violence and Mental Disorder*. Chicago : Chicago University Press.

Swanson, J., C. Holzer, V. Ganju et R. Jono (1990). « Violence and psychiatric disorder in the community : evidence from the epidemiologic catchment area study », *Hospital and Community Psychiatry*, 41 (7) : 761-770.

Swanson, J., S. Estroff, M. Swartz, R. Borum et collab. (1997). « Violence and severe mental disorder in clinical and community populations : the effects of psychotic symptoms, comorbidity, and lack of treatment », *Psychiatry : Interpersonal and Biological Processes*, 60 (1) : 1-22.

Swanson, J. et C. Holzer (1991). « Violence and ECA data » (letter to the editor), *Hospital and Community Psychiatry*, 42 : 954-955.

Tardiff, K. (1989). *A model for the short-term prediction of violence potential in current approaches to the prediction of violence.* Washington, DC : American Psychiatric Press Inc., 3-12.

Tardiff, K. (1991). « Violence by psychiatric patients », p. 175-233, dans Robert I. Simon (dir.). *American Psychiatric Press review of clinical psychiatry and the law*, vol. 2. Washington : American Psychiatric Press.

Tardiff, K., P.M. Marzuk, A.C. Leon et L. Portera (1997a). « Violence by patients admitted to a private psychiatric hospital », *American Journal of Psychiatry*, 154 (1) : 88-93.

Tardiff, K., P.M. Marzuk, A.C. Leon, L. Portera et C. Weiner (1997b). « A prospective study on violence by psychiatric patients after hospital discharge », *Psychiatric Services*, 48 (5) : 678-681.

Tardiff, K. et A. Sweillam (1980). « Assault, suicide and mental illness », *American Journal of Psychiatry*, 37 : 164-169.

Taylor, P.J. et J. Gunn (1984). « Risk of violence among psychotic men », *British Medical Journal*, 288 : 1945-1949.

Torrey, E.F. (1994). « Violent behavior by individuals with serious mental illness », *Hospital and Community Psychiatry*, 45 (7), 653-662.

Villeneuve, D.R. et V. Quinsey (1995). « Predictors of general and violent recidivism among mentally disordered inmates », *Criminal Justice and Behavior*, 22 (4) : 397-410.

Wahl, O. (1987). « Public *vs* professional conceptions of schizophrenic », *Journal of Community Psychology*, 15 : 285-291.

Wahl, O. (1995). *Media madness : public images of mental illness.* New Brunswick, NJ : Rutgers University Press.

Williams, W., J. Thorby et P.D. Sandlin (1989). « Perceptions of prehospital dangerous behavior by psychiatric inpatients and their families », *Journal of Psychiatry and the Law*, 17 (1) : 21-27.

13
Psychopathie, comportement antisocial et violence

GILLES CÔTÉ, SHEILAGH HODGINS ET JEAN TOUPIN

Il n'est pas difficile de concevoir un lien entre la psychopathie et le comportement violent. Aidés en cela par le cinéma et la télévision, plusieurs assimilent le sujet atteint de psychopathie à un tueur en série assassinant froidement ses victimes. La psychopathie est alors conçue comme un déséquilibre mental qui rend le sujet dangereux. Pour l'intervenant du milieu criminologique, cette conception est par trop dramatique. Dans la littérature criminologique, psychologique et psychiatrique, le terme de psychopathie est souvent indifférencié de ceux de trouble de personnalité antisociale et de sociopathie. Par conséquent, il serait faux de penser que celui qui présente un tel diagnostic représente d'emblée un risque pour l'intégrité physique d'autrui, les sujets affectés d'un trouble de personnalité antisociale n'étant pas nécessairement reconnus coupables d'un crime violent. Par contre, certains soutiendront que cette dernière conception est trop large, que plusieurs sujets atteints d'un trouble mental grave satisfont aussi aux critères du trouble de personnalité antisociale et que, par conséquent, cette conception manque de spécificité.

En ce qui a trait à la notion de violence, il n'est pas certain que nous nous représentons tous les mêmes comportements lorsque nous utilisons le terme de comportement violent. Qui plus est, au-delà de la préoccupation opérationnelle, se dresse également un questionnement théorique : les formes de comportements violents sont-elles suffisamment homogènes pour être regroupées ? Le rapprochement entre la psychopathie et la violence étant soutenu en définitive par une préoccupation de prédiction, ce qui permet de prédire une voie de fait permet-il également de prédire une agression sexuelle, voire un homicide ? Sous cet angle, la violence constitue-t-elle un continuum, les divers actes violents étant simplement cumulés, ou doit-elle plutôt être considérée sur la base d'une typologie ?

Ce qui au départ paraissait se concevoir clairement exige des précisions sémantiques.

PSYCHOPATHIE : HISTORIQUE DE SA DÉFINITION

Le terme « psychopathie » a disparu depuis plusieurs années de la terminologie psychiatrique officielle ; actuellement, le *Diagnostic and Statistical Manual of mental disorders* (4ᵉ édition) (DSM-IV) (American Psychiatric Association, 1994) retient le terme « trouble de personnalité antisociale ». Bien que le groupe de travail à l'origine des critères actuels ait considéré la possibilité de faire ressortir les traits de personnalité associés historiquement à la « psychopathie », il n'aurait pas trouvé d'appuis empiriques suffisants pour ce faire, préférant simplifier les critères du DSM-III-R (American Psychiatric Association, 1987) tout en gardant l'accent sur la dimension comportementale du fonctionnement antisocial (Widiger et collab., 1996). Le résultat a été critiqué ; on reprochait au diagnostic actuel de ne pas tenir compte suffisamment des traits de personnalité associés historiquement à la psychopathie (Hare et Hart, 1995 ; Widiger et Corbitt, 1995). Pour certains, le DSM-III-R constituait déjà une rupture par rapport à la tradition clinique (Hare, Hart et Harpur, 1991). Afin de bien saisir le débat, il importe de revenir brièvement sur la définition historique du sujet qualifié de « psychopathe ».

Depuis plus de deux cents ans, les cliniciens ont tenté de définir l'« homme sans conscience ». Dès le début du XIXᵉ siècle, Philippe Pinel parle de « manie sans délire » pour qualifier les symptômes d'un sujet « aliéné mental » dont l'entendement n'est pas perturbé, ce qui le distingue de l'aliéné mélancolique ou délirant (Pinel, 1801).

Aux États-Unis, Rush (1812 : voir Cleckley, 1959, 1976 ; McCord, 1982) cherche une explication à cette « aliénation mentale » sans atteinte de l'entendement dans un trouble de la « volonté » ; selon lui, la déficience serait d'origine congénitale. Pour sa part, Pritchard (1835 : voir Millon et Davis, 1996) parle d'« aliénation morale » (*moral insanity*). L'explication peut en être cherchée du côté de la « prédisposition naturelle » ou dans des « causes externes accidentelles ». Très rapidement, Maudsley ne retient que l'aspect inné, de sorte que cette « aliénation morale » congénitale rend le sujet non responsable de ses actes (1874 : voir Millon et Davis, 1996 ; 1884). Cette conception de l'« aliénation morale » est à l'origine de l'inclusion actuelle du « trouble psychopathique » dans le English Mental Act du droit britannique, acte qui reconnaît la non-responsabilité légale du sujet dit psychopathe (Blackburn, 1993).

Ce n'est qu'en 1888 que l'expression « infériorité psychopathique » est utilisée : pour Koch, le psychopathe est mentalement compétent et responsable de ses actes, à la différence du sujet psychotique (Cleckley, 1959). La déficience serait ici aussi attribuable à une cause physique. Ici commence un véritable effort de clarification nosographique. Dans la septième édition de son traité maintenant classique, Kraepelin en vient à définir quatre types de « personnalités psychopathiques », dont l'un se caractérise par le mensonge, l'escroquerie, un côté charmeur et loquace ; Kraepelin souligne que ce dernier manque de moralité et du sens des responsabilités. Ces individus utiliseraient souvent des noms d'emprunt ; ils accumuleraient fréquemment des dettes qu'ils ne paieraient jamais (1905 : voir Millon et Davis, 1996). Ces critères correspondent assez bien à certains aspects du psychopathe décrit par Hare (1991).

Birnbaum, un contemporain de Kraepelin, suggère en 1914 de parler de déficiences « sociopathiques » pour souligner que les déficiences observées dans le comportement social viendraient rarement de traits de caractère innés, mais qu'elles constituent « le plus souvent le fait de forces provenant de la société » (Millon et Davis, 1996). Au cours des années 1920, Schneider (1950 [1955]), élève de Kraepelin, reste lié à la conception physique du fonctionnement psychopathique, l'explication devant être recherchée du côté de la « caractérologie » et non de la sociologie. Toutefois, sur le plan des observations cliniques, il distingue ce syndrome « anormal » de la psychose, d'une part, et de la névrose, d'autre part. La distinction par rapport à la névrose repose sur le fait que, dans le cas de cette dernière, l'accent est placé sur « l'expérience vécue » et non sur une constitution anormale. Les personnalités psychopathiques comprennent alors à peu près tout ce qui est aujourd'hui classé sous la catégorie des troubles de la personnalité.

L'influence de Birnbaum se fait sentir aux États-Unis à travers les écrits de Partridge (1930). Ce dernier reconnaît la dimension acquise du fonctionnement antisocial. Influencé par la psychanalyse, il cherche à cerner un pattern de personnalité qui reposerait essentiellement sur une motivation antisociale. Partridge considère que le terme psychopathie est trop large, confus, et qu'il finit par désigner tous les désordres qui ne sont pas définis clairement dans les troubles mentaux. Pour pallier la confusion qui prévaut, Partridge préfère utiliser un terme plus juste, soit sociopathie, pour bien marquer ce qui distingue ce groupe de sujets, soit un comportement antisocial persistant attribuable ni à une déficience intellectuelle, ni à des problèmes physiques, ni à la culpabilité, ni à la gêne, etc., mais à une motivation strictement antisociale, au cœur de laquelle il semble placer la demande excessive adressée à autrui.

Les écrits de Freud (1916 [1996]), Aichhorn (1925 [1973]) et Reik (1926-1928 [1973]) font sentir leur influence : à l'origine du comportement criminel il y a un conflit intrapsychique ; l'individu agit, motivé par la recherche de la punition. Aux prises avec une conception constitutionnaliste et une conception psychogénique de la personnalité psychopathique,

Karpman (1941) distingue le psychopathe « idiopathique » du psychopathe « symptomatique ». Le premier ne serait pas capable d'émotions ; aucune cause psychogénique ne peut être décelée pour rendre compte de sa « pure méchanceté ». L'individu serait animé d'une forme d'égoïsme fondamentale. Il n'éprouve pas de culpabilité, est insensible aux sentiments d'autrui, facilement agressif, porté à s'approprier toute chose. Dans le cas du psychopathe symptomatique, le problème serait d'origine psychogénique ; l'acte antisocial est alors conçu comme une attitude défensive motivée par des réactions émotionnelles.

Parallèlement aux travaux de Karpman, Cleckley (1941 [1976]) publie ses observations cliniques et ses considérations théoriques dans *The Mask of Sanity*, devenu depuis le texte classique de référence. Il rejette la distinction corps-esprit : « nous ne pouvons rencontrer un "esprit" indépendant du corps » (p. 122). L'idée d'un acte criminel motivé par une culpabilité inconsciente ne lui paraît pas démontrée. À partir d'observations cliniques, non limitées au milieu carcéral, il décrit un type spécifique de sujet psychopathe. En raison de leur importance, les seize caractéristiques relevées par Cleckley sont rapportées in extenso au tableau 1. Ces caractéristiques sont à la base de l'échelle de psychopathie, telle qu'elle est conçue aujourd'hui.

Tableau 1
Caractéristiques de la psychopathie selon Cleckley

1. Charme superficiel et bonne « intelligence ».
2. Absence de délires ou de tout autre signe de pensée irrationnelle.
3. Absence de « nervosité » ou de manifestations psychonévrotiques.
4. Sujet sur qui on ne peut compter.
5. Fausseté et hypocrisie.
6. Absence de remords et de honte.
7. Comportement antisocial non motivé.
8. Pauvreté du jugement et incapacité d'apprendre de ses expériences.
9. Égocentrisme pathologique et incapacité d'aimer.
10. Réactions affectives pauvres.
11. Incapacité d'introspection.
12. Incapacité de répondre adéquatement aux manifestations générales qui marquent les relations interpersonnelles (considération, gentillesse, confiance, etc.).
13. Comportement fantaisiste et peu attirant lorsque sous l'effet de l'alcool, voire sans ledit effet d'alcool.
14. Rarement porté au suicide.
15. Vie sexuelle impersonnelle, banale et peu intégrée.
16. Incapacité de suivre quelque plan de vie que ce soit.

Avec le souci de clarifier la nosographie psychiatrique, l'Association des psychiatres américains publie une première version de son *Diagnostic and Statistical Manual of mental disorders* (DSM-I) (American Psychiatric Association, 1952), puis une seconde édition (DSM-II) (American Psychiatric Association, 1968). Les diagnostics de « personnalité sociopathique avec réaction antisociale » dans le DSM-I, puis de « personnalité antisociale » dans le DSM-II, la terminologie ayant été changée pour l'harmonisation avec celle de l'Organisation mondiale de la santé, reposent sur des descriptions qui se situent dans la lignée de la tradition clinique eu égard à ce qui a été dégagé jusqu'à maintenant. Toutefois, ces manuels nosographiques ne présentent pas de critères opérationnels précis, rendant ainsi la fidélité du diagnostic difficile.

La publication du DSM-III (American Psychiatric Association, 1980) marque un tournant dans la façon de définir l'individu antisocial : le manuel présente des critères précis, lesquels mettent toutefois l'accent sur les comportements plutôt que sur les traits de personnalité. Des préoccupations pour la fidélité du diagnostic, à la suite de la publication des travaux de Robins (1966, 1978), auraient eu un effet dans cette décision. Robins fournit une description extensive du comportement du sujet délinquant, comportement qui s'avère stable dans le temps. Elle observe que les comportements antisociaux de l'enfance et de l'âge adulte fournissent des syndromes et qu'ils sont intimement reliés.

Sous l'influence des travaux de Hare (1980, 1985, 1991), le groupe de travail constitué pour élaborer les critères du trouble de personnalité antisociale de la version IV du DSM ont eu à évaluer deux propositions, à savoir mettre plus d'accent sur les traits de personnalité liés à la psychopathie, d'une part, et simplifier la série de critères sans changer substantiellement le diagnostic, d'autre part (Widiger et collab., 1996). Hare, Hart et Harpur (1991) avaient proposé que le diagnostic de psychopathie posé à l'aide de l'échelle de psychopathie (PCL-R) développée par Hare (1991) constitue une alternative au trouble de personnalité antisociale. Le DSM-IV (American Psychiatric Association, 1994) a réduit de dix à sept le nombre de critères. Hare et Hart (1995) notent qu'il y a une légère amélioration de la qualité de ces critères, ceux-ci se rapprochant quelque peu des symptômes classiques de la psychopathie, mais que le rapprochement n'est pas suffisant. Les critères retenus restent liés à un ensemble de comportements antisociaux, non nécessairement criminels, présents depuis l'âge de 15 ans (tableau 2). La considération des indices du trouble des conduites avant 15 ans traduit une préoccupation pour la stabilité de ces comportements antisociaux. Selon Hare et Hart, les critères ne seraient pas suffisamment opérationnels pour assurer la fidélité du diagnostic. Comme nous le mentionnions plus tôt, les critères du trouble de personnalité antisociale auraient reçu maintes critiques (Widiger et Corbitt, 1995).

Tableau 2
Critères diagnostiques du trouble de personnalité antisociale (DSM-IV)

A. Présence d'un mode généralisé de fonctionnement où le sujet ne manifeste pas de préoccupations pour les droits d'autrui, allant même jusqu'à les transgresser, et ce, depuis l'âge de 15 ans. Ce mode généralisé de fonctionnement est perceptible à travers trois (ou plus) des critères suivants :

   1) comportements qui traduisent un manquement aux normes sociales, comportements répétés susceptibles de conduire à une arrestation ;

   2) duplicité, perceptible par des mensonges répétés, l'utilisation de noms d'emprunt, ou le fait de duper autrui à son propre profit ou pour son propre plaisir ;

   3) impulsivité ou incapacité de planifier à long terme ;

   4) irritabilité et agressivité, perceptibles par des batailles physiques ou des voies de fait ;

   5) absence de préoccupations pour sa propre sécurité ou celle d'autrui ;

   6) irresponsabilité soutenue, qui se manifeste par des comportements répétés traduisant son incapacité à maintenir un emploi ou à honorer ses obligations financières ;

   7) absence de remords, perceptible par le fait d'être indifférent ou porté à rationaliser lorsqu'il a blessé, maltraité ou volé autrui.

B. Le sujet est âgé d'au moins 18 ans.

C. Les critères du trouble des conduites sont notés pour des comportements observés avant l'âge de 15 ans.

D. Le comportement antisocial ne se manifeste pas exclusivement à l'occasion d'un épisode de schizophrénie ou de manie.

UNE DÉFINITION OPÉRATIONNELLE DE LA PSYCHOPATHIE : L'ÉCHELLE DE PSYCHOPATHIE (PCL-R)

Aspects techniques

À partir de la description de Cleckley, Hare a développé un instrument diagnostic reconnu. Au cours des dernières années, le Hare Psychopathy Checklist (PCL et PCL-R) (Hare, 1980, 1991) s'est imposé comme un instrument valide pour établir un diagnostic de psychopathie, diagnostic qui tient compte non seulement des comportements antisociaux mais également de traits de personnalité spécifiques. La réception faite à cet instrument a largement dépassé les frontières canadiennes, son utilisation en clinique et en recherche se retrouvant notamment en Allemagne, en Angleterre, en Belgique, au Danemark, en Écosse, en Espagne, aux États-Unis, en Norvège et en Suède. La version révisée de l'instrument publié en 1991 compte vingt items (tableau 3) ; il existe une version française validée de cet instrument (Côté et Hodgins, 1996).

Tableau 3
L'échelle de psychopathie de Hare-Révisée (PCL).

1. Loquacité et charme superficiel.
2. Surestimation de soi.
3. Besoin de stimulation et tendance à s'ennuyer.
4. Tendance au mensonge pathologique.
5. Duperie et manipulation.
6. Absence de remords et de culpabilité.
7. Affect superficiel.
8. Insensibilité et manque d'empathie.
9. Tendance au parasitisme.
10. Faible maîtrise de soi.
11. Promiscuité sexuelle.
12. Apparition précoce de problèmes de comportement.
13. Incapacité de planifier à long terme et de façon réaliste.
14. Impulsivité.
15. Irresponsabilité.
16. Incapacité d'assurer la responsabilité de ses faits et gestes.
17. Nombreuses cohabitations de courte durée.
18. Délinquance juvénile.
19. Violation des conditions de mise en liberté conditionnelle.
20. Diversité des types de délits commis par le sujet.

Sur le plan technique, chacun des items reçoit une cote selon que la description de l'item ne caractérise pas le sujet (0), le définit bien à certains égards mais avec des réserves ou des doutes sur le caractère spécifique des observations (1), ou le caractérise dans l'ensemble assez bien (2). Les informations nécessaires à la cotation des items sont recueillies dans le cadre d'une entrevue semi-structurée et de la lecture systématique des dossiers (administratif, criminel, disciplinaire, psychologique, psychiatrique, de travail/formation, de visites, etc.). L'évaluation repose sur un jugement clinique. Par conséquent, l'utilisation de cet instrument exige une bonne formation clinique, en plus d'un entraînement supervisé ; l'expérience montre que cette supervision doit être soutenue au début et que ce ne sont pas tous les évaluateurs qui parviennent à une cotation permettant d'obtenir un accord interjuges suffisant. Un évaluateur peut omettre de coter jusqu'à cinq items, si l'information pertinente est absente ou insuffisante, sans entacher la valeur de l'évaluation ; la somme obtenue à l'échelle est alors simplement pondérée pour obtenir une somme corrigée en fonction des vingt items. Selon le nombre d'items de l'échelle et des cotes possibles, le résultat varie entre 0 et 40 ; le sujet peut ainsi être situé sur un continuum. Certains chercheurs se limitent à une utilisation de l'échelle sur cette base de continuum, considérant que la psychopathie ne constitue pas un syndrome particulier, mais qu'elle fait référence à une intensité variable de traits de personnalité particuliers (Widiger, 1998). Toutefois, d'autres chercheurs, et les cliniciens en général, désirent parfois considérer la psychopathie non pas sous l'angle d'un continuum mais plutôt sous celui d'un mode d'organisation, d'un type particulier. La psychopathie est ici considérée sous un angle taxonomique, constituant une classe spécifique (Harris, Rice et Quinsey, 1994). Dès lors, il importe de choisir des valeurs critiques qui puissent précisément définir ces modes d'organisation. Le diagnostic de psychopathie est posé pour un score de 30 ou plus, l'absence de psychopathie est notée pour un score inférieur à 20, alors que les résultats se situant entre 20 et 29 permettent de parler d'une problématique « mixte ». Hare (1991) reconnaît qu'il n'y a pas de réponse simple et totalement satisfaisante pour établir le point de coupure devant définir le fonctionnement psychopathique. Toutefois, le point de coupure 30 permet la meilleure classification des sujets eu égard à un score global de psychopathie basé sur la description de Cleckley (validité de construit). Cooke et Michie (1997) notent également peu d'erreurs de classification à partir des points de coupure 20 et 30 ; l'indice critère utilisé ici est basé sur un trait latent fixé à l'intérieur de l'échelle à partir des items les plus discriminants. Ces points de coupure permettent de définir des groupes de psychopathes et de non-psychopathes qui se différencient de façon statistiquement significative sur un certain nombre de mesures de comportement, notamment en ce qui a trait à la récidive, et de variables expérimentales, particulièrement dans le champ de la psychophysiologie et de la neuropsychologie (Hare, 1991). Étant donné qu'il n'y a pas de consensus sur le fait de considérer la psychopathie sous l'angle taxonomique ou sous l'angle du continuum, l'une et l'autre approches seront retenues ici ; toutefois, à chacun des points abordés, il sera précisé si celui-ci est étudié sous son aspect taxonomique ou sous son aspect continu. Ce choix risque parfois de complexifier la compréhension, mais il respecte l'état des écrits actuels.

L'échelle de psychopathie a également été utilisée auprès des adolescents. Dans ce dernier cas, divers ajustements sont requis : les items 9 (tendance au parasitisme) et 17 (nombreuses cohabitations de courte durée) sont omis. Les barèmes de cotation aux items 18 (délinquance juvénile) et

20 (diversité des types de délits commis par le sujet) sont ajustés pour tenir compte de l'âge, lequel influence l'histoire criminelle (Forth, Hart et Hare, 1990).

Qualités métrologiques de l'échelle de psychopathie

La fidélité du diagnostic a été l'un des critères ultimes qui a fait pencher le groupe de travail sur l'élaboration du DSM-III pour une description comportementale du trouble de personnalité antisociale. Le premier défi fut donc de démontrer la fidélité de l'échelle de psychopathie. Cette dernière, établie à l'aide du coefficient intraclasse (Shrout et Fleiss, 1979), est excellente auprès des sujets incarcérés, variant de 0,78 à 0,94 selon l'étude (Cornell et collab., 1996 ; Hare, 1991 ; Kosson, Smith et Newman, 1990 ; Newman, Kosson et Patterson, 1992 ; Schroeder, Schroeder et Hare, 1983 ; Williamson, Hare et Wong, 1987). Des résultats similaires sont obtenus auprès d'échantillons de patients psychiatriques, les coefficients variant alors entre 0,86 et 0,97 (Côté et Lesage, 1995 ; Hare, 1991 ; Pham et collab., 1997 ; Rasmussen et Levander, 1996a), de délinquants sexuels, avec des coefficients variant entre 0,91 et 0,98 (Brown et Forth, 1997 ; Quinsey, Rice et Harris, 1995), et, finalement, auprès d'adolescents détenus, avec des coefficients de 0,88 à 0,94 (Forth, Hart et Hare, 1990). L'utilisation clinique de l'échelle exigeant un accord absolu entre les évaluateurs, d'une part (Hare, 1991), et la psychopathie devant être considérée sur un plan taxonomique pour certains, d'autre part (Harris, Rice et Quinsey, 1994), il importe de considérer non seulement la fidélité interjuges, mais également l'accord interjuges (Tinsley et Weiss, 1983, pour une discussion sur les indices de fidélité interjuges et d'accord interjuges). Un clinicien appelé à poser un diagnostic doit pouvoir se référer à des barèmes, mais ceux-ci auront une signification pour autant que tel ou tel score définit une intensité spécifique, quel que soit le juge qui porte le diagnostic. Évalués à l'aide du coefficient kappa (Cohen, 1960), les coefficients sont généralement substantiels selon les barèmes de Landis et Koch (1977), variant entre 0,42 et 0,74 (Hare, 1991 ; Molto et collab., 1996) ; en milieu francophone, ce coefficient s'élève à 0,67 (Côté et Hodgins, 1996). Les accords ont tendance à être encore plus élevés auprès des échantillons d'adolescents, coefficients de 0,77 à 0,84 (Laroche, 1998 ; Hare, 1991, précisant les données de l'étude de Forth, Hart et Hare, 1990), de patients psychiatriques, les coefficients variant entre 0,82 et 1,00 (Côté et Lesage, 1995 ; Rice et Harris, 1995), et de sujets toxicomanes (0,83 à 1,00) (Piotrowski et collab., 1996). La consistance interne est excellente, le coefficient alpha de Cronbach variant de 0,76 à 0,96 parmi les études ci-dessus rapportées, toutes catégories d'études étant ici confondues. La corrélation moyenne interitems varie entre 0,20 et 0,33 (Hare, 1991 ; Toupin et collab., 1996). Les coefficients de généralisation sont également excellents, variant de 0,82 (Hare, 1991) à 0,90 (Schroeder, Schroeder et Hare, 1983).

Des analyses factorielles et des analyses d'items ont permis de dégager deux facteurs principaux à l'intérieur de l'échelle de psychopathie (Cooke et Michie, 1997 ; Harpur, Hakstian et Hare, 1988). Le premier renvoie à des traits de personnalité. Il est composé des items « loquacité/charme superficiel, surestimation de soi, tendance au mensonge pathologique, duperie/manipulation, absence de remords et de culpabilité, affect superficiel, insensibilité/manque d'empathie et incapacité d'assumer la responsabilité de ses faits et gestes ». Le second a trait essentiellement à des comportements ; il regroupe les items « besoin de stimulation/tendance à s'ennuyer, tendance au parasitisme, faible maîtrise de soi, apparition précoce de problèmes de comportement, incapacité de planifier à long terme et de façon réaliste, impulsivité, irresponsabilité, délinquance juvénile et violation des conditions de mise en liberté conditionnelle ». Les coefficients de fidélité interjuges, d'accord interjuges et de consistance interne sont tout à fait comparables à ce qui a été présenté pour l'échelle totale, et ce, pour l'un et l'autre facteurs.

L'échelle de psychopathie est reliée de façon statistiquement significative aux critères présentés par Cleckley (corrélation canonique de 0,90) (Hare, 1980), à un score global en sept points obtenu à l'aide de la description du psychopathe fournie par Cleckley (r variant entre 0,80 et 0,90) (Hare, 1985, 1991), à une version autorapportée de l'échelle de psychopathie (r = 0,38 à 0,54), aux échelles Psychopathie (r = 0,19 à 0,26) et Manie (r = 0,14 à 0,27) du Minesota Multiphasic Personality Inventory (MMPI), à l'échelle Socialisation (SO) (r = -0,27 à -0,43) du California Personality Inventory (CPI) et au diagnostic du trouble de personnalité antisociale du DSM-III (corrélations points-bisérial généralement situées entre 0,45 et 0,67 ; deux échantillons avec un taux de base de prévalence du trouble de personnalité antisociale se situant à 80 % présentent toutefois des coefficients de 0,08 et 0,13, ce qui est exceptionnel) (Hare, 1985, 1991). Des résultats montrent également que l'instrument se situe dans le même champ que le diagnostic de personnalité antisociale du Millon Clinical Multiaxial Inventory (MCMI) (r = 0,12 à 0,45) (Hare, 1991), du diagnostic de trouble de personnalité antisociale du DSM-III-R (corrélation point-bisérial = 0,54) (Hare, 1991) (r = 0,48 à 0,86) (Widiger et collab., 1996), du trouble de personnalité dyssociale de l'International Classification of Diseases (ICD-10) (r = 0,75 à 0,83) (Widiger et collab., 1996).

En somme, l'échelle de psychopathie s'avère fidèle et valide, du moins en ce qui a trait à la validité concurrente ou de champ (validité interne). Sa validation ultime repose sur sa validité discriminante et sa validité de prédiction (validité externe) ; sous cet angle, la question touche les rapports entre la psychopathie et la violence, objet principal de la présente démarche. Pour aborder adéquatement cette question, il importait au préalable de s'entendre sur une définition de la psychopathie, d'une part, et de s'assurer que cette définition est suffisamment opérationnelle et partagée pour assurer sa valeur sur le plan des études empiriques, d'autre part. La définition de la psychopathie retenue ici fait référence à un individu narcissique, insensible, alexithymique (indifférenciation des émotions à la fois sur les plans affectif et cognitif), qui n'éprouve pas de remords et de culpabilité malgré son irresponsabilité, sa tendance à exploiter autrui, son caractère impulsif, ses nombreux manquements à ses engagements et malgré le fait qu'il transgresse régulièrement les normes sociales légalement sanctionnées. Afin d'assurer une base de comparaison, l'échelle de psychopathie de Hare (1991) en assure la définition opérationnelle.

Spécificité du diagnostic de psychopathie en regard du diagnostic de trouble de la personnalité antisociale

Le diagnostic de trouble de personnalité antisociale (DSM) repose presque exclusivement sur des comportements antisociaux, non nécessairement criminels, rappelons-le. En considérant un certain nombre de traits de personnalité (facteur 1), en plus de la présence de comportements antisociaux (facteur 2), l'échelle de psychopathie cerne un groupe de sujets ayant des caractéristiques spécifiques. Alors que 28 % à 62 % des sujets rencontrés en milieu carcéral satisfont aux critères du trouble de personnalité antisociale (DSM) (Abram, 1990 ; Bland et collab., 1990 ; Collins, Schlenger et Jordan, 1988 ; Hodgins et Côté, 1990 ; Neighbors et collab., 1987 ; Robins, Tipp et Prxybeck, 1991), entre 13 % (Serin et Amos, 1995) et 39 % (Hare, McPherson et Forth, 1988) obtiennent un score suffisant pour parler de psychopathie. Toutefois, la majeure partie des études observent une prévalence variant entre 15 % et 30 % (Andersen et collab., 1996, auprès d'un échantillon de prévenus ; Côté et Hodgins, 1996 ; Hare, 1983, 1991 ; Kosson, Smith et Newman, 1990, en ce qui a trait à l'échantillon de détenus de race blanche ; Serin, 1991 ; Serin, Peters et Barbaree, 1990 ; Williamson, Hare et Wong, 1987 ; Wong, 1984). En somme, parler de psychopathes renvoie à un groupe de sujets beaucoup plus restreint, qui présentent des caractéristiques, rappelons-le, liées à un narcissisme pathologique (loquacité, charme superficiel, surestimation de soi), à un affect superficiel, au mensonge et à la manipulation, à une incapacité de comprendre ce que leurs gestes font vivre à autrui (insensibilité, manque d'empathie, absence de remords et de culpabilité, incapacité d'assumer la responsabilité de leurs actions).

PSYCHOPATHIE ET CONDUITE CRIMINELLE CHEZ LES SUJETS INCARCÉRÉS

La criminalité des psychopathes se distingue à la fois sur les plans des délits non violents et violents. Bien que la plupart des auteurs se soient intéressés à la criminalité violente des psychopathes, certains ont souligné leur représentation disproportionnée sur le plan des délits non violents (Kosson, Smith et Newman, 1990 ; Strachan, 1991, chez les femmes : voir Hare, Forth et Strachan, 1992).

Sur la base du dossier criminel, les sujets psychopathes ont été plus souvent accusés (Hare et Jutai, 1983) ou condamnés pour un délit (Hare, McPherson et Forth, 1988 ; Wong, 1984) que les sujets non psychopathes. Cette observation prévaut lorsque le nombre de condamnations est considéré en fonction du nombre d'années de liberté, une analyse qui tient compte d'une période unifiée de risque (Ross, Hodgins et Côté, 1992 ; Wong, 1985). La plupart des auteurs comparent les deux groupes extrêmes à l'échelle de psychopathie. Toutefois, les cas dits mixtes présentent une criminalité générale plus importante que les sujets dits psychopathes, selon Ross, Hodgins et Côté (1992). Par ailleurs, les psychopathes présentent une criminalité plus variée (Hare, 1981 ; Hare et Jutai, 1983 ; Kosson, Smith et Newman, 1990). Les psychopathes passent également plus de temps en prison que les non-psychopathes (Hare, 1981 ; Wong, 1984) ; Wong (1996) observe un temps d'incarcération comparable à ce qui est noté chez les sujets détenus dans un établissement à sécurité dite super maximum. Étant donné que les procédures d'incarcération peuvent varier d'un pays à l'autre, il importe de souligner qu'il s'agit ici d'études nord-américaines.

Situé sur un continuum, le score global à l'échelle de psychopathie est associé au nombre de condamnations, d'incarcérations, de condamnations par année de liberté, de mois passés en prison (Molto et collab., 1996). En ce qui a trait au nombre de condamnations, la même tendance est observée chez les femmes détenues (Loucks et Zamble, 1994).

Au chapitre de l'engagement dans une carrière criminelle, les psychopathes se distinguent de façon manifeste des sujets non psychopathes : ils récidivent davantage et plus rapidement (Côté et Hodgins, 1996 ; Hare, 1981 ; Hart, Kropp et Hare, 1988 ; Hemphill, 1991 : voir Hare, Forth et Strachan,

1992[1] ; Serin, 1996 ; Serin et Amos, 1995 ; Serin, Peters et Barbaree, 1990 ; Wong, 1996). Le tableau est moins clair en ce qui a trait à la différence observée entre les psychopathes et les sujets dits mixtes. Plusieurs notent des différences significatives entre ces deux derniers groupes mais, sur la base d'un suivi de dix ans, Wong (1996) n'observe pas de différence statistiquement significative.

Étant donné que l'évaluation de la psychopathie prend en compte la multiplicité des délits passés, il est important de vérifier si la prédiction de la récidive n'est pas due d'abord et avant tout à la considération du dossier criminel antérieur. Dans le cadre d'une analyse de régression, le diagnostic de psychopathie s'avère un meilleur indice de prédiction de la récidive que le fait d'avoir commis des délits à répétition et d'avoir manqué à ses engagements de libération sur parole dans le passé (Hart, Kropp et Hare, 1988).

PSYCHOPATHIE ET VIOLENCE

Psychopathie et crimes violents chez les sujets incarcérés

Les psychopathes présentent une criminalité plus importante et plus variée que les autres, mais c'est sur le plan de la criminalité violente que la différence est la plus marquée et, peut-être, la plus nette. Les psychopathes ont été accusés ou condamnés plus souvent pour des crimes violents que les non-psychopathes (Hare, 1981 ; Hare et Jutai, 1983 ; Hare et McPherson, 1984 ; Kosson, Smith et Newman, 1990 ; Williamson, Hare et Wong, 1984). C'est plus particulièrement le cas pour les vols à main armée, les voies de fait, les viols, bien que, dans ce dernier cas, une analyse statistique n'a pu être réalisée en raison du nombre restreint de sujets (Hare, 1981). Williamson, Hare et Wong (1987) soulignent le cas des voies de fait graves. Serin (1991) observe de telles différences : tous les sujets psychopathes de son étude avaient déjà été condamnés pour au moins un délit violent. La même différence est constatée quant au nombre de condamnations pour délits violents par année de liberté (Hare, 1981 ; Hare et McPherson, 1984). Ces différences statistiques demeurent lorsque sont retirés les items plus directement associés aux comportements violents et susceptibles de produire un effet redondant dans l'analyse, notamment les items 12 (apparition précoce de problèmes de comportement), 18 (délinquance juvénile), 19 (violation des conditions de mise en liberté conditionnelle), et 20 (diversité des types de délits commis par le sujet) (Hare et McPherson, 1984).

---

1. Les études rapportées par l'entremise d'une source secondaire n'ont pas été publiées ; la source citée comprend généralement un des auteurs de l'étude originale.

Utilisant l'échelle comme continuum, Molto et ses collaborateurs (1996) obtiennent une corrélation statistiquement significative entre le résultat à l'échelle de psychopathie et le nombre de condamnations pour crime violent ; une telle association est observée chez les femmes également (Loucks et Zamble, 1994). Weiler et Widom (1996) font la même constatation aussi bien pour les arrestations pour crimes violents que pour les comportements antisociaux autorapportés ; cette observation est faite respectivement auprès des échantillons masculin et féminin. Sur une base typologique, Strachan (1991 : voir Hare, Forth et Strachan, 1992) constate également que, chez les femmes, les délits violents sont associés à la psychopathie : bien que les psychopathes ne représentent que le tiers de l'échantillon, elles sont responsables d'environ la moitié des délits violents, comme des délits non violents, attribués à l'échantillon. En contrepartie, chez les femmes, Salekin, Rogers et Sewell (1997) n'observent pas de corrélation statistiquement significative entre le score total à l'échelle de psychopathie et diverses échelles d'agression (échelles de type Likert) remplies par les surveillants de l'établissement de détention. L'évaluation par le personnel concernait notamment l'agression verbale, le comportement non coopératif, de même qu'une perception globale du degré de dangerosité.

Sur le plan de la récidive violente, Serin (1996) montre que les psychopathes se démarquent en général nettement des sujets non psychopathes avec une récidive plus violente et plus rapide. Selon Serin et Amos (1995), les psychopathes récidivent cinq fois plus souvent de façon violente que les non-psychopathes. Les périodes de suivi étaient en moyenne de 30 mois pour l'étude de Serin et de 5,5 ans pour celle de Serin et Amos. Dans le cadre d'un suivi d'une dizaine d'années, Wong (1996) observe toujours une différence entre les psychopathes et les non-psychopathes, mais non entre les psychopathes et les sujets dits mixtes. Par ailleurs, il est intéressant de noter que la récidive violente est associée principalement au facteur 1 (traits de personnalité), alors que la récidive générale est corrélée avec le facteur 2 (comportements antisociaux) (Serin, 1996).

Psychopathie et violence en milieu institutionnel

Les psychopathes présentent également plus de problèmes en détention. Ils y manifestent plus de violence, notamment liée aux menaces, aux batailles, à l'utilisation d'une arme, à des comportements homosexuels de nature agressive (Hare, 1981 ; Hare et McPherson, 1984 ; Wong, 1985, 1996). Les psychopathes sont également surreprésentés parmi ceux qui ont agressé sexuellement un membre féminin du personnel à l'emploi du Service correctionnel du Canada (Furr, 1996). Comparant un groupe de sujets ayant feint la maladie mentale à un groupe de patients tenus non responsables de leurs actes pour cause d'aliénation mentale, Gacono et ses collaborateurs (1995) observent que ceux du premier groupe obtiennent tous un résultat supérieur à l'échelle de psychopathie, ont commis des délits plus violents, manifestent plus de problèmes de fonctionnement à l'intérieur de l'unité, sont responsables de voies de fait physiques et verbales dans l'institution. Parmi les problèmes de comportement, ces auteurs notent le commerce de drogues à l'intérieur de l'institution, de même que les relations sexuelles avec le personnel féminin. Chez les femmes, Loucks et Zamble (1994) obtiennent une corrélation statistiquement significative entre le résultat à l'échelle de psychopathie et les comportements violents en établissement.

Psychopathie au regard de la clientèle et du type de délit violent

Le lien entre la psychopathie et la violence peut-il être généralisé à toutes les clientèles accusées ou tenues responsables de crimes violents ? L'association entre la psychopathie et la violence prévaut-elle pour toutes les formes de crimes violents ?

Les caractéristiques retenues pour définir la psychopathie, relatives notamment aux traits de personnalité, définissent bien un certain nombre de sujets incarcérés, mais cadrent difficilement avec les caractéristiques des sujets atteints d'un trouble mental grave (psychose ou trouble grave de l'humeur). Alors que le diagnostic de trouble de personnalité antisociale se retrouve chez un nombre appréciable de sujets incarcérés ayant un trouble mental grave, avec une prévalence variant entre 39,1 % (Côté et Lesage, 1995) et plus de 60 % à 70 % (Côté et Hodgins, 1990), la prévalence de la psychopathie (PCL-R) est très réduite, soit 2,9 % (Côté et Lesage, 1995). Chez des patients relevant de la psychiatrie légale, le taux varie entre 0 % et 13 % (Freese, Müller-Isberner et Jöckel, 1996 ; Hare, 1991 ; Hart et Hare, 1989 ; Sreenivasan et collab., 1997) ; seuls Rasmussen et Levander (1996a, 1996b) obtiennent une prévalence supérieure, autour de 25 %, taux qui s'élève à 26,1 % chez les hommes schizophrènes. Les études rapportées ici ont utilisé un score de 30 ou plus pour définir la psychopathie, ce qui constitue le barème habituel. De l'étude des rapports entre la psychopathie et les troubles mentaux graves, il s'avère que la psychopathie constitue une entité clinique distincte (Freese, Müller-Isberner et Jöckel, 1996 ; Hart et Hare, 1989 ; Hodgins, Côté et Toupin, 1998).

Dans le champ des troubles mentaux graves, la psychopathie a été presque exclusivement abordée sous l'angle d'un continuum. La seule exception est l'étude de Harris, Rice et Cormier (1991) ; ceux-ci utilisent toutefois un point de coupure établi à 25 pour conclure que les psychopathes récidivent davantage de façon violente que les non-psychopathes. Le problème est alors de savoir à quoi correspond exactement un groupe de sujets qui présentent un score total de 25 ou plus à l'échelle. Utilisée comme continuum, l'échelle de psychopathie s'est avérée le meilleur indice pour la prédiction des comportements violents observés auprès de cette clientèle psychiatrique, selon le document synthèse des travaux de l'équipe du Penetanguishene Mental Health Centre (Webster et collab., 1994). Cette même échelle est reprise dans un nouvel instrument d'évaluation des risques de violence de cette clientèle, soit le *HCR-20 : Assessing Risk for Violence, version 2* (Webster et collab., 1997), un instrument en cours de validation. Dans le cas des patients hospitalisés, le score de psychopathie est associé au nombre total de délits, au nombre de délits violents et au nombre de délits non violents, au nombre moyen de délits violents et de délits non violents par année de liberté (Hare, 1991), au vol avec violence (Pham et collab., 1997). Le score à l'échelle est également un bon indice pour prédire la récidive générale et violente (Harris, Rice et Quinsey, 1993 ; Heilbrun et collab., sous presse : voir Hart et Hare, 1998 ; Rice et Harris, 1992, 1995 ; Wintrup, Coles, Hart et Webster, 1994 : voir Hart et Hare, 1998). Le score de psychopathie permet également de distinguer les sujets atteints de troubles mentaux graves en milieu carcéral de ceux atteints de troubles mentaux graves hospitalisés en milieu psychiatrique général (Côté et Lesage, 1995). Pratiquement tous les sujets incarcérés (91,3 %) avaient déjà été condamnés pour un délit violent comparativement à 18,3 % dans le groupe des patients hospitalisés.

En ce qui concerne les délinquants sexuels, l'étude de la clientèle et l'étude du type de comportement antisocial se trouvent liées, du fait que l'une est définie par l'autre. Les psychopathes sont peu présents parmi l'ensemble des délinquants sexuels, les taux de prévalence variant entre 3 % et 15 % (Forth et Kroner, 1994 : voir Hart et Hare, 1998 ; Miller, Geddings, Levenston et Patrick, 1994 : voir Hart et Hare, 1998 ; Rochefort, 1997 ; Serin et collab., 1994) ; toutefois, ils sont nettement plus présents parmi les violeurs, les taux de prévalence variant alors entre 35 % et 77 % (Brown et Forth, 1997 ; Miller et collab., 1994 : voir Hart et Hare, 1998). Selon Prentky et Knight (1991), il y aurait un type de violeurs issu d'un sous-groupe de psychopathes. Cependant, d'après Brown et Forth (1997), les délits sexuels sont une extension du tableau général des délits chez les psychopathes ; les violeurs psychopathes ne forment pas un type de violeurs à part. Il s'agit de violeurs opportunistes. Eu égard à la violence, soulignons que, parmi les violeurs sadiques, un seul sujet sur sept répondait aux critères de la psychopathie dans cette dernière étude. Barbaree et ses collaborateurs (1994) distinguent quatre types de violeurs selon que la motivation première est sexuelle, avec composante sadique ou non sadique, ou agressive, distinguant alors le viol opportuniste du viol vindicatif. Le résultat à l'échelle de psychopathie ne permet pas de différencier ces quatre groupes ; le résultat au facteur 2 est cependant statistiquement plus élevé chez les sujets du sous-type sexuel-sadique que chez les sujets des trois autres sous-types. Il importe de rappeler que le facteur 2 s'appuie essentiellement sur des comportements antisociaux, et que c'est le facteur 1 qui caractérise principalement le psychopathe (Cooke et Michie, 1997). Le score de psychopathie n'est pas associé au nombre de délits sexuels antérieurs, mais à l'histoire criminelle non sexuelle (Brown et Forth, 1995, 1997 ; Quinsey, Rice et Harris, 1995). Sur un continuum, Harris et ses collaborateurs (1993), de même que Quinsey et ses collaborateurs (1995) observent que le score de psychopathie est associé au viol de femmes et à la récidive violente. Ces derniers auteurs n'observent pas de corrélation statistiquement significative entre le score de psychopathie et celui de la phallométrie, qui évalue le degré de stimulation sexuelle déviante ; ce résultat s'accorde avec l'observation de Serin et de ses collaborateurs (1994), lesquels rapportent une corrélation non significative entre le score total à l'échelle et l'indice de phallométrie chez les violeurs.

Dans l'ensemble des délits violents, tels qu'ils sont définis par Statistique Canada (1995)[2], les délits sexuels ne constituent pas le seul type qui présente une problématique distincte au regard de la psychopathie, c'est-à-dire que la psychopathie n'est pas l'aspect central associé à la violence. Ainsi, l'homicide se retrouve peu fréquemment chez les psychopathes (Hare, 1981 ; Hare et Jutai, 1983) ; il y a même une tendance à observer plus d'homicides chez les non-psychopathes que chez les psychopathes (Hare et McPherson, 1984 ; Williamson, Hare et Wong, 1987). Parmi les auteurs d'homicides et de tentatives de meurtre, le score global de psychopathie est associé à l'homicide à caractère sexuel, mais pas à ceux commis à l'occasion d'activités criminelles ou d'une stimulation de groupe ou pour un motif purement personnel ; à noter qu'il s'agit ici d'une analyse considérant la psychopathie sous l'angle d'un continuum et non d'une typologie (Dempster et Hart, 1992 : voir Hart et Dempster, 1997). Dans les échantillons recrutés en milieu psychiatrique, le résultat à l'échelle de psychopathie n'est pas associé à l'homicide (Pham et collab., 1997). Dans leur sous-échantillon de patients violents relevant de la psychiatrie légale et comprenant 40,6 % de

---

2. La catégorie des délits violents regroupe l'homicide, la tentative de meurtre, les voies de fait, et inclut le fait de décharger une arme à feu avec intention, les agressions sexuelles, l'enlèvement et les vols qualifiés.

sujets homicides, Sreenivasan et ses collaborateurs (1997) ne décèlent aucun psychopathe. Certes, il est difficile de conclure à l'absence de lien entre la psychopathie et l'homicide à partir d'échantillons recrutés en milieu psychiatrique, étant donné que le taux de prévalence de la psychopathie y est très réduit. Toutefois, un certain nombre d'observations complémentaires permettent ce rapprochement. Il est démontré que les sujets atteints de troubles mentaux graves sont plus souvent reconnus coupables de crimes violents que les sujets de la population générale (Hodgins, 1992 ; Hodgins et collab., 1996). L'expression de cette violence prend parfois la forme extrême qu'est l'homicide ; dans un échantillon représentatif de détenus, les sujets homicides présentent ou ont présenté plus souvent un trouble mental grave que les sujets non homicides (Côté et Hodgins, 1992).

En somme, la violence ne constitue pas un continuum, s'étendant par exemple de la voie de fait simple à l'homicide, en passant par les délits à caractère sexuel. Le lien à établir entre la psychopathie et la violence exige donc un certain nombre de nuances. Bien que la psychopathie soit associée à la violence dans la voie de fait physique, la menace, l'utilisation d'armes et le vol qualifié, elle paraît peu associée à l'homicide, une forme extrême de violence, ni à la violence sexuelle. Même lorsqu'il y a violence sexuelle, il semble que l'aspect sexuel, évalué au moyen d'un indice phallométrique de stimulation sexuelle déviante, soit moins la caractéristique du comportement que l'aspect opportuniste et utilitaire lié au tableau général des comportements antisociaux. Dans le lien à établir entre la psychopathie et la violence, il importe à tout le moins de considérer les types de clientèle et de violence.

Aspects qualitatifs de la violence observée chez les psychopathes

Le résultat observé à l'échelle de psychopathie est davantage associé à une violence de type instrumental, c'est-à-dire utilitaire, que réactionnel (Cornell et collab., 1996) ; en fait, le facteur 1 est plus associé aux délits planifiés et le facteur 2 aux délits plus impulsifs (Dempster et collab., 1996 : voir Hart et Dempster, 1997). Ces deux études indiquent que la violence instrumentale est associée à une connaissance moindre de la victime. Dans le cas du viol, l'hypothèse voulant que la victime du psychopathe soit une personne inconnue de lui n'est pas soutenue ; il importe de souligner que cette conclusion de Brown et Forth (1997) repose sur une corrélation et non une analyse typologique. Sur une base typologique, Williamson, Hare et Wong (1987) ont démontré que les psychopathes utilisent la violence surtout à des fins matérielles, alors que la victime est généralement inconnue. Quant au type de blessure infligée, il n'y a pas d'association (Cornell et collab., 1996) ou de différence statistiquement significative entre les psychopathes et les non-psychopathes, à l'exception de l'homicide, où les non-psychopathes ont tendance à être davantage représentés (Brown et Forth, 1997 ; Williamson, Hare et Wong, 1987).

Psychopathie et comportement violent chez les adolescents

Le lien entre la psychopathie et la violence ne s'observe pas seulement auprès de sujets adultes ; quelques études ont vérifié qu'il se retrouve également chez les clientèles plus jeunes. À l'aide d'une version adaptée de l'échelle de psychopathie, des études menées auprès d'adolescents connaissant des démêlés avec la justice montrent que le score à cette échelle est associé non seulement à la délinquance et aux conduites antisociales non violentes, mais également aux comportements agressifs ou violents (Forth, 1996 ; Forth, Hart et Hare, 1990 ; Toupin et collab., 1996). Les adolescents obtenant un score élevé à l'échelle sont susceptibles de présenter une plus grande variété de comportements délinquants (Forth, 1996). L'indice de psychopathie n'est toutefois pas associé à la récidive générale, mais bien à la récidive violente (Forth, Hart et Hare, 1990).

Forth, Hart et Hare (1990) notent également une forte association entre le score total à l'échelle de psychopathie et des comportements agressifs ou violents à l'intérieur des établissements de détention. Lynam (1997) est parvenu à développer un instrument diagnostic basé sur l'échelle de psychopathie afin d'évaluer ce syndrome chez des enfants de 10 à 13 ans. À nouveau, l'indice de psychopathie est associé à la délinquance générale, de même qu'à des indices de violence.

Chez les adolescents agresseurs sexuels, la psychopathie est associée au viol sadique, mais non à l'inceste, à la pédophilie, au viol visant à rassurer le sujet de son pouvoir, au viol d'une personne accompagnée lors d'une sortie occasionnelle, à l'exhibitionnisme, au voyeurisme, etc. (Dixon, Hart, Gretton, McBride et O'Shaughnessy, 1995 : voir Hart et Hare, 1998). Sans qu'il soit possible de départager entre ce qui est attribuable au fait qu'il s'agit de délinquants sexuels ou d'homicides, soulignons quand même que, chez un groupe d'adolescents ayant commis un homicide à caractère sexuel, Myers et Blashfield (1997) observent qu'un seul sujet sur treize présente un score supérieur ou égal à 30 à l'échelle de psychopathie.

PSYCHOPATHIE : TRAIT OU SYNDROME CLINIQUE DISTINCT ?

La conclusion sur les liens qui unissent la psychopathie et la violence repose, d'une part, sur une définition opérationnelle de la psychopathie et, d'autre part, sur une quantité appréciable d'études empiriques partageant une base opérationnelle commune. Toutefois, le lecteur remarquera la distinction constante entre la psychopathie considérée comme un continuum et la psychopathie abordée comme un type ou un syndrome clinique spécifique. Qui plus est, les études menées auprès de clientèles à plus faible prévalence de la psychopathie sont portées à la considérer en tant que continuum (patients psychiatriques surtout, délinquants sexuels pour une bonne part) ; dans le cas des échantillons de détenus, l'approche taxonomique est privilégiée. Prendre option pour l'une ou l'autre approche a des incidences non seulement théoriques, mais également pratiques. Qu'il suffise de penser à la mise en place de programmes d'intervention ou de la possibilité de réaliser des projets de recherche sur la dimension psychophysiologique et neuropsychologique du fonctionnement psychopathique ; l'interprétation des résultats pourra être difficile, voire impossible, en raison du manque d'homogénéité de l'échantillon.

Certaines données empiriques tendent à confirmer que la psychopathie est un syndrome clinique distinct, notamment en raison de son très faible recoupement avec les autres syndromes cliniques majeurs (Hodgins, Côté et Toupin, 1998 ; Hart et Hare, 1989). Des analyses taxométriques soutiennent également cette hypothèse. Harris, Rice et Quinsey (1994) observent que, si les variables liées à l'histoire criminelle adulte sont distribuées de façon continue, les problèmes de comportement présentés au cours de l'enfance permettent d'établir une taxonomie. Selon eux, regrouper des psychopathes et des non-psychopathes dans une étude sur la prédiction peut masquer des aspects qui prévalent pour un sous-groupe seulement. Pour appuyer cette affirmation, ils se réfèrent à certaines de leurs études qui ont démontré que l'âge et l'abus d'alcool sont fortement associés à la récidive chez les non-psychopathes, alors qu'ils ne le sont pas chez les psychopathes. Hare et McPherson (1984) observent que l'utilisation d'une arme croît chez les psychopathes en fonction du niveau de quotient intellectuel, alors que ce dernier n'affecte pas l'utilisation d'une arme chez les sujets non psychopathes ou mixtes.

En contrepartie, Widiger (1998) soutient que la psychopathie doit être étudiée comme un continuum puisqu'elle doit être comprise comme « une variante inadaptée de traits de personnalité habituels » (p. 2). Distinguer qualitativement la psychopathie exigerait selon lui qu'il y ait un trait spécifique propre au psychopathe. Actuellement, certaines caractéristiques retenues recoupent notamment celles du trouble de personnalité narcissique ; les retenir pour définir un syndrome clinique distinct viendrait simplement complexifier, voire confondre, la nosographie (Widiger et Corbitt, 1995).

Le débat peut être abordé sur un plan théorique également. L'argumentation de Widiger suppose une conception purement élémentariste du fonctionnement humain : l'accent est placé sur un trait, un élément, d'intensité variable, qui s'additionne à un autre pour constituer un diagnostic. À l'opposé, au-delà de l'approche purement positiviste de Hart et Hare (1989), de même que de Harris, Rice et Quinsey (1994), la considération d'un syndrome spécifique renvoie non pas à un trait spécifique, mais à un agencement de traits, c'est-à-dire à une organisation. L'accent n'est plus alors sur la somme des traits mais sur le type de rapport qui existe entre eux. L'argumentation se situe ici sur un plan épistémologique, perspective qui déborde cependant le thème du présent chapitre. Toutefois, la réponse à cette question engage aussi la nature des analyses statistiques. Ici, les préoccupations de Bergman et Magnusson (1997) pour des analyses centrées sur les sujets plutôt que sur les variables prennent tout leur sens. Ces analyses permettent d'établir des patterns spécifiques de variables basés sur une organisation spécifique, une interaction spécifique, liée à un type particulier de sujets. L'approche est alors holistique et non plus linéaire.

CONCLUSION

Il est possible d'affirmer que psychopathie et violence sont associées. Toutefois, cette conclusion exige un certain nombre de nuances.

Premièrement, il importe de distinguer entre la psychopathie, comme entité clinique, et l'échelle de psychopathie développée par Hare. Nous référant aux études qui utilisent l'échelle de psychopathie comme un continuum pour associer le résultat aux comportements violents, ou pour prédire la récidive violente, nous pouvons affirmer que l'instrument est valide, mais qu'il paraît difficile de conclure que ce sont les psychopathes qui sont violents sur cette seule base de démonstration ; cette conclusion est soutenable pour autant que la psychopathie est considérée comme une entité clinique distincte, ce que semblent appuyer les analyses d'items (Cooke et Michie, 1997) et les analyses taxométriques (Harris, Rice et Quinsey, 1994). La valeur de l'instrument pour prédire la violence n'est pas à mettre en doute ; les méta-analyses sont concluantes à ce chapitre (Gendreau, Little et Goggin, 1996 ; Salekin, Rogers et Sewell, 1996 ; Simourd et collab., 1990). Toutefois, il peut ne s'agir que d'une accumulation de symptômes ou de comportements qui ne cernent pas spécifiquement la nature de la psychopathie comprise ici en termes d'entité clinique, de type particulier. La preuve en est que l'instrument offre ce potentiel de prédiction auprès de clientèles dont le taux de prévalence de la psychopathie est très bas, voire pratiquement inexistant (Côté et Lesage, 1995). Ces études ont été rapportées ici parce qu'elles renvoient à une compréhension de la psychopathie partagée par certains chercheurs, tel Widiger. Par contre, les études qui ont utilisé l'échelle de manière taxonomique permettent de conclure que, effectivement, la psychopathie est associée à la violence. Cette conclusion est facile à poser dans le cas des comparaisons entre les psychopathes et les non-psychopathes, mais plus difficile à arrêter dans le cas de la comparaison avec les sujets dits mixtes. Les analyses de survie indiquent par contre que les psychopathes récidivent de façon violente plus rapidement que ces derniers, soit les sujets dits mixtes.

Deuxièmement, les différences observées dans les taux de prévalence de la psychopathie selon les clientèles permettent de définir un contexte de compréhension. Les psychopathes sont plus violents mais leurs actions violentes se limitent plus spécifiquement à certaines formes (menaces, voies de fait physiques, utilisation d'arme, occasionnellement viol) ; l'homicide ne s'avère pas une forme de violence caractéristique du psychopathe. Au contraire, ce sont les non-psychopathes qui se distinguent en ce qui concerne l'homicide. Par conséquent, la violence ne peut être considérée comme un continuum. De plus, les psychopathes sont violents certes, mais leur violence est beaucoup plus instrumentale, inscrite dans une action opportuniste. Leurs proches ne sont pas les victimes les plus fréquentes de leur violence, du moins dans sa forme physique et manifeste. À l'occasion, la violence du psychopathe prendra une forme sexualisée, vécue alors comme une extension du tableau général de l'activité criminelle. En ce domaine, rappelons que les psychopathes commettront surtout des viols et que leurs victimes seront essentiellement des femmes adultes. En somme, ces données relatives aux victimes et au caractère particulier de la violence sexuelle exprimée renvoient à une distinction qualitative permettant d'éclairer la forme de violence manifestée.

RÉFÉRENCES

Abram, K.M. (1990). « The problem of cooccurring disorders among jail detainees : Antisocial disorder, alcoholism, drug abuse, and depression », *Law and Human Behavior*, 14 : 333-345.

Aichhorn, A. (1925 [1973]). *Wayward youth.* New York : Viking.

American Psychiatric Association (1952). *Diagnostic and Statistical Manual : Mental disorders* (1th) (DSM I), Washington, D.C. : Auteur.

American Psychiatric Association (1968). *Diagnostic and Statistical Manual of mental disorders* (2th) (DSM II), Washington, D.C. : Auteur.

American Psychiatric Association (1980). *Diagnostic and Statistical Manual of mental disorders* (3th) (DSM III), Washington, D.C. : Auteur.

American Psychiatric Association (1987). *Diagnostic and Statistical Manual of mental disorders* (3th) revised (DSM IIIR), Washington, D.C. : Auteur.

American Psychiatric Association (1994). *Diagnostic and Statistical Manual of mental disorders* (4th) (DSM IV), Washington, D.C. : Auteur.

Andersen, H.S., D. Sestoft, T. Lillebaeck, G. Gabrielsen et P. Kramp (1996). « Prevalence of ICD10 psychiatric morbidity in random samples of prisoners on remand », *International Journal of Law and Psychiatry*, 198 : 61-74.

Barbaree, H.E., M.C. Seto, R.C. Serin, N.L. Amos et D.L. Preston (1994). « Comparisons between sexual and nonsexual rapist subtypes : Sexual arousal to rape, offense precursors, and offense characteristics », *Criminal Justice and Behavior*, 21 : 95-114.

Bergman, L.R. et D. Magnusson (1997). « A person-oriented approach in research on developmental psychopathology », *Development and Psychopathology*, 9 : 291-319.

Blackburn, R. (1993). *The psychology of criminal conduct : Theory, research and practice.* Chester, England : Wiley.

Bland, R.C., S.C. Newman, R.J. Dyck et H. Orn (1990). « Prevalence of psychiatric disorders and suicide attempts in a prison population », *Canadian Journal of Psychiatry*, 35 (5) : 407-413.

Brown, S.L. et A.E. Forth (1995). « Psychopathy and sexual aggression against adult females : Sattic and dynamic precursors », *Canadian Psychology*, 36 : 19.

Brown, S.L. et A.E. Forth (1997). « Psychopathy and sexual assault : Static risk factors, emotional precursors, and rapist subtypes », *Journal of Consulting and Clinical Psychology*, 65 : 848-857.

Cleckley, H.M. (1959). « Psychopathic states », p. 567-588, dans S. Arieti (dir.), *American handbook of psychiatry. V I.* New York : Basic Books.

Cleckley, H.M. (1941 [1976]). *The mask of sanity.* New York : Mosby.

Cohen, J. (1960). « A coefficient of agreement for nominal scales », *Educational and Psychological Measurement*, 20 : 37-46.

Collins, J.J., W.E. Schlenger et B.K. Jordan (1988). « Antisocial personality and substance abuse disorders », *Bulletin of the American Academy of Psychiatry and the Law*, 16 : 187-198.

Cooke, D.J. et C. Michie (1997). « An item response theory analysis of the Hare Psychopathy Checklist-Revised », *Psychological Assessment*, 9 : 314.

Cornell, D.G., J. Warren, G. Hawk, E. Stafford, G. Oram et D. Pine (1996). « Psychopathy in instrumental and reactive violent offenders », *Journal of Consulting and Clinical Psychology*, 64 : 783-790.

Côté, G. et S. Hodgins (1996). *L'échelle de psychopathie de Hare révisée (PCLR) : Éléments de la validation française.* Toronto : Multi-Health Systems.

Côté, G. et S. Hodgins (1990). « Co-occurring mental disorders among criminal offenders », *Bulletin of the American Academy of Psychiatry and the Law,* 18 : 271-281.

Côté, G. et S. Hodgins (1992). « The prevalence of major mental disorders among homicide offenders », *International Journal of Law and Psychiatry,* 15 : 89-99.

Côté, G. et A. Lesage (1995). *Diagnostics complémentaires et adaptation sociale chez des détenus schizophrènes ou dépressifs : Rapport final.* Montréal : Institut Philippe Pinel.

Forth, A. (1996). « Psychopathy in adolescent offenders : Assessment, family background, and violence », p. 42-44, dans D.J. Cooke, A.E. Forth, J. Newman et R.D. Hare (dir.), *Issues in criminological and legal psychology : N° 24. International perspectives on psychopathy.* Leicester, UK : British Psychological Society.

Forth, A.E., S.D. Hart et R.D. Hare (1990). « Assessment of psychopathy in male young offenders », *Psychological Assessment : A Journal of Consulting and Clinical Psychology,* 2 : 342-433.

Freese, R., R. Müller-Isberner et D. Jöckel (1996). « Psychopathy and co-morbidity in a german hospital order population », p. 45-46, dans D.J. Cooke, A.E. Forth, J. Newman et R.D. Hare (dir.), *Issues in criminological and legal psychology : N° 24. International perspectives on psychopathy.* Leicester, UK : British Psychological Society.

Freud, S. (1916 [1996]). *Quelques types de caractères dégagés par le travail analytique.* Paris : PUF. Œuvres complètes : Psychanalyse, tome XV.

Furr, K.D. (1996). « Caractéristiques des agressions sexuelles contre les employées des pénitenciers », *Forum : Recherche sur l'actualité correctionnelle,* 8 (2) : 25-27.

Gacono, C.B., J.R. Meloy, K. Sheppard, E. Speth et A. Roske (1995). « A clinical investigation of malingering and psychopathy in hospitalized insanity acquittees », *Bulletin of the American Academy of Psychiatry and the Law,* 23 : 387-397.

Gendreau, P., T. Little et C. Goggin (1996). « A metaanalysis of the predictors of adult offender recidivism : What works ! », *Criminology,* 34 : 575-607.

Hare, R.D. (1980). « A research scale for the assessment of psychopathy in criminal populations », *Personality and Individual Differences,* 1 : 111-119.

Hare, R.D. (1981). « Psychopathy and violence », p. 53-74, dans J.R. Hays, T.K. Roberts et K.S. Soloways (dir.), *Violence and the violent individual.* Jamaica, NY : Spectrum.

Hare, R.D. (1983). « Diagnosis of antisocial personality disorder in two prison populations », *American Journal of Psychiatry,* 140 : 887-890.

Hare, R.D. (1985). « Comparison of procedures for the assessment of psychopathy », *Journal of Consulting and Clinical Psychology*, 53 : 716.

Hare, R.D. (1991). *The Hare Psychopathy Checklist : Revised.* Toronto, Ontario : MultiHealth Systems Inc.

Hare, R.D., A.E. Forth et K.E. Strachan (1992). « Psychopathy and crime across the life span », p. 285-300, dans R.D. Peters, R.J. McMahon et V.L. Quinsey (dir.), *Aggression and the violence throughout the life span.* Newbury Park : Sage Publications.

Hare, R.D. et S.D. Hart (1995). « Commentary on antisocial personality disorder : The DSM IV field trial », p. 127-134, dans W.J. Livesley (dir.), *The DSM IV personality disorders.* New York : Guilford.

Hare, R.D., S.D. Hart et T.J. Harpur (1991). « Psychopathy and the DSM IV criteria for antisocial personality disorder », *Journal of Abnormal Psychology*, 100 : 391-398.

Hare, R.D. et J.W. Jutai (1983). « Criminal history of the male psychopath : Some preliminary data », dans K.T. Dusen et S.A. Mednick (dir.), *Studies of crime and delinquency.* Boston, MA : Kluwer Nijhoff Publishing.

Hare, R.D. et L.M. McPherson (1984). « Violent and aggressive behavior by criminal psychopaths », *International Journal of Law and Psychiatry*, 7 : 35-50.

Hare, R.D., L.M. McPherson et A.E. Forth (1988). « Male psychopaths and their criminal careers », *Journal of Consulting and Clinical Psychology*, 56 : 710-714.

Harpur, T.J., A.R. Hakstian et R.D. Hare (1988). « Factor structure of the Psychopathy Checklist », *Journal of Consulting and Clinical Psychology*, 56 : 741-747.

Harris, G.T., M.E. Rice et C.A. Cormier (1991). « Psychopathy and violent recidivism », *Law and Human Behavior*, 15 : 625-637.

Harris, G.T., M.E. Rice et V.L. Quinsey (1993). « Violent recidivism of mentally disordered offenders : The development of a statistical prediction instrument », *Criminal Justice and Behavior*, 20 : 315-335.

Harris, G.T., M.E. Rice et N. Quinsey (1994). « Psychopathy as a taxon : Evidence that psychopaths are a discrete class », *Journal of Consulting and Clinical Psychology*, 62 : 387-397.

Hart, S.D. et R.J. Dempster (1997). « Impulsivity and psychopathy », p. 212-232, dans C.D. Webster et M.A. Jackson (dir.), *Impulsivity : Theory, assessment, and treatment.* New York : Guilford.

Hart, S.D. et R.D. Hare (1989). « Discriminant validity of the Psychopathy Checklist in a forensic psychiatric population », *Psychological Assessment : A Journal of Consulting and Clinical Psychology*, 1 : 211-218.

Hart, S.D. et R.D. Hare (1998). « Psychopathy : Assessment and association with criminal conduct », p. 22-35, dans D.M. Stoff et J. Maser (dir.), *Handbook of antisocial behavior.* Toronto : Wiley.

Hart, S.D., P.R. Kropp et R.D. Hare (1988). « Performance of male psychopaths following conditional release from prison », *Journal of Consulting and Clinical Psychology*, 56 : 227-232.

Hodgins, S. (1992). « Mental disorder, intellectual deficiency, and crime : Evidence from a birth cohort », *Archives of General Psychiatry*, 49 : 476-483.

Hodgins, S. et G. Côté (1990). « Prévalence des troubles mentaux chez les détenus des pénitenciers du Québec », *Santé mentale au Canada*, 38 (1) : 15.

Hodgins, S., G. Côté et J. Toupin (1998). « Major mental disorder and crime : An ethiological hypothesis », p. 231-256, dans D. Cooke, A. Forth et R.D. Hare (dir.), *Psychopathy : Theory, Research and Implications for Society*. Dordrecht, The Netherlands : Kluwer.

Hodgins, S., S.A. Mednick, P.A. Brennan, F. Schulsinger et M. Engberg (1996). « Mental disorder and crime : Evidence from a Danish cohort », *Archives of General Psychiatry*, 53 : 489-496.

Karpman, B. (1941). « On the need of separating psychopathy into two distinct clinical types : The symptomatic and the idiopathic », *Journal of Clinical Psychopathology*, 3 : 112-139.

Kosson, D.S., S.S. Smith et J.P. Newman (1990). « Evaluating the construct validity of psychopath in black and white male inmates : Three preliminary studies », *Journal of Abnormal Psychology*, 99 : 250-259.

Landis, J.R. et G.G. Koch (1977). « The measurement of observer agreement for categorical data », *Biometrics*, 33 : 159-174.

Laroche, D. (1998). *Les composantes psychologiques et comportementales parentales associées à la psychopathie de jeunes contrevenants violents*. Thèse de doctorat inédite. Université de Montréal.

Loucks, A.D. et E. Zamble (1994). *Criminal and violent behavior in incarcerated female federal offenders*. Paper presented at the Canadian Psychological Association Annual Convention, Penticton, BC, Canada.

Lynam, D.R. (1997). « Pursuing the psychopath : Capturing the fledgling psychopath in a nomological net », *Journal of Abnormal Psychology*, 106 : 425-438.

Martinez Jr, R. (1997). « Predictors of serious violent recidivism : Results from a cohort study », *Journal of Interpersonal Violence*, 12 : 216-228.

Maudsley, H. (1884). *Body and Will*. New York : D. Appleton and Company.

McCord, W.M. (1982). *The psychopath and milieu therapy : A longitudinal study*. New York : Academy Press.

Millon, T. et R.D. Davis (1996). *Disorders of personality : DSM IV and beyond* (2th). Toronto : Wiley.

Molto, J., E. Carmona, R. Poy, C. Avila et R. Torrubia (1996). « Psychopathy Checklist-Revised in spanish prison populations : Some data on reliability and validity », p. 109-114, dans D.J. Cooke, A.E. Forth, J. Newman et R.D. Hare (dir.), *Issues in criminological and legal psychology : N° 24. International perspectives on psychopathy.* Leicester, UK : British Psychological Society.

Myers, W.C. et R. Blashfield (1997). « Psychopathology and personality in juvenile sexual homicide offenders », *Journal of the American Academy of Psychiatry and the Law*, 25 : 497-508.

Neighbors, H.W., D.H. Williams, T.S. Gunnings, W.D. Lipscomb, C. Broman et J. Lepkowski (1987). *The prevalence of mental disorder in Michigan prisons.* Michigan : Michigan State University.

Newman, J.P., D.S. Kosson et C.M. Patterson (1992). « Delay of gratification in psychopathic and non psychopathic offenders », *Journal of Abnormal Psychology*, 101 : 630-636.

Partridge, G.E. (1930). « Current conceptions of psychopathic personality », *American Journal of Psychiatry*, 87 : 53-99.

Pham, T.H., S. Remy, A. Dailliet et L. Lienard (1997). *Psychopathy and prediction of violent behaviors : An assessment in security hospital. Poster presented at the 5th International Congress on the Disorders of Personality.* Vancouver, Canada, June.

Pinel, P. (1801). *Traité médicophilosophique sur l'aliénation mentale, ou la manie.* Paris : Richard, Caille et Ravier.

Piotrowski, N.A., D.J. Tusel, K.L. Sees, P. Banys et S.M. Hall (1996). « Psychopathy and antisocial personality in men and women with primary opioid dependence », p. 123-126, dans D.J. Cooke, A.E. Forth, J. Newman et R.D. Hare (dir.), *Issues in criminological and legal psychology : N° 24. International perspectives on psychopathy.* Leicester, UK : British Psychological Society.

Prentky, R.A. et R.A. Knight (1991). « Identifying critical dimensions for discriminating among rapists », *Journal of Consulting and Clinical Psychology*, 59 : 643-661.

Quinsey, V.L., M.E. Rice et G.T. Harris (1995). « Actuarial prediction of sexual recidism », *Journal of Interpersonal Violence*, 10 : 85-105.

Rasmussen, K. et S. Levander (1996a). « Symptoms and personality characteristics of patients in a maximum security psychiatric unit », *International Journal of Law and Psychiatry*, 19 : 27-37.

Rasmussen, K. et S. Levander (1996b). « Violence in the mentally disordered : A differential clinical perspective », p. 127-130, dans D.J. Cooke, A.E. Forth, J. Newman et R.D. Hare (dir.), *Issues in criminological and legal psychology : N° 24. International perspectives on psychopathy.* Leicester, UK : British Psychological Society.

Reik, T. (1926-1928 [1973]). *Le besoin d'avouer : Psychanalyse du crime et du châtiment.* Paris : Payot.

Rice, M.E. et G.T. Harris (1992). « A comparison of criminal recidivism among schizophrenic and nonschizophrenic offenders », *International Journal of Law and Psychiatry*, 15 : 397-408.

Rice, M.E. et G.T. Harris (1995). « Psychopathy, schizophrenia, alcohol abuse, and violent recidivism », *International Journal of Law and Psychiatry*, 18 : 333-342.

Robins, L.N. (1966). *Deviant children grown up : A sociological and psychiatric study of sociopathic personality*. Baltimore : Williams & Wilkins.

Robins, L.N. (1978). « Sturdy childhood predictors of adult antisocial behaviour : Replications from longitudinal studies », *Psychological Medicine*, 8 : 611-622.

Robins, L.N., J. Tipp et T. Prxybeck (1991). « Antisocial personality », dans L.E. Robins et D.A. Regier (dir.), *Psychiatric disorders in America : The Epidemiological Catchment Area study*. Toronto : Collier Macmillan.

Rochefort, S. (1997). *Facteurs déterminants du fonctionnement antisocial et psychopathique chez deux groupes de sujets détenus en milieu carcéral*. Mémoire de maîtrise non publié, Université du Québec à Trois-Rivières, Trois-Rivières, Québec.

Ross, D., S. Hodgins et G. Côté (1992). *The predictive validity of the French Psychopathy Checklist : Male inmates on parole*. Montréal : Département de psychologie, Université de Montréal.

Salekin, R.T., R. Rogers et K.W. Sewell (1997). « Construct validity of psychopathy in a female offender sample : A multitraitmultimethod evaluation », *Journal of Abnormal Psychology*, 106 : 576-585.

Salekin, R.T., R. Rogers et K.W. Sewell (1996). « A review and metaanalysis of the Psychopathy Checklist and Psychopathy Checklist-Revised : Predictive validity of dangerousness », *Clinical Psychology : Science and Practice*, 3 : 203-215.

Schneider, K. (1950 [1955]). *Les personnalités psychopathiques*. Paris : PUF.

Schroeder, M.L., K.G. Schroeder et R.D. Hare (1983). « Generalizability of a checklist for assessment of psychopathy », *Journal of Consulting and Clinical Psychology*, 51 : 511-516.

Serin, R.C. (1991). « Psychopathy and violence in criminals », *Journal of Interpersonal Violence*, 6 : 423-431.

Serin, R.C. (1996). « Violent recidivism in criminal psychopaths », *Law and Human Behavior*, 20 : 207-217.

Serin, R.C. et N.L. Amos (1995). « The role of psychopathy in the assessment of dangerousness », *International Journal of Law and Psychiatry*, 18 : 231-238.

Serin, R.C., P.B. Malcolm, A. Khanna et H. Barbaree (1994). « Psychopathy and deviant sexual arousal in incarcerated sexual offenders », *Journal of Interpersonal Violence*, 9 : 311.

Serin, R.C., R.D. Peters et H.E. Barbaree (1990). « Predictors of psychopathy and release outcome in a criminal population », *Journal of Consulting and Clinical Psychology : Psychological Assessment*, 2 : 419-422.

Shrout, P.E. et J.I. Fleiss (1979). « Intraclass correlations : Uses in assessing rater reliability », *Psychological Bulletin*, 86 : 420-428.

Simourd, D.J., J. Bonta, D.A. Andrews et R.D. Hoge (1990). *Psychopathy and criminal behaviour : A metaanalysis. Paper presented at the Annual Convention of the Canadian Psychological Association.* Ottawa, Canada, May 31.

Sreenivasan, S., P. Kirkish, S. Eth, J. Mintz, S. Hwang, W. Van Gorp et W. Van Vort (1997). « Predictors of recidivistic violence in criminally insane and civilly committed psychiatric inpatients », *International Journal of Law and Psychiatry*, 20 : 279-291.

Statistique Canada (1995). « Statistiques de la criminalité au Canada, 1994 », *Juristat*, 15 (12) : 138.

Tinsley, H.E.A. et D.J. Weiss (1983). « Interrater reliability and agreement of subjective judgments », *Journal of Counseling Psychology*, 22 : 358-376.

Toupin, J., H. Mercier, M. Déry, G. Côté et S. Hodgins (1996). « Validity of the PCLR for adolescents », p. 143-145, dans D.J. Cooke, A.E. Forth, J. Newman et R.D. Hare (dir.), *Issues in criminological and legal psychology : N° 24. International perspectives on psychopathy.* Leicester, UK : British Psychological Society.

Webster, C.D., K.S. Douglas, D. Eaves et S.D. Hart (1997). *HCR20 : Assessing risk for violence. Version 2.* Burnaby, Canada : Mental Health, Law and Policy Institute, Simon Fraser University.

Webster, C.D., G.T. Harris, M.E. Rice, C. Cormier et V.L. Quinsey (1994). *The violence prediction scheme : Assessing dangerousness in high risk men.* Toronto : Centre of Criminology, University of Toronto.

Weiler, B.L. et C.S. Widom (1996). « Psychopathy and violent behaviour in abused and neglected young adults », *Criminal Behaviour and Mental Health*, 6 : 253-271.

Widiger, T.A. (1998). « Psychopathy and normal personality », dans D.J. Cooke, A. Forth et R.D. Hare (dir.), *Psychopathy : Theory, Research and Implications for Society.* Dordrecht, The Netherlands : Kluwer.

Widiger, T.A., R. Cadoret, R. Hare, L. Robins, M. Rutherford, M. Zanarini, A. Alterman, M. Apple, E. Corbitt, A. Forth, S. Hart, J. Kultermann, G. Woody et A. Frances (1996). « DSM IV antisocial personality disorder field trial », *Journal of Abnormal Psychology*, 105 : 316.

Widiger, T.A. et E.M. Corbitt (1995). « Antisocial personality disorder », p. 103-126, dans W.J. Livesley (dir.), *The DSM IV personality disorder.* New York : Guilford.

Williamson, S., R.D. Hare et S. Wong (1987). « Violence : Criminal psychopaths and their victims », *Canadian Journal Behavioral Science*, 19 : 454-462.

Wong, S. (1996). « Recidivism and criminal career profiles of psychopaths : A longitudinal study », p. 147-152, dans D.J. Cooke, A.E. Forth, J. Newman et R.D. Hare (dir.), *Issues in criminological and legal psychology : N° 24. International perspectives on psychopathy.* Leicester, UK : British Psychological Society.

Wong, S. (1984). *The criminal and institutional behaviours of psychopaths.* Ottawa, Ontario : Ministry of the Solicitor General of Canada, Research Division.

14
Les comportements violents des adolescents

Un phénomène particulier

M<small>ARC</small> L<small>E</small> B<small>LANC</small>

DÉFINIR LA VIOLENCE ?

Le *Petit Robert* définit ainsi la violence : « agir sur quelqu'un ou le faire agir contre sa volonté, en employant la force ou l'intimidation », précisant qu'il s'agit d'une « force brutale pour soumettre quelqu'un ». Cette définition de la violence est également acceptée par les philosophes et les spécialistes des sciences humaines (voir Roy, 1989 ; Hébert, 1989). Nous nommerons violence interpersonnelle ce type d'interaction entre un agresseur et sa victime. Actuellement, il est habituel, dans les milieux de l'éducation et des affaires sociales, comme dans la société en général et ses moyens de communication de masse, d'employer le terme de violence pour désigner une réalité beaucoup plus vaste et dont les contours sont souvent flous. Un terme d'utilisation aussi fréquente exige quelques clarifications.

D'abord, il faut distinguer, d'une part, les situations, les attitudes et les valeurs violentes et, d'autre part, les comportements violents. L'énumération des premières pourrait être fort longue : racisme, sexisme, pauvreté, marginalisation des déviants, exclusion économique, guerre, violence à la télévision, etc. Ces mentalités et ces conditions sociales favorisent l'émergence de comportements violents dans les sociétés contemporaines. Même si le terme de violence est utilisé pour les désigner, il s'agit souvent de causes du comportement violent. Dans ce chapitre, nous nous limiterons à la définition usuelle de la violence, c'est-à-dire les manières d'agir, les gestes violents des individus, les comportements qui impliquent une interaction entre deux ou plusieurs personnes sur un fond de coercition. Même en se limitant à la violence interpersonnelle, il s'agit d'une réalité complexe. D'un

319

point de vue scientifique, les conduites violentes ont l'avantage d'être facilement mesurables parce que spécifiques et, d'un point de vue social, elles constituent un phénomène visible, circonscrit et inquiétant et elles exigent une action énergique de protection de la société et d'aide aux auteurs et aux victimes.

La définition des comportements violents ne saurait être complète sans tenir compte de la cible des gestes violents. Ainsi, il convient de distinguer au moins cinq types d'utilisation de la force dans le cadre des relations interindividuelles : a) les agressions symboliques (mimer un sentiment, claquer une porte, donner un coup de poing dans le vide, etc.) : b) les agressions verbales (crier, répliquer, engueuler, etc.) ; c) les agressions psychologiques (menacer, intimider, laisser craindre, etc.) ; d) les agressions physiques (attaquer, se bagarrer, faire des attouchements sexuels, etc.) ; e) les agressions matérielles que constitue la destruction des biens d'autrui (vandaliser la propriété privée ou publique). Ce chapitre s'attarde à deux de ces cinq types de manifestations de la violence interpersonnelle, à savoir les agressions psychologiques et les agressions physiques.

En nous limitant à la violence interpersonnelle de nature psychologique et physique, nous diminuons la confusion qu'entretient l'utilisation du terme générique de violence et nous nous intéressons à un phénomène social qui accapare, avec raison, l'attention des citoyens, des professionnels et des institutions. Nous aborderons plus particulièrement les thèmes suivants : les formes de violences interpersonnelles, le cheminement individuel vers les actes violents, les causes de la violence chez les adolescents en difficulté de même que les caractéristiques personnelles et sociales de ces adolescents.

LA CONFIGURATION DES COMPORTEMENTS VIOLENTS CHEZ LES ADOLESCENTS CONVENTIONNELS ET LES ADOLESCENTS JUDICIARISÉS

Cette section dresse d'abord un portrait de la conduite violente des individus. Elle débute avec l'analyse de la violence criminelle, c'est-à-dire les gestes violents qui sont sanctionnés par le système de justice ou que les garçons rapportent en entrevue. Il s'agit des vols qualifiés, des agressions de toutes sortes et des homicides. On y aborde ensuite le développement et la configuration d'un large éventail de comportements violents qui sont rapportés par les adolescents conventionnels et par les adolescents judiciarisés d'aujourd'hui. En particulier, il s'agit d'analyser l'enchâssement des comportements violents parmi les autres conduites marginales.

Les caractéristiques de la violence criminelle

La violence criminelle est analysée à partir de deux échantillons. Le premier est représentatif d'adolescents montréalais (1611 garçons) qui ont été recrutés au milieu des années 1970 dans tous les milieux sociaux alors qu'ils avaient entre 12 et 16 ans. Le second échantillon regroupe des adolescents judiciarisés à la même époque (470 garçons), en vertu de la Loi sur les jeunes délinquants ou de la Loi sur la protection de la jeunesse, et qui ont été recrutés au Service de probation ou dans les centres d'accueil de Montréal alors qu'ils avaient 15 ans en moyenne. Ces deux échantillons sont composés uniquement de sujets mâles (Le Blanc et Fréchette, 1989). Puisque ces adolescents sont nés entre 1958 et 1962, leur adolescence s'est déroulée pendant le milieu des années 1970, au cours de la vague de violence qui a connu son apogée en 1977 (Le Blanc, 1999). Puis leur jeunesse s'est passée dans les années 1980, période où les délits de violence des adultes sont devenus proportionnellement beaucoup plus nombreux que ceux des adolescents, comme l'établit Langelier-Biron (1989).

La violence criminelle de ces adolescents judiciarisés est comparée à celle d'adolescents judiciarisés au début des années 1990, soit 506 garçons et 150 filles qui ont été judiciarisés en vertu de la Loi sur la protection de la jeunesse ou de la Loi sur les jeunes contrevenants. Comme ceux de la cohorte des années 1970, ils représentent l'ensemble des adolescents judiciarisés de l'île de Montréal et ils font l'objet d'une mesure d'assistance éducative dans la communauté (probation ou suivi par un travailleur social) ou d'un placement (foyer de groupe ou internat ouvert ou fermé) (voir Le Blanc et collab., 1995). Le tableau 1 présente les données disponibles.

Une participation limitée mais de plus en plus importante

Le Blanc et Fréchette (1989) établissent que 14 % des adolescents et 92 % des adolescents judiciarisés sont condamnés pour une infraction au Code criminel canadien avant la fin de la vingtaine, donc entre 12 et 30 ans. Par contre, comme le montre le tableau 1, au cours de la même période, seulement 3 % des adolescents contre 52 % des adolescents judiciarisés seront condamnés pour une infraction comportant de la violence (homicide et tentative, délit sexuel, voie de fait, vol à main armée ou avec violence sur la personne). Le niveau de 3 % dans l'échantillon représentatif de la génération de 1960 à Montréal est semblable au 4 % rapporté pour Stockholm par Wikström (1985). Cette proportion est supérieure à ce qu'obtiennent Hampariam et ses collaborateurs (1978) à Columbus, Ohio (1 %), mais elle

Tableau 1
Violence criminelle dans un échantillon de la population
et chez les adolescents judiciarisés des années 1970

| | Adolescents conventionnels N = 1611 | | | Adolescents judiciarisés N = 470 | | | | | |
| | délinquance officielle | | | délinquance officielle | | | délinquance cachée | | |
	juvénile*	adulte**	totale***	juvénile°	adulte°°	totale°°°	juvénile*	adulte**	totale***
participation	0,60 %	2,70 %	0,03	28,10 %	40 %	**51,60 %**	39,90 %	46,10 %	**50,60 %**
fréquence									
médiane	2	2	2	1,5	3	3	3,35	3,43	5,5
moyenne	2	3,33	3,35	3,01	4,9	5,45	27,83	25,55	50,42
variété									
médiane	1,43	1,15	1,17	1,12	1,44	1,42	1,16	1,4	1,43
moyenne	1,22	1,3	1,33	1,25	1,55	1,68	1,3	1,64	1,65
précocité									
âge médian	17	21,15	21	15	20,17	17	14,62	18,48	15,79
âge moyen	16,11	22,09	20,9	14,57	21,01	17,9	14,24	19,1	16,18
durée									
médiane (ans)	1	1	1	1	2	2	1,22	1,15	1,5
moyenne	1	1,19	1,28	1,29	1,94	2,52	1,37	1,25	1,82
arrêt									
âge médian	17	23,5	23	17	25	23,5	15,61	21,59	20,08
âge moyen	16,86	23,79	23,17	16,1	24,4	22,57	15,51	21,46	19,37

*juvénile : période de 7 à 17 ans
**adulte : période de 18 à 30 ans
***totale : période de 7 à 30 ans
°juvénile : période de 0 à 17 ans
°°adulte : période de 18 à 23 ans (incluant les déférés)
°°°totale : période de 0 à 23 ans

est de beaucoup inférieure à la proportion en milieu ouvrier à Londres, soit 12 % selon Farrington (1989), de même pour les résidants de Philadelphie arrêtés pour un délit impliquant une blessure, soit 9 % ainsi que le rapportent Wolfgang, Thornberry et Figlio (1987). La violence criminelle est, somme toute, une activité peu répandue dans la population générale, mais il s'agit d'une activité que pratiquent la moitié des adolescents judiciarisés avant d'atteindre la trentaine.

Au tableau 1, il est intéressant de noter que la participation à des délits avec violence physique devient plus fréquente de l'adolescence à la jeunesse. Elle passe de 28 % à 40 % chez les adolescents judiciarisés et de 1 % à 3 % chez les adolescents conventionnels pour atteindre 52 % chez les premiers avant la fin de la jeunesse. Chez les adolescents judiciarisés des années 1990 (tableau 2), cette proportion est déjà presque atteinte à la fin de l'adolescence ; en effet, 49 % ont déjà été condamnés pour des délits avec violence avant 18 ans. Par contre, chez les filles, cette proportion n'est que de 7,7 % au cours de l'adolescence.

Par ailleurs, l'écart est quand même mince entre la délinquance officielle et la délinquance révélée (surtout que les entrevues concernant la délinquance ont eu lieu en moyenne à 23 ans alors que la délinquance officielle couvre toute la vingtaine). Ce faible écart entre la participation officielle et rapportée (52 % versus 51 %) indique que presque tous les individus qui commettront des délits avec violence à partir du milieu de la vingtaine ont déjà été condamnés pour de tels délits. De plus, nous pouvons observer que presque tous ces délits sont sanctionnés puisque les médianes de fréquence sont à peu près équivalentes, qu'il s'agisse de la délinquance officielle totale (5,45) ou de la délinquance révélée totale (5,50) ; mais, comme en font foi les moyennes, un nombre restreint d'individus commettent beaucoup plus de délits avec violence que le nombre de délits pour lesquels ils sont condamnés. De telles données militent en faveur de l'« incapacitation » sélective puisque le premier délit est habituellement connu et qu'il est généralement suivi de quelques autres.

Tableau 2
Les caractéristiques de la violence criminelle
pour des cohortes des années 1970 et 1990

	Garçons		Filles
	années 1970 N = 470	années 1990 N = 486	années 1990
participation	28,10 %	48,80: %	7,70: %
fréquence			
médiane	1,5	2	1
moyenne	3,01	2,44	1,73
variété			
médiane	1,12	1	1
moyenne	1,25	1,41	1,09
précocité			
âge médian	15	16	16
âge moyen	14,57	15,75	16
durée			
médiane (ans)	1	1	1
moyenne	1,29	1,53	1

Une activité significative, de courte durée et tardive

Sur le plan épidémiologique, il n'y a que 3 % de la population qui est impliquée dans la violence criminelle (tableau 1) ; 48 individus sur 1611 sont responsables de 161 délits avec violence, soit en moyenne 3,4 (médiane 2). De plus, 42 % de ces individus sont des délinquants occasionnels tandis que les autres commettent entre 2 et 25 infractions avec violence. Wikström (1985) rapportait, pour Stockholm, une proportion de 58 % de délinquants occasionnels. L'activité criminelle avec violence de l'échantillon représentatif de la population masculine de Montréal est tardive puisqu'elle débute en moyenne à 20,9 ans (médiane 21) ; elle est peu variée puisque les contrevenants commettent un type de délit en moyenne (médiane 1,43) ; elle est de courte durée puisqu'elle s'étend en moyenne sur 1,28 année (médiane 1) ; et, finalement, elle s'arrête autour de 23 ans (médiane 23). Ces données sont comparables à celles que rapporte Wikström (1985) : un début à 19 ans et une durée moyenne d'une année et demie.

Même dans notre échantillon d'adolescents judiciarisés, la violence criminelle se manifeste sous les mêmes traits mais avec une ampleur accentuée. En effet, 52 % des adolescents judiciarisés ont commis au moins un délit avec violence avant la fin de la trentaine ; ils sont responsables de 1325 infractions, soit en moyenne 5,5 (médiane 3) ; et, seulement 26 % sont des délinquants occasionnels, les autres ayant perpétré entre 2 et 49 délits avec violence. À titre de comparaison, Miller, Dinitz et Conrad (1982) rapportent que les 1591 sujets de leur échantillon national de délinquants américains qui commettent des délits avec violence avaient été arrêtés 12 527 fois pour de tels délits, soit une moyenne de 8, et que 27 % étaient des délinquants occasionnels. En fait, il faut retenir que 20 % des adolescents judiciarisés ont commis 65 % des infractions avec violence et ont perpétré en moyenne une dizaine d'autres infractions criminelles.

La persistance dans la violence de la part des adolescents judiciarisés peut s'évaluer par la fréquence, mais surtout par la durée. En général, selon les données rapportées par Le Blanc et Fréchette (1989), l'écart entre le premier et le dernier délit judiciarisé est en moyenne de 5,23 ans alors que pour les infractions avec violence la durée moyenne n'est que de deux ans et demi (médiane 2) (tableau 1). Ces données ne signifient pas que ces individus sont actifs pendant toute cette période, mais il s'agit plutôt du nombre d'années sur lesquelles s'échelonnent les quelques délits avec violence pour lesquels ils sont condamnés. Pendant cette période, les adolescents judiciarisés produisent une moyenne annuelle de 1,29 délit avec violence, mais il y a quand même des écarts importants d'un âge à l'autre comme le montre Le Blanc (1990). Deux sommets sont observables : 19 ans avec une fréquence de 2,5 délits avec violence par année, et 26 ans avec une fréquence de 1,94 délit de cette nature. En fait, la fréquence progresse jusqu'au premier sommet, diminue au début de la jeunesse, puis une seconde vague se produit au milieu de la vingtaine. Il est tout à fait probable que les mêmes individus agissent au cours de ces deux vagues puisque les récidivistes sont prédominants parmi les adolescents judiciarisés.

Si les adolescents judiciarisés, qui commettent des infractions avec violence, tendent à récidiver sur une période de temps relativement courte, il faut signaler par ailleurs que ces activités sont tardives en comparaison de leurs autres activités délictueuses. En effet, la première condamnation pour une infraction au Code criminel a lieu à 14,61 ans. Par contre, la première condamnation pour un délit avec violence a lieu à 17 ans (médiane 17) si l'on considère toute la période de l'adolescence et de la jeunesse. Notons qu'au tableau 1, l'écart qui s'élargit de l'adolescence à la jeunesse entre le début rapporté de cette activité et le début officiel, soit au moins une année de différence, reflète le fonctionnement du système judiciaire puisque le calcul s'effectue d'après la date de la condamnation et non pas en fonction de la date effective du délit. Signalons aussi que l'âge modal du début est de

15 ans en ce qui concerne les condamnations des adolescents judiciarisés, alors qu'il est de 16 ans pour les arrestations à Philadelphie (Wolfgang, Thornberry et Figlio, 1987).

La violence physique est donc un type d'activité délictueuse qui tend à émerger à la fin de l'adolescence. Même si sa durée est courte, elle se situe principalement à cheval sur l'adolescence et la jeunesse. L'âge d'arrêt de ce type d'infraction pendant la jeunesse illustre bien cette observation : il est de 23 ans. C'est aussi une activité récurrente chez les adolescents judiciarisés. Cette dernière observation vaut également pour les adolescents judiciarisés des années 1990 (tableau 2).

Si la participation à la criminalité de violence touche maintenant une proportion plus élevée d'adolescents judiciarisés, 49 % contre 28 %, il n'en demeure pas moins qu'elle débute un peu plus tardivement (moyenne actuelle de 15,75 ans, médiane 16, au lieu d'une moyenne de 14,57 ans, médiane 15), que sa fréquence est un peu plus faible (moyenne actuelle de 2,44, médiane 2, en comparaison d'une moyenne de 3, médiane 1,5) et que sa variété et sa durée sont semblables (variété : moyenne actuelle de 1,41, médiane 1, en comparaison d'une moyenne de 1,25, médiane 1,12 ; durée : moyenne actuelle de 1,53, médiane 1, en comparaison d'une moyenne de 1,29, médiane 1).

Chez les adolescentes judiciarisées, ces proportions sont toutes plus faibles, sauf pour la précocité qui est assez semblable, soit une moyenne de 16 ans contre 15,75 ans pour les garçons. Ainsi, le nombre de condamnations pour des délits violents n'est que de 1,73 en moyenne contre 2,44 pour les garçons ; la variété des délits n'est que de 1,09 contre 1,41 pour les garçons ; et, finalement, la durée des activités de violence n'est que d'une année contre 1,53 pour les garçons.

Un mélange de vols et de voies de fait

La violence criminelle se présentait chez les adolescents judiciarisés des années 1970 comme principalement reliée à l'acquisition de biens et surtout d'argent comptant. En effet, les vols qualifiés étaient les plus répandus : 26 % des adolescents judiciarisés les pratiquaient. Puis venaient les assauts : 18 % des garçons de l'échantillon ont été condamnés pour ce type de délit. Finalement, les homicides (0,2 %) et les délits sexuels (4,4 %) étaient rares. La prévalence des vols qualifiés, des homicides et des délits sexuels n'a pas beaucoup changé, avec respectivement 27 %, 0,4 % et 5,4 % de l'ensemble des délits avec violence pour les adolescents judiciarisés au début des années 1990. Toutefois, les voies de fait sont pratiquées par 28 % des adolescents judiciarisés contre 18 % pour les membres de la cohorte des années 1970. Chez les adolescentes judiciarisées au cours des années 1990, ces proportions sont considérablement plus faibles, c'est-à-dire aucun homicide ou délit sexuel, 5,6 % pour les agressions et 2,1 % pour les vols qualifiés et avec violence.

La violence criminelle, par contre, change de forme entre la première moitié de l'adolescence, la seconde et le début de la jeunesse (Le Blanc et Fréchette, 1989 ; Le Blanc, 1996a). Les vols qualifiés sont plus souvent commis à l'aide d'un instrument et font appel à la violence physique et à l'intimidation ; ils sont mieux planifiés et moins souvent commis sous l'effet de l'alcool ou d'une drogue illicite ; en somme, ils sont plus dangereux. Pour leur part, les voies de fait sont plus impulsives ; elles sont plus souvent commises sous l'effet d'une substance intoxicante, avec des complices et en employant la force physique à défaut d'instruments ; elles reflètent davantage un style de vie associé à la fréquentation des débits de boissons alcooliques.

Le syndrome général de déviance

Beaucoup d'adolescents pratiquent en même temps plusieurs formes de conduites déviantes. À cet égard, Fréchette et Le Blanc (1987) montrent qu'au cours de l'adolescence, la très grande majorité des adolescents montréalais, comme ceux de tous les pays occidentaux, qu'ils soient judiciarisés ou non, commettent des délits, expérimentent divers psychotropes, pratiquent la promiscuité sexuelle et se rebellent contre l'école et la famille. Des études épidémiologiques, comme celle de Ellickson, Saner et McGuigan, (1997), confirment la comorbidité des divers comportements déviants. Par ailleurs, des théoriciens comme Gottfredson et Hirschi (1990) considèrent toutes les formes de conduites déviantes comme assimilables au crime. Enfin, de nombreuses études empiriques, de Jessor et Jessor (1977) à Le Blanc et Girard (1997) en passant par Osgood, Johnston, O'Malley et Bachman (1988), démontrent clairement l'existence d'un syndrome comportemental qu'ils nomment « déviance générale ». En conséquence, les comportements violents doivent être considérés comme partie intégrante des manifestations de la déviance chez les adolescents.

En résumé, la violence criminelle est rare dans la population, mais courante chez les adolescents judiciarisés. Par ailleurs, il s'agit d'un type d'activités délictueuses qui apparaît tardivement et qui ne se maintient dans le répertoire comportemental de l'individu que sur une courte période de temps, ceci même si la gravité de ces délits augmente avec l'âge du délinquant. Elle fait partie des formes de conduites marginales que les adolescents expérimentent.

Les caractéristiques des comportements violents

Puisque la violence criminelle a progressé au cours des dix dernières années et que les comportements violents sont plus fréquents qu'avant chez les adolescents conventionnels et les adolescents judiciarisés, il est essentiel d'analyser la configuration de ces comportements au cours des années 1990. Pour ce faire, nous utilisons un échantillon de 150 filles et de 506 garçons judiciarisés en vertu de la Loi sur les jeunes contrevenants ou de la Loi sur la protection de la jeunesse en 1992-1993 à Montréal. Ces données seront rapportées avec celles qui proviennent d'échantillons d'adolescents recrutés entre 1974 et 1989 (6601 dont 2188 filles et 4413 garçons). Les résultats présentés dans cette section portent sur la période qui s'échelonne de zéro à dix-huit ans. Ainsi, certains adolescents peuvent présenter certains comportements très tôt, par exemple à 6, 7 ou 8 ans, tandis que d'autres le font plus tardivement, par exemple à 16 ou 17 ans.

Plusieurs formes de comportements violents

L'entrevue MASPAQ (Le Blanc, 1996b) a été administrée aux adolescents judiciarisés des années 1990. Cet instrument propose seize comportements violents et il en demande la fréquence (tableau 3). Une analyse factorielle de ces comportements, contrainte à un facteur, a confirmé l'existence d'une échelle dénommée agression qui comprend les seize comportements (eigenvalue 4,87 et 30 % de variance). Par la suite, quatre facteurs ont été obtenus grâce à une analyse factorielle sans contrainte ; ces facteurs représentent les formes suivantes de comportements violents. La violence psychologique s'opérationnalise à travers cinq formes de menaces symboliques, verbales ou physiques (eigenvalue 4,87, 30 % de variance). La violence physique comprend huit comportements qui vont de la simple bagarre à la bagarre avec une arme ou en groupe (eigenvalue 1,31, 8 % de variance). S'y ajoutent la violence familiale, deux conduites d'agression physique à l'égard de la fratrie et des parents (eigenvalue 1,16, 7 % de variance), et une conduite d'agression sexuelle (eigenvalue de 1,04, 7 % de variance).

Comportements courants, fréquents, durables, précoces et variés

L'ensemble de ces comportements sont courants chez les filles (93 %) et chez les garçons (98 %) judiciarisés au début des années 1990 (tableau 4). Il y a peu de différences entre les filles et les garçons quant à la participation à des menaces (63 % versus 70 %) et des bagarres (88 % versus 97 %), ceci même si la proportion des garçons est légèrement plus élevée. Par contre, la

Tableau 3
Les types de comportements violents
Résultats de l'analyse factorielle (saturations)

	menace	battre	famille	sexe
Avoir menacé de battre quelqu'un pour le forcer à faire quelque chose qu'il ne voulait pas faire ?	0,75	0,12	0,04	-0,01
Avoir menacé ou malmené les autres pour avoir ce que tu voulais ?	0,74	0,18	-0,00	0,02
Avoir battu quelqu'un qui ne t'avait rien fait ?	0,70	0,20	0,06	0,05
Avoir encouragé d'autres jeunes à s'en prendre à une personne que tu n'aimais pas ?	0,64	0,19	0,14	0,15
Avoir utilisé la force physique (ou menacé de le faire) pour dominer d'autres jeunes ?	0,55	0,19	0,08	0,20
T'être battu à coups de poing avec une autre personne ?	0,00	0,75	0,03	0,20
Avoir utilisé une arme (bâton, couteau, fusil, roche, etc.) en te battant avec une autre personne ?	0,27	0,69	0,11	-0,03
Alors que tu étais taquiné ou menacé, t'être fâché facilement et avoir frappé ?	0,35	0,67	-0,02	-0,19
Si quelqu'un t'a bousculé accidentellement, avoir pensé qu'il le faisait exprès, t'être mis en colère et avoir cherché à te battre ?	0,17	0,66	0,09	0,34
Avoir pris part à des batailles entre groupes de jeunes (gangs) ?	0,27	0,64	-0,09	-0,27
Avoir porté une arme (chaîne, couteau, fusil, etc.) ?	0,36	0,41	0,27	0,11
Avoir lancé des roches, des bouteilles ou d'autres objets à des personnes ?	0,34	0,35	0,28	0,09
Avoir accusé les autres d'avoir commencé une bataille et prétendu que c'était de leur faute ?	0,32	0,40	0,07	0,40
Avoir battu, frappé, ou poussé fort un de tes parents ?	-0,02	0,02	0,80	0,00
Avoir battu, frappé ou poussé très fort ton frère ou ta sœur en te battant avec lui ou avec elle ?	0,16	0,04	0,60	-0,07
Avoir forcé quelqu'un à faire des choses sexuelles avec lesquelles cette personne n'était pas d'accord (déshabiller, toucher, relation, etc.) ?	0,13	-0,03	-0,11	0,80

violence familiale est plus fréquente chez les filles (64 %) que chez les garçons (47 %), l'inverse étant vrai pour la violence sexuelle (4 % chez les filles contre 7 % chez les garçons). Malgré le fait que presque autant de filles que de garçons pratiquent les comportements violents, il n'en demeure pas moins que cette violence est aggravée chez les garçons. Ces derniers débutent plus tôt (moyenne de 9,85 ans contre 10,44) ; ils commettent davantage d'actes violents (moyenne de 16,63 contre 13,8) ; leur répertoire est plus étendu (moyenne de 7,14 contre 6,03) ; et, finalement, ces comportements sont stables dans la vie de ces adolescents (moyenne de quatre ans). Ces observations relatives à l'ensemble des comportements violents demeurent vraies pour les menaces et les bagarres, tandis que les différences s'estompent entre filles et garçons pour les comportements violents de nature sexuelle et familiale.

Tableau 4
Les comportements violents des adolescents judiciarisés au début des années 1990

	Garçons					Filles				
	Agression totale	Menace	Bagarre	Violence familiale	Violence sexuelle	Agression totale	Menace	Bagarre	Violence familiale	Violence sexuelle
	(16 co. = 64)	(5 compt.)	(8 compt.)	(2 compt.)	(1 compt.)	(16 co. = 64)	(5 compt.)	(8 compt.)	(2 compt.)	(1 compt.)
participation	98 %	70 %	97 %	47 %	7 %	93 %	63 %	88 %	64 %	4 %
fréquence										
médiane	14	4	11	2	2	11	4	8	3	1
moyenne	16,62	5,84	12,06	2,15	2,17	13,8	5,22	9,45	2,74	1,6
variété										
médiane	7	2	5	1	1	5	2	4	1	1
moyenne	7,14	2,48	4,91	1,24	1	6,03	2,27	3,97	1,27	1
précocité										
âge médian	10	13	10	13	15,5	11	12	11	13	14,5
âge moyen	9,85	13,07	10,14	12,51	15	10,44	11,68	11,24	11,67	15,33
durée*										
médiane	4	2	4	2	2	4	2	3	2	1
moyenne	3,48	2,54	3,38	1,9	1,86	3,06	2,48	2,86	2,12	1,6

*   Durée : quatre périodes, soit avant la dernière année et dernière année avant la première entrevue, l'année après la première entrevue et la dernière année avant la deuxième entrevue.

Les comportements violents demeurent courants chez les adolescents conventionnels s'ils sont évalués à l'aide de six questions, deux portant sur les menaces et quatre sur les bagarres. Il ressort que les deux tiers des garçons les pratiquent contre le quart des filles (tableau 5). La proportion des garçons qui participent à des activités violentes (67 %) est tout à fait comparable à celle d'une étude américaine récente (65 % selon Ellickson, Saner et McGuigan, 1997). Par contre, la proportion des filles qui utilisent la violence est plus élevée dans l'étude américaine (41 %) que dans notre étude (24 %). Ces proportions sont nettement inférieures à celles qui sont rapportées pour les adolescents judiciarisés, plus particulièrement chez les filles (67 % contre 24 %) que chez les garçons (98 % contre 67 %). De plus, il s'agit de comportements qui affichent proportionnellement peu de variété, moins que chez les adolescents judiciarisés (tableau 4).

Tableau 5
Les comportements violents des adolescents conventionnels

	Garçons N = 4413			Filles N = 2188		
	Agression totale (6 compt.)	Menace (2 compt.)	Bagarre (4 compt.)	Agression totale (7 compt.)	Menace (2 compt.)	Bagarre (4 compt.)
participation	67 %	23 %	65 %	24 %	9 %	21 %
variété						
médiane	2	1	1	1	1	1
moyenne	2,17	1,25	1,8	1,66	1,17	1,43

Cheminement individuel vers la violence physique

Puisque les comportements violents sont courants, fréquents, durables, précoces et variés dans la vie des adolescents judiciarisés et tout de même présents et variés dans le répertoire comportemental des adolescents en général, cinq questions méritent une attention particulière. Y a-t-il stabilité des comportements violents d'une période de la vie à l'autre ? Y a-t-il continuité des comportements violents ? Y a-t-il une séquence de conduites marginales conduisant aux comportements violents ? Y a-t-il une séquence des comportements violents ? Comment les comportements violents s'insèrent-ils parmi les autres conduites marginales ?

Une stabilité reconnue

Depuis la recension de Olweus (1979), qui analyse seize études sur les conduites agressives, il est accepté que ce mode de comportement est relativement stable à travers le temps chez les individus. Cette étude rapporte une corrélation moyenne de 0,68 entre des mesures des conduites agressives, coefficient qui décroît avec le nombre d'années d'écart entre les mesures. Depuis, d'autres travaux sont venus confirmer la stabilité du comportement agressif (Loeber et Southamer-Loeber, 1987 ; Farrington, 1989, 1991 ; Loeber et Hay, 1997). Les études abordent toutefois cette question à partir de mesures diverses : évaluation par les pairs, par les parents, autoévaluation, délinquance officielle. Malgré cette diversité et, surtout, malgré un nombre d'années quelquefois très important entre les mesures, les coefficients de stabilité sont impressionnants dans l'ensemble de ces recensions de la littérature. Les corrélations obtenues de 0,40 à 0,70 sont très élevées en comparaison des corrélations habituellement rapportées en sciences humaines. Huesman, Eron, Lefkowitz et Walder (1984) rapportent un coefficient de stabilité de 0,46 entre les comportements agressifs à 8 ans et à 30 ans chez les mêmes sujets et de 0,58 entre les comportements agressifs des parents du sujet à 30 ans et ceux de leurs enfants et, finalement, de 0,65 entre les comportements agressifs du sujet à 8 ans et ceux de ses enfants au même âge.

La continuité avec d'autres conduites marginales

S'il y a stabilité des conduites agressives, peut-on parler de continuité parmi les conduites marginales ? La stabilité signifie ici qu'un comportement de même nature, notamment les comportements violents, est répété à différentes phases de la vie. La continuité, pour sa part, se rapporte au fait que deux comportements marginaux, quoique de nature distincte, se suivent dans le temps dans le répertoire comportemental d'un individu. La recension de Loeber et Le Blanc (1990, 1998) établit qu'il y a continuité entre les problèmes de comportement de l'enfance à l'adolescence et de l'adolescence à l'âge adulte. Cette continuité s'observerait aussi entre les conduites délinquantes à l'enfance, à l'adolescence et durant la jeunesse (Le Blanc et Fréchette, 1989 ; Le Blanc et Girard, 1997). Rapportons quelques données québécoises concernant cette continuité entre les formes de conduites marginales.

Tremblay et Desmarais-Gervais (1986) analysent les rapports entre l'agressivité à la maternelle évaluée par le professeur, les pairs et par le sujet et deux critères d'inadaptation : avoir un dossier ultérieur au Tribunal de la jeunesse et la délinquance autorapportée au milieu de l'adolescence. Dans cet échantillon d'enfants provenant d'écoles de milieux ouvriers et défavorisés à la Commission des écoles catholiques de Montréal, il est possible de prédire ces deux critères de mésadaptation avec un degré intéressant de justesse. Pour le premier critère, l'échelle d'agressivité à l'évaluation par les pairs permet de prédire de façon concluante la présence d'un dossier de protection pour les filles et la présence d'une condamnation en vertu de la Loi sur les jeunes contrevenants pour les garçons. Ce dernier résultat confirme l'étude de Roff et Wirt (1984). Quant au second critère, soit la délinquance révélée, les résultats sont très concluants pour les comportements d'agression (se battre, menacer, etc.) (significatifs à p = 0,001), concluants pour l'échelle générale de délinquance (significatifs à p = 0,01), mais moins constants pour les formes spécifiques de délinquance (petit vol, vol grave, vandalisme, etc.).

Plus remarquable encore, comme le montrent Tremblay, Le Blanc et Schwartzman (1988), les prédicteurs ne sont pas les mêmes pour les enfants de chaque sexe. Pour les garçons, il s'agit de l'agressivité rapportée par les pairs ou le sujet lui-même ; pour les filles, c'est l'évaluation par l'enseignante qui améliore de beaucoup la classification obtenue par l'évaluation du sujet ou de ses pairs. Farrington (1989, 1991) est aussi en mesure de démontrer la continuité entre les conduites turbulentes à 8 ans et les bagarres rapportées par le sujet au cours de l'adolescence et de l'âge adulte et entre la turbulence au cours de l'enfance et les condamnations ultérieures pour infraction avec violence.

Si nous avons pu documenter une continuité comportementale entre les conduites agressives au début de la scolarisation et au milieu de l'adolescence, des travaux montrent que la prédiction des activités délictueuses à 10 ans peut encore être améliorée si l'on considère la stabilité temporelle des conduites agressives, leur répétition au cours des années du début de l'enfance (Tremblay et collab., 1991) ou la stabilité situationnelle des conduites agressives, le fait qu'elles se reproduisent à l'école, dans la famille et en laboratoire (Charlebois et collab., 1994). Puisqu'il y a un degré fort important de continuité entre les conduites agressives au cours de l'enfance et les activités délictueuses au cours de la période de latence et de l'adolescence, attardons-nous à la continuité entre la violence criminelle à l'adolescence et au cours de la jeunesse telle qu'elle est recensée par les condamnations par un tribunal.

Rappelons qu'il s'agit d'une conduite qui apparaît relativement tard dans le répertoire des conduites délinquantes des individus et que 48 % des adolescents judiciarisés ne sont pas encore impliqués dans des délits avec violence à la fin de la vingtaine. Il faut noter que 24 % des individus abordent l'activité criminelle seulement à l'âge adulte, tandis que parmi ceux qui ont été condamnés pour un délit avec violence comme mineurs (132 sur 470), 60 % récidivent avec un délit de violence après 18 ans ($X^2 = 26,87$, dl = 1, p < 0,001). De fait, 17 % de l'ensemble des adolescents judiciarisés affichent une activité délictueuse avec violence qui se continue de l'adolescence à la jeunesse et, à cela, il faut ajouter que la fréquence moyenne de ces délits est de 3. La considération de la délinquance rapportée par le sujet change peu ces chiffres. En effet, 21 % commencent après 18 ans ; 62 % de ceux qui avaient commis ce type de délit au cours de l'adolescence le répètent pendant la jeunesse ; et 25 % des sujets affichent une conduite de violence stable d'une phase de la vie à l'autre. Wolfgang, Thornberry et Figlio (1987) rapportent une continuité élevée des délits impliquant des blessures, soit une probabilité de 0,19 ; c'est le niveau le plus élevé parmi les délits criminels (*index offenses*). De plus, Hampariam et ses collaborateurs (1985) rapportent que les délits avec violence au cours de l'adolescence prédisent cette conduite au cours de l'âge adulte.

Une étape parmi les conduites marginales

Le Blanc et Fréchette (1989) montrent qu'il existe une séquence dans l'apparition des formes spécifiques de la délinquance autorapportée en fonction de l'âge. Cette séquence développementale compte cinq stades dont les deux derniers, la conflagration et le débordement, rassemblent les délits avec violence ; les assauts, les délits sexuels et les vols avec violence se situent au stade de la conflagration et les homicides au stade du débordement. Ces auteurs établissent à 55 % la proportion des adolescents judiciarisés qui progressent jusqu'au stade de la conflagration, premier stade qui inclut les délits avec violence. Forgatch, Patterson et Stootmiller (1994) confirment que les délits avec violence constituent la dernière étape du développement de la délinquance.

Si nous nous limitons maintenant à la délinquance officielle, Le Blanc et Fréchette (1989) montrent que ces stades sont réduits à deux (figure 1). Il s'agit, d'abord, des délits contre la propriété qui apparaissent au cours de l'adolescence et, ensuite, des délits contre la personne qui émergent surtout au tout début de l'âge adulte. En effet, 40 % des adolescents judiciarisés passent des délits contre la propriété aux délits avec violence entre l'adolescence et la jeunesse, alors que les autres se limitent à une seule forme de crime ou combinent les deux au cours de ces deux périodes.

Il est intéressant de noter que seulement 5 % des adolescents judiciarisés (1 % pendant l'adolescence et 4 % au cours de la jeunesse) se spécialisent dans les infractions avec violence. Ces adolescents judiciarisés ne sont jamais condamnés pour des infractions contre la propriété. Les autres commettent plus d'un délit avec violence, mais ils sont aussi très productifs pour les infractions sans violence physique. En effet, ils commettent en moyenne 19 délits de ce type au cours de leur carrière (médiane 16). La commission de délits avec violence s'affirme donc comme l'aboutissement d'une carrière criminelle, une étape ultime, mais qui est relativement courante.

Figure 1
Délinquance officielle, gradation des types de délits
en fonction de l'âge du début et de la durée

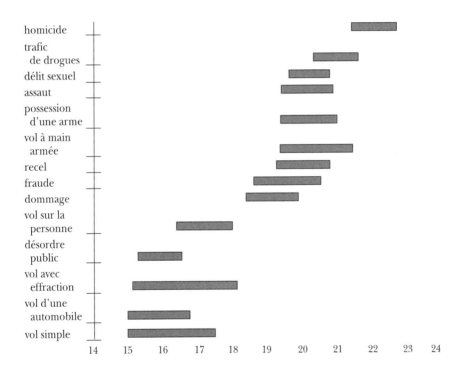

Ces données sur la continuité entre les conduites agressives et les délits avec violence accréditent l'hypothèse de Loeber (1985) selon laquelle il existe deux cheminements vers la délinquance grave. Le premier implique des conduites agressives, tandis que le second n'inclut pas de comportements violents. Chacun de ces cheminements débuterait par des comportements d'opposition au cours de la petite enfance. Le premier comprendrait des conduites agressives mineures suivies de bagarres et de crimes contre la personne, alors que le second impliquerait des comportements de plus en plus sérieux contre les biens. Ces deux cheminements sont confirmés par les travaux plus récents de Loeber et de ses collaborateurs (1993, 1997a, 1997b). Ainsi, les adolescents violents commencent par des conduites agressives alors que les adolescents voleurs commencent par des infractions contre les biens. Pour sa part, Elliott (1994) montre que si les adolescents violents commencent par des actes délinquants mineurs, ils expérimentent par la suite l'alcool et les drogues douces pour enfin se lancer dans la violence criminelle.

L'aggravation progressive des comportements violents

Nous avons calculé l'âge moyen du début des seize comportements violents du tableau 3. Ils apparaissent entre 10,5 ans, quant au fait de se battre à coups de poing, et 15 ans, pour l'agression sexuelle. Entre ces deux extrêmes se distribuent les quatorze autres comportements violents, à savoir agresser un membre de sa fratrie (moyenne de 11,89 ans), se fâcher et frapper (12,15), être bousculé et chercher à se battre (13,26), accuser les autres d'avoir commencé la dispute (13,27), lancer des objets à des personnes (13,30), utiliser la force physique pour dominer (13,45), porter une arme (13,80), utiliser une arme pour se battre (13,95), encourager d'autres à s'en prendre à quelqu'un (13,96), se battre en groupe (14,07), menacer pour imposer à une personne des gestes qu'elle ne veut pas faire (14,20), battre quelqu'un qui n'a rien fait à l'agresseur (14,25), menacer et malmener pour avoir ce que l'on veut (14,28), et agresser physiquement un parent (14,73).

Ainsi, la séquence d'aggravation des comportements violents va des comportements que l'on peut qualifier d'agressions impulsives (se battre, se fâcher, être bousculé et frapper) à des comportements qui impliquent un danger potentiellement grave pour la victime parce qu'il y a l'utilisation d'une arme (lancer des objets, porter une arme, utiliser une arme pour se battre). Viennent ensuite des comportements qui sont davantage sophistiqués parce qu'ils relèvent de l'intimidation (encourager à s'en prendre à quelqu'un, menacer pour imposer, menacer ou malmener pour obtenir). La séquence d'aggravation se termine par des comportements graves en raison de leur gratuité (battre quelqu'un qui n'a rien fait à l'individu agresseur), de la proximité de la victime (agresser physiquement un parent), et du traumatisme ainsi que des conséquences psychologiques et physiques qui résultent de ces actes (agression sexuelle).

L'enchâssement régulier des comportements violents parmi les conduites marginales

Le Blanc et Girard (1997) montrent comment dix formes de conduites marginales, appartenant à trois grandes catégories, sont amorcées successivement entre 9 et 15 ans en moyenne. Il s'agit de la consommation de psychotropes, de troubles de comportement tels que la rébellion familiale, la rébellion scolaire et la promiscuité sexuelle, et de six manifestations de l'activité délinquante, à savoir le vol bénin, le vol grave, le vandalisme, les agressions, les agressions sexuelles et la prostitution. Ces auteurs notent que quatre formes de conduites marginales apparaissent dans le répertoire comportemental avant 11 ans, c'est-à-dire au cours de la période de latence ou à la fin de l'enfance. Ces manifestations de la déviance sont inscrites dans le répertoire des individus sur une période d'une année et demie. Ce sont, dans l'ordre, la rébellion à l'école, la rébellion dans la famille, les vols mineurs et, finalement, les agressions. Notons que ces dernières débutent avant les vols mineurs chez les garçons, mais pas chez les filles. Il faut ensuite attendre environ une année avant de voir s'enrichir le répertoire des conduites marginales des enfants ; ainsi, au cours de la onzième année apparaît le vandalisme. Le répertoire des conduites marginales des adolescents s'élargit au cours de la douzième année avec deux nouveaux comportements, la consommation de psychotropes et les relations sexuelles, la première précédant de peu les secondes. Finalement, les adolescents passent aux manifestations les plus graves de la déviance, à savoir la prostitution, l'agression sexuelle et les vols graves, cela entre 13 et 15 ans.

En somme, les dix formes de conduites déviantes s'intercalent de la façon suivante : rébellion scolaire, rébellion familiale, vol mineur, agression, vandalisme, consommation de psychotropes, relations sexuelles, vol grave, prostitution et agressions sexuelles. Cet enchâssement des conduites marginales est semblable pour l'ensemble des adolescents judiciarisés. Les garçons se démarquent légèrement de cette séquence en faisant passer les agressions avant les vols. Ainsi, la rébellion précède la délinquance qui, elle, conduit à la consommation des psychotropes ; celle-ci favorise les relations sexuelles et ces dernières constituent un intermédiaire entre les conduites déviantes les moins graves et les plus sérieuses. Il faut noter qu'avant 12 ans le répertoire des comportements marginaux est très large sans toutefois comprendre les conduites les plus graves, notamment les vols graves.

Cette séquence des types de conduites déviantes correspond bien au modèle que Loeber et ses collaborateurs (1993) proposent et vérifient empiriquement. La conduite déviante démarre par des conflits avec l'autorité familiale et scolaire ; c'est ce que nous observons avec la rébellion familiale et l'inadaptation scolaire. Elle se poursuit avec la délinquance mineure, le vol et le vandalisme, ou les agressions, selon qu'il s'agit du cheminement astucieux ou agressif ; c'est également ce que nous notons avec la présence du vol mineur, des agressions et du vandalisme. Finalement, la conduite déviante se diversifie soit vers la délinquance acquisitive grave, soit vers la délinquance de violence, ce qui correspond aussi à ce que nous rapportons. Par contre, ces auteurs ne tiennent pas compte de la consommation des psychotropes qui prend place avant l'apparition de la délinquance grave.

Pour terminer sur cette question de l'enchâssement des formes de conduites déviantes, nous avons analysé l'âge moyen auquel débute chacun des 61 comportements marginaux contenus dans le questionnaire du MASPAQ sur les conduites marginales. Ainsi, après la première manifestation de la rébellion scolaire et avant le premier geste de rébellion familiale et le premier larcin, s'insère la première bagarre. Puis, à la fin de la onzième année apparaissent les agressions impulsives juste avant d'autres conduites marginales, en particulier diverses formes de vandalisme. Pendant la treizième année, les agressions à l'aide d'une arme quelconque apparaissent en même temps que la participation à une bande marginale, les vols plus graves et la consommation de la colle et des drogues douces. À cheval sur la treizième et la quatorzième année, apparaissent les agressions avec intimidation qui coïncident avec le début des vols graves et la promiscuité sexuelle. Par la suite, soit vers la fin de la quatorzième année et le début de la quinzième année, les agressions les plus graves se manifestent en même temps que le début de la consommation des drogues les plus dangereuses (chimiques et dures) et des relations homosexuelles. Finalement, au cours de la quinzième année, se retrouvent le vol d'une automobile, la vente de drogues et la prostitution.

En somme, la séquence développementale des comportements violents s'insère naturellement parmi l'ensemble des conduites marginales. Que ces conduites se manifestent dans la famille ou à l'école, par des agressions, des vols, du vandalisme ou de la promiscuité sexuelle, elles s'aggravent parallèlement à l'aggravation des comportements violents pratiqués par les adolescents.

LES FACTEURS DE RISQUE DE LA CONDUITE VIOLENTE, UN PRONOSTIC POSSIBLE ?

Maintenant que la dynamique comportementale est mieux éclairée, deux voies s'offrent pour la recherche des explications des conduites violentes. Premièrement, nous pourrions essayer de répertorier l'ensemble des facteurs, des causes de la stabilité et de la continuité des conduites agressives ; une telle démarche nous entraînerait dans une jungle inextricable de résultats de recherche dont il serait difficile de sortir avec des conclusions claires. Deuxièmement, nous pouvons répertorier les indices qui permettraient de reconnaître les individus qui risquent de présenter des conduites violentes, qu'elles soient reconnues officiellement ou non. Nous optons pour la seconde voie en tentant de répondre à la question suivante : quelles sont les caractéristiques de l'individu et de son milieu, à chaque âge, qui permettent de prédire l'apparition de la violence interpersonnelle dans son répertoire comportemental ?

Les conditions du pronostic

Cette manière de formuler la question limite grandement les études que nous devrons considérer. Ainsi, toutes les études sur la prédiction de la récidive chez les délinquants violents sont d'office éliminées parce qu'elles ne concernent pas la réapparition de la violence psychologique ou physique. Les travaux qui se servent de mesures génériques de l'agressivité seront d'emblée mis de côté parce qu'ils considèrent un trait de personnalité plutôt que des comportements (voir la recension de Loeber et Hay, 1997, sur le sujet). Deux types de travaux sont considérés dans cette section : ceux qui utilisent comme critère la délinquance officielle et ceux qui utilisent la délinquance racontée ; ces travaux emploient donc une mesure limitée uniquement à des menaces ou à des gestes envers d'autres personnes (agressions sexuelles, attaques, bagarres, etc.) (voir la recension de Farrington, 1997a, sur le sujet). Qu'il s'agisse de l'une ou l'autre de ces mesures de l'activité délictueuse avec violence, deux observations fondamentales s'imposent.

Premièrement, les travaux qui considèrent plusieurs points de départ à la prédiction, qui utilisent les prédicteurs à un âge antérieur et à plusieurs âges ultérieurs, concluent que les indices les plus efficaces se retrouvent dans la phase de la vie qui précède immédiatement celle où apparaît la violence interpersonnelle. C'est le cas de Farrington (1989) qui utilise des prédicteurs recueillis à 8, 10, 12, 14, 16 et 18 ans. Il montre que les prédicteurs les plus puissants de la violence physique autorapportée (les bagarres) entre 16 et 18 ans sont des variables mesurées au cours de la première partie de l'adolescence, entre 12 et 14 ans. Par ailleurs, la violence interpersonnelle après 18 ans est prédite avec plus d'efficacité par les variables mesurées entre 16 et 18 ans, et ainsi de suite pour les autres prédictions qu'il entreprend. Nous avons également fait cette observation dans nos travaux sur la prédiction de la criminalité adulte en général et de la criminalité de violence en particulier en nous servant d'un échantillon représentatif de la population et des adolescents judiciarisés (Le Blanc, Hébert et David, 1988). Ainsi, la délinquance de violence officielle après 18 ans est prédite le plus efficacement par les seules variables mesurées au cours de la deuxième moitié de l'adolescence ; celles de la première moitié de l'adolescence n'améliorent pas la prédiction de façon significative.

Deuxièmement, une autre observation se dégage des études qui tentent de prédire la délinquance en général et la violence interpersonnelle en particulier, selon la recension de Loeber et Southamer-Loeber (1987) : le comportement marginal antérieur est le meilleur indice du comportement marginal ultérieur ; il surpasse toujours les variables relatives au milieu social et aux caractéristiques de la personne. C'est aussi ce que nous avons obtenu dans nos travaux sur la prédiction de la criminalité, de la violence et de l'adaptation adulte en général (Le Blanc, Hébert et David, 1988). Mais il faut noter, à la lumière des travaux de Farrington (1989), que le comportement lointain, par exemple au cours de l'enfance, perd de son importance à mesure que des indices comportementaux mesurés à un âge ultérieur sont introduits dans l'équation de prédiction ; néanmoins, certains indices demeurent toujours utiles.

Ces deux recommandations, à savoir considérer avant tout la phase de la vie qui précède immédiatement l'apparition des gestes délictueux avec violence et tenir compte des conduites d'agression et de délinquance, constituent des conditions spécifiques auxquelles on doit toujours s'intéresser lorsque l'on recherche les indices pertinents pour le pronostic de la conduite violente. Abordons maintenant les indices connus de ce type de conduite. Dans ce dessein, nous traiterons d'abord de l'agression interpersonnelle rapportée par le sujet lui-même et ensuite des délits avec violence pour lesquels une personne est condamnée.

Les indices de la violence autorapportée

Farrington (1989) prédit la violence autorapportée, l'implication dans des bagarres, à partir de nombreuses variables qui sont mesurées à partir de 8 ans et ensuite à 10, 12, 14, 16 et 18 ans. À l'aide de ces données, il répertorie les indices des comportements violents entre 12 et 14 ans, entre 16 et 18 ans et après 18 ans et, dans chacun de ces cas, l'analyse de la régression multiple lui permet d'expliquer environ 20 % de la variance totale de ces conduites. Les prédicteurs sont différents selon le critère. En ce qui a trait aux comportements de violence physique entre 12 et 14 ans, les indices suivants sont, dans l'ordre, les plus importants : une conduite turbulente entre 8 et 10 ans, des résultats scolaires faibles à 11 ans, la fréquentation d'une école où le taux de délinquance est élevé à 11 ans, le fait d'être nerveux et isolé à 8-10 ans, un quotient intellectuel verbal faible à 8-10 ans et la présence de problèmes de discipline à 8-10 ans. Dans une étude récente, Farrington et Loeber (1995) confirment que ces indices s'appliquent également à un échantillon d'enfants du même âge à Pittsburgh. Par ailleurs, en ce qui concerne les comportements violents entre 16 et 18 ans, les prédicteurs sont, dans l'ordre de la contribution à la corrélation multiple : manifester une délinquance élevée à 14 ans, avoir ses premières relations sexuelles avant 14 ans, avoir quitté l'école à 15 ans, obtenir un résultat élevé d'agressivité à 12-14 ans, vivre dans un logement détérioré à 8-10 ans, et être plus grand que la moyenne à 8-10 ans. Finalement, les comportements violents à l'âge adulte peuvent être anticipés à l'aide des indices suivants : dans l'ordre, une attitude antisociale à 18 ans, un père qui ne s'implique pas dans les activités de l'adolescent, le fait de ne pas avoir d'économies à 18 ans, un haut niveau de délinquance révélée à 18 ans, des revenus familiaux faibles au milieu de l'adolescence, la participation à de la violence en groupe à 18 ans, et un comportement de défi à 8-10 ans.

Hawkins et ses collaborateurs (1997) prédisent le comportement violent à 18 ans à partir d'une banque de facteurs similaires et différents. Ils obtiennent, comme indices à 10 ans, le sexe, l'hyperactivité, les attitudes proviolence des parents, de faibles résultats scolaires, les comportements antisociaux actuels, la délinquance des pairs, la pauvreté du quartier, la désorganisation sociale et la disponibilité des drogues dans la communauté ; ces indices permettent de classer correctement 81 % des jeunes adultes violents. À 14 ans, les prédicteurs sont plus nombreux et également efficaces : l'hyperactivité, la recherche du risque, la vente de drogues, des attitudes favorables à la violence, la criminalité des parents, les méthodes disciplinaires inadéquates des parents, les conflits dans la famille, la faible performance scolaire, le changement d'école, des aspirations scolaires faibles, la délinquance des pairs, la participation à une bande délinquante, la présence d'un degré élevé de désorganisation sociale, la disponibilité des drogues et la criminalité dans le quartier. À 16 ans, les indices sont essentiellement les mêmes qu'à 14 ans.

La prédiction de la violence autorapportée peut donc être entreprise avec succès si les conditions suivantes sont respectées : utiliser le comportement marginal et employer des indices présents dans les quelques années qui précèdent immédiatement l'apparition des gestes violents, et, surtout, avoir recours à des indices fort différents d'un âge à l'autre. Ces indices, tout au moins dans les études de Farrington et Loeber et de Hawkins et ses collaborateurs, se classent en trois catégories : caractéristiques de la communauté dans laquelle vit la personne, intégration sociale et traits personnels. Voyons maintenant les résultats des études qui portent sur la violence interpersonnelle sanctionnée par le système de justice.

Les indices de la violence judiciarisée

Loeber et Southamer-Loeber (1987) rapportent huit études qui présentent des résultats significatifs sur le lien entre le fait de mentir, tricher et être agressif au moment de l'enfance et les délits ultérieurs avec violence. D'autres travaux établissent que le faible statut socio-économique (Wikström, 1987 ; Hogh et Wolf, 1983) et le faible niveau d'intelligence (Hogh et Wolf, 1983) sont de très bons prédicteurs de la criminalité avec violence d'un individu. McCord (1979), pour sa part, démontre que les variables familiales suivantes sont utiles pour prédire les délits avec violence : les conflits entre parents, une supervision inappropriée, la séparation des parents et les gestes agressifs des parents lorsque l'enfant avait entre 10 et 15 ans. Par contre, les études qui se servent d'un large éventail d'indices sont rares. Seuls les travaux de Farrington (1989) et les nôtres (Le Blanc, Hébert et David, 1988) utilisent simultanément des variables comportementales, des variables du milieu de vie et un grand nombre de variables personnelles.

Farrington (1989) tente de prédire les condamnations pour délits avec violence entre le début de l'adolescence et 32 ans. Six prédicteurs s'imposent dans l'ordre suivant : montrer peu d'intérêt pour la scolarisation à 8 ans, être défiant à 8-10 ans, avoir des parents autoritaires à 10 ans, avoir un parent déjà condamné avant d'avoir 10 ans, être d'un poids léger à 8-10 ans, et présenter un quotient intellectuel verbal faible à 8-10 ans.

En ce qui concerne la prédiction de la délinquance officielle de nature violente après 18 ans chez les adolescents judiciarisés montréalais, nous obtenons des résultats intéressants en utilisant l'analyse de la fonction discriminante (Le Blanc, Hébert et David, 1988). Seules les variables de la seconde moitié de l'adolescence sont importantes ; elles permettent de classifier correctement 72 % des sujets (76 % de ceux qui ne commettent pas de délits avec violence et 65 % de ceux qui le font), ce qui constitue une amélioration de 34 % par rapport à la classification au hasard de ces sujets. Neuf variables permettent de réussir cette classification : dans l'ordre, la variété des délits officiels, les bagarres autorapportées, les méthodes disciplinaires punitives de la part de la mère, l'inactivité de l'adolescent (ne pas travailler et ne pas fréquenter l'école), l'absentéisme au travail, la quantité des relations sexuelles avec des adultes, un résultat faible à l'échelle retrait du Jesness (insatisfaction de soi et isolement), l'âge plus élevé des partenaires sexuels et un degré élevé d'agressions autorapportées.

Compte tenu de la possibilité de prédire l'éventualité de condamnations pour au moins un délit avec violence après 18 ans, nous nous sommes ensuite demandé si ces variables pouvaient pronostiquer le degré de violence. L'analyse de la fonction discriminante montre que les variables de la deuxième moitié de l'adolescence y arrivent encore mieux que précédemment. Le pourcentage de bonnes classifications est de 79 % (80 % pour ceux qui affichent un faible degré de violence physique et 79 % de ceux qui manifestent un degré élevé de violence), ce qui représente une amélioration de 47 % par rapport à la classification au hasard de ces sujets. Sept variables permettent de séparer les criminels dont la violence est occasionnelle de ceux qui la pratiquent de façon répétitive. Ce sont, dans l'ordre, la variété des délits officiels, le résultat faible à l'échelle retrait du Jesness (insatisfaction de soi et isolement), les méthodes disciplinaires punitives de la part de la mère, la fréquentation des débits de boissons, la fréquence des bagarres, le nombre de délits officiels avec violence à la fin de l'adolescence et la gravité totale des délits commis jusque-là.

La comparaison des variables qui servent à prédire l'apparition de délits avec violence physique montre que ces variables sont sensiblement différentes de celles qui annoncent le degré de violence physique. La variété des délits au cours de l'adolescence domine dans les deux cas. Des variables personnelles (insatisfaction de soi et tendance à l'isolement) et familiales (méthodes disciplinaires punitives) occupent des positions dominantes dans les deux cas. Les variables comportementales sont présentes, mais elles sont de nature différente : pour l'apparition de la violence, il s'agit des activités sexuelles, tandis que pour le degré de violence, il s'agit des conduites de violence physique. De plus, les éléments situationnels sont fort différents selon le critère ; il s'agit de l'inactivité en ce qui a trait à l'apparition de la violence, et de la fréquentation des débits de boissons en ce qui concerne le degré de violence. Que ce soit pour la présence ou pour le degré de violence interpersonnelle judiciarisée, il y a donc des indices qui supportent la continuité comportementale et d'autres qui indiquent le degré de disfonctionnalité de la famille et une inadaptation personnelle.

En résumé, il est possible de prédire l'apparition des gestes de violence d'une phase de la vie à l'autre, mais cette entreprise est fort hasardeuse sur une période qui dépasse quelques années. Ainsi, de l'adolescence à la jeunesse, il est possible de prédire les actes de violence avec relativement de succès et le prédicteur le plus puissant est la variété de l'activité criminelle au cours de l'adolescence. Cet indice est supporté par des caractéristiques familiales, personnelles et situationnelles spécifiques. Par contre, il faut retenir que la prédiction de la violence à un âge spécifique implique ces quatre types d'indices, mais dont la nature particulière change substantiellement d'une phase de la vie à l'autre.

Vers un consensus sur les indices

Au-delà de la définition de la variable à prédire (les comportements violents ou la violence criminelle) et au-delà des variables spécifiques retenues dans les études, y a-t-il un consensus sur les indices les plus efficaces ? Lipsey et Derzon (1998) réalisent une méta-analyse de 66 rapports de recherche et de 34 études indépendantes comportant 793 effets d'indices sur la conduite violente des individus entre 15 et 25 ans. Les indices les plus significatifs, mesurés entre 6 et 11 ans, sont, dans le premier groupe en importance, les autres conduites délinquantes et la consommation des drogues illicites ; dans le deuxième groupe, ils classent le sexe, le statut socio-économique faible de la famille et des parents antisociaux ; le troisième groupe rassemble les comportements agressifs et l'ethnicité ; le quatrième groupe comprend les caractéristiques psychologiques, les relations entre les parents et l'enfant, les liens sociaux, les problèmes de conduite, l'expérience scolaire, la santé, le quotient intellectuel ainsi que d'autres caractéristiques de la famille ; finalement, les prédicteurs les moins influents sont le foyer brisé, des parents abuseurs et des pairs antisociaux.

Entre 12 et 14 ans, l'importance des indices change considérablement. Lipsey et Derzon classent, dans le premier groupe, les liens sociaux et les pairs antisociaux ; dans le second groupe, les autres activités délinquantes ; dans le troisième, les conduites agressives, l'expérience scolaire, les caractéristiques psychologiques, les relations entre parents et enfants, le sexe et la violence physique antérieure ; dans le quatrième, les parents antisociaux, les crimes contre la personne, les problèmes de conduite et le quotient intellectuel ; finalement, les prédicteurs les moins influents sont le foyer brisé, le statut socio-économique de la famille, des parents abuseurs, la consommation de drogues et l'ethnicité.

La comparaison de ces deux listes est fort instructive puisque des indices structurels comme le statut socio-économique, le sexe, des parents antisociaux et l'ethnicité perdent beaucoup d'importance entre 6 et 11 ans et entre 12 et 14 ans. Par ailleurs, des indices fonctionnels comme la réussite scolaire, les caractéristiques psychologiques, les relations entre les parents et l'enfant gagnent énormément en importance avec l'âge. Les premiers agissent probablement plus tôt dans la vie des individus et les seconds plus tard. Ces derniers viennent donc accélérer le cheminement vers la conduite violente une fois que les indices structurels ont indiqué le chemin à suivre.

En résumé, les indices de la conduite violente sont relativement bien connus et leur capacité prédictive est plus que satisfaisante. Farrington (1997a) conclut que la capacité prédictive est « quite impressive » et « more accurate than is generally believed ». Ces indices peuvent donc être très utiles pour définir le contenu des programmes de prévention secondaire de la violence interpersonnelle et du traitement des adolescents violents.

LES ADOLESCENTS VIOLENTS SONT-ILS DIFFÉRENTS DES AUTRES ADOLESCENTS JUDICIARISÉS ?

Il existe de nombreuses classifications des adolescents violents (voir la recension de Chaiken, Chaiken et Rhodes, 1994). Par contre, les études, qui ont tenté de distinguer les délinquants violents des autres adolescents judiciarisés ou des délinquants persistants en particulier (Farrington, 1991 ; Capaldi et Patterson, 1996 ; Henggeler et collab., 1993), sont arrivées à une conclusion négative. En effet, il est extrêmement difficile de différencier les adolescents violents des adolescents qui sont des délinquants chroniques en fonction d'un large éventail de caractéristiques familiales, scolaires, comportementales et personnelles. Ce résultat s'explique par la comorbidité de la violence et des autres formes de conduites marginales. Celle-ci se manifeste par l'enchâssement des comportements violents parmi les autres comportements marginaux, ce que nous avons illustré précédemment, et par le fait que la majorité des délinquants les plus actifs et qui commettent les délits les plus graves contre les biens pratiquent également des délits de violence.

Violents et délinquants

Pour apprécier le degré de violence des adolescents, nous avons construit un indice à partir de cinq paramètres qui décrivent les comportements violents : la fréquence (15 et plus), la variété (8 et plus), la durée (4 périodes), la précocité (10 ans et moins) et la gravité (commettre au moins un des trois comportements les plus graves). Chez les garçons (tableau 6), 12,1 % obtiennent un indice de violence nul et 16 % un indice très élevé ; les autres se distribuent ainsi : très faible : 16,8 % ; faible : 21,3 % ; moyen : 14,4 % ; élevé : 19,4 %. Chez les filles, la distribution est gonflée aux deux extrêmes ; en effet, 24,5 % ont une violence nulle et 21,8 % une violence très élevée. Entre ces extrêmes, il y a 19,7 % des filles avec un indice très faible, 12,2 % faible, 6,1 % moyen et 15,6 % élevé.

La distribution des adolescents judiciarisés sur cet indice du degré de violence est tout à fait parallèle à une typologie des troubles de comportement et à une typologie de la délinquance. Le Blanc et Kaspy (1998) ont construit une typologie du développement de la conduite délinquante et une typologie du développement des troubles de comportement (rébellion scolaire et familiale, promiscuité sexuelle, consommation de drogues). Le croisement de ces typologies avec l'indice de violence interpersonnelle montre un parallélisme certain entre les comportements violents et l'activité délinquante (pour les garçons : $X^2 = 233,56$, dl = 15, p = 0,000001 ; pour les filles : $X^2 = 97,03$, dl = 15, p = 0,000001) et les troubles de comportement (pour les garçons : $X^2 = 98,46$, dl = 25, p = 0,000001 ; pour les filles : $X^2 = 55,74$, dl = 15). En guise d'illustration des rapports entre les activités délictueuses et les comportements violents, le tableau 6 présente la distribution des garçons judiciarisés en fonction de ces deux variables. Ainsi, les adolescents violents sont également ceux qui sont les plus actifs dans la délinquance et l'inverse est également vrai. Toutefois, il existe très peu d'adolescents judiciarisés qui affichent des comportements violents très sérieux et dont les activités délinquantes sont restreintes (les cellules à gauche en bas du tableau 6) et très peu d'adolescents judiciarisés qui sont très délinquants et dont les comportements violents sont nuls ou rares (les cellules à droite en haut du tableau 6).

Tableau 6
Rapports entre le degré de délinquance et le degré de violence chez les garçons

Délinquance Violence	Modérée		Intermédiaire		Persistante		Sérieuse persistante		Total	
Nulle	35	7,1	16	3,2	9	1,8			60	12,1
Très faible	23	4,7	40	8,1	12	2,4	8	1,6	83	16,8
Faible	21	4,3	43	8,7	20	4,0	21	4,3	105	21,3
Moyenne	5	1,0	25	5,1	21	4,3	20	4,0	71	14,4
Élevée	4	0,8	22	4,5	15	3,0	55	11,1	96	19,4
Très élevée	2	0,4	6	1,2	6	1,2	65	13,2	79	16,0
Total	90	18,2	152	30,8	83	16,8	169	34,2	494	100

$X^2 = 233,55$; dl = 15 ; p = 0,0000

Degré de violence interpersonnelle et inadaptation sociale et personnelle

Pour compléter notre recherche de caractéristiques qui distingueraient les adolescents judiciarisés les plus violents des autres, dont ceux qui ne sont pas violents, nous avons réalisé les analyses suivantes. À l'aide de la mesure du degré de violence décrite précédemment, nous avons comparé les adolescents judiciarisés selon un large éventail de variables décrivant la vie familiale, l'expérience scolaire, les activités routinières, les attitudes et la personnalité du MASPAQ (Le Blanc, 1996b). Les analyses de variance correspondantes pour les filles et les garçons montrent que les différences sont beaucoup moins nombreuses que les ressemblances[1].

Chez les garçons, à mesure que le degré de violence interpersonnelle augmente, la supervision parentale diminue, l'investissement et l'engagement scolaires régressent alors que les sanctions progressent, les attitudes antisociales, l'exposition aux pairs marginaux et la participation à une bande antisociale sont plus prononcées, les troubles de comportement et les activités délinquantes augmentent et certains traits de personnalité s'accentuent (la mésadaptation sociale, l'orientation vers les valeurs des classes inférieures, l'autisme, l'aliénation, l'agressivité manifeste, le psychotisme et l'extraversion augmentent tandis que le refoulement diminue). Chez les filles, ce sont essentiellement les mêmes caractéristiques comportementales, sociales et personnelles qui s'aggravent avec le degré de violence. Ainsi, la supervision parentale diminue alors que la déviance parentale augmente ; les sanctions des autorités scolaires augmentent tout comme l'exposition aux pairs marginaux et la participation aux bandes ; la fréquentation des arcades et les attitudes antisociales s'accentuent ; les troubles de comportement et les activités délictueuses suivent la progression du degré de violence ; les traits de personnalité suivants s'accentuent : mésadaptation sociale, orientation vers les valeurs des classes inférieures, aliénation, agressivité manifeste, alors que le refoulement diminue.

De plus, il faut reconnaître, selon les analyses de Kaspy (1995), que les variables qui différencient de façon statistiquement significative les adolescents judiciarisés selon le degré de violence sont essentiellement les mêmes, mais en moins grand nombre, que les variables qui différencient ces mêmes individus classés selon leur degré de délinquance ou leur degré de troubles de comportement. Ainsi, un indice complexe du degré de violence ne réussit pas à faire ressortir des différences typiques caractérisant les adolescents

---

1. Ces données sont disponibles sous la forme de tableaux et peuvent être consultées en en faisant la demande à l'auteur.

violents, et cela à partir d'un grand nombre de variables (familiales, scolaires, routinières, attitudinales, comportementales et de personnalité). En somme, les rares études qui ont tenté de départager les adolescents violents parmi les adolescents judiciarisés se sont avérées un échec.

Conclusion

L'analyse de la trajectoire de la violence criminelle que nous avons réalisée (Le Blanc, 1998) permet de conclure que notre société connaît depuis quelques années une croissance extrêmement rapide de ces délits. En particulier, les enquêtes auprès d'adolescents conventionnels et d'adolescents judiciarisés signalent que ce n'est pas tant le nombre d'adolescents violents qui progresse mais plutôt la fréquence de leurs actes violents et le rajeunissement des personnes violentes. Il est apparu que plusieurs facteurs liés au milieu des adolescents, plutôt que macrosociaux, peuvent être responsables de cette situation : la détérioration des conditions de vie des adolescents, l'intimité accrue dans les familles, l'importance des pairs et la réapparition des bandes d'adolescents ainsi que leurs plus grandes impulsivité et capacité de déformer la réalité selon leurs besoins. Ces facteurs ne seraient pas nécessairement responsables de la prévalence de la violence interpersonnelle dans notre société ; ils rendraient surtout compte de sa fréquence, de sa précocité et de sa nature. En particulier, ils expliqueraient pourquoi les voies de fait dominent actuellement, et de loin, les vols qualifiés alors que l'inverse était vrai à d'autres époques.

L'analyse du cheminement de l'individu qui en vient à commettre des infractions avec violence a montré qu'il s'agissait d'une activité propre à la fin de l'adolescence et à la jeunesse, dont la répétitivité et la durée étaient faibles et qui avait habituellement comme précurseurs d'autres activités délictueuses. Il a été établi que ce type de conduite est stable et qu'il y a une continuité entre les gestes d'agressivité du début de l'enfance, les bagarres de l'adolescence et les délits avec violence de l'âge adulte. Par ailleurs, la violence psychologique et physique s'ajoute progressivement dans le répertoire des conduites marginales des individus et elle ne présente pas un développement autonome. Il a finalement été établi qu'il est possible de prédire l'apparition de ce type de conduite dans la mesure où sont respectées trois conditions : utiliser prioritairement des indices comportementaux, ne pas remonter trop loin dans le passé de l'individu, et compléter les prédicteurs comportementaux avec des variables précises relatives à l'intégration sociale, aux caractéristiques de la personne, aux caractéristiques du quartier et à des situations spécifiques qui sont génératrices de violence interpersonnelle.

Les analyses de la violence interpersonnelle comme phénomène et comme comportement sont complémentaires et appellent des stratégies de prévention interdépendantes. Complémentaires parce que les transformations dans les modalités de socialisation des adolescents sont autant de contextes qui peuvent canaliser les individus susceptibles de s'orienter vers des modalités spécifiques de l'agir violent. Cette complémentarité implique aussi un plan global de prévention et de traitement de la violence interpersonnelle. Toutefois, puisqu'il est difficile de distinguer les adolescents violents des adolescents délinquants, il convient de se poser la question suivante : faut-il s'attaquer spécifiquement à la conduite violente ou faut-il plutôt cibler la délinquance dans son ensemble ? Devant l'efficacité mitigée des programmes de prévention et de traitement de la violence, il nous apparaît essentiel de donner la priorité à la prévention et au traitement de la délinquance parce que les résultats sont actuellement plus probants. Par ailleurs, il faut en même temps faire avancer la recherche sur la nature et les causes de la conduite violente, de façon à déceler, si elles existent, les caractéristiques spécifiques des adolescents violents qui les distingueraient des autres adolescents judiciarisés. Il deviendra alors possible de concevoir et d'implanter des programmes particuliers de prévention et de traitement de la conduite violente dont les effets sur les comportements violents seront réels et significatifs.

RÉFÉRENCES

Capaldi, D.M. et G.R. Patterson (1996). « Can violent offenders be distinguished from frequent offenders : Prediction from childhood to adolescence », *Journal of Research in Crime and Delinquency*, 33 : 206-231.

Chaiken, J., M. Chaiken et W. Rhodes (1994). « Predicting violent behavior and classifying violent offenders », dans A.J. Reiss et J.A. Roth, *Understanding and Preventing Violence. Volume 4 Consequences and Control.* Washington : National Academy Press.

Charlebois, P. (1992). « Behavioural and cognitive characteristics of conduct disordered-hyperactive boys from age 6 to 11 : A multiple informant perspective », *Journal of Child Psychology and Psychiatry*, 8 : 1333-1346.

Charlebois, P., M. Le Blanc, C. Gagnon et S. Larivée (1994). « Methodological issues in multiple-gating procedures for antisocial behaviors in elementary students », *Remedial and Special Education*, 15 (1) : 44-55.

Ellickson, P., H. Saner et K.A. McGuigan (1997). « Profiles of violent youth : Substance use and other concurrent problems », *American Journal of Public Health*, 87 : 985-991.

Elliott, D.S. (1994). « Serious violent offenders : Onset, developmental course, and termination – The American Society of Criminology 1993 Presidential Address », *Criminology*, 32 : 1-21.

Farrington, D.P. (1989). « Early predictors of adolescent aggression and adult violence », *Violence and victims*, 4 : 79-100.

Farrington, D.P. (1991). « Childhood aggression and adult violence ; early predictors and later life outcomes », dans K.H. Rubin et D. Pepler, *The development and treatment of childhood aggression*. Hilsdale : Lawrence Erlbaum.

Farrington, D.P. (1997a). « Predictors, causes, and correlates of male youth violence », dans M. Tonry, *Youth Violence Crime and Justice : An Annual Review*. Chicago : Chicago University Press.

Farrington, D.P. (1997b). « Early prediction of violent and non-violent youthful offending », *European Journal on criminal Policy and Research*.

Farrington, D.P. et R. Loeber (1995). « Transatlantic replicability of risk factors in the development of delinquency ». Paper given at the Meeting of the Society for Life History Research in Psychopathology in Chatham, Mass.

Forgatch, M.S., G.R. Patterson et M. Stootmiller (1994). « Progressing toward violence : A replication ». Annual Meeting of the American Society of Criminology, Miami, novembre 1994.

Fréchette, M. et M. Le Blanc (1987). *Délinquances et délinquants*. Chicoutimi : Gaëtan Morin.

Gottfredson, M.A. et T. Hirschi (1990). *A general theory of crime*. Stanford : Stanford University Press.

Hampariam, D.M., J.M. Davis, J.M. Jacobson et R.E. McGraw (1985). *The Young Criminal Years of the Violent Few*. Washington, National institute for juvenile justice and delinquency prevention.

Hampariam, D.M., R. Shuster, S. Dinitz et J.P. Conrad (1978). *The Violent Few, A Study of Dangerous Juvenile Offenders*. Toronto : Lexington.

Hawkins, J.D., T. Herrenkohl, D.P. Farrington, D. Brewer et R.F. Catalano (1997). « A review of predictors of youth violence », dans R. Loeber et D.P. Farrington, *Serious and Violent Juvenile Offenders : Risk Factors ans Successful Interventions*. Washington, Office of Juvenile Justice and Delinquency Prevention Study Group on Serious / Violent / Chronic Offenders. Beverly Hills : Sage.

Hébert, J. (1989). « La problématique des jeunes agressifs : des points de repère », *Apprentissage et socialisation en piste*, 12 (1) : 45-52.

Henggeler, S.W., G.B. Mellton, L.A. Smith, S.K. Schoenwald et J.H. Hanley (1993). « Family preservation using multisystemic treatment : A long-term follow-up to a clinical trial with serious juvenile offenders », *Journal of Child and Family Studies*, 2 : 283-293.

Hogh, E. et P. Wolf (1983). « Violent crime in a birth cohort : Copenhagen 1953-1977 », dans K.T. Van Deusen et S.A. Mednick, *Prospective Studies in Crime and Delinquency*. Boston : Kluwer-Nijhoff.

Jessor, R. et S.L. Jessor (1977). *Problem behavior and psychosocial development*. New York : Academic Press.

Huesman, L.R., L.D. Eron, M.M. Lefkowitz et L.O. Walder (1984). « Stability of aggression over time and generations », *Developmental Psychology*, 20 (6) : 1120-1134.

Kaspy, N. (1995). « Construction of deviant behavior classification systems for boys ages 12 to 18 ». Montréal, mémoire de maîtrise inédit, École de criminologie, Université de Montréal.

Langelier-Biron, L. (1989). « La violence dans le Québec des années 1980 », *Apprentissage et socialisation en piste*, 12 (1) : 37-44.

Le Blanc, M. (1990). « Le cycle de la violence physique : trajectoire sociale et cheminement personnel de la violence individuelle et de groupe », *Criminologie*, XXIII, 1 : 47-74.

Le Blanc, M. (1996a). « Changing patterns in the perpetration of offences over time : Trajectories from onset to the middle of the thirties », *Studies on Crime and Crime Prevention*, 5 : 151-165.

Le Blanc, M. (1996b). *MASPAQ, mesures de l'adaptation sociale et personnelle pour les adolescents québécois : manuel*. Montréal, École de psycho-éducation, Groupe de recherche sur les adolescents en difficulté, Université de Montréal.

Le Blanc, M. (1999). « L'évolution de la violence chez les adolescents québécois, phénomène et prévention », *Criminologie, 32*.

Le Blanc, M. et M. Fréchette (1989). *Male Criminal Activity from Childhood through Youth : Multilevel and Developmental Perspectives*. New York : Springer-Verlag.

Le Blanc, M. et S. Girard (1997). « The generality of deviance : Replication over several decades with a Canadian sample of adjudicated boys », *Canadian Journal of Criminology*, 39 (2) : 171-183.

Le Blanc, M., S. Girard, N. Kaspi, N. Lanctôt et S. Langelier (1995). *Les adolescents en difficulté des années 1990. Rapport nº 3. Adolescents protégés et jeunes contrevenants sous ordonnance de la Chambre de la jeunesse de Montréal en 1992-1993*. Montréal, Groupe de recherche sur les adolescents en difficulté, Université de Montréal.

Le Blanc, M., C. Hébert et P. David (1988). *Prédiction de l'inadaptation à l'âge adulte*. Centre international de criminologie comparée, Université de Montréal.

Le Blanc, M. et N. Kaspy (1998). « Trajectories of delinquency and problem behavior : Comparison of synchronous and non synchronous paths on social and personal control characteristics of adolescent », *Journal of Quantitative Criminology*, 14 : 181-214.

Lipsey, M. et J. Derzon (1998). « Predictors of serious delinquency in early adolescence and early adulthood : A synthesis of longitudinal research », dans R. Loeber et D.P. Farrington, *Serious and Violent Juvenile Offenders : Risk Factors and Successful Interventions*. Washington, Office of Juvenile Justice and Delinquency Prevention Study Group on Serious / Violent / Chronic Offenders. Beverly Hills : Sage.

Loeber, R. et M. Le Blanc (1998). « Developmental criminology updated », dans M. Tonry, *Crime and Justice : An Annual Review*, 20. Chicago : Chicago University Press.

Loeber, R. (1985). « Patterns and development of antisocial child behavior », 2 : 138-166, dans G.J. Whitehurst, *Annals of Child Development*. Greenwich : JAI Press.

Loeber, R. et D. Hay (1997). « Key issues in the development of aggression and violence from childhood to early adulthood », *Annual Review in Psychology*, 48 : 371-410.

Loeber, R., K. Keenan et Q. Zhang (1997). « Boys' experimentation and persistance in developmental pathways toward serious delinquency », *Journal of Children and Family Studies*, in Press.

Loeber, R. et M. Le Blanc (1990). « Toward a developmental criminology », 13 : 1-98, dans M. Tonry et N. Morris, *Crime and Justice : An Annual Review*. Chicago : Chicago University Press.

Loeber, R., M.M. Smalley, K. Keenan et Q. Zhang (1997). « A prospective replication of developmental pathways in disruptive and delinquent behavior », dans R.B. Cairns, *The Individual as a Focus in Developmental Research*. Beverly Hills : Sage.

Loeber, R. et M. Southamer-Loeber (1987). « Prediction », dans H.C. Quay, *Handbook of juvenile delinquency*. New York : John Wiley & Sons.

Loeber, R., P. Wung, K. Keenan, B. Giroux, M. Stiuthamer-Loeber et W.B. Van Kammen (1993). « Developmental pathways in disruptive child behavior », *Developmental Psychopathology*, 5 : 101-132.

McCord, J. (1979). « Some child-rearing antecedents of criminal behavior of adult men ». *Journal of Personality and Social Psychology*, 37 : 1477-1486.

Miller, S.J., S. Dinitz et J.P. Conrad (1982). *Careers of the Violent : the Dangerous Offender and Criminal Justice*. Lexington : Lexington Books.

Olweus, D. (1979). « Stability of aggressive reaction patterns in male : a review », *Psychological Bulletin*, 86 : 852-875.

Olweus, D. (1991). « Bully/victim problems among school children : Basic facts and effects of a school-based intervention program », dans K.H. Rubin et D. Pepler, *The Development and Treatment of Childhood Aggression*. Hilsdale : Lawrence Erlbaum.

Osgood, D.W., L.D. Johnston, P.M. O'Malley et J.G. Bachman (1988). « The generality of deviance in late adolescence and early adulthood », *American Sociological Review*, 53 : 81-93.

Roff, M. et R.D. Wirt (1984). « Childhood aggression and social adjustment as antecedents of delinquency », *Journal of Abnormal Child Psychology*, 12 : 11-26.

Roy, J. (1989). « L'inévitable violence », *Apprentissage et socialisation en piste*, 12 (1) : 29-36.

Tremblay, R.E. et L. Desmarais-Gervais (1986). « La prédiction de l'inadaptation de l'enfance à l'adolescence », dans R.E. Tremblay, M. Le Blanc et A.E. Schwatzman, *La conduite délinquante des adolescents à Montréal (1974-1985) ; étude descriptive et prédictive*. Montréal : Université de Montréal.

Tremblay, R.E., M. Le Blanc et A. Schwartzman (1988). « The predictive power of first grade and teacher rating : sex differences in antisocial behavior and personality at adolescence », *Journal of Abnormal Child Psychology*, 16 (3) : 571-583.

Tremblay, R.E., R. Loeber, C. Gagnon, P. Charlebois, S. Larivée et M. Le Blanc (1991). « Disruptive boys with stable and unstable fighting behavior patterns during junior elementary school », *Journal of Abnormal Child Psychology*, 19 (3) : 285-300.

Wikström, P.-O.H. (1985). *Everyday Violence in Contemporary Sweden : Situational and Ecological Approach*. Stockholm : The National council for crime prevention. Rapport n° 15.

Wikström, P.-O.H. (1987). *Patterns of Crime in a Birth Cohort*. Stockholm : Université de Stockholm, Département de sociologie.

Wolfgang, M.E., T.P. Thornberry et R.M. Figlio (1987). *From Boy to Man, from Delinquency to Crime*. Chicago : Chicago University Press.